新堀 聰[監修]・グローバル商取引シリーズ

国際契約ルールの誕生

絹巻康史　齋藤 彰
[編著]

同文舘出版

―実践なき理論は空虚であるが,
理論なき実践は危険である―

監修者のことば

　この度,同文舘出版株式会社の特別企画として「グローバル商取引シリーズ」と銘打った書物を何冊か出版することになり,その監修を担当する立場から,一言所感を申し述べたい。

　私の恩師は,かつて東京大学で英米法の泰斗として知られた末延三次先生である。先生は,常々学者が実務に疎く,空理空論に走ることを戒められていたが,1957年秋,私を三井物産に入社させるために,当時の平島俊朗社長に推薦状を執筆してくださる際,「入社後は,いつも貿易実務と法的理論との関係に注意し,商売の実践の中で理論を活かすことを心がけよ。まず,インコタームズとシュミットホフの『Export Trade』を読むように」といわれた。私は,先生のお教えを守り,主に鉄鋼貿易の実務を担当しながら,理論的研究を続けた。

　それから約40年が過ぎ,私は日本大学商学部で教鞭をとるようになっていたが,1998年,同志が集まって,法学と商学の架け橋となり,国際商取引の場で両者の融合を図る学会として「国際商取引学会」が設立された。

　国際商取引学会は,法学と商学の両面に造詣の深い専門家集団として,創立以来順調に発展を遂げ,会員による業績も洛陽の紙価を高めるに至っている。今回,同文舘出版から刊行される「グローバル商取引シリーズ」は,その業績の一部を広く公開して,学界と実業界に貢献するために企画されたものである。

　本シリーズは,国際契約,ADR,貿易商務論,電子商取引などの各分野において,国際商取引学会会員を中心とする,定評のある執筆者を網羅し,準備のできたものから順次出版して行く予定である。しかし,その他の分野が追加される可能性もあるので,現時点では,最終的に何巻のシリーズとなるか未定

である。また，各執筆者には，質の高い・独自の主張のある論考をお願いしているので，監修者も編集委員も，論文相互間の意見の調整はあえて行っていない。

　本シリーズが，法学と商学の相乗効果により，グローバル商取引の発展に寄与することを，監修者として心から願っている。

　　2006年秋

新　堀　　聰

はしがき

　商人達が自律的に生み出してきた慣習法である lex mercatoria を主題とした本書をわが国において出版することは，私達が長い間希望してきたことであった。商人達の活動は，交換による余剰利益を求めて行われるものであり，それは自然の法則に近いものであると私達は考える。人々の頭脳は，ほとんどの場合において狭い理論の世界に占領されており，そこから抜け出すことができずにいる。しかし，商人達は遠い昔から，異なった社会や自然環境が生み出した産品を交換することで，相互に大きな余剰価値が生み出されることを本能的に理解していた。こうした価値の創造を求めて地球の裏側にまで出かけた商人達の冒険心は，社会的な生物である人間の本性が導いてきたものであり，抽象理論だけでは決して正しくとらえることのできない，測定不能な人間の能力の大きさを示している。

　契約は対等な当事者が自由意思に基づいて進展されるものであり，そのルール形成は，多数の人々に関与の可能性が開かれた開放的で民主的な過程として維持されるべきである。しかし国際的な商取引に関して，それは必ずしも多数の個人の意見を集約するために必要とされるのではない。それは人々や社会が有する多様性を寛容に受け入れた上で，最終的には社会全体に対して効率の良い価値創造とその公平な分配とを円滑に進めることのできる自然則を求めることにあると考えることができる。そうした自然則を最も効果的に生み出す過程として，さまざまな限定合理性（人は多くの場合，合理的に行動しようとするが，全知全能ではないため完全に合理的な行動はできない）に縛られた人々が，それぞれの経験と創意工夫を持ち寄り交換しながら，よりよい取引のルールを求めて継続的なイノベーションを繰り返す過程を経て徐々に形成される。それ自体が（sui generis）すでに国際的な lex mercatoria の進展において，多くの商人・法律家・仲裁人・法学研究者などのさまざまな立場の人々によって，

個々の有する能力の限界を乗り越えるための活動が歴史的に展開されてきた。そうした商人達の活動を中心として創り上げた伝統は，取引社会のグローバル化が現実感をますます強めつつある今日にあっても，脈々と流れ続けている。本書は，そうした契約をめぐるルール誕生のプロセスを，現在におけるグローバルな取引社会におけるさまざまな事象の中に見出そうとする試みである。

　本書『国際契約ルールの誕生』の各章は，次のような構想に基づいて配列される。

　「プロローグ」において，本書の綱領が示される。法的正義と商的合理性とを分かつべきではないとする結論は，本書全体を通じた主張となっている。人々は，より豊かな生を求めて，相互に依存・協力するように生まれてきた。そうした人々の中にある能力を引き出し，最大限に活用できる社会環境を支援するものとして法制度は生まれてきた。lex mercatoria が人工物ではなく，むしろ自然則に近いとすることの意味は，こうした点にある。

　第Ⅰ部「国際契約ルール誕生のメカニズム」における三つの章では，lex mercatoria がどのようにして生み出されたのかを明らかにする。

　第1章「商人による私的秩序形成と国家法の役割」においては，商人達が国家法のみを頼りにしているわけではなく，契約の目的が円滑に実現するようにそれ以外のさまざまな工夫をこらしていることを明らかにする。また，国家法の側でも商人達の自治規範に対して一定の寛容な姿勢を示していることを指摘する。

　第2章「プラント輸出契約のルール作り」においては，国際標準約款が極めて大きな役割を果たしてきたことが，豊富な実例にもとづいて明らかにされる。そしてそうした標準約款を中心としてこれまでに公私を問わずさまざまなレベルにおいて試みられてきた作業の中から浮上してきた共通ルールが示される。しかし，それがグローバルな商慣習法へとステップアップするにはさらに数十年が必要であろうとの見通しが述べられる。

　第3章「手続法上の lex marcatoria」においては，国際商事仲裁の手続に関するルールが特にここ数十年間において辿ってきた変容を，多彩な文脈から読

み解こうとするものである。国際商事仲裁は，lex mercatoria の形成において極めて重要な役割を果たしてきた。しかし，そうした紛争解決手続のルールは決して単純な商人自治の中で生まれていたものではなく，多くの変数の影響を受けながら，常にその均衡点を移動させつつあり，それは現在も続いている。

　第Ⅱ部「自然発生のルールからグローバル・スタンダードへ」においては，商人達の知恵の積み重ねによるオープンなプロセスの中において，継続的な無数のイノベーションを経て生み出されてきた契約ルールが，どのようにしてグローバルスタンダードとしての地位を確立していくのかに焦点をあてる。

　第4章「ICC はなにをしたか」においては，国際商業会議所（ICC）という商人間の自治組織が，特に取引条件と決済方法というグローバルな商取引の最重要な制度に関するルールを整備する上で，いかに大きな役割をはたしてきたかが，実践的な視点から臨場感をもった著述がなされる。

　第5章「モデル法の母としてのアメリカ法」では，現在のグローバルな契約ルールの形成に極めて大きなインパクトを与えつつあるリステイトメント及びモデル法という方法が，どのようにしてアメリカ合衆国において誕生したのかを，その歴史的経緯にまでさかのぼり周到な検討がなされる。

　第6章「CISG からユニドロワ国際商事契約原則へ」では，契約ルールのグローバルスタンダードを形成しつつあるウィーン売買条約とユニドロワ国際商事契約原則の内容について概説がなされるだけでなく，グローバルな私法の調和という大きな視野において両者の位相を明らかにし，グローバルな契約関係の複雑化に対応した新たなルールの萌芽についても説明がなされる。

　「エピローグ」では，これからの契約ルールを導くものは商人達の日々の経験の積み重ねと取引活動のイノベーションの中にあることが示され，わが国の法律関係者に広く見られる lex mercatoria への無関心に対する警告を発することで，未来に向けた契約法の方向性が示される。

　契約ルールの誕生という言葉が意味するように，lex mercatoria の進展において，抽象理論によって予測可能な直線的な進化の筋書きは存在しない。それは個々の商人達が日々の取引活動の中で繰り返される無数のイノベーションの

結果の漸進的な集積の中から，さまざまなプロセスを得て誕生する。それはあたかも，オープンソースのソフトウェアのように無数の人々の修正によってその完成度を高め，商取引契約の中において多くのユーザーの支持を獲得することにより，確かなものとして定着する。

　本書の根底にあるのは，現実における人間肯定の信念である。正しい環境におかれた人々は，逞しく相互に協力し相互に信頼を深めながら，より大きな余剰価値を産みだし，これまでよりも豊かで幸福な生活を実現しようとする。この正しい連鎖を上手く引き出すことに焦点をおいた，法律学の在り方を考える出発点を占めるものとして，本書を世に送り出すことが私達の切なる願いである。決して新奇な法律観や法律学を提示しようとするものではない。法律とは本来，社会経済的な活動において，人々がより充実した幸福な生活を送ることができるように，さまざまな経験の中で獲得してきた知恵の集積から結晶のように生み出されてくるものであるとの現実的考察に基づく。それは法に魅せられた人達が，今日でもごく自然に共有している日常的な感覚であると確信する。

2006年9月

　　　　　　　　　　　　　　　　　編著者　　絹巻　康史
　　　　　　　　　　　　　　　　　　　　　　齋藤　　彰

BRIEF CONTENTS   目次

プロローグ　国際ビジネスのルール …………………………………… 1
　　　　　──国家法と国際商慣習法──

第Ⅰ部　国際契約ルール誕生のメカニズム

　第1章　商人による私的秩序形成と国家法の役割 ………………… 41
　第2章　プラント輸出契約のルールづくり ………………………… 67
　第3章　手続法上の lex mercatoria：国際商事仲裁の過去，現在，未来
　　　　　……………………………………………………………… 113

第Ⅱ部　自然発生のルールからグローバル・スタンダードへ

　第4章　ICC は何をしたか ………………………………………… 159
　第5章　モデル法の母としてのアメリカ法 ………………………… 195
　　　　　──UCC とリステイトメントの来し方・行く末──
　第6章　CISG からユニドロワ国際商事契約原則へ ……………… 225
　　　　　──国際的な契約法の調和に向けて──

エピローグ　これからの契約と契約法の展望 ……………………… 293
　　　　　──水平的秩序としての契約環境を求めて──

索　　引 …………………………………………………………………… 327
著者プロフィール ………………………………………………………… 336

FULL CONTENTS

目次詳細

プロローグ　国際ビジネスのルール
——国家法と国際商慣習法——

第1節　はじめに …………………………………………………………………1
第2節　国際ビジネスの現場から ………………………………………………2
　　　1　どのようにして契約は作られるのか …………………………………2
　　　2　国際商慣習法（lex mercatoria）の重要性 …………………………2
第3節　国際取引行為の自律性 …………………………………………………6
　　　1　商取引と商慣習 …………………………………………………………6
　　　2　慣習と慣習法 ……………………………………………………………8
　　　3　国際商慣習法の規範性の根拠に関する通説の検討 …………………8
第4節　国際商慣習法（Lex mercatoria）について …………………………10
　　　1　lex mercatoria の発生 …………………………………………………11
　　　2　実定法としての国際取引法 ……………………………………………11
第5節　国際取引社会の出現 ……………………………………………………13
　　　1　国際商取引と契約法 ……………………………………………………13
　　　2　法の適用順序 ……………………………………………………………16
　　　3　国際商慣習法（lex mercatoria） ……………………………………17
　　　4　国際取引社会の固有な法 ………………………………………………18
　　　5　ボーダレスな企業活動と「国際契約法」の出現と機運 ……………19
第6節　国際取引ルールの新しい流れ …………………………………………19
第7節　代表的な国際商慣習法（typical lex mercatoria） …………………21
　　　1　貿易慣習（CIF、C&F、FOB） ………………………………………21
　　　2　標準契約約款 ……………………………………………………………25
　　　3　ユニドロワ国際商事契約原則 …………………………………………29
第8節　国際商慣習法（lex mercatoria）と国際商事仲裁 …………………31
　　　1　商事仲裁の納得性 ………………………………………………………31
　　　2　商事仲裁の法形成力 ……………………………………………………32
第9節　むすび ……………………………………………………………………33

目　次　(9)

第Ⅰ部　国際契約ルール誕生のメカニズム

第1章　商人による私的秩序形成と国家法の役割

第1節　はじめに……………………………………………………………41
第2節　逞しき私的秩序形成………………………………………………42
　　1　国家に頼らないエンフォースメント…………………………42
　　2　私的秩序形成と法………………………………………………45
第3節　取引法におけるインフォーマル規範の「組み込み戦略」……47
　　1　「組み込み戦略(incorporation strategy)」……………………47
　　2　「組み込み戦略」に対する批判………………………………54
第4節　残された課題………………………………………………………59

第2章　プラント輸出契約のルールづくり

第1節　はじめに……………………………………………………………67
第2節　プラント輸出契約の概要…………………………………………68
　　1　プラント輸出契約の意義………………………………………68
　　2　プラント輸出取引（契約）の特徴……………………………71
　　3　プラント輸出取引（契約）形態の進化………………………73
第3節　国際取引契約論としてのプラント輸出契約……………………75
　　1　プラント輸出契約の契約法上の位置づけ……………………75
　　2　プラント輸出契約の準拠法……………………………………76
第4節　プラント輸出契約のルール化……………………………………80
　　1　ルール化の現状と標準約款……………………………………81
　　2　標準約款の役割…………………………………………………82
　　3　国際商習慣の形成過程における標準約款……………………83
第5節　プラント輸出取引に適用可能な主要約款………………………85
第6節　プラント輸出の標準約款に共通する主要条項と国際商慣習…96
　　1　リスクの分担……………………………………………………96
　　2　損害賠償責任……………………………………………………97
　　3　紛争解決…………………………………………………………98
　　4　契約履行保証……………………………………………………100
　　5　変　　更…………………………………………………………101

　　　　6　その他……………………………………………………101
第7節　むすび………………………………………………………102

第3章　手続法上の lex mercatoria
――国際商事仲裁の過去，現在，未来――

第1節　はじめに……………………………………………………113
第2節　国際商事仲裁の過去，現在および未来……………………119
第3節　ICA における圧覚点………………………………………125
　　　　1　分離可能性（原状回復，違法性）………………………125
　　　　2　仲裁可能性（競争法，知的所有権，破産，消費者／労働法）……128
　　　　3　書面性の要件………………………………………………128
　　　　4　多数当事者…………………………………………………130
　　　　5　仲裁人（背景，忌避，免責）……………………………130
　　　　6　暫定的（保全）措置………………………………………132
　　　　7　時間制限（Time limits）（仲裁機関規則および仲裁人実務）……133
　　　　8　証拠（1999年 IBA 規制を含めて）……………………134
　　　　9　仲裁中の調停………………………………………………135
　　　　10　仲裁地で取り消された仲裁判断（Locally annulled awards）……136
　　　　11　ML（国際）制度枠組みの国内仲裁への拡張…………137
　　　　12　新類型の仲裁（新たな分野における仲裁，混合仲裁，国家の関与する仲裁）
　　　　　　……………………………………………………………138
　　　　13　秘密保持…………………………………………………141
第4節　むすび………………………………………………………142

第Ⅱ部　自然発生のルールからグローバル・スタンダードへ

第4章　ICC は何をしたか

第1節　ICC の歴史と役割…………………………………………159
第2節　ICC と日本…………………………………………………160
第3節　ICC の制定した国際規則…………………………………161
　　　　1　概　要………………………………………………………161
第4節　インコタームズ……………………………………………162

		1	はじめに……………………………………………………………162
		2	インコタームズ2000…………………………………………163
		3	インコタームズ2000の取引条件の構成………………163
		4	インコタームズ2000における重要な変更点…………165
		5	コンテナ貨物と取引条件の誤用問題…………………166
第5節	信用状統一規則………………………………………………………169
		1	はじめに……………………………………………………………169
		2	1993年信用状統一規則（UCP500）………………………170
第6節	国際スタンバイ規則（ISP98）……………………………………182
		1	はじめに……………………………………………………………182
		2	国際スタンバイ規則（ISP98）の実施……………………184
		3	むすび………………………………………………………………189

第5章　モデル法の母としてのアメリカ法
―― UCC とリステイトメントの来し方・行く末 ――

第1節	はじめに……………………………………………………………………195
第2節	リステイトメント・統一商法典成立史…………………………196
	1　リステイトメント成立史……………………………………196
	2　統一商法典成立史………………………………………………198
	3　リステイトメント・統一商法典成立後の経過…………199
第3節	UCC とリステイトメント……………………………………………201
	1　UCC・リステイトメントによる法源形成………………201
	2　Williston 対 Corbin…………………………………………202
	3　Gilmore による描写……………………………………………204
	4　リアリスト，Llewellyn………………………………………206
	5　Llewellyn と保守主義者………………………………………209
第4節	その後の UCC とリステイトメント……………………………211
	1　UCC 修正とその学問的背景…………………………………211
	2　第2次契約法リステイトメントの20年…………………213
第5節	世界の中の UCC・リステイトメント…………………………216
	1　大陸法の UCC への投影………………………………………216
	2　アメリカ法からのフィードバック…………………………217
第6節	むすびに代えて………………………………………………………219

第6章 CISGからユニドロワ国際商事契約原則へ
――国際的な契約法の調和に向けて――

第1節	はじめに	225
第2節	CISGからユニドロワ国際商事契約原則に向けて	227
	1 国際動産売買法統一の沿革	227
	2 私法の国際的調和におけるCISGの成果	236
	3 比較契約法の成果としてのCISG	244
第3節	ユニドロワ国際商事契約原則の到達点	255
	1 ユニドロワ原則の着想と沿革	255
	2 私法の国際的調和におけるユニドロワ原則の成果	259
	3 ユニドロワ原則が導く契約法の新時代	268
第4節	むすび	280

エピローグ これからの契約と契約法の展望
――水平的秩序としての契約環境を求めて――

第1節	はじめに	293
第2節	取引と競争の社会協力的意義について	296
第3節	「取引」を基本単位とする分析	298
	1 基本構造としての分業と剰余利益	299
	2 単発的契約と関係的契約	300
第4節	法律家による取引促進	303
	1 信頼できる契約のプロデュース	303
	2 法の進化：事後調整規範群の誕生	308
	3 民法典の取引費用の視点からの分析	310
第5節	移行経済地域としての日本	312
	1 法律家と経路依存性	312
	2 縦社会から横社会へ	313
	3 法律学から抜け落ちている商の要素	313
	4 社会経済的な秩序と法律との相互作用	314
第6節	むすびに代えて	317

国際契約ルールの誕生

---プロローグ---

国際ビジネスのルール
―― 国家法と国際商慣習法 ――

第1節　はじめに

　国際ビジネスの現場では，契約締結に向けての交渉に際し，また契約履行のプロセスにおいて，さらに紛争が生じ相対交渉にて解決をみたり，商事仲裁を利用する場合に，相手側と共有共通するルールがあれば極めて望ましい状況といえます。以上は，当事者間で合意が形成される場合であり，ビジネスのほとんどのケースはこの方法で解決をみます。そのような合意が得られない場合は裁判に解決を委ねることになりますが，この場合こそ契約にかかわる国際的な統一ルール（私法）があれば信頼度が高まります。しかし，そのような統一私法は存在していないのが現実です。

　ところで本来，商事にかかわる現代の国家法は，国内の商取引を想定して制定されたものです。したがって，各国の国内法はそれぞれの国の商取引の事情を反映した内容になっており，各国が意図している内容（法益）が相互に異なるのは当然です。また，それらをベースとした判例（法）もその延長線の上にあるといえます。国際的なビジネスを国内取引を規律する目的の国内法（国家法）で規律することには，それ自体に無理があり，国際レベルでの規律対象と商的（経済的）合理性ないし規律するルールとの間の整合性に欠ける可能性があります。

　現実の国際ビジネスにおいては，国際取引の当事者達が利潤動機に基づいて自律的に行動し，その結果，形成された実際の取引に適用された説得性の高い

ルールが存在します。それが国際商慣習法（lex mercatoria）[1]なのです。具体的には，定型取引条件といわれる FOB, C&F, CIF の 3 条件（インコタームス 13 条件の全てではない）や各種の標準契約約款，さらにはユニドロワ国際商事契約原則（以下，ユニドロワ原則）等です。

第 2 節　国際ビジネスの現場から

1　どのようにして契約は作られるのか

　ある総合商社のビジネスの現場を再現してみよう。総合商社の組織は，原則として産業別に営業部門がライン編成されており，スタッフ部門として法務部，財経部，運輸保険部等がある。そして，国際ビジネスの営業活動，つまり契約作業は，ラインの各営業部門で行われている。
　たとえば，鉄鋼部門は，鉄鋼国内部，鉄鋼貿易部，鉄鉱原料部等から編成されており，このうち鉄鋼貿易部は，鉄鋼製品の輸出ビジネスや海外の鉄鋼製品事業を所管している。鉄鋼製品の輸出ビジネスにおいては，海外店や海外の顧客から引合（enquiry）が寄せられると，価格条件として CIF Houston US＄○○ per Metric Ton，あるいは FOB Yokohama Japanese Yen □□ per Meter のように，その他の条件とともに申込（offer）が発信され，先方の反応（承諾 acceptance，あるいは逆申込 counter-offer）を待つことになる。そして，その他の条件も含め合意が得られれば，契約が成立する（諾成契約）。このような営業活動は，鉄鋼製品に限らず化学品や繊維製品等の伝統的な単体の貿易商品では，「当然のごとく」CIF, C&F, FOB 等の定型取引条件が使用されている。
　隣の機械部門のプラント輸出部では，電力案件の成約を目指して大詰めの段階にあり，部課長はじめ数名の担当者や機器製作のメーカーの担当者も一緒になって，海外の交渉現場にいる出張者から送られてくる情報をもとにして，標準契約約款の各条項や付帯条件を検討している。現在，日本の総合商社やエン

ジニヤリング会社，プラント・メーカーがプラント輸出契約に際して多く利用している代表的な標準契約約款の1つがENAA MODEL FORMである（Engineering Advancement Association of Japan：ENNA）。

また，食料部門の穀物部でも，またエネルギー部門の原油部でも，パソコン画面に映し出される世界の主要な市場の値動き（商品と運賃）を眺め，作柄や値決め（相場の読み）と納期に神経を集中させている。その他の条件については，原油取引で中東の民族系の石油公団が信用状の開設期限を指定してくるような特約条項を加えたりして，標準契約約款に従って契約が締結されている。

上記のうち，単体商品の貿易取引で使用されている定型取引条件は，インコタームス（INCOTERMS）の名前でよく知られているもののうちのFOB/CIF/CFR（C&F）の3条件であり，またプラント輸出契約や穀類や原油の輸入取引ではそれぞれの業界で特定の呼び方（名前）で知られている標準契約約款（Standard Contract Form）が使用されている。信用状取引にしても，ICCの信用状統一規則（UCP500）に基づくことが，原因たる契約である売買契約の締結に際して，暗黙の了解となっている。ここで挙げたFOB/CIF/C&Fの3条件，標準契約約款，信用状統一規則等は，国際商慣習法（lex mercatoria）としてビジネス関係者は当然のものとして受入れており，異議を挟む余地のないものである。

今，エネルギー関連の部署では，サハリンや東部シベリヤから将来輸入が予定される天然ガスや原油の輸送手段としてのパイプライン（pipeline）案件が注目を浴びている。この案件には，大量のライン・パイプ（line pipe；鋼管）をはじめとする資機材の商談が見込めることから，大手商社やプラント・メーカーでは準備に余念がない。成約に備えてリスク・マネジメントの観点から，いろいろな事項が検討されている。その中の1つに，契約の構成があり，Contract Formに関し，特にFinance Agreementとの関連づけや準拠法の問題が浮上している。

最近，契約のあり方について相談を受けた筆者は，ユニドロワ国際商事契約原則（UNIDROIT Principles of International Commercial Contracts）[2]の採用をサジェストしている。このユニドロワ原則も多くの人が認める国際商慣習法（lex mercatoria）であり，現実の取引に適用されているルールをリステイト（明文化）していることから，説得性の高い内容になっていることを力説したばかりである。

その際に，さらに付言したことは，企業のリスク・マネジメントの観点からの経営戦略として，取引にかかわる紛争が生じた場合，まず訴訟を考えるのではなく，順序として相手側との相対交渉にて解決することを念頭において，商的（経済的）合理性の実現を目指した契約プランニングをすることである。そして，万一予想される解決手段として国際商事仲裁を考えるべきであるということである。そして，この国際商事仲裁こそ lex mercatoria を広く採用しており，また lex mercatoria 自体を形成する機能も有しているのである。

2　国際商慣習法（lex mercatoria）の重要性

このように総合商社や多国籍企業をはじめとする国際企業は，ボーダレス・エコノミーを対象として，国境を意識しないで国際ビジネスを展開している。国際企業は，アメリカをはじめとする法制度の先進国において時にはリーガル・ハラスメントに出会い，また最近進出の度合いが急増している中国などの法整備中の途上国においても幾多の法的な困難に出会っている。このように国際企業は，各国の法が乱立している状況下において，企業の経営目的の達成のために商的（経済的）合理性を追求し，かつ取引の安全を目指し，同時に企業存続のために必要とする法的正義を実現するために多くの努力を払っている。ここに国際ビジネスの態様を貿易取引や直接投資等を内容とするグローバル商取引として捉え，商的（経済的）合理性と法的正義を一体的に把握する必要性に迫られている。

実際の国際取引は，多くの場合，取引当事者である企業相互の信頼関係をベースにして，現実の取引に適用されてきた慣習やルールに則ることで，安全に予測どおりに遂行されている。たとえば，日本の大手の総合商社の場合，大小を問わなければ貿易取引（輸出入）だけでも平均年間10万件を超える契約件数（ワーキングデー1日当たり4～5千件）をこなしている。そこでは，長年の商

取引の中で生成された「取引のあり方」についての積み上げられた連続した経験(慣習)が生きているのである。つまり「商取引は慣習に則っている」のである。換言すれば,慣習をフォローすることで,取引が安全に遂行されているのである。

しかしながら,何らかの行き違いや状況の変化が生じ,当事者間にトラブルが発生することは否定できない。その場合でも,ほとんどのケースが当事者間の相対交渉で解決をみているのである。そして,なかには当事者間に見解の相違があり,意見の対立をみたりして,当事者の言い分が平行線をたどる場合もある。このような場合でも,当事者の合意に基づき,多くはADR(Alternative Disputes Resolution)特に商事仲裁に解決を委ねている。その際,相対交渉であれ,仲裁であれ,取引社会の合理的な知見(業界の常識ないしは商慣習)に支えられた判断力が発揮されている。重要なことは,訴訟にもち込まれるケースは,取引全体の件数の上では極めて稀であるということである。

このようなことから,商慣習さらには商慣習法は,実際の取引に際して重要な働きをしているといえよう(なお,後述するが,筆者は商慣習と商慣習法とは区別する実益はないとする立場を維持している)。

ところで,商慣習法(lex mercatoria)について多くの意見がある。たとえば,
・「商取引は利潤動機で始まり,商慣習に則り,その積み重ねにより安心して進めることができる」
・「多国籍企業をはじめとする国際企業は,今や国境を障害物とは意識せず,むしろ国民経済単位でのレベルで比較優位を形成する枠組みとして認識し,国際ビジネスを展開している。この現実を前にして,国内秩序の維持を目的とした国家制定法である国内法を金科玉条として国際ビジネスに適用することは,経済的合理性に適うであろうか」
・「lex mercatoria は,アカデミック・ファンタジーに過ぎない。つまり,多くの裁判官は lex mercatoria のことを知らず,知らないものは使いようがないのであり,何が lex mercatoria かを論じることに実益はない」
・「lex mercatoria が経済的合理性の発露であるとしても,裁判官が法と認識しなければ画餅に止まる。仲裁判断も裁判所による応援があって,はじ

めて現実の力を得る。このようにして法的正義は実現されるのであり、国際商人社会の自律的サンクションに実効性は期待できない」
・「現実の商取引の契約段階では、準拠法選択には意を注ぐが、常に訴訟や裁判管轄にまで意識していない。国際契約のほとんどは、裁判とは無縁である。なぜなら、国際契約の当事者は 取引業界の usage and practices に支えられて業務を進めており、当事者間に一定の信頼関係が成立している場合がほとんどであるからである」
・「多くの仲裁では、法の一般原則や lex mercatoria といわれるものが適用されており、国際取引分野において仲裁による法形成現象は今や無視できない」

などである。このようなことを念頭において、以下でいかに国際商慣習法（lex mercatoria）が実際の国際ビジネスにおいて、機能しているかを考察する。

第3節　国際取引行為の自律性

1　商取引と商慣習

　利潤動機に基づき取引の当事者としての商人（企業）が、どのようなビジネス形態や契約条件が自己にとって有利かを選択・判断し、その形態や条件が自己の費用と責任の範囲内で当該取引をマネイジできるかを検討した上で、取引に臨む行動特性のことを経営行動の自律性[3]という。そして、交渉を通して相手側企業が提示する条件を知るに及んで、企業は自己の提示した条件との接点を求めて自己提示の条件を変更し、また相手側企業に条件の変更を求めたり、やがて両当事者の合意が得られたところで契約が成立する。このようにして、ある特定の集団（同一ないし類似の商品を取り扱う商人達の集まりである業界）に属する商人の間で、ある特定の行為が自律的に行われ、そして反復して行われることで、それが常習的行為にまでなったときの自律的な行動様式が商慣習

(custom ; usage of trade) といわれるものである。

　そのような常習的行為つまり商慣習は，取引において判断を求める主要な条件から構成されることから，貿易取引では契約の基本条件[4]と称している。したがって，広く認知されるようになった契約の基本条件について商慣習に則って取引を行えば，相手側の反応，つまり行動様式の予測が可能となり，取引全体についてもリスク管理のための予測可能性が高まることを取引を通して経験的に知るようになる。そして貿易取引の場合，取引に際して選択・交渉・判断する対象としての契約の基本条件を貿易慣習[5]と称している。

　貿易取引は，国境を越えて行われる商品の移動とその対価の移転であると認識されている。しかし，貿易取引は，国境線（領域）が強く意識されるようになった近代国家の成立以前から，つまり近代国家法の形成に先立ってすでに行われていた経済行為である。したがって，そこでは貿易取引の当事者にとって国境の意識は希薄であり，実態は後ほど形成される領域国家に跨がる隔地取引であった。

　隔地取引が活発に行われると距離を乗り越えて，共通の商慣習が発達し，商慣習の普及とともに隔地取引への不安が次第に除かれるようになる。一方，近代国家の形成が進むにつれて，規範を法典化することで近代国家（国内）法が整備されてくるが，国際的な統一私法（契約法）は現在にいたるも成立をみておらず，貿易取引に適用される商慣習が一般的な法規範として存在するかたちで必要とされた[6]。つまり，貿易取引を行う企業の間で自生的に生成・発達したルールが貿易慣習となり，それに基づいて貿易取引が促進され，自律的に営まれてきたといえよう。それゆえに，そのルールとしての貿易慣習は，それ自体が国際性を有する国家横断的（transnational）な経済的合理性と効率性を備えたものであった。

　このような貿易慣習は，隔地（国際）取引の実状から生じた自生的なものであるから，さらに取引の実態に沿うべく意識的な改善努力（たとえば，ICC［国際商業会議所］の活動）が加わって，国際商慣習としての地位を強固なものにしていった。そして，この貿易慣習は反復使用されることにより，国際取引上の実質的な統一私法として機能し，国際商慣習法（lex mercatoria）にまで結晶

したといってよい。ここに慣習の事実性（実益性・実効性を内容とする de facto standard）としての法源性が注目されることになる。

2　慣習と慣習法

　ここで慣習と慣習法に言及しておきたい。一般的に法律学では，慣習に法的な確信（legal recognition；Rechtsuberzeugung）が付与されると，その慣習が慣習法として承認されるとされる[7]。そして，商慣習法とは，慣習の形式で存在する商事に関する法規範とされている。ところが，商慣習と商慣習法とを「法的な確信」の有無によって区別することは，理論的には可能であっても，実際問題として国際取引において国際商慣習と国際商慣習法を当事者の主観を含むことになる「法的な確信」によって区分することは困難であるばかりでなく，取引の安全にも悖る。したがって，合理的な実効性のある国際商慣習は，あえて区別しないで国際商慣習法として取り扱うのが，実際的であり取引の実状に相応しい。

　ところで，慣習法の規範性の承認の根拠とは何かについて，国家法説，判例説等いろいろな説明が存在する。貿易などの国際取引においては，一般民事法の領域と異なり，慣習と慣習法とを区別する実益は存在しない。本章では，国際取引の理念に支えられた慣習の事実性（de facto standard）を根拠とする理念支持説とでも称するものを提唱したい。なお，ここでいう国際貿易の理念とは，貿易取引の拡大，安全，簡明性，透明性を目指す指標を意味する[8]。

3　国際商慣習法の規範性の根拠に関する通説の検討

　前述したように，筆者は国際商取引にあっては国際商慣習と国際商慣習法とを区別する実益はないとするものであるが，ここで慣習の規範性の承認の根拠について通説とされている国家法説，判例説等について若干の反論を掲げておきたい。
　(イ)　国家法によって慣習（法）の規範性を承認する考え方は，日本法の場合

では法例2条「公ノ秩序又ハ善良ノ風俗ニ反セサル慣習ハ法令ノ規定ニ依リテ認メタルモノ及ビ法令ニ規定ナキ事項ニ関スルモノニ限リ法律ト同一ノ効力ヲ有ス」を根拠にしている。慣習が制定法の欠陥部分を補充するのは，現実の取引にあっては当然のことであり，制定法の欠陥を理由に取引を差し控えることはない。その意味からしても，この規定は当たり前のことをいっているに過ぎない条文であり，そのような条文から慣習（法）の規範性を求めることは，根拠薄弱である。そして日本法の場合，法例7条「……当事者ノ意思ニ従ヒ其何レノ国ノ法律ニ依ルヘキカヲ定ム」は，典型的な国際私法の理念である当事者自治の原則を表現している条項である。ましてや，手順を逆にして，国家法のプロセスをボーダレスな取引の慣習的なルールの立証に当てはめることには無理がある。

　ところで近年ヨーロッパを中心にして，国際契約を国家法とは個別独立の国際取引法（それを lex mercatoria と呼んでいる）に服するものとする説があらわれた[9]。「古典的国際私法理論によっていずれかの国の法を準拠法とすると，当事者の一方は自国法によって行動することができるが，他方は外国法に服しなければならないことになる。しかし，それは特に当事者による法選択のない場合に，当事者平等の原則に反するであろう。……国家法は，一国内の取引関係を規制するために作成されているので，国際取引の特別な需要を考慮に入れていない」とし，その上で「lex mercatoria の主たる法源の順序に関し『1 契約，2 国際取引慣行，3 国際協定，4 法の一般原則』を指摘する」としている。

　上記は，全ての法の選択をいったん国家法の網にかける伝統的な国際私法（これ自体各国の国家法）による法選択のアプローチを放棄するものであり，当事者による国際（貿易）取引契約の自律性をより重視する考え方である。ボーダレス・エコノミーの時代にあっては，国際的な商慣習（法）の規範性の承認を国家法に依らしめることの矛盾を指摘している。

　(ロ)　判例により慣習の規範性を承認する考え方は，判例が慣習に法的な確信（legal　recognition）を付与して慣習法たらしめるとするものである。この考え方は，一面の妥当性を有し，一般の国内民事法の領域でこのような考え方は通用しても，国際商事法の分野では全幅の支持を与えるものとするには根拠薄弱

であるといわざるをえない。国際取引業界に馴染みの薄い裁判官はじめとする法曹は，必ずしも国際取引における慣行（実態）に通暁している訳ではなく，事案の判断に際しては国際取引の当業者の知識を借り，彼らの経験に学ぶはずである。そうでなければ思わぬ基本的な誤り[10]すら起こしかねない。このような事態が生じる可能性がある国際取引分野において，裁判所が出す判例にのみ全幅の規範性承認の権能を与えることは不当なことになる。また，国際商慣習を国際商慣習法と区別し，前者をして裁判官の国際契約の解釈（意思表示の解釈），資料たる「事実たる慣習」[11]とすることには，国際取引にあっては実益を見出しえない。

　しかしながら，どのような判例にしろ上記のような判例が存在すれば，法律判断としての判例はやはり取引慣行に大きな影響を与える現実の経済現象の「今一つの事実」[12]であることには間違いない。しかしながら，判例という「今一つの事実」が他の事実（取引慣行）に法的な確信を与える全てではない。そうであるならば，それは自作自演の自家撞着となる。

　後述するが，今日の国際商事仲裁の大幅な普及をみれば，この国際商事仲裁判断にも判例と同等の lex mercatoria の形成力を認めなければならない。むしろ国際取引にあって国際商事仲裁が多用されている現実は，ルールの形成力として仲裁判断を裁判判決と同等ないし時にはそれ以上に重要視する必然性があろう。

第4節　国際商慣習法(lex mercatoria)について

1　lex mercatoria の発生

　貿易取引をはじめとする国際取引に登場する商慣習法を一般慣習法と区別して国際商慣習法（lex mercatoria）と呼び,その概念を規定しておく必要がある[13]。lex mercatoria は，もともと中世の地中海世界において貿易を営んでいたイタ

リアの海洋都市（ヴェネチア，アマルフィ，ジェノア，ピサ等）の商人団体（collegia mercatorum）の自治規約（statuta mercatorum）と商慣習に起源を有し，商人団体の裁判管轄権の下に実効性を発揮し，国境を越えた商取引の規律規範を意味したのである[14]。現在では，国境を越える取引を固有の規律対象とする規範の総称として用いられ，また狭義にはインコタームスや標準契約約款を指すとされる[15]。

　再三言及しているように，輸出入取引や外国間取引に関する契約を規律・規制する国際的な統一私法[16]（たとえば国際貿易契約法など）は，国家や国際機関等のいろいろな努力にもかかわらず存在していないのが実状である。現実は，貿易取引に携わる商人の英知と合理的な精神が，長年にわたって実際の取引の中で形成されてきた国際商慣習（法）（international commercial custom, あるいは lex mercatoria, Law Merchant）を活用して，それを国家横断的（transnational）な取引規範となし，当事者の意思の合致（合意）からなる諾成契約という形で貿易取引契約を成立せしめ履行してきているのである。

2　実定法としての国際取引法

　貿易取引をはじめとする国際取引は，実定法としての「国際取引法」によって規律されていることには誰も異論を挟まない。しかし，国際取引法という名前のついた法律がある訳ではない。そこで問題となるのは，実定法の内容・範囲，つまりその存在形式としての法源である。一般に民商法の法域の法源を形式的に列挙すれば，（国家）制定法，慣習法，判例法，自治法，学説・条理などが挙げられる。

　ところで，各国が制定法（成文法）として国内取引を対象とする商法典を有していても，商取引が変動著しい経済活動を反映したものである以上，常に規範と現実のずれが生じることになる。これは制定法（成文法）の宿命である。そこで，慣習（法）が，その欠陥を補充すべく活用され，また成文法を改廃する力を有することになる。ましてや，国際的な統一（成文）私法をもたない国際取引の分野では，一層慣習（法）が重要視されることになる[17]。

国の立法機関が制定した商法典をはじめとする制定法は，各国法の形式で存在する商取引法であるが，やはり各国の国内法の形で存在する国際私法の定めるところのルールにより国際取引に採択・適用が決定されているのが実状である。しかし，国際取引においては，国内取引以上に法規範と現実の多様に変化する国際経済現象を反映した取引慣行（事実）とのずれが認識される。

　まず，各国の制定法は，本来国内取引を予定したこともあって国際取引の領域をカバーするには不十分であり，また国際取引から発生するであろう事態を予見することも不可能である。

　次に，成文法の制定時には，できる限りの現実の経済事態を反映し，それに適合する規範を成文化するのであるが，経済の発展や取引の拡大のスピードが予想を超えることから，規範と事実との間に常に不整合が生じることになる。日本の商法にみられるように，幾度かの改正を経ても，国内取引ですらこの不整合は存在することになる。さらに国際取引では，国内取引に比して国際政治経済状況やマクロ経済の状況の影響を極めて敏感に受け，特に先進国と途上国の利害の対立が準拠法の採択に関しても影響を及ぼすことになる。このことは，プラント輸出契約や開発輸入契約において著しく経験するところである。

　このような制定法と現実のギャップを埋めるために，貿易取引においては，その実践から生じた要求および国際取引の当事者の意識的な改善努力の結晶として国際商慣習が自生的に生まれた。その慣習は反復体験されることにより国際取引上の実質的なルールとして機能し，国際商慣習法（lex mercatoria）が形成され，ここに慣習（法）の事実性（実益性・実効性を内容とする de facto standard）の存在が認識されることになる。

第5節　国際商取引社会の出現

1　国際商取引と契約法

　国際商取引，たとえば貿易取引は，当事者による意思の合致（合意）の結果として貿易取引契約が締結され，多くの場合，当事者の期待どおりに契約は履行される。しかし，何らかの理由や不測の事態の発生により期待（契約）どおりの履行がなされないとか，締結後に契約内容に関する両当事者間の解釈の違いが顕在化して紛争になることがある。それが当事者を取り巻く環境（文化・言語・一般慣習等の違い）に起因することもあるが，そのことをある程度予測しても契約に全ての予想される事項や条件を盛り込むことは不可能に近い。

　そこで，相対交渉により業界における取引慣行に従って解決の道を探ることで多くの場合，解決をみるが，言い分が平行線をたどると両者の合意により国際仲裁に付託するケースが多い。そのような合意が得られない場合，訴訟に訴えることになるが，いまだ国際的な統一私法が存在しないことより，いずれかの国の法（国家法である契約法）を準拠法に指定して，それによって契約を解釈し解決することが行われる。その場合，各国の国内法は，それぞれその内容が異なっており，ある特定の国際取引に適用しようとすると，各国の法が抵触している状況が生じることになる。この準拠法の指定に関する手続を取り扱うのが抵触法（conflict of laws）である国際私法であり，それ自体国内法である。そして，問題は選択される準拠法によって，法的な判断の結果が異なるということである。それは予見可能性が低く，取引の安定性からリモートになることを意味する。現状は以下のとおりである。

（1）　統一私法による規律

　国際取引を円滑にかつ安全に推進するために，世界中の多くの国に共通する

統一私法（国家横断的な取引法）があれば誠に好都合である。現状では特定の限られた分野では，各国の国内法の抵触状況を避ける効果的な方法の1つとして，統一法の発展・展開がみられる。海上運送に関する船荷証券条約（1924年），航空運送に関するワルソー条約（1929年），流通証券に関する手形法統一条約（1930年）や小切手法統一条約（1931年）が挙げられる。わが国では，ワルソー条約を除いてこれら条約を国内法化しているが，これらの統一法は極めて限られた分野のものである。しかし，売買等の契約法の分野については，国際的な統一私法は不存在のままである（ウィーン売買条約を批准する国家が増加すれば，それが統一法になる可能性はある）。

（2） 国際私法により選択された準拠法（国内法）による規律

各国の国内法は，その成立の事情から互いに内容を異にしている。そのような各国の法の抵触状況を前提として解決するに当たり，当事者の合意による当事者の意向に適った準拠法を選択し，採用することができれば，それも1つの解決方法である。ここには，国際私法の理念である当事者自治の原則が生かされており，国家（国内）法としての国際私法による解決である。

取引当事者が関係する各国（複数）の国内契約法の中から，当該国際取引契約に適用されるべき最も適した法の選択・決定にかかわるのが国際私法の役目とされる。しかし，複数の関係国の契約法が互いにその規定内容を異にして，その複数の法があたかも相互に衝突ないしは抵触していると形容される様相を示しており，それらを規整することを目的とすることから国際私法を衝突法ないしは抵触法（conflict of laws）[18]とも呼ぶのである。わが国には「法例」という名の法律があり，わが国の国際私法の主要な成文法源であり，各国にも同じように国内法としての国際私法が存在する。そこで裁判官がいろいろな方法で取引当事者の意図を探求・忖度して，準拠法の決定の判断を下すのであるが，はたして正鵠を得て取引当事者の意図を捕捉しうるのであろうか，疑問とせざるをえない。また，商的（経済的）合理性が確保されているのであろうか。

より大きな問題は，各国の国際私法の内容が不統一であることであり，したがってどこの国の裁判所で訴訟事件が裁かれるかによって適用される準拠法が

異なり，それゆえに判決の内容まで異なる結果となる[19]。このように国によって異なる判決が出ることは，予見可能性を低下させ取引の当事者にとって極めて不都合であり，取引の安全性に悖ることになる。これが現実の姿である。

（3） 慣習法（国際商慣習法—lex mercatoria）による規律

　本来国際取引は，いずれかの国の法（国内法）による規制を予定しているものではなく，利潤動機に基づく国際取引の当事者による自律的な business practice（取引慣行）や custom, or usage（慣習）によって規律されることで合理的に営まれている。そこで，契約上の疑義の解明や紛争解決に際して，国際商慣習（法）に準拠することが合理的になる。このような方法に基づく解決として，相対交渉（和解も含む）や仲裁判断を利用することが多い。このことより，取引契約の領域にとどまらず，仲裁の領域を含め準拠法として国際商慣習法（lex mercatoria）が重要な位置を占めてくる。それゆえに，たとえば取引当事者の合意による諾成契約としての貿易取引契約は，契約自由の原則が支配する領域であることから，国際的な類似性（international similarity）を有している。このことは貿易取引契約で利用する統一規則（インコタームス，信用状統一規則等）や標準契約約款が lex mercatoria として国際取引法の法源として承認される理由となっている。

　民間団体が作成した統一規則として，国際商業会議所（International Chamber of Commerce：ICC）の手になるインコタームス（International Commercial TERMS：INCOTERMS）と信用状統一規則（Uniform Customs and Practice for Documentary Credits：UCP）が代表的なものである。これらは，貿易取引における各地（国）の商慣習や取引用語を調査の上整理して，統一された解釈と用語法によって，取引条件の明確化を目指している。時代とともに取引の態様が変化するのに合わせて改定を行い，商取引の実態に規則をフォローさせる努力をしている。その意味で，これらの統一規則を国際商慣習法（lex mercatoria）と呼ぶことができよう。ただし，インコタームスについては，13条件（2000年版）の全てが lex mercatoria ではなく，後述するように FOB/CFR（C&F）/CIF の３つの定型取引条件のみが lex mercatoria と認識されるのである。

一方，国際取引を公権的に規制する法（強行法規）がある。たとえば，国際取引契約が成立しても，わが国の外為法のような取引を規制する経済法（公法）が強行法規として各国にもあり，これらが契約の履行面で規制を加えることになる。さらに，この規制が自国内にとどまらず，自国の領域外にて行われた経済活動にもおよぶ公法的規制の域外適用の問題もある。そのことに対して，相手国が対抗立法で衝突してくる構図も出てくる。しかしながら，これら強行法規の適用は，私法上の契約の有効性には影響せず，履行上の問題を残すことになる。

2　法の適用順序

以上で国際取引にかかわる各種の法の規律の態様をごく簡単に概観したが，これらの法は，どのような順序で法律関係に適用されていくのであろうか。仮に，準拠法を日本法とした場合には，商法1条により，①強行法規（国際法または国内法），②特約，③商法の任意規定，④商慣習法，⑤民法の任意規定の順序となる。しかし，国際取引での適用では，①強行法規，②国際的統一規則や標準契約約款等の国際商慣習法，③いずれかの国の商法の任意規定，④同じく民法の任意規定の順序となり，国内取引と国際取引とでは②と③が逆転するのが合理的である。

日本の商法（1条）を字義どおりに解釈すれば，定型取引条件（FOB/C&F/CIFの3条件）や信用状統一規則等の国際的統一規則や標準契約約款などの国際商慣習法の適用順序は，商法典に劣後する適用となる。しかしながら，国際取引において当事者が採用した統一規則は，当事者が明示により指定する場合，また明示の指定がなくても当事者が当該契約に当然に適用されると思っている黙示の指定の場合には，統一規則に準拠することが「国際取引の業界の慣習」[20]であり，任意法規に優先するものである。わが国の民法にいう事実たる慣習[21]に近いものといえよう。

このような文脈からすれば，国際的な商慣習法は，国内の取引を規律する目的で作成された商法典の任意法規に優先する地位を与えられると解すべきであ

ろう。学説でも、「……国際売買については、当事者間で、相互の権利・義務につき詳細な取り決めがなされることが多いので、国内売買に比較しても、任意法規のもつ意義は小さいといえよう」といわれている[22]。

3　国際商慣習法(lex mercatoria)

　すでに疑問を呈したように国際取引において、いずれかの国の国家法を判断基準（準拠法）として採用し、それに則ることが果たして合理的であろうか。また、そうすることが取引当事者の期待する真の契約秩序への対応となり、国際取引の安全と秩序形成へつながるのであろうか。疑問とせざるをえない。なぜならば、国内（国家）法としての取引法は、あくまでも特定の国の国内取引を対象とすることを目的とした規定であるからである。取引の当事者は、国際取引社会において生成されてきた慣習やルールに適応する形で自らが自らを律することが、国際取引の目的を達成する効果的な方法であることを知っているはずである。

　国家が制定した法や国家間で取り決めた条約でなく、民間団体が作成した取引条件とそれの解釈に関する統一規則、あるいは国連や取引業界団体の手になる標準契約約款等は、国際取引が実際に行われている現場では、最も馴染みのある国際取引の法源である。取引の開始から交渉を経て、契約の締結にいたる全プロセスにおいて、統一規則や契約標準約款を援用することで、スムースに業務が遂行できる。

　貿易取引に携わる人々の団体が構成する社会は、法の一般原則（たとえば、pacta sunt servanda［合意は守られなければならない］の原則や bonne foi［信義］則）と取引慣行によって規律が保たれている。そして、そのような規律を中核として構成され生成発展したものが国際取引慣習であり、それが反復・多用されることで国際商慣習法（lex mercatoria）が形成されるのである。つまり、国家権力とは切り離された国際商取引の社会ないし組織（団体）の存在を認め、そこに国際商取引社会[23]に固有な規律（商事自治法）の存在を主張するものである。

4　国際商取引社会の固有な法

　上記の国際商取引社会の固有な法として lex mercatoria があり，国際取引の契約自体が法源（固有な法）を構成するとすることは，契約自由の原則と発生の背景を同じくする当事者自治の原則により準拠法の選択が当事者に委ねられている以上，当事者の意向に沿っているといえよう。

　以上のようなことはヨーロッパではすでに指摘されていることである。Schmitthoff[24]の言い方によれば，「国際取引法（the law of international trade）が，各国の法システムの中に存在しながらも驚くほどの類似性を有している」ことは，「法による支配の世界的な受容と企業活動に関する法概念の普遍的な適用の事実が顕著である」ように，貿易の当事国が「市場経済であるか計画経済であるかに関係なく」認められるとした。このように，各国がまちまちの法システムを有しながらも，各国の国際取引法が類似性を有することになった法の淵源を究明するに際して，2つの前提がある。それは，「各国における国際取引法の並行的（同時的—筆者）な展開があったことと，国際取引法が，万民法[25]（ius gentium）として国家主権の下で国内の司法基準に適用されたこと」である。国際取引法の類似性についての説明は，「主権者が，法の創設者（a law-creating agency）としてのビジネスマンの普遍的な慣習を承認する」ことが，法の起源の共通地盤であるという事実のうちに，見出すことができる。そしてそのような法が「新たなる lex mercatoria であり，自律的な国際商慣習法（an autonnomous international mercantile law）である」とする。

　さらに続けて Schmitthoff は，「契約当事者が契約準拠法の選択の自由を有するならば，当事者は規律に関して自律的（self-regulatory）であってしかるべきである」。そして，当事者が国内法から自立するには，次の2つの条件が充たされれば十分であるとする。つまり，「当事者が，仲裁人に公正性と合理性による広範な裁量権を付与する仲裁条項を設定することと，国際商慣習に練達の国際的な機関によって制定された標準約款を採用すること」[26]であるとする。

5 ボーダレスな企業活動と「国際契約法」の出現の機運

再び Schmitthoff によれば,「19世紀から20世紀初頭にかけての極端なナショナリズムが後退して,主権国家を基盤とする国際社会が人類の相互依存に基づく世界秩序という広い観念を取り入れるにつれ,国際取引法の類似性が新しい国際取引法の形式,つまり新しい lex mercatoria の存在を明確にし,それはゆっくりと姿を現してきている」としている。そして,この「新しい国際取引法には２通りの法源があり,１つは国際立法（international legislation）であり,もう１つは国際商慣習（international commercial custom）である」。「前者は,多国家間条約や統一モデル法の国家による採用」であり,「後者は,国際商業会議所（ICC）や欧州経済委員会（ECE）によって制定され広く受け入れられている商慣行・慣習」であるとする[27]。

国際取引が多様化しかつボーダレス化する状況において,国家（国内）法による規律に固執することは,規律の対象（目的）と規律（手段）との間で不整合が生じることになる。つまり,国際商取引を伝統的なアプローチによりそれ自体国家法（国内法）である国際私法の原則に従って,いずれかの国の法を選択して準拠法とすることでは取引当事者の期待に沿うとすることで限界に逢着する。

第６節　国際商取引ルールの新しい流れ

このような流れの中にあって,ウィーン売買条約の名で知られ1988年に発効した UNCITRAL（国連国際商取引法委員会）の手になる国連物品売買条約（United Nations Convention on Contracts for the International Sale of Goods）と1994年に UNIDROIT（私法統一国際協会）が採択したユニドロワ国際商事契約原則（The UNIDROIT Principles of International Commercial Contracts）は,国

際取引のグローバル化の流れに対応するものである。ウィーン売買条約は立法的な手段を採用し，一方，ユニドロワ原則は自らを lex mercatoria（国際商慣習法）であると表明し，現実の取引に適用されているルールをリステイトする方式を採用している。

ところで，後者のユニドロワ原則は，ウィーン売買条約が売買契約のみをカバーするのに対して，ボーダレス・エコノミーの流れを汲んで，売買契約のみならずサービス（役務）提供契約を含め他の種類の契約もカバーし，それ自体完成度の高い規範ないし法原則であり，ウィーン売買条約の補完的な機能も有する。そしてユニドロワ原則にあっては，もはや国家法による契約の直接規律の姿は想定してはいない[28]。そして，このユニドロワ原則は，契約当事者が国際商事契約において「法の一般原則」または「lex mercatoria」に従うと合意した場合に適用されるものである。

上記の状況を曽野和明教授は，「新しい国際契約法出現のうねり」であると表現されている[29]。さらに，曽野教授は，1994年メキシコ市で採択された「国際契約に適用ある法に関する汎米条約」9条2項では，当事者が選択した準拠法が何であれ，裁判所は「国際機関によって認識された国際取引法の一般原則をも考慮しなければならない」としたのが最も注目される，とされている。次いで，同10条で，「……国際取引法における慣習および諸原則（customs and principles）並びに一般に受け入れられた商的慣行（commercial usage and practices）が，個々の事件における正義と衡平の要求を充たすために適用されるべきものとする」としていることとあわせ，超国家的なグローバル・ルールがすでに存在し，その結果，国際契約においては，これまでのような国家法への依存の時代は終わりつつあるとの現実認識の強い発露に他ならない，とされている。

現実の国際ビジネスにおいても，特に売買以外の要素を含む時には，当事者は他国の国家法に服することはできるだけ避けたいとする。同じ理由から自国法の採用を迫ることを自制しつつ，グローバルな共通ルールを希求しているのが実情である。そして，現実には，どのような契約フォーム（約款といってもよい）を採用するのが望ましいかが，交渉され議論されるのである。

第7節　代表的な国際商慣習法（typical lex mercatoria）

1　貿易慣習（CIF, C&F, FOB）

（1）定型取引条件

　契約条件について重要なことは，取引当事者が明示する，しないにもかかわらず，たとえばFOBといえば，インコタームスのFOBを潜在的に意識しているということである。多くの貿易の契約当事者が，このようにしてFOBやCIF，C&Fの3条件を反復・多用している。これが貿易取引での慣習である。この反復性と多用性は，これら3条件を使用することによる利便性と取引の安全性に依るものであり，したがってこのような反復・多用・利便・安全からなる特性を「事実性」と表現することができる。そして，この事実性を根拠にしてFOB/CIF/C&Fの3条件は，契約条件を規定する実質上の統一ルールといえるのであり，つまり慣習が法化した状況であり，国際商慣習法（lex mercatoria）といえる。

　なお，インコタームスについて特徴的なことは，貿易取引における売手の義務と買手の義務および貨物(商品)の移動に伴う危険負担区分(危険の移転の時期)を規定するにとどまり，貨物に対する支配権(所有権)の移転の時期や義務違反の効果等については全く規定していないことである。したがって，これらの点については，契約の別の条件に委ねていることになる。

　以下で詳述するように，現代の貿易取引における価格条件の交渉や契約上の取決めでは，当然のごとくFOB/CIF/C&Fの3条件を使用している。ここでいう「当然のごとく」とは，貿易を業とする企業にあっては，価格を表示（quote）するに際して，これら定型取引条件を使用するのが当たり前であり，そうすることに何の疑問も抱かずに行われているという意味である。事実，定型取引条

件を使用することで不便を感じずに安心して，毎日世界各地で貿易取引が行われているのである。このような方法で取引が数限りなく繰り返されていることは，定型取引条件の使用が慣習（貿易慣習）化し，それが国際商慣習法となっていることである。このことはインコタームスの全ての定型取引条件（13条件）についていえるのではなく，FOB/CIF/CFR（C&F）の3条件のみについていえるのである（後述(3)を参照されたい）。

　ところで，FOB や CIF の条件を使用して貿易売買が行われるようになったのは，19世紀のイギリスにおいてであった。イギリスの判例に FOB 条件を使用した契約や，CIF 条件を使用した契約が登場するのは，FOB が1812年，CIF が1862年である[30]。実際に貿易取引を行うに際して，これら FOB や CIF を使用した貿易慣習は，判例に記録された時より以前から行われていたといえよう。また，決済に関する条件では，荷為替信用状による決済が企業内貿易[31]以外の取引では今も大勢を占めているところから，信用状の取扱いや疑義の解釈について，信用状統一規則が広く採用・適用されている。なお，インコタームスは定型取引条件と称されるが，商学畑では貿易慣習，法学畑では援用可能統一規則ともいわれている。

　従来，法曹[32]の世界では，インコタームス（実際には，FOB/CIF/C&F の3条件）が大いに貿易業界で利用されている実状にもかかわらず，その法律的な意義としては，援用可能統一規則という用語・概念のもとに，それを利用しようとする者が「援用する」旨を契約に際して明示しておくことが必要であり（実際には，そのようなことはほとんど行われていない），当然に適用されるものではないとされてきた。つまり国際商慣習法として認知されない扱いである。その論拠として，国家の制定法でも国際機関による条約でもなく，その出自が国際的な民間団体である国際商業会議所で作成されたことや，インコタームス自体が第22項でインコタームスを利用する旨特定すべきであるとしていることを挙げている[33]。これらの意見は，以下で考察するように，実態を無視した非実践的な理論であるとの批判を免れないであろう。

　定型取引条件が，国際取引（ここでは貿易取引）に大いに利用されている理由は，次の2つである。第1に，国際取引の当事者は，相手に対していかなる

義務を負うのか，またいかなる権利を有するのかを明確にする必要がある。しかしながら，国際取引を規律する統一私法は，たびたび述べているように一部の分野を除いて，存在していないのが実状である。したがって，互いの国で異なる法体系と内容の下にあって，異なる法認識を有する当事者が，関係する取引にどのようなルールが適用されるのかに惑いを覚える。第2に，上記のような状況下にあって，国と国による統一法の制定を待つのではなく，取引関係者の任意によって，一定の取引分野（業界と地域）における商習慣や商慣行を整理し，統一規則としてまとめる作業を行った。さらに，時代とともに利用者のニーズにあわせる形で定型取引条件を改定してきたことによるものである。それゆえに，この定型取引条件が国際的な取引の発展につれて，実質上の統一法の役割を果たし，次第に商慣習が法化して商慣習法（lex mercatoria）としての地位を獲得してきたといえよう。しかし，それはインコタームスの全ての条件ではなく，以下で述べるようにFOB/CIF/C&Fの3条件についてのみ国際商慣習法（lex mercatoria）の地位を認めるのが相当であるとするものである。

（2） インコタームス 1936～1953以前と1980以降

インコタームスは，パリに本部を置く国際商業会議所（ICC）が定型取引条件委員会を設置して，1936年に "International Rules for the Interpretation of Trade Terms (International Commerce Terms：INCOTERMS，以下インコタームス1936と略記する，以下同様）を作成・刊行したものである。その後1953，67，76，80，90年と数次の改訂を経て，最新のものは2000年版である。

ICCは，各国で慣用されている定型取引条件に使用されている用語とその内容の実態調査を行った。これを基礎にして国際統一規則が起草された。草案作成に当たっては，FOB慣習やCIF慣習の発祥地であるイギリスの解釈を土台にして，各国の取引慣習を加味した。これがインコタームス1936である。

第2次世界大戦の終了とともに新しい国際経済の仕組み（ブレトンウッズ体制）が展開され，貿易慣習にも変化がみられるようになった。そこで国際商業会議所でも，イギリス国内委員会を中心に18ヵ国の国内委員会から意見を参考にして，9種類の定型取引条件からなるインコタームス1953を刊行した。イン

コタームス1953の特徴は，契約当事者の義務や責任をできる限り明瞭かつ正確に規定し，現行の国際取引慣習の最大公約数的な規定として，広く採択されるように配慮した[34]。実践に携わる商人が便宜なものとして長い年月をかけて改善を加えてきたものは，理論的整合性を求める改善よりも常に優れているとの理由に基づくものである。

1960年代に入り海上運送の多くがコンテナ化する状況にかんがみ，コンテナ・トレード・タームス（Container Trade Terms）といわれるFCA/CPT/CIPの3条件を追加し，インコタームス1980を刊行した。そして，インコタームス1990にて国際複合運送に適するようにコンテナ・トレード・タームスを修正し，13種類の定型取引条件を4つのタイプに整理して，使用の便宜を図った。それを略そのまま引継ぐ形での最新のものがインコタームス2000である。

このようにインコタームスは，定型取引条件を追加や削除したり，修正したりして時代のニーズに応えようとしてきた。しかしながら，船舶輸送のコンテナ化を迎え，また航空機利用が増えても，インコタームス（定型取引条件というべきか）の利用者は圧倒的に在来船用のFOB/CIF/CFR（C&F）の3条件を集中的に利用していることに注目しておく必要がある。そして，これら3条件の反復・多用性は，インコタームスが1936年最初に制定されて以来，最新の2000年版が発行されている現在にいたるまで存続し続けている間の歴史的事実である。

（3） FOB/CIF/C&F条件のデファクト・スタンダード（de facto standard）化

今日の貿易取引において，FOB/CIF/C&Fの3条件が圧倒的に反復多用されている事実は否定できない。これら3条件の利用実績は，1995～96年にわたって実施された小林晃教授（日本大学）を代表者とするトレード・タームス調査[35]によると，他の条件に比べ圧倒的なものがあり，この3条件の使用頻度は輸送手段として船舶を利用する貿易取引で95％，航空機を利用する貿易取引で90％前後を占めている。

輸送手段として船舶を利用した貿易取引では，わが国の場合，コンテナ船に

よる輸送が主流（輸出の場合90％以上）をなしているにもかかわらず，在来船用の定型取引条件が多く利用されている。コンテナ用の定型取引条件（コンテナ・タームス）であるFCA/CPT/CIPは，不人気といわざるをえない。また，航空機輸送に適しているとされる定型取引条件FCAも，やはり不人気である。

　このように企業が貿易取引を行う際に，FOB/CIF/C&F/の3条件を採用するのは慣習化しており，これら3条件はいわば定型取引条件のデファクト・スタンダードとして機能しているといってもよい。これが3条件をして，国際商慣習法（lex mercatoria）といわしめる理由である。

　以上より引き出される結論は，FOB/CIF/C&Fの3条件は，その使用について通常性・当然性があり，これらの3条件が通常の貿易取引において，デファクト・スタンダードとして機能していることを物語る。そして，実益性と実効性の存在が裏づけされたことは，これら3条件のlex mercatoriaとしての証明でもある。このようにして，貿易取引行為は取引の当事者たる企業が自ら形成したlex mercatoriaとしての定型取引条件（Trade Terms）を選択し，それを使用することにより自律的に取引行為を安全なものに導いている。決して国家法や国際条約に準拠した条件を選択することで（他律的に）貿易取引行為を行っているのではない。

　このような実状を支持する国際的な機関の動きがある。私法統一国際協会（International Institute for the Unification of Private Law, Roma：UNIDROIT），国連欧州経済委員会（United Nations Economic Commission for Europe：ECE），全米貿易協会（National Foreign Trade Council），国連国際商取引法委員会（United Nations Commission on International Trade Law：UNCITRAL）などがそれぞれの立場でインコタームスの実績を評価している[36]。

2　標準契約約款

（1）　標準契約約款の性格

　穀物取引や原油取引には，通常当該業界のほとんどの当事者が反復利用している標準契約約款[37]（Standard Contract Form）がある。また，単なる商品の売

買でなく，機器の製作・供給，運搬，据付，建屋建設の請負，労働者の雇用，試運転，保全，保険，ファイナンスの提供等の業務を契約内容とするプラント輸出契約でも，標準契約約款が使用されているのである。

これら標準契約約款のそれぞれには，その生成の過程や作成者，またpopularity（普及性）において差異が存在するが，契約の締結を合理化するために，特にリスク・マネジメントの観点から，あらかじめ定型的な契約内容を設定しておき，当事者をこれに依らしめる自治的な法規であるところが共通点である。重要な点は，単なる契約の見本に過ぎない標準書式（formular）ではなく，当該業界内で共通する問題意識をもった当事者の権利義務を規定しており，そうすることで取引の安全に資する規範であるということである。このような約款は，義務の不履行の効果，救済，解約権，免責条項，仲裁条項を含んでいる。特に，国家権力を補助的に活用できる仲裁は，費用と時間のかかる訴訟（国家による救済手段）を回避し，当事者の合意に基づくADR（裁判外紛争処理）である点に意義がある。

標準契約約款を生み出した動機は，1つには，市場経済による資本主義的生産とそれに対応する大量の同時的な複数の取引を成立させたいとする要請からである。契約内容（取引条件）を定型化，標準化することで取引の透明性を確保し，迅速に契約を推し進め，取引の安全の確保に貢献することが可能になったことである。2つには，複雑な内容を含む多くの書類からなる契約文書を全体として整合性を維持し，当事者の権利義務関係を明確にすると同時に，必要に応じて第三者に対してもそれらの透明性を確保することが目的であった。国際取引に使用される標準契約約款は，個別の企業が構成員となっている民間団体がその作成に関わっているものが多い。

穀物輸入契約や原油輸入契約の場合，現実の取引において実施・適用されているルール（商慣習法）がrestate（明文化）される形で標準契約約款となっている。一方，ENAA（The Engineering Advancement Association of Japan）のプラント輸出契約に使用されるModel Formは，過去にその必要性に気づかずに契約で明記していないこと（欠落）により苦汁を舐めた経験から，予想されるリスクへの対処法を新たに補充することで約款の完成度を高め，約款の利用

者からのコメントを常時取り入れ，それでも100％完全ではないが，しかしそのような約款によって契約をすることが慣習化し，限りなく取引の安全に寄与しているという現実があってできあがった標準契約約款である。

ところで，標準契約約款がなぜ法的拘束力を有するのかについては，多くの学説がある[38]（附合契約理論，規範契約理論，商慣習法理論，指定理論，制度理論，自治法理論等）。これらの1つの理論で，たとえば穀物輸入契約に使用される約款とプラント輸出契約の約款の双方の法的拘束力を同時に論じることには無理がある。筆者は，自治法理論に近い見解を有している。経済のボーダレス化が進展し，国際企業は国境を意識しないで国際ビジネスを展開している。その行動形態は，貿易経営行動の自律性[39]によって説明される。そこには，主権国家の黄昏とともに国際取引社会[40]というべきものの成立が認められる。この国際取引社会こそ法諺「社会あるところに法あり」（"ubi societas ibi ius."）[41]にいう社会であり，プライベート・レジームでのそれの構成員からなる団体が自主的に制定するルールに自律性ないし法源性が認められるとするものである。

（2） 穀物取引や原油に使用される標準契約約款

日本の総合商社がアメリカ産の穀物を輸入する契約に際し，FOB契約ではNorth American Export Grain Association（NAEGA）, Inc.（Washington D. C.）の標準契約約款（Free On Board Export Contract U. S. A./CANADA）が，CIF契約ではThe Grain and Feed Trade Association Limited（GAFTA, London）の標準契約約款（Contract for Canadian and United States of America Grain：Cargoes, Tale Quale-C. I. F. Terms）がよく使用されている。アメリカ産穀物であってもロンドン穀物取引約款が使用されるのは，契約条項の中で決済や仲裁の手続面，洋上売買（Sales by Named Vessel(s)）への配慮がなされているからである。

上記の2つの約款は，ともにウィーン売買条約の適用を排除しているのが特徴的である。仲裁条項については，前者は仲裁地をニューヨーク市としてアメリカ仲裁協会（AAA）を指定し，後者はThe Grain and Feed Trade Association Limited（London）のThe Arbitration Rules, No. 125の使用を指定した上

で任意の仲裁人ないし仲裁機関によるべしとしている。

　原油取引にも標準契約約款（Crude Oil Sales Contract）が存在する。FOB契約となっており，インコタームスによることが明記されている。中東諸国からの原油の輸入契約では，再販売の制限条項がついており，イスラエル・ボイコット条項と俗称される The Arab Embargo and Boycott Regulations が組み込まれている。その結果，たとえばUAE（アラブ首長国連邦）の石油公団との契約では，準拠法としてニューヨーク州法が採用され，AAAの仲裁ルールが指定されているが，再販売制限条項が特約として明記されていることに注意したい。また，仲裁を final settlement とし，仲裁地は売手のオプションによりロンドン，パリ，ジュネーブの中から選択されることになっている。なお，使用言語は英語が指定されている。

（3）　プラント輸出契約に使用される標準契約約款

　プラント輸出契約には多くの標準契約約款が存在するが，日本企業のプラント輸出における実績を背景に，ENAAが発表した Model Form International Contract が有名である。Schmitthoff も Export Trade；The Law and Practice of International Trade[42]にて FIDIC Conditions of Contract（the Federation Internationale des Ingenieurs-Conseils：FIDIC）と並んで ENAA の Model Form を例示している。

　ENAAの使い勝手のよさは，Turnkey Lumpsum Basis の Contract Form にあり，世銀（World Bank）がファイナンスするプロジェクトにも数多く利用されている。知的財産権が複雑に絡むプラント輸出契約にあって，Grant of Process Licence の条項を標準約款として取り入れるなど現代的な要請に応えている点が注目される。

3 ユニドロワ国際商事契約原則

(1) 国家の立法手法によるウィーン売買条約[43]

　20世紀前半においては，伝統的な法と国家法を同一視することと，法実証主義的な考え方とが支配的であった。そこでは，国際取引には国際的な拘束力を有する統一私法が望ましいものであり，それは国家単位での国際的な合意を前提とし，しかる後に自国の国内法体系に組み入れるプロセスが当然視されていた。このような理念からUNIDROIT（私法統一国際協会）により作成され条約として成立（1964年）したハーグ条約（ULIS）は，ヨーロッパ大陸の先進国に適応するドグマ中心の理論体系を押しつけると批判され成功をみなかった[44]。

　この条約が成立した時代背景として，社会主義諸国でも東西貿易への手掛かり求めていた。これらの計画経済をベースとする諸国が貿易に参加するには，自国の貿易担当の主体（公団，公社等の国家機関）が，市場経済諸国の貿易担当主体たる企業と対等に取引を行う必要があった。つまり，共通のルールを必要としたことから，国連総会でのハンガリーの提案により設立（1966年）されたUNCITRAL（国連国際商取引法委員会）が，国際統一売買法の起草を議題として取り上げ，作業部会が設けられた[45]。そして，ハーグ条約に対する反省からUNCITRALにより作成されたウィーン売買条約が，1980年ウィーン外交会議で採択をみることになった。これがウィーン売買条約の名で知られる国連動産売買条約である。

　そして，1986年にはアメリカ・中国・イタリアが同時に同条約を批准したことによって，本条約の発効に必要な10ヵ国の締約国数が満たされ，1988年に本条約は発効した。2004年現在，参加国の数は62ヵ国となり，貿易先進国でウィーン売買条約を批准していないのは，理由はいろいろ取り沙汰されているが日本とイギリスくらいである（ただし，日本でも近く批准される気運があると聞く）。

(2) リステイトメント方式によるユニドロワ原則の出現

　ウィーン売買条約は，拘束力のある規範を立法レベルで達成するために統一的な立法の方法を選んだ。結果として，ウィーン売買条約は，立法手法の困難さないし限界を示していることになる。そこで，UNIDROIT は国家法的な立法手法による拘束力のあるルールの作成に代えて，現存する国際取引を規律しているルールをリステイト（restate）する方法を採用した。現実の国際取引において，説得的な価値を有するルールをリステイト，つまり明文の形で記述することで，事実上の法源として機能するようにした。これが，ユニドロワ国際商事契約原則[46]の狙いである。

　ユニドロワ原則の前文（本原則の目的）に，"……They may be applied when the parties have agreed that their contracts be governed by general principles of law, the lex mercatoria or the like……" との規定があり，当事者の明示的な選択による場合は当然に，あるいは契約が「法の一般原則」や「lex mercatoria」に言及している場合に，それがユニドロワ原則であるとしている。lex mercatoria を国際取引の規範として押し出す姿勢をとっている。

　ユニドロワ原則の採用は，既存の国家法秩序による契約の規律を想定していない。つまり，契約が準拠するルールを，自国の法でもなく相手国の法でもなく，現実の取引に適用されたグローバルなルールとして「法の一般原則」や「lex mercatoria」を中心に構成された国際取引の新しいルールとしての自律性の高い「国際契約法」に求める第 3 の道の選択である[47]。

第8節　国際商慣習法（lex mercatoria）と国際商事仲裁

1　商事仲裁の納得性

　訴訟による紛争解決は，国ごとに国際私法が異なることより，どの国の法によって裁判を受けるかによって，つまり適用される法律が異なり，それ次第で結論が異なる可能性がある。このように訴訟は，必ずしも両当事者にとって公平感と納得感をもたらすものではない。そこで国際取引の現場では，当該取引に専門的な知識を有する公平な第三者を選び，その判断に当事者が服する形で紛争を解決する方法である国際商事仲裁による解決を選択することが多い。商事仲裁は，プロセスに弾力性があり結論に納得性が高く，手続面でも比較的簡便にかつ安価に進められる。そして，非公開で行うことができることから当該業界への波及および信用維持の点で優れているとされる。

　1970年代後半に入ってから国際取引紛争の解決手段として，国際商事仲裁が進展をみせており，そこでは「法の一般原則」や「good faith and fair dealings（誠実かつ公平な取引）原則」が正面に掲げられるようになった[48]。その結果として，国際商事仲裁のプロセスが，法形成の紛れもない役目を果たすようになった。多くの国家法は仲裁プロセスでの当事者自治を促進する規制緩和的な方法を承認し，それは契約自由の原則と同じ思想的な背景に基づくものである。実際に，ICC（国際商業会議所），LCIA（ロンドン国際仲裁裁判所），AAA（アメリカ仲裁協会）の仲裁ルールは，仲裁審問の指揮を含む主要な点について，ほとんど同じ扱いになっている。さらに，UNCITRAL仲裁モデル法は，仲裁判断に関する法規定の世界的なコンセンサスの存在を立証したものといえる。また，1958年のニューヨーク仲裁条約は，承認と執行に関わる問題を決定する法的なルールの基本的な国家間の取決めであるいえよう。

　曽野和明教授は，フランス民事訴訟法1496条1項やスイス国際私法187条1

項等も，仲裁において法の一般原則や非国家法的な lex mercatoria が適用可能であることへの支持を相次いで明確にしたと指摘されている[49]。さらに，UNCITRAL 仲裁モデル法をはじめとして，多くの仲裁規則が，契約における当事者の意思尊重の立場から，国際的な実務慣行重視の態度を強めているとし，加えてウィーン売買条約に含まれているルールが世界的な商慣習を反映しているとして，国際私法が指定した準拠法に優先して適用されるとする国際商業会議所の仲裁判断を指摘されている。

2　商事仲裁の法形成力

　いくつかの仲裁規則（たとえば，現行の ICC ルール，AAA ルール，UNCITRAL モデル法）は，仲裁人に対して準拠法の適用に際し「商慣行や取引慣習」を考慮することを要求している。このように仲裁において商業的に受け入れられた成果を考慮せよとする要求は，事実上仲裁人をして法形成に従事することを宣誓させたことになる。その結果として，仲裁合意をすることが，仲裁人が創出する商取引法のルールの適用に仲裁当事者が黙諾を与えたことになる。国際商事仲裁ではウィーン売買条約（契約で適用除外していない限り）やユニドロワ原則を切り口として，あるいは判断のよりどころとして引用しているケースが多い。

　国際商事仲裁が lex mercatoria を形成する機能を有することを，多くの人が指摘している。一例として，トーマス・カーボノ教授によれば[50]，国際商事仲裁による lex mercatoria の形成機能を認め，「国家は，黙示の形で国際仲裁人及び友誼仲裁裁定に対して国家横断的な商業の分野での法の形成権限と機能を委任しているのである。そのことは，国家が仲裁に関する規制の緩和を促進する法を制定していることに現れている。つまり，仲裁提起の受入れ地についての条件を緩和しており，司法的な監視をするのは極めて限られた部分についてであり，そして仲裁裁定を執行する等である」としている。

　たとえば，ICC 仲裁は，広範に商事紛争を取り上げており，国際商慣習法の生成に直接的なかかわりを有している。ICC 仲裁規則では，仲裁の裁定理由を

提示するとか公開するとかについての直接的な規定はない。しかしながら，ICC の裁定について入手できる資料（たとえば，*Journal du Droit International* 誌）からわかることは，理由つきの裁定は ICC の実務では当たり前のことになっていることである。それらの裁定の多くは，国際契約法がはっきりとした輪郭を伴って出現しはじめていることを示している。

また，国際企業社会でのプラグマティクな商取引の倫理を反映した原則は，それ自体（sui generic principle）が法の一般原則である。たとえば，信義誠実の義務（信義則）や損害軽減義務がある。ICC 裁定では，国際商事契約の当事者は取引に際し信義則や損害軽減義務に服すると判示している。これらのルールは仲裁人が契約解釈の最高ルールとして衡平原則を適用する際の標準的な規範とし，つまり国際商慣習とみなし，彼らはそれを法源として適用し商取引の国家横断的な法を構成しているといえるのである。

さらに ICC 裁定で特筆すべきは，再交渉義務の導入である。再交渉義務は国際企業社会に広く行き渡っている行動のニーズや形態に適合するように，それに対応して特にデザインされたルールである。再交渉の義務は，遵法と衡平の一般良識によって評価を受ける私的な国際経済関係の要求に対する国際仲裁人の知覚から生まれたものであり，ICC 仲裁裁定によるルール創出の最も革新的な特性を反映しているとされる[51]。

第 9 節　む　す　び

日本の法学界や法曹界では国家制定法や判例法に比べて，国際商慣習法（lex mercatoria）を重要視しない傾向があることは否めない。また，国際取引法の著作でも，日本法（国際私法や実質契約準拠法などの国内法）の成文法の論述に多くの時間と紙幅を費やしているのが実状であった。それが国際ビジネスの実態によく通じていない学界や法曹界の怠慢に起因しているのではないことを，筆者には祈る気持ちすらあった。しかし，最近になって，ようやく貴重な発言

がみられるようになった[52]。

少数の例外を除いて，法学者や法曹人が国際ビジネスの実態に疎いことは事実として存在するであろう。それだからこそロースクールでは，「法」のみでなく国際経済や国際経営，知的財産（技術）の知見等の基礎的な習得や訓練を経てきた法学部以外の卒業生にも門戸を開き，一方で法学生には国際ビジネスをよりよく理解するための学科目を準備しているのである。

国際取引法の理解には，国際ビジネスに関わる法的正義と商的（経済的）合理性の一体的な把握が必要とされる[53]。これは筆者の信念でもある。そのためには，現実の国際ビジネスを規律している自律的なルールである国際商慣習法（lex mercatoria）の習得はないがしろにはできない。そして，今後はますます国際商慣習法（lex mercatoria）の重要性が増してくるであろう。この小論がそれへの一助になれば幸いである。

＜注＞

(1) とりあえず国際取引に登場する商慣習法を一般慣習法と区別して，国際商慣習法（lex mercatoria）と呼ぶことにする。詳細は以下で論述する。
(2) 曽野和明ほか訳『UNIDROIT 国際商事契約原則』（商事法務，2004）が上梓された。待望久しい出版であり，最も望ましい権威者による明解な邦訳であり，注釈や具体例も訳出されている。絹巻康史「ユニドロワ国際商事契約原則の現実対応性について」国際商取引学会『国際商取引学会研究年報』2000年第1・2合併号。
(3) 絹巻康史『貿易経営行動』10頁（文眞堂，2001）。
(4) 浜谷源蔵『最新 貿易実務』31頁（同文舘，1999）。ただし，同書では保証（warranty）を入れていない。同書の補訂版［椿弘次補訂］37頁（2003）でも同じ扱いである。しかし，高度技術工業品が貿易取引の主流になり，PLへの関心が高まる時代の趨勢から判断すれば，保証条件は加える必要がある（なお，絹巻康史『国際取引法入門』89頁（同文舘，3版，1999）には保証条件を加えている）。
(5) 朝岡良平『貿易売買と商慣習』51頁（東京布井出版，1982）。
(6) 朝岡・前掲注(5)・54頁。
(7) 商法学では，たとえば大隅健一郎『商法総則』79頁（有斐閣，1957）。
(8) 絹巻・前掲注(3)・45頁。貿易取引を支える理念とは，具体的には取引の拡大，安全性，簡明性，透明性に求められる。つまり，c-1取引の拡大は，国際的な相互依存が高まる国際経済社会の発展に寄与するものである。c-2取引の安全性は，拡大の必要条件であり，それに資する国際的に共通する de facto standard としての慣行や慣習等のルールが尊重されることで促進される。c-3取引の簡明性は，大量の反復・継続する取引の処理を可能にするシステムを創出することで担保される。c-4取引の透明性は，上記のルールやシステムが取引の参加者に理解され，受け入れられることで確保される。このようなこ

郵便はがき

料金受取人払

神田局承認
7781

差出有効期間
平成20年6月
14日まで

101-8796

511

（受取人）
東京都千代田区
神田神保町1—41

同文舘出版株式会社
愛読者係行

|||||||||lıl·l··l·ll··l·ll·llıılıllll·lıl·l·l·l·l·l·l·l·l·l·l·l·l·l

---

毎度ご愛読をいただき厚く御礼申し上げます。お客様より収集させていただいた個人情報は、出版企画の参考にさせていただきます。厳重に管理し、お客様の承諾を得た範囲を超えて使用いたしません。
図書目録希望　　有　　　無

フリガナ		性 別	年 齢
お名前		男・女	才
ご住所	〒 TEL　　　（　　　）　　　　　Eメール		
ご職業	1.会社員　2.団体職員　3.公務員　4.自営　5.自由業　6.教師　7.学生 8.主婦　9.その他（　　　　　　　　　　）		
勤務先 分　類	1.建設　2.製造　3.小売　4.銀行・各種金融　5.証券　6.保険　7.不動産　8.運輸・倉庫 9.情報・通信　10.サービス　11.官公庁　12.農林水産　13.その他（　　　　　　　　　）		
職　種	1.労務　2.人事　3.庶務　4.秘書　5.経理　6.調査　7.企画　8.技術 9.生産管理　10.製造　11.宣伝　12.営業販売　13.その他（　　　　　　　　　）		

愛読者カード

書名

- ◆ お買上げいただいた日　　　　　年　　　　月　　　　日頃
- ◆ お買上げいただいた書店名　　（　　　　　　　　　　　　　　　　）
- ◆ よく読まれる新聞・雑誌　　　（　　　　　　　　　　　　　　　　）
- ◆ 本書をなにでお知りになりましたか。
  1. 新聞・雑誌の広告・書評で　（紙・誌名　　　　　　　　　　　　）
  2. 書店で見て　3. 会社・学校のテキスト　4. 人のすすめで
  5. 図書目録を見て　6. その他（　　　　　　　　　　　　　　　　）

- ◆ 本書に対するご意見

- ◆ ご感想
  - ●内容　　　　　良い　　　普通　　　不満　　　その他（　　　　　）
  - ●価格　　　　　安い　　　普通　　　高い　　　その他（　　　　　）
  - ●装丁　　　　　良い　　　普通　　　悪い　　　その他（　　　　　）

- ◆ どんなテーマの出版をご希望ですか

注文書	**直接小社にご注文の方はこのはがきでお申し込みください。** ただし、送料がかかります（冊数にかかわらず210円）。書籍代金および送料は商品到着時に宅配業者（クロネコヤマト）へお支払いください。到着までに1週間ほどかかります。	
	書　籍　名	冊　数

とを内容とする理念が取引の参加者によって受け入れられることが，取引における自律的なルールである慣習（法）をして規範たらしめているのである。これが理念支持説である。

(9) 多喜寛「lex mercatoria に関する若干の問題」法学第52巻第5号122-123頁（1988），von Hoffmann *Grundsatzliches zur Anwendung der* 》 lex mercatoria《 *durch internationale Schiendsgerichte*, S. 215ff. Festschrift fur Kegel, 1987. を引用して検討されている。

(10) C&F契約を確定期売買と解した判決例（判例時報320号4頁，神戸地裁判決昭和37年11月10日）があり，これは当時の裁判官の貿易商務に対する理解不足を示した不当な判決である。当然のことながら，C&F契約には確定期売買でないものも存在する。David M. Sasoon & H. Orren Merren, *C. I. F. AND F. O. B. Contracts* London, Stevens & Sons 1984, p-3, Chapter 1 The Nature of A c. i. f. contracts, "…perform his obligation by shipping at the time specified in the contract or, in the absence of express provision in the contract, within a reasonable time, goods…".

(11) 「事実たる慣習」については，民商法学者の間でも見解が分かれている。我妻栄『民法講義(I)民法総則』251頁（岩波書店，1996）では「…契約内容はその慣習の内容に従って解釈されなければならない」とし，また「…法律行為の全内容もまた，慣習によって決定されるべきものである」として，慣習法と慣習を区別し，慣習はあくまでも解釈基準とする考え方である。川島武宜『民法総則』23頁（有斐閣，1970）では，「慣習は，法律行為の内容を決定する要素としての意味をもち，法律行為が制定法と同一の法源的価値をもつこと（私的自治の原則）を媒介として，実質的に法源性をもつに至るのである」としている。商法学者の鴻常夫『商法総則』54頁（弘文堂，1991）では，「…商慣習は，行為や契約を解釈するうえでの材料となるにすぎない」としながらも，「…私的自治のみとめられる範囲では，…実際上は，事実たる慣習と商慣習法とを区別する実益は乏しい」としている。

(12) CIF売買に関するわが国の判決として，売主の権利義務を争った有名な丸紅飯田対味の素事件の判決（判例時報123号19頁，東京地裁昭和32年7月31日）があり，CIF約款（TERMS）を法律上の効果の判断基準つまり法規範として採用している。

(13) 絹巻康史『国際取引法』（同文舘，2004）。特に，2章「国際取引法の形成と周辺状況」，3章「国家制定法と国際商慣習法」を参照願いたい。

(14) 西原寛一『商法学』6頁（岩波書店，1957）。

(15) 曽野和明・山手正史『国際売買法』5頁（青林書院，1993）。また，山手正史「lex mercatoriaについて」東北学院34号121-122頁（1989）は，広義の lex mercatoria として下記を列挙している。
　　A　政府間国際機関が作成したもの
　　　a　条約の国家による批准ないし国家法化によって効力を生じるもの
　　　　（例：UNCITRAL ウィーン国際動産売買統一法）
　　　b　当事者の任意に任されているもの（例：UNCITRAL 仲裁規則）
　　B　私的国際機関が作成したもの
　　　a　（上記aと同様，例：CMI ヘーグ・ルール）
　　　b　（上記bと同様，例：ICC インコタームス）
　　C　標準契約
　　D　国際慣習法（例：pacta sunt servanda）

⒃　たとえば，国際売買に関する法統一への試みは，1930年当時国際連盟の一機関であったUNIDROIT（私法統一国際協会 International Institute for the Unification of Private Law）によって始められた。しかし，第一草案までは準備されたが，第2次世界大戦によってその作業は中断された。1964年オランダ政府主催の外交会議で，ULIS（国際物品売買に関する統一法；Uniform Law on the International Sale of Goods）に関するハーグ条約や，ULF（Uniform Law on the Formation of Contracts for the International Sale of Goods；国際物品売買契約の成立に関する統一法）に関するハーグ条約が採択された。

　　この条約は大陸法の考え方を中心に構成されており，しかも法技術を重視するあまり貿易の実際になじまないものになっていた。このようなことから，西ヨーロッパ以外の国の経済体制や法体系に配慮がなされる必要性が叫ばれるようになった。1966年国連総会は，直属の委員会としてUNCITRAL（United Nations Commisssion on International Trade Law：国連国際商取引法委員会）の設立を全会一致で決議した。

　　このUNCITRALの作業で生まれたのがウイーン売買条約の名で知られる国連国際物品売買条約1980（United Nations Convention on Contracts for the International Sale of Goods）である。詳細は，曽野・山手・前掲注⒂。

⒄　lex mercatoriaの理論に立脚して，標準契約約款やINCOTERMSを国家法とは別個独立の国際取引法として構成し，pacta sunt servandaの原則による国際商慣習法（lex mercatoria）のあり方を取り上げている説がある。たとえば，Berthold Goldman, *lex mercatoria*（1983），Kluwer Law and Taxation Publishers.やCleave Schmitthoff, *The Law and Practice of International Trade*（2000）Sweet & Maxwell，また，多喜寛「国際取引法におけるlex mercatoriaの理論（二・完）」法学第50巻第2号184-189頁（1986）にてSchmitthoffおよびGoldmanの議論を紹介している。

⒅　抵触法に対して，国際取引（契約）を直接に規律する各国の契約実体法である民商法を実質法と呼んでいる。さらに，実質法が抵触法（国際私法）を通じて，当該国際取引（契約）に適用されるべく指定されると，この実質法を（契約）準拠法と呼んでいる。

⒆　訴訟における最大の問題は，いずれの国の裁判所に訴訟を持ち込めるかという国際裁判管轄権についてである。一般原則は，各国の主権の及ぶ範囲内で裁判権を行使できるということであるが，実際は各国の国内法に任されているのが現状である。日本では，国際的な裁判管轄権について，マレーシア航空事故についての最高裁判決が指導的な判決となっている（最判昭和56年10月16日　民集35巻7号1224頁）。

⒇　業界での国際取引の慣習適用の一例：1980年に成立した国連売買条約9条② "The parties are considered, unless otherwise agreed, to have impliedly made applicable to their contract or its formation a usage of which the parties knew or ought to have known and which in international trade is widely known to, and regularly observed by, parties to contracts of the type involved in the particular trade concerned."これは，usage（慣行ないし慣習）の効力を認めたものである。

(21)　事実たる慣習　日本民法92条により，「当事者カ」事実的な慣行を主張し「之ニ依ル意思ヲ有セルモノト認ムヘキ」ことを立証すれば（特に反対の意思を表示しなければ），「其慣習ニ従フ」として事実たる慣習は任意法規に優先するとされている。

(22)　江頭憲治郎『商取引法　上』52頁（弘文堂，1994）。

(23)　絹卷・前掲注⑶・22-23頁。

(24)　C. M. Schmitthoff, *The law of international trade, its growth, formulation and opera-*

tion, The Sources of the Law of International Trade, 3-5 (1964).
⑳ 私法統一の方法には，次のように2通りのものがある。①1つは，「万民法」(ius gentium) といわれ，各国の私法はそのまま存続を認め，国際取引に関し適用される個別の法を制定する方法である。「国際航空運送についてのある規則の統一に関する条約」(ワルソー条約，1929) や，「船荷証券に関するある規則の統一に関する条約」(船荷証券統一条約，1924) が具体例である。これらの条約は，世界の主要国により批准されており，重要な統一私法条約である。後者については，わが国ではそれを国内法化して国際海上物品運送法を制定して，国際運送の法律関係に適用し，一方国内運送に関しては商法を適用している。また，わが国は批准していないが，「国際的物品売買についての統一法に関する条約」(ハーグ統一売買法条約，1964) や「国際物品売買契約に関する国連条約」(国連物品売買条約，ウィーン売買条約，1980) 等も万民法型のものである。
　②もう1つは，「世界統一私法」(Weltprivatrecht) といわれ，各国の私法そのものの内容を統一し，それを法律関係に適用する方法である。わが国の手形法や小切手法は，「為替手形及び約束手形に関し統一法を制定する条約」(手形法統一条約，1930) および「小切手に関し統一法を制定する条約」(小切手法統一条約，1931) を国内法化したものであり，統一私法の具体例である。

⑳ C. M. Schmitthoff, *International Trade Law and Private International Law* 543 (1963).

㉗ Schmitthoff・前掲注㉖・541頁。ここで Schmitthoff が触れている国際商業会議所 (ICC) が制定した商慣行・慣習とは，インコタームズや信用状統一規則を指す。また，欧州経済委員会 (ECE) が制定した国際商慣習とは，プラント輸出に利用されている標準契約約款を指す。これらは，広く国際取引に受け入れられ，実質的な統一私法の機能を果たしている。

㉘ 曽野和明「特集・ユニドロワ原則：国際契約法への新たな展望－本特集の意義」ジュリ No.1131, 65頁 (1998)。

㉙ 曽野和明「国際契約」ジュリ No.1126, 121頁 (1998)。同主旨 J. Ramberg, *International Commercial Transactions*, ICC (Publication No.588), p.21 (1997), Kluwer Law International.

㉚ 朝岡・前掲注(5)・31-32頁。

㉛ 多国籍企業グループ内での貿易取引を指す。絹巻・前掲注(3)・153頁。

㉜ 畑口紘「援用可能統一規則と国際的約款」遠藤浩ほか『現代契約法大系第9巻　国際取引契約(2)』52-64頁。

㉝ 高桑昭「国際売買」松岡博『現代国際取引法講義』29頁 (法律文化社，1996)。

㉞ 朝岡・前掲注(5)・109頁。

㉟ 小林晃教授を代表とする日本大学経済学部産業経営研究所の第21回産業経営動向調査研究報告書『我国で使用されるトレード・タームズ (貿易定型取引条件) の動向調査』(1997)。

㊱ 朝岡・前掲注(5)・58-60頁。絹巻康史『国際商取引』99-101頁 (文眞堂，2001)。

㊲ 絹巻・前掲注⒀・9章「国際商慣習法の意義（二）－標準契約約款」に実例を入れて，詳しく標準契約約款を説明している。

㊳ 西原寛一『商行為法』法律学全集29, 49-53頁 (有斐閣)。

㊴ 絹巻・前掲注(3)・10-17頁。

㊵ 絹巻・前掲注(3)・3-4頁, 23-24頁。

(41) 田中耕太郎『改正・商法総則概論』193頁（有斐閣，1938）。
(42) Leo D'arcy, et al., *Schmitthoff's Export Trade*, The Law and Practice of International Trade, 518 (2000), London ; Sweet & Maxwell.
(43) 絹巻・前掲注(13)・11章「ウィーン売買条約とユニドロワ国際商事契約原則」にて両者の対比を取り上げている。
(44) 曽野・山手・前掲注(15)・17頁。
(45) Peter Schlechtrim, *Uniform Sales Law : The UN-Convention on Contracts for the International Sales of Goods*, Vienna：Manz（1986），（内田貴・曽野裕夫訳）『国際統一売買法』3頁（商事法務研究会，1997）。
(46) M. J. Bonell, *An International Restatement of Contract Law* 68 (2nd ed.) Transnational Publishers, Inc. Irvington-Hudson, New York 10533. 曽野ほか・前掲注(2)・「序文」，「はじめに」。
(47) 絹巻・前掲注(3)・109頁。
(48) 多喜寛「最近の ICC 仲裁判断における lex mercatoria の適用について(1)〜(5)・完」JCA ジャーナル1992.7号〜11号。
(49) 曽野・前掲注(29)・121頁。
(50) Thomas E. Carbonneau, *Lex Mercatoria and Arbitration, A Discussion of the New Law Merchant*, pp.11-15 (reva ed., 1998), Juris Publishing, Kluwer Law International.
(51) *Id.* at 18.
(52) たとえば，澤田壽夫・柏木昇・森下哲朗『マテリアルズ国際取引法』（有斐閣，2004）では，lex mercatoria に多くの頁を費やしている。
(53) このような必要性に基づいて，1998年に法学と商学の学際的な研究を目指して「国際商取引学会」が設立された。国際取引法に関する意欲的な研究発表が行われている。学会の HP は，<http://www1.doshisha.ac.jp/~kokushot/>である。

（絹巻　康史）

第Ⅰ部

国際契約ルール誕生のメカニズム

第1章

商人による私的秩序形成と国家法の役割

第1節 はじめに

　商品の売買契約において，契約締結後に市場価格が上昇したために売主が目的物の引渡を渋っているという場合，買主はどのような対応をとりうるかと問われれば，日本の法学部の学生は，それは債務不履行の効果の問題であり，債権者である買主は，債務者である売主に対して履行請求（現実的履行の強制），契約解除，損害賠償請求という3つの法的手段をとりうると答えるであろう。これは法学部の試験問題の答案としては一応正解である。

　しかし，商取引に従事する商人に同じ問いをすれば，違った答えが返ってきそうである。まず，法学部生のいう履行請求や損害賠償請求という法的手段が，裁判所に訴えるという趣旨であれば，それは非現実的である。商人はまず裁判外で，引渡を催促するなどの「交渉」を行うはずである。では，交渉をしても埒があかない場合に商品の引渡を求めて訴えを起こすかといえば，それも稀であろう。商品が他から調達可能なものであれば，買主は（契約を解除して）他から調達した上で，差額を損害賠償として請求するであろう。その買主が転売目的で商品を買付けていたのであれば，とにかく商品を調達して顧客（転買主）に引き渡さなければ買主は信用を失うからである。また，たとえば買主が自社工場の故障した機械の交換用部品を購入したのであれば，とにかく商品を調達して部品を交換し，製造ラインを稼動させないと営業上の損失が拡大するからである。

このような，国家法に依拠しないインフォーマルな，現実感覚あふれる行動によって秩序が形成・維持される世界のことを，「私的秩序形成（private ordering）」の世界といおう。このインフォーマルな私的秩序形成の世界に対して，フォーマルな国家法による秩序形成・維持の世界がどのように対峙していくべきかを考えるのが本章の課題である。

以下，第2節において「私的秩序形成」の諸相をみた上でそれが国家法に対して突きつける課題を整理し，問題提起としたい。第3節では，そのようにして明らかとなる課題のうち，「インフォーマルな規範」（慣習）に対する国家法の対峙の仕方にめぐってなされている「組み込み戦略（incorporation strategy）」の議論を批判的に検討する。

第2節　逞しき私的秩序形成

1　国家に頼らないエンフォースメント

第1節でみたように，商取引は1つの取引が単独で孤立してなされるのではなく，個々の取引は一連の取引連鎖の一部に過ぎないことが多い。取引連鎖の流れが途中で滞ると損害が拡大するから，商取引では障害が発生したときに，迅速性・機動性をもった対応が要求される（あらかじめ調達先を複数用意しておいて1ヵ所からの供給がストップしても円滑に事業を継続できるようにするリスク管理も当然必要である）。国家（法＝裁判）によるエンフォースメントでは，このような要請に応えることは難しく，それがノーマルなエンフォースメントの手段になることはありえない（仮処分などの保全を求める場合や，代替の効かない履行を求める場合，発生した損失の事後的な清算の場合に損失を配分する場合には使われるであろう）。

もちろん，法＝裁判による紛争解決がアブノーマルな紛争解決の形態であることは商取引に限ったことではない（「泣き寝入り」は日常的な風景である）。し

かし，商取引においては，一方では，国家（法＝裁判）によるエンフォースメントに代わり，国家に頼らない（ないし国家への依存を最小限にとどめた）「私的エンフォースメント」(private enforcement または self-enforcement) のしくみが形成され，他方で，法＝裁判をみすえた「取引の設計」が行われる点に際だった特徴がある。そして，国際取引においては，国家（法＝裁判）によるエンフォースメントは，国内取引と比較してさらに高コストになる可能性が高いから，国内取引以上に，私的エンフォースメントの果たす役割は大きいのである。

私的エンフォースメントの具体例をいくつかみてみよう。

1) 暴　　力

まず，自力救済は禁止されてはいるものの，現実社会においては「暴力」が強制装置として存在する。金融業者による過酷な取立ての例を考えればよいであろう。いうまでもなく，ここではこの強制装置を肯定的に評価している訳ではない。あくまでも，国家に由来しない強制の仕方が実態としてありうることを指摘しているだけである。

2) 信用取引の回避

もう少し穏当なところでは，「信用取引」を回避するのも1つの私的エンフォースメントの方法である。たとえば，契約成立と同時に商品と代金が交換される「現実売買」などの既履行契約 (non-executory contract) をすれば相手の履行遅滞に悩まされことはないし，相手の履行を将来に先送りする未履行契約 (executory contract) であったとしても同時履行の取り決めをするか，相手に先履行義務を負わせれば，相手に履行するインセンティヴを与えるとともに，リスクを抑えることもできる[1]。もっとも，これは相手の履行遅滞（商品引渡や代金支払い）への対応策とはなりえても，代金支払後に商品の欠陥が明らかとなったような場合に対する対策としては不十分である。

3) 人　質 (hostage)

さらに，インフォーマルな強制手段の代表例として，「人質」をとる方法がある[2]。もちろん「人質」というのは比喩である。たとえば，ある部品メーカーが，ある自動車メーカーでしか使わない部品を製造するために多額の投資をして新しい機械を導入したとしよう。その部品メーカーは，他の自動車

メーカーに納める製品は作れなくなるから（これをロックインという），自動車メーカーに人質をとられているようなものであり，その自動車メーカーに従順に従うようになるであろう。自動車メーカーは人質を手に入れることによって，法的手段によらなくても，その部品メーカーが契約を守ることについて安心していられる。この契約は，そのエンフォースメントに国家の助力を必要としないのである。

4) 評　判（reputation）

　以上と異なり，個別の取引に強制装置を埋め込まないインフォーマルな強制もありうる。それを可能にしているのが，商人の「評判」に関する情報である[3]。取引相手についての，納期に遅れることが多いとか，商品の品質が悪い（＝代金にふさわしい品質でない）などといったネガティブな評判情報があれば，その相手との取引は可能な限り回避してリスクを避けることができる。逆にいうと，自分についてネガティブな「評判」情報がたつことは商人にとって致命的であり，商人は「規範遵守」に向けた強いインセンティブを有する。また，商人間の取引は継続的なものであることが多いが，その継続的取引関係を維持するためには，「今回はわれわれが泣きます」というように，柔軟に互譲的・協力的な行動をとることはポジティブな「評判」情報であり，些細なトラブルで法的手段に訴えることは，たとえそれが法的には認められる権利行使であっても「評判」の観点からは問題がある。

　また，商人は，未知の取引相手についての情報の非対称性を克服するための取引のしくみを創意工夫によって作り上げている。その古典的な例としてしばしば言及されるのが，国際取引において多用される「信用状」である[4]。隔地者間の取引で相手の情報が不十分な場合に，銀行が情報の仲介者としての役割を果たすという制度が，当事者の工夫によって作り出されている訳である。また，インターネットにおけるオークションや，個人や小規模事業者が出品するインターネット通信販売においては，売主の評判についての「フィードバック・システム」が売主の「評判」についての情報を潜在的買主に伝える重要な役割を果たしている[5]。本来，私的な制度である「銀行取引停止」制度も，同様の機能を担っているといえよう[6]。

2　私的秩序形成と法

　では，商人にとって，国家と国家法は意味がないのであろうか。もちろん，国家による一般的な警察的秩序維持や社会基盤整備は，円滑な商取引にとっても重要である。また，公益的観点からの行政規定や民事法における強行規定が，法令遵守（コンプライアンス）を要請するものであることもいうまでもない[7]。では，国家が用意する国家法（取引法）とそのエンフォースメントの制度はいかなる意味を有するのであろうか。以下では，国家が私的秩序形成を補完する，2つの側面に着目したい。

（1）　私的エンフォースメントの補完

　第1は，私的エンフォースメントの補完である。評判によるエンフォースメントがなされるといっても，それは評判についての情報が他の商人に伝わることが前提条件である。産地を偽装した食品が流通する例のように，情報の非対称性を前提としたモラル・ハザードはありうる。また，商人にとって評判が重要なのは取引を継続するためであるから，倒産や廃業によって市場から退出する覚悟を決めた当事者は，評判を守るインセンティブを欠く。

　また，規範の逸脱があったのかどうかを判定しにくい場合もあろう。契約内容が曖昧であるために商品の品質が契約に適合しているのかどうか（つまり，債務不履行なのか否か）を判断できない場合や，当事者が互譲的な合意をすることによって問題を解決できない場合は，私的エンフォースメントの限界を示す例である。そのような場合には，仲裁や裁判によってエンフォースメントの補完がなされることになろう。

　もちろん，仲裁——特に国際取引における国際商事仲裁——は，その迅速性・一回性・安価性，さらには仲裁廷の中立性・非公開性など国家裁判所にはないメリットがあるために当事者が合意によって選択する裁判外の紛争解決方法である[8]。しかし，仲裁判断のエンフォースメント（承認・執行）は，国家裁判所に依存しなければならず[9]，国家が国際商事仲裁を補完する関係にある。

(2) 取引設計における補完

　国家による私的秩序形成の補完の第2の側面は、取引設計（デザイン）の補完である。契約当事者は、契約自由の原則を背景として取引を設計する[10]。まず、強行規定や公序は公共的観点から契約自由を制限（取引設計の規制）するものであり、それらに反する取引を国家が強制することはないであろう[11]。さらに、任意規定が、その「秩序づけ機能」により、限定的な場面で強行規定として作用することがある（たとえば、消費者契約法第10条はこのことを正面から認めている）[12]。

　しかし、このような規制的契機を別とすれば、私的秩序形成において任意規定はいかなる作用を果たすであろうか。

① 契約と任意規定

　まず、契約に定めなかった事項についても任意規定が補充的に適用されるので、予想されるすべての事項を交渉したり、契約に書いたりする必要がなくなる（取引費用の節約）。任意規定とは異なる契約内容にしたい場合にのみ、任意規定を回避する「特約」をおけばよい訳である。ただし、任意規定によって権利の初期配分がなされている以上、それを回避するためには取引費用がかかるので、自由に特約をおける訳ではない（現状バイアス）。このように、任意規定は当事者の交渉に影響を与えるのである（「法の影の下での交渉(bargaining in the shadow of the law)」）。したがって、このことから、国家法を設計するに当たっては、それが私的秩序形成にどのように作用するかを考慮すべきであるという課題が法に課されることになる[13]。特に商人間取引に適用される法ルールは、私的秩序形成を阻害しないように設定されることが望ましいように思われる。

　たとえば、民法416条2項は、特別損害の賠償について、特別事情についての予見可能性を要件としているため、債務不履行に陥った当事者も予見しえなかった特別損害について損害賠償責任を負わされることはない。このような法ルールの下で、特別損害を被る可能性のある当事者がとる合理的な行動は、契約締結時に特別事情を相手に伝えるということである。すなわち、この法ルールは情報開示を促進するインセンティブを当事者に与えていることになる（こ

のように一方の当事者に不利益を被らせる法ルールを設定することによって，その当事者にその法ルールの適用を回避するよう行動するインセンティブを与える任意規定を「罰則的任意規定」という)[14]。また，時効法の分野から例を1つ示そう。消滅時効の一般的な考え方によれば，交渉は時効中断事由でも時効停止事由でもないから，ある紛争について当事者が交渉している間に時効期間が完成してしまえば，義務者は時効を援用して負担を免れることができる。これは交渉阻害的な交渉行動を誘発する法ルールであり，このような結果を回避する解釈論・立法論が組み立てられるべきであろう[15]。

いずれにせよ，当事者は，任意規定を回避する特約を合意することは原則として自由であり，任意規定はそのような特約を合意するか否かの交渉をするための初期設定（文字どおり，デフォルト・ルール）としての機能を有する。

② インフォーマルな規範と任意規定

他方で，当事者の合意とは別に，インフォーマルな規範（国家に由来しない規範）と任意規定はいかなる関係に立つかということも問題となる。本章が次節で扱うのは，この問題である。

第3節　取引法におけるインフォーマルな規範の「組み込み戦略」[16]

1　「組み込み戦略」（incorporation strategy）

（1）「組み込み戦略」の諸相

ここで取り上げる「インフォーマルな規範」とは，国家に由来しない社会規範を指す。商取引の分野においては，まず，商人法（lex mercatoria）や商慣習（custom, usage）などといわれる社会規範がそれに当たる。それらは，成文化

されている場合もあれば，されていない場合もある。国際商業会議所（ICC）によるINCOTERMSや信用状統一規則（UCP500）などの援用可能規則，業界団体の取引規則（trade rules）などは，インフォーマルな規範が成文化されたものとして出発した例であろう[17]。また，特定の契約当事者間で確立している取引慣行（trade practices）もインフォーマルな規範になることが考えられる。

　商取引に関する多くのフォーマルな法は，このようなインフォーマルな規範を，裁判所における裁判規範として（あるいは仲裁における適用規範として）採用する「組み込み戦略（incorporation strategy）」を採用している[18]。これは，インフォーマルな規範が直接的に「慣習法」として適用される場合ばかりでなく，形式的には「契約解釈（意思解釈）」または「契約補充」の基準として，いったん当事者間の契約規範として取り込んだ上で適用する場合も含む。「慣習法」「契約解釈」「契約補充」のいずれのルートをとるにせよ，インフォーマルな規範が最終的には裁判規範として扱われるのである[19]。

　① 日本法における「組み込み戦略」

　日本の民法と商法も「組み込み戦略」の採用を表明している[20]。まず，民法92条は次のように定める。

> 「法令中の公の秩序に関しない規定と異なる慣習がある場合において，法律行為の当事者がその慣習による意思を有しているものと認められるときは，その慣習に従う」。

　要するに，任意規定と慣習が内容を異にする場合であって，契約当事者が慣習を優先する意思を有しているときは，慣習が優先するという規定である。しかも，判例・通説では，当事者が反対の意思を表示していない限り，慣習による意思が推認されるため，当事者が慣習による意思を有していることがデフォルトとなっている。

　なお，民法92条とは逆に，法例2条は任意規定が慣習に優先すると規定するため（「公ノ秩序又ハ善良ノ風俗ニ反セサル慣習ハ法令ノ規定ニ依リテ認メタルモノ及ヒ法令ニ規定ナキ事項ニ関スルモノニ限リ法律ト同一ノ効力ヲ有ス」），両者は一

見すると矛盾するようにみえる（法例を改正する「法の適用に関する通則法案」の該当条文（3条）も実質改正はない）。しかし，現在では，国家法たる任意規定が社会規範である慣習に優先すると定める法例2条を原則とした上で，民法92条は，私的自治が支配する場面での慣習（つまり，任意規定に優先させてもかまわない慣習）に関する特則を定めたものだとする理解が一般的だといえよう[21]（たとえば，慣習上の物権に関する慣習には，もっぱら法例2条が適用され，民法92条は適用されない）。

また，商法1条2項は，

>「商事に関し，この法律に定めがない事項については商慣習[22]に従い，商慣習がないときは，民法……の定めるところによる」。

と定め，商法典＞商慣習＞民法典の順序で適用の優先順位を定めている。そのため，同条における商慣習の民法典に対する優位は明白であるものの，一見すると，商法典が商慣習に優先するかのようである。しかし，上述したように，民法92条の適用において当事者が反対の意思を表示していない限り，慣習による意思があるものと推認される結果，商慣習＞商法典＞民法典という順序で適用の優先順序が定められていることになる。

このように，日本法においては，任意規定はたやすく商慣習に道を譲るのである。

② アメリカ統一商事法典（UCC）第1編・第2編における「組み込み戦略」

アメリカの統一商事法典（Uniform Commercial Code：UCC）[23]も，徹底した「組み込み戦略」を採用し，合意を商取引の文脈に位置づけて解釈するという態度を一貫してとっている（形式主義の排除）。

そのことは，まずUCCの性格を宣言する次の規定に象徴的にみてとることができる。すなわち，改正第1-103条(b)号〔改正前の1-103条〕は，UCCの法典としての完全性を自ら否定し，インフォーマルな規範により補充されることを予定している。

> 「改正第1-103条(b)号
> 本法の規定により具体的に置き換えられていない限り，商慣習法（law merchant）並びに契約能力，代理関係，禁反言，詐欺，不実表示，強迫，錯誤，破産，その他の有効原因又は無効原因に関する法を含むコモンロー及びエクィティの原則は，本法の規定を補充する」。

その上で，改正第1-303条〔改正前の第1-205条および第2-208条にほぼ相当〕は，(d)号第1文において，

> 「両当事者の履行の経緯（course of performance）又は取引の経緯（course of dealing），並びに，取引慣習（usage of trade）であって両当事者が関わる職業及び業界におけるもの並びに両当事者が知り又は知るべきであったものは，当事者の合意の意味を確定するにあたって考慮されなければならず，それらは合意中の特定の条項に特別の意味を与え，又は，その条項を補充若しくは限定する」。

として，インフォーマルな規範を用いた契約解釈ないし契約補充を規定する。しかも，履行の経緯・取引の経緯・取引慣習は，それぞれ当事者の現実の行動パターンとして定義されており，同様の行動パターンがとられることを当事者が期待しているものでさえあれば，規範としての地位を認められるのである。たとえば，「履行の経緯」は，継起的な履行がなされる取引における当事者の一連の行動であって，相手方が異議を述べていないものを指し（1-303条(a)号），「取引の経緯」は，ある取引の当事者が過去の取引関係において行っていた一連の行動であって，両当事者間の表示その他の行為を解釈するに当たっての共通理解を確立しているとみるのが公平なもの（1-303条(b)号），「取引慣習」は，ある場所，職業，業界において通常遵守されている慣行または取引方法であるために，当該取引においても遵守されるとの期待を正当化されるものと定義される（1-303条(c)号）。このように，インフォーマルな規範は容易に認定される。

また，それにとどまらず，同条(e)号は，

> 「(f)号に定める場合を除き，明示の合意条項及び適用される履行の経緯，取引の経緯又は取引慣習は，そうすることが合理的である限り，相互に整合的なものとして解釈されなければならない。そのような解釈が合理的でない場合には，
>   (1) 明示の条項が，履行の経緯，取引の経緯，及び取引慣習に優先する；

(2)　履行の経緯が，取引の経緯及び取引慣習に優先する；そして
　　(3)　取引の経緯が，取引慣習に優先する」。

と定め，明示的な契約条項とインフォーマルな規範をできるだけ整合的なものと解釈すべきであるとの解釈指針を示している。このことは，当事者が明示の合意によって慣習を回避したとの解釈を抑制する機能を有するから，慣習に有利なバイアスがみられることになる。しかも，「履行の経緯」は，契約締結後の当事者の行動を指すから，いったん締結された契約も，それに続く当事者の行動に応じて柔軟に内容が変更されていくことになる。

　このような，徹底した「組み込み戦略」を前提として，アメリカにおいてはその当否に関する議論が展開されていることになる。

③　CISG と UNIDROIT 国際商事契約原則

　なお，このような「組み込み戦略」は，標準化が進む国際取引に関する契約法においてもみられるものである。国際物品売買契約に関する国連条約（以下，CISG)[24]と UNIDROIT 国際商事契約原則（以下，UNIDROIT 原則。UNIDROIT は「ユニドロワ」と発音する)[25]をみておこう。CISG は，日本は未批准であるものの，1988年に発効して以来，その締約国数は70ヵ国に迫り，世界の貿易の3分の2は CISG 締約国間のものとなっている[26]。今や国際取引の世界における *lingua franca*（共通言語）であるといって過言ではない。他方，UNIDROIT 原則は，政府間組織である私法統一国際協会（UNIDROIT）によって作成公表された「原則」を条文の形式で集成したものであり，直ちに規範的拘束力を有するものではない。しかし，国際商事仲裁においては，当事者が UNIDROIT 原則を準拠法として指定することにより，あるいは，lex mercatoria として適用される例がみられるようになっており[27]，存在感を増している。

　まず，CISG において，関連する条文は第8条と第9条である。

「第8条
　(1)　この条約の適用上，当事者の言明その他の行為は，相手方がその意図を知り又は知らないはずはあり得なかった場合には，その意図に従って解釈されるべきものとする。

(2) 前項が適用され得ない場合には，当事者の言明その他の行為は，相手方と同じ部類に属する合理的な者が同じ状況の下でしたであろう理解に従って解釈されるべきものとする。
　(3) <u>当事者の意図又は合理的な者がしたであろう理解を決定するにあたっては，交渉経過（negotiation），当事者が当事者間で確立させている慣行（practices which the parties have established between themselves），慣習（usage）及び当事者の事後の行為（subsequent conduct）を含め，関連する一切の状況に適切に考慮されるべきものとする</u>」。

「第9条
　(1) 当事者は，合意している慣習及び当事者間で確立させている慣行に拘束される。
　(2) 別段の合意がない限り，当事者は，暗黙のうちに，両当事者が知り又は当然知るべきであった慣習で，国際貿易において関連する特定の取引分野で同じ種類の契約をする者に広く知られ，かつ，通常一般に遵守されているものを，当事者間の契約又はその成立に適用することにしたものとして扱う」。

　このように，CISG第8条が「契約解釈（意思解釈）」の基準として，(2)項の合理人の基準に加え，(3)項において交渉経過，当事者が当事者間で確立させている慣行，慣習，さらには契約締結後の「事後の行為」も用いるべきであるとしているので，インフォーマルな規範が契約解釈において大きな意味をもってくる。それのみならず，第9条が慣習の拘束力（ただし，周知性と通常遵守性という制約はある）を認めているので，慣習は任意規定と同じ資格で，「契約補充」にも用いられることになる。

　同様のスキームはUNIDROIT国際商事契約原則にもみられる。重要なのは，第4.3条と第1.8条である。第4.3条の前提となる第4.2条もあわせて次に挙げよう。

「第4.2条（言明およびその他の行為の解釈）
　(1) 当事者の言明およびその他の行為は，相手方がその意思を知りまたは知らないことはありえなかったときは，その意思に従って解釈されなければならない。
　(2) 前項の規定が適用されないときは，当事者の言明およびその他の行為は，相手方と同種の合理的な者が同じ状況の下でその行為に与えるであろう意味に従って解釈されなければならない」。

> 「第4.3条(考慮すべき事情)
> 〔意思解釈に関する〕前2条の適用にあたっては,次に掲げる事情その他一切の事情を考慮しなければならない。
>   (a) 契約準備段階における当事者間の交渉
>   (b) 当事者がその間で確立させている慣行
>   (c) 契約締結後の当事者の行為
>   (d) 契約の性質および目的
>   (e) 当該取引分野において条項や表現に一般に与えられている意味
>   (f) 慣習」。
> 「第1.8条(慣習および慣行)
>   (1) 当事者は,合意した慣習および当事者がその間で確立させている慣行に拘束される。
>   (2) 当事者は,その特定の取引分野における契約当事者に広く知られ,かつ,国際取引において通常遵守されている慣習に拘束される。ただし,その慣習を適用することが不合理なときはこの限りではない」。

UNIDROIT 原則の第4.3条が「契約解釈」の基準として挙げる,(a)号から(f)号までの事情は,「契約解釈」に当たって考慮しなければならない事情の例示に過ぎないが,(a)号から(c)号までは CISG 第8条(3)項と共通し,(d)号から(f)号までは第4.2条とともに CISG 第8条(1)(2)項に相当する。また,第1.8条においては,「契約補充」の基準として慣習を位置づけており,CISG 第9条に相当する規定といえる。

(2) 「組み込み戦略」の根拠

それでは,このような「組み込み戦略」は,なぜ採用されるのだろうか。いくつかの理由が考えられる。

①　商取引の現実(Merchant Reality)に対する敬意

まず,「組み込み戦略」の背後には,素朴にいえば,私的秩序形成を尊重すべきだという思想ないし態度表明があるといえる。すなわち,「商取引の現実」を尊重する考え方である。UCC 第1編および第2編の起草者カール・ルウェリン(Karl Llewellyn)において,これは特に顕著であった[28]。そのことを明確

にあらわしているのが，改正前の UCC 第1-102条(2)(b)である（改正第1-103条(a)(2)に相当するが，ここではルウェリンの起草にかかる改正前の条文を用いる。本章第3節2(1)②で触れた組み込み戦略に関する UCC の諸規定は，いずれも UCC の前身である統一売買法（Uniform Sales Act）にその源流を有するが，この規定はルウェリンのオリジナルとみられる）。

> 「改正前第1-102条(2)号
> (1) 本法の根底にある目的及び政策は，
>   (a) 商取引を規律する法を単純化し，明瞭なものにし，近代化すること；
>   (b) 習慣，慣習，及び当事者の合意によって商慣行の継続的な発展を許容すること；
>   (c) 各法域の法の統一を行うことである」。

② コスト論

他方，近時の「法と経済学」の文献においては，「組み込み戦略」はコストの観点から正当化される。第1に，完全な契約をつくらなくても，欠缺部分は適宜慣習が組み込まれることによって，当事者が意図したとおりの契約規範が実現される。また，第2に，欠缺を補充する任意規定があったとしても，それと異なるインフォーマルな規範が優先して組み込まれることになっていれば，わざわざ契約締結時に任意規定を回避するための特約を交渉する必要がない。すなわち，コストの観点からすると，組み込み戦略においては，当事者の「契約締結費用」が安価ですむのである。

2 「組み込み戦略」に対する批判
──バーンスタインの議論を中心に──

(1) 「組み込み戦略」のエラー・コスト

以上のような素朴な「組み込み戦略」の是非をめぐっては，近時アメリカの，主に「法と経済学」の文献において，議論が繰り広げられている。その批判の急先鋒に立っているのがリサ・バーンスタイン（Lisa Bernstein）であり，以下では，バーンスタインの議論を中心にみていくことにしたい[29]。

バーンスタインは様々な業界における私的秩序形成（private ordering）のしくみについて，精力的な実証研究を積み重ねてきているが，その実証研究を基礎に「組み込み戦略」を批判する論陣を張っている。その主たる批判は２点に分けることができる。第１は，インフォーマルな規範が存在するというUCCの前提は幻想に過ぎないということである（以下，慣習の「不存在論」という）。第２は，仮にインフォーマルな規範が存在するとしても，商人は，裁判所がそれを組み込むことを欲していないということである（以下，慣習の「不適格論」という）。以下に，UCCを素材としたバーンスタインの主張の概略を紹介しよう。

①　不　存　在　論

ここでのバーンスタインの主張[30]は，統一的な慣習など存在しないし，存在したとしても限定的な内容についてしか存在しないということである。実際，UCCの制定時においてルウェリンの主張する「組み込み戦略」は，まさしく統一されたインフォーマルな規範などは存在しないという商人団体からの批判に晒されていたのであり，ルウェリンが商人に置いていた信頼は過剰であったことが指摘されている。

しかし，バーンスタインの議論の中心は，次の実証研究に基づく。19世紀の終りから20世紀初頭にかけて，交通の発達そして商業の全米規模化に合わせて，様々な業界団体が，それまでの商慣習を成文化する形で取引規則（trade rules）を制定する作業に着手していた。これらの団体は，会員間の紛争は仲裁で解決することにしていることが多く，取引規則はその仲裁で用いられることを意図したものでもある。バーンスタインは，これらの業界団体における取引規則の制定過程の検討を通じて，慣習は存在しないことが多いという結論を導いている。

たとえば，干し草の業界団体であるNational Hay Association（NHA）は，1897年から1899年にかけて取引規則を策定したが，これは既存の慣習を成文化するというものではなく，むしろ，地域ごとにばらばらであった慣習を統一することを意図した規則である。たとえば，"bale"であるとか，"No.1 Hay"と

いうような，量的単位や品質についてさえ，その意味についての統一的な理解はなかったからであるとされる。また，たとえば，履行を「迅速に」または「直ちに」引渡しを行うという標準的な契約文言についても，理解がばらばらであることが明らかとなったため，結果的には，これらの文言の理解を明確化する取引規則が制定されている。穀物飼料についても，National Grain and Feed Association（NGFA）が1902年（Grain）・1921年（Feed）に取引規則を制定したが，当初は，"carload"という単位についても地域によって見解が分かれるなど，NHAの場合と同様の状況であり，文言の明確化をするところから作業を始めている（ちなみに，現在のNGFAの取引規則の改正は，慣習とは無関係に，そのルールの適否そのものを基準としてなされていることも指摘されている）。繊維に関するWorth Street Rules（WSR）や絹に関するSilk Association of America（SAA）についても同様の現象が観察されている。

つまり，地域によって基本的な文言についてさえ共通理解がなく，慣習に多くを期待するのは誤りであるということになる。もっとも，成文化された取引規則——たとえそれが慣習に基づくものではないとしても——も，当該業界においてはインフォーマルな規範として通用しているといえるのではないかという疑問が生じる。その点に応えるのが，後述する「不適格論」である。

なお，滅多に生じない，発生可能性の低い出来事（remote contingency）に対処するための慣習は存在しないという指摘も重要である。慣習が継続的な取引関係の中で（つまり繰り返しゲームの中で）自生的に生まれてくるものだとすると，発生可能性の低い出来事に関わる慣習は生成の機会が少ないであろうし，また，同じ出来事が再び生じる可能性は低いのだから，そのような出来事が生じた場合には，当事者は長期的な利益を視野に入れた行動をするよりも，短期的な利益を優先する行動——つまり「裏切る（defect）」——をとるであろう。

② 不適格論

不適格論について，バーンスタイン[31]は，先にも触れた穀物飼料に関する業界団体であるNGFAの仲裁事例に着目する。NGFAは，穀物と飼料の現金取引市場で取引に従事している企業および個人を構成員とする業界団体で，自治

規範として取引規則（trade rules）を定めるとともに，会員間の取引紛争については同協会による仲裁への付託を強制している（仲裁人は業界での経験が豊富な専門家が務め，仲裁判断には判断理由が付される）。1975年から1995年の間になされたNGFAの仲裁判断を検討したバーンスタインは，慣習が争点となった51件の分析から，仲裁人達が，極めて形式的に取引規則や契約条項の適用をしており，慣習の存在が判明している場合であっても，慣習に依拠した判断をしていないことを突き止める。その上で，バーンスタインは，なぜ業界の商人たちが自ら生成させた慣習によらずに形式的な契約解釈を行うのかと問う。

　バーンスタインが観察するのは，たとえば次のような事例である。商人間の穀物取引において紛争が生じた場合には，損失を折半するという慣習がある。しかし，その紛争が仲裁に持ち込まれた場合には，仲裁人が当事者間に損失を配分するということはしない。また，穀物取引契約においては目的物の量を確認するため，売主が公式の重量証明書を添付すべき旨の条項がおかれる。しかし実際には，買主はそのような証明書がなくても，売主の自己申告による重量を信頼して取引をする慣行がある。これによって，公式の証明書を取得する取引費用を節約することができる。あるいは，代金支払期日が契約で定められていても，実際には，売主は要請があれば支払を猶予し，遅延の責任を問うことはないというのが慣行である。しかし，重量や支払遅延をめぐって紛争が生じた場合には，仲裁判断は，このような慣習を無視して，形式的に取引規則なり契約条項を適用し，公式証明書の不備や支払遅延の責任を問うのである。

　これらの慣習は，NGFAの取引規則（仲裁における任意法規）や当事者が合意した契約内容と異なる訳だが，このような事態が生じるのは，バーンスタインのいう慣習が「関係維持規範」を内容とすることが多いのに対して，取引規則や契約は，それ以上の関係の継続を望まない場面（あるいは，関係継続は望んでいても，自らがする威嚇を信頼させたい場面，つまり「舐めると痛い目に合う」ことを示したい場面）における「エンド・ゲーム規範」だからであるという。したがって，当事者が協調的に紛争解決に当たることができる限りでは，「関係維持規範」が適用となるのに対して，協調的な紛争解決ができないエンド・ゲームの場面では，もはや「関係維持規範」は妥当せず，「エンド・ゲーム規範」

が妥当するということである。つまり、フォーマルな国家法に委ねられるのはエンド・ゲームの場面であり、関係維持規範を内容とするインフォーマルな慣習を契約内容に取り込むことは避けなければならないことになる。

では、なぜ当事者は「関係維持規範」を、慣習にとどめておくのであろうか。これは次のように説明される。すなわち、当事者が取引関係を構築するに当たって、国家権力による強制を期待する国家法領域（legal realm）——NGFAの仲裁における規範もここに含まれる——と、国家権力による強制を期待しない自生的な非国家法領域（extra-legal realm）に、合意を割り振っているからであるという。当事者が非国家法領域を選択する理由としては、①市場における「評判」等の力が十分に強く、国家法領域に頼らなくても契約の履行が期待できること、②国家法領域を選択しても司法制度の費用（訴訟費用、時間等）が高価につくこと、③「関係維持規範」をあらためて交渉しようとする態度自体が、その当事者の非協調的態度のシグナルとなることを避けるということ、④規範適用のための要件事実が証明困難なものである場合には、国家法領域では何も定めずに、非国家法領域に委ねた方が安価であること、⑤契約締結時には、当事者は相手がどの程度信頼できる取引相手であるかわからないから、相手が信頼できないとわかった場合のためのルールを国家法領域に委ね、相手が信頼できる場合には非国家法領域で協調関係を築くことなどが挙げられる。

したがって、当事者が通常の取引関係において従っている規範は、必ずしも、国家法に当事者が望んでいる規範であるとは限らないことになる。たとえば履行期を猶予したり、商品の品質について大目にみたりする行動は、あくまでも「関係維持」のための「恩恵（grace）」なのであって、当事者は猶予をすることや大目にみることを「義務」に転化させるつもりではない。それにもかかわらず、「組み込み戦略」は、当事者の意図に反してインフォーマルな規範を適用してしまうというのがバーンスタインの批判だといえる。

なお、バーンスタインは、インフォーマルな規範は「関係維持」の機能とともに、「関係形成（relationship-creating）」の機能を果たしていることに注目しており、興味深い。すなわち、商人が新たな取引関係に入るに当たっては、その相手方が信頼できる相手であるかどうかを判断することが必要となるが、イ

ンフォーマルな規範の遵守ないし逸脱を観察することによって，相手が協力しているのか裏切っているのかの判断が可能になるということである（フォーマルな規範は限られているから，それの遵守・逸脱の観察だけでは不十分なのである）。このため，相手方はインフォーマルな規範を遵守するインセンティブを有し，それによって関係形成が促進されることになる。それでも，この「関係形成規範」の機能は，取引の端緒において意味を有する機能であり，裁判や仲裁の場面での「組み込み」に適格性を与えるようなものでない点では，「関係維持規範」と同じである。

（2） 対抗戦略としての「形式主義」

このように契約解釈および契約補充においてインフォーマルな規範を用いるべきでないとした上で，バーンスタインが提示する対抗戦略は，「形式主義 (formalism)」である[32]。たとえば，当事者が「INCOTERMSによる」という明示の合意をしていれば当然それに従うべきだが，当事者が明示的に合意していなければ，「契約解釈」においても「契約補充」においても慣習は参照すべきでなく，契約はそのおかれている背景ないし文脈から切り離して理解すべきだとされる。その結果，「契約解釈」においては，厳格な文言解釈によってのみ合意内容を確定すべきことになるし，「契約補充」においては，慣習による補充はすべきではなく，補充は任意規定のみによるべきだというのである。

第4節　残された課題
――むすびに代えて――

以上のような「組み込み戦略」に対する批判は，一見すると直感に反するが，アメリカの学界においては一定の説得力をもって迎えられ，「組み込み戦略」対「形式主義」という図式の論争を巻き起こしている。ではどのように考えるべきか。その本格的な検討は他日を期さざるをえない。以下では，ごく簡単に残された課題を確認し，本章を閉じたい。

① 不存在論の評価

「組み込み戦略」が契約締結費用の節約に寄与することは疑いない。問題は，バーンスタインが主張するように，「組み込み戦略」によって発生するエラー・コストが，節約される契約締結費用を上回るようなものであるかという点であろう。

この点について，ジョディ・クラウス（Jody Kraus）とスティーブン・ウォルト（Steven Walt）は，バーンスタインの主張と実証データとのミスマッチを指摘する[33]。たとえば，バーンスタインの実証分析は，運送・通信手段が未発達であった20世紀初頭までの状況に関するものであり，その当時において全米規模の慣習が発生していなかったとしても，その後の技術発展を考慮すれば，全米規模の慣習が発生していることは十分に考えられる。また，そうでないとしても，バーンスタイン自身が認めるように，地域レベルでは慣習が存在する。「組み込み戦略」によって組み込まれるべき慣習は，必ずしも全米規模や世界規模のものである必要はない。地域・業種ごとに異なる慣習が認定されても全く問題はないはずだというのである。

また，たとえば「合理的期間」などの文言の理解に幅があるとしても，その幅の範囲内においては，理解は一致している。むしろ，コンテクストを捨象した「形式主義」によって，当事者の一致している理解の幅を逸脱する解釈こそ，エラー・コストを増大させるものとして排斥されるべきものであろう。

他方，発生可能性の低い出来事（remote contingency）については慣習が発生しないというバーンスタインの指摘は説得的である。その意味では，慣習に過剰な期待を寄せることは避けなければならない。しかし，このことは，発生可能性の低い出来事については組み込むべきインフォーマルな規範が存在しないというだけのことであって，カテゴリカルに「組み込み戦略」を否定すべき論拠にはなりえないように思われる。

結局，問題となっている争点に関するインフォーマルな規範は常に存在するとは限らないが，存在する場合もあるというのが穏当なところであろう。そして，インフォーマルな規範が存在しない場合に，必然的に「形式主義」が妥当

するという訳でもない。「組み込み戦略」と歩調を合わせ，コンテクストを重視した契約規範の確定作業を行うという選択肢もありうるからである。むしろ，本章第3節1(1)で検討した日本法，UCC，CISG，UNIDROIT国際商事契約原則の立場は，まさしくそういうものである。

では，慣習が存在する場合にどうするか。それが次の問題である。

② 不適格論の評価

バーンスタインが，インフォーマルな規範はすべからくエンド・ゲームの場面で適用するには「不適格」であると主張するのであれば，それは性急な一般化である[34]。

たとえば，インフォーマルな規範の中にも，交渉費用を節約するために生成し，エンド・ゲームの場面を含めた適用が想定されているものがある。たとえば，交渉をするたびに同じ結論になることが繰り返されるうちに，もはやその点については交渉によって明示の合意をしなくなって生じる慣習はその例である。さらに，関係者が同じ理解をもつことがネットワーク効果を生じさせる慣習も，エンド・ゲーム規範たりえるであろう。具体的には，INCOTERMS[35]や，「塩釜レール入」「深川渡」など日本の裁判例[36]にあらわれた慣習は，まさしく交渉費用の節約が意図されているのであって，エンド・ゲームであっても適用されるべき慣習の例であろう。

このように考えると，バーンスタイン以降の議論にとっての課題は，きめ細かく慣習の射程を確定する方法論をさぐることということになろう[37]。それが，商人が形成する「インフォーマルな規範」（慣習）に対する国家法の対峙の仕方を明らかにする途である。

〔付記〕　本章は，神戸大学大学院法学研究科21世紀COEプログラム「市場化社会の法動態学」研究センター（CDAMS）応用研究分野研究会（2004年9月16日）における報告を一部ベースとするものである。本章に十分に反映させることはできなかったが，研究会参加者各位から頂戴したご教示に感謝したい。また，脱稿間際に，本章と問題意識が重なる藤田友敬「規範の私的形成と国家によるエンフォースメント：商慣習法を素材として」COEソフトロー・ディスカッション・ペーパー・シリーズCOESOFTLAW-2006-2(2006)＜http://www.j.u-tokyo.

ac.jp/coelaw/COESOFTLAW-2006-2.pdf＞に接した。

　本章は，平成17年度科学研究費補助金（基盤研究(C)(2)）による研究成果の一部である。

＜注＞
(1) いわゆる「芸娼妓契約」も，「相手の先履行」によるインフォーマルな強制を利用した契約だといえる。芸娼妓契約は前借金契約と酌婦稼働契約が組み合わされた複合的契約（「借金」をして，返済のために「働く」）であり，娼妓の自由を極度に制限するものとして公序良俗違反だとされるが，逆に，娼妓にとって，この取引のしくみはインフォーマルな強制を活用したものだともいえる。すなわち，いったん娼妓として働き始めるとスティグマが付着するため，後払いでは娼妓にとってリスクが大きい。そこで，抱え主が「先履行」（報酬の前払い）をするのが芸娼妓契約だともいえる。マーク・ラムザイヤー（曽野裕夫訳）「芸娼妓契約—性産業における『信じられるコミットメント（credible commitments）』」北法44巻3号641頁（1993）。
(2) Oliver Williamson, *Credible Commitments : Using Hostages to Support Exchange*, 73 American Economics Review 519 (1983) 参照。「質権」「留置権」「間接強制」などは国家法が「人質」の有する強制手段としての性格に着目してもうけたフォーマルな強制装置といえよう。
(3) 便利なリーディングスとして，Daniel B. Klein ed., *Reputation : Studies in the Voluntary Elicitation of Good Conduct* (1997) The University of Michigan Press. がある。経済史学の分野でも，歴史制度分析による研究が注目される。Avner Greif, *Institutions and the Path to the Modern Economy : Lessons from Medieval trade* (2006) Cambridge University Press, 岡崎哲二編『取引制度の経済史』（東京大学出版会，2001）など参照。
　日本の例として，しばしば言及されるのが近世の大坂における堂島米先物市場である。包括的な研究としては，宮本又郎『近世日本の市場経済』（有斐閣，1988）があるが，法社会学的観点からの研究として，Mark West, *Private Ordering at the World's First Futures Exchange*, 98 Michigan Law Review 2574 (2000) 参照。また，森田果「宮城県における日本酒をめぐる取引の実態調査」法学68巻5号81頁（2004）も同様の問題意識に基づく実作である。
(4) Clayton Gillette, *Letters of Credit as Signals*, 98 Michigan Law Review 2537 (2000) など参照。
(5) Clayton Gillette, *Reputation and Intermediaries in Electronic Commerce*, 62 Louisiana Law Review 1165 (2002) 参照。
(6) Toshihiro Matsumura & Marc Ryser, *Revelation of Private Information about Unpaid Notes in the Trade Credit Bill System in Japan*, 24 Journal of Legal Studies 165 (1995) 参照。
(7) 強行規定についても，本来はさらにきめ細かい議論をする必要がある。会社法における強行規定を素材とするものとして，神田秀樹・藤田友敬「株式会社法の特質，多様性，変化」三輪芳朗・神田秀樹・柳川範之編『会社法の経済学』453頁，特に462頁以下（東京大学出版会，1998）参照。
(8) もっとも，従来一般にいわれてきた仲裁のメリットは誇張されているとの調査結果も公表されている。Christian Bühring-Uhle, *Arbitration and Mediation in International*

Business 127 et seq. (1996), Kluwer Law International. および Richard W. Naimark & Stephanie E. Keer, *International Private Commercial Arbitration : Expectations and Perceptions of Attorneys and Business People : A Forced-Rank Analysis*, 30 International Business Lawyer 2003-209 (2002) 参照（両者とも Christopher R. Drahozal & Richard W. Naimark eds., *Towards a Science of International Arbitration : Collected Empirical Research* 25-54 (2005) Kluwer Law International. に抄録されている）。

(9) 皮肉にも，外国判決の承認・執行には不確実性がつきまとうのに対して，外国仲裁判断については，世界137ヵ国が加盟する「外国仲裁判断の承認及び執行に関する条約」（ニューヨーク条約）によって，その承認・執行は期待できるからである。もっとも，ハーグ国際私法会議による「管轄合意に関する条約（Convention on Choice of Court Agreements）」（未発効）は，専属合意管轄に基づく外国判決の承認・執行を広く認めるものであり，今後の動向が注目される。同条約については，道垣内正人「2005年のハーグ『管轄合意に関する条約』」国際私法年報7号184頁（2005）参照。

(10) 商取引における法律家の役割からこの点を重視するものとして，Ron Gilson, *Value Creation by Business Lawyers : Legal Skills and Asset Pricing*, 94 Yale Law Journal 239 (1984), Symposium, *Business Lawyering and Value Creation for Clients*, 74 Oregon Law Review 1 (1995) など参照。

(11) もっとも，私法上の強行規定による禁止は，国家による助力の拒絶を意味するに過ぎない。麻薬取引・人身売買・売買春などの禁止も，それぞれの取引を地下経済化させ，エンフォースメントの場がインフォーマライズされるにとどまることも多い。

(12) 消費者契約法第10条を離れて，より一般的に任意規定の秩序づけ機能は問題となりうる。たとえば，銀行取引における譲渡禁止特約や相殺予約に関する期限の利益喪失条項などは，金融業界の創意工夫（私的秩序形成）の成果であり，最高裁による追認を受けているが，任意規定の秩序づけ機能を重視して，これらの特約の有効性を無条件に認めることには慎重であるべきだとの考え方もありうる。吉田邦彦「金融取引における民法典規定の意義―各種特約の横断的再検討―」法時71巻4，6号（1999）〔同『契約法・医事法の関係的展開』（有斐閣，2003）所収〕は，そのような観点からの検討をする。

(13) 近時の「デフォルト・ルール論」は，このような観点から論じられることが多い。吉田邦彦「比較法的にみた現在の日本民法―契約の解釈・補充と任意規定の意義（日米を中心とする比較法理論的考察）」広中俊雄・星野英一編『民法典の百年Ⅰ』（有斐閣，1998）〔同『契約法・医事法の関係的展開』（有斐閣，2003）所収〕，曽野裕夫「商慣習法と任意法規」ジュリ1155号85頁（1999）など参照。

(14) 民法416条のモデルとなった，イギリス判例 Hadley v. Baxendale, 156 E.R. 145 (1854) について論じる，Ian Ayres & Robert Gertner, *Filling Gaps in Incomplete Contracts : An Economic Theory of Default Rules*, 99 Yale Law Journal 87 (1989) 参照。

(15) 曽野裕夫「売主担保責任の裁判外追及と期間制限―紛争交渉過程の視点から―」山畠正男・五十嵐清・薮重夫先生古稀記念『民法学と比較法学の諸相Ⅱ』31頁（信山社，1997）参照。2004年に成立した裁判外紛争解決促進法（いわゆる ADR 法）の立法過程においては，ADR 利用による時効中断についての議論がなされたのも同様の問題意識に基づく。もっとも最終的には，認証紛争解決機関による紛争解決手続（具体的には調停）についてのみ，一定の場合に時効中断効を付与するにとどまった（法25条）。以前と比べれば一歩前進ではあるが，より一般的にインフォーマルな紛争解決に時効中断効または時効停止効を認めていないため，インフォーマルな紛争解決を抑圧し，フォーマ

ルな紛争解決（裁判所や国家による認証を受けた調停機関）に紛争を流し込んでいる点では以前とかわらない。

(16) 落合誠一「商人間取引の特色と解釈」法学教室292号65頁（2005）（特に68頁以下），藤田友敬・松村敏弘「社会規範の法と経済―その理論的展望―」ソフトロー研究1号59頁（2005）（特に89頁以下）も同様の問題を扱う文献である。

(17) いったん成文化された慣習が，その後に人為的な改変を加えられることはありうる。神作裕之「ソフトローとしてのレークス・メルカトーリア」COEソフトロー・ディスカッション・ペーパー・シリーズ COESOFTLAW-2005-16（2005）＜ http://www.j.u-tokyo.ac.jp/coelaw/COESOFTLAW-2006-2.pdf ＞5頁以下。また，本章第3節2(1)①（NGFA の取引規則について）も参照。

(18) いわゆる「関係的契約理論」においては，「一般条項による内在規範の吸い上げ」がいわれるが（内田貴『契約の時代』（岩波書店，2000）60頁以下〔初出，1993〕，152頁以下〔初出，1992〕など参照），これも一種の「組み込み戦略」を表明したものともいえる。しかし，関係的契約理論における「内在規範」は，社会ではなく，裁判例に内在する規範を指すものとして構想されているようである点で注意を要する。曽野裕夫「UCC 第二編（売買）の改正作業にみる現代契約法の一動向（下）」北法44巻5号1293頁（1993），1344頁注(42)，藤田・松村・前掲注(16)・91頁など参照。

(19) 「(商) 慣習法」という用語は，2005年の商法改正で日本の法令から消え，「(商) 慣習」に一本化されたことも，この理解と整合的である。注(22)とその本文参照。このほか，国家法における「合理的」「信義誠実」などの不確定概念を介してインフォーマルな規範が裁判規範として組み込まれることもある。この点については，本章では十分な検討ができないので，他日を期したい。なお，注(28)も参照。

(20) 日本法についての概略は，文献引用も含め，曽野・前掲注(13)参照。

(21) かつては，民法92条は「事実たる慣習」，法例2条は「慣習法」に関する規定であって抵触しないという説明が有力になされたが，それでは拘束力が強いはずの「慣習法」の方が「事実たる慣習」よりも優先順位で劣ることになるという批判がなされていた。

(22) 2005年の商法改正で「商慣習法」が「商慣習」と改正された。これのもつ意味は小さくない。なお，注(19)参照。

(23) UCC 第1編（総則）と第2編（売買）は，統一州法委員全米会議（National Conference of Commissioners for Uniform State Laws：NCCUSL）とアメリカ法律協会（American Law Institute：ALI）により2003年に改正されたが（田澤元章「米国統一商事法典第二編『売買』二〇〇三年改正の仮抄訳とコメント」名城53巻1号215頁（2003），三枝健治「UCC 第二編改正作業における約款の『採用』規制の試み(1)」新潟37巻3・4号80頁，83頁以下（2005）参照，本章で扱う事項については実質的な改正はない。第2編については改正法を採択した州はまだないこともあり，本章は改正前の UCC 第2編を基準とする。第1編については，複数の州で改正法が採択されているので改正法による。

なお，UCC の条文訳については，アメリカ法律協会・統一州法委員会全国会議（田島裕訳）『UCC2001―アメリカ統一商事法典の全訳―』（商事法務，2002）を参考にした。

(24) CISG に関する邦語文献としては，曽野和明・山手正史『国際売買法』（青林書院，1993），シュレヒトリーム（内田貴・曽野裕夫訳）『国際統一売買法―成立過程からみたウィーン売買条約』（商事法務研究会，1997），甲斐道太郎ほか編『注釈国際統一売買法Ⅰ・Ⅱ』（法律文化社，2000・2003）などを参照されたい。

(25) UNIDROIT 原則が最初に公表されたのは1994年である。その日本語版として，曽野和明ほか『UNIDROIT 国際商事契約原則』（商事法務，2004）がある。その後，1994年版を増補した2004年版が公表されているが，1994年版に存在していた条文はわずかな例外を除いて維持されている。これについては，内田貴「ユニドロワ国際商事契約原則2004―改訂版の解説(1)-(5)未完」NBL811号～815号（2005）参照。

(26) CISG を適用した裁判例・仲裁例については，国連国際商取引法委員会（UNCITRAL）が公表する，CLOUT（「クラウト」と発音）として知られる資料（UNCITRAL の HP <http://www.uncitral.org>で閲覧できる）に加え，アメリカの Pace Law School のサイト<http://www.cisg.law.pace.edu/>が充実している。

(27) UNIDROIT 原則を適用した裁判例・仲裁例については，UNILEX <http://www.unilex.info/>が重要である（このサイトには，CISG に関する裁判例等も収録されている）。なお，非国家法の準拠法指定については，中野俊一郎「非国家法の準拠法適格性―国際私法的側面からみた Lex Mercatoria―」CDAMS ディスカッションペイパー04/6J（2004）<http://www.cdams.kobe-u.ac.jp/archive/dp04-6.pdf>参照。

(28) William Twining, *Karl Llewellyn and the Realist Movement* (London：Weidenfeld and Nicolson, 1973) 303-307，吉田直『アメリカ商事契約法―統一商事法典を中心に』48頁以下（中央経済社，1991），曽野・前掲注(18)「上」848頁。なお，本章では十分に触れることができないが，「合理的」や「誠実」などの「不確定概念」も，インフォーマルな規範を組み込むための窓口になる。ルゥェリンは UCC において不確定概念を多用したが，それが紛争解決の統一性と予測可能性を高めると考えていたのである。すなわち，市場においては価値観や行動様式が統一されるから制定法を基準とした紛争解決よりも，取引界の内的な基準を用いた方が予測可能性が高くなるし，そもそも，商取引では誠実な行動が自己利益につながると考えていた。Twining, *supra* at 335-336参照。

(29) 以下では，特に Lisa Bernstein, *The Questionable Empirical Basis of Article 2's Incorporation Strategy：A Preliminary Study*, 66 University of Chicago Law Review 710 (1999) および Bernstein, *Merchant Law in a Merchant Court：Rethinking the Code's Search for Immanent Business Norms*, 144 University of Pennsylvania Law Review 1765 (1996) による。その他にも，Bernstein, *Opting Out of the Legal System：Extralegal Contractual Relations in the Diamond Industry*, 21 Journal of Legal Studies 115 (1992)；Bernstein, *Social Norms and Default Rules Analysis*, 3 Southern California Interdisciplinary Law Journal 59 (1993)；Bernstein, *Private Commercial Law in the Cotton Industry：Creating Cooperation Through Rules, Norms, and Institutions*, 99 Michigan Law Review 1724 (2001) など注目すべき研究がある。

(30) 以下は，Bernstein, *supra* note 29（*The Questionable Empirical Basis*）による。

(31) Bernstein, *supra* note 29（*Merchant Law in a Merchant Court*）参照。この議論については，曽野・前掲注(13)でも検討した。

(32) アメリカの契約法学においては形式主義がにわかに影響力を増している。バーンスタインの他，主たる論者によるものとしては，Robert E. Scott, *The Case for Formalism in Relational Contract*, 94 Northwestern University Law Review 847 (2000)；Alan Schwartz & Robert E. Scott, *Contract Theory and the Limits of Contract Law*, 113 Yale Law Journal 541 (2003) などがある。

(33) Jody S. Kraus & Steven D. Walt, *In Defense of the Incorporation Strategy*, in Kraus and Walt eds., The Jurisprudential Foundations of Corporate and Commercial Law

(2000) Cambridge University Press.
(34) Clayton P. Gillette, *The Law Merchant in the Modern Age : Institutional Design and International Usages under the CISG*, 5 Chicago Journal of International Law 157 (2004) ; Avery Wiener Katz, *The Relative Cost of Incorporating Trade Usage into Domestic Versus International Sales Contract*, 5 Chicago Journal of International Law 181 (2004) など参照。
(35) 明示の契約条項でINCOTERMSへの準拠が規定されていなくても，慣習としてINCOTERMSが適用されることがある。この点については，山手正史「ウィーン統一売買法とインコタームズ―危険の移転時期を中心として」東北学院33号21頁，38頁以下（1988），同「商取引法の展開―いわゆる援用可能統一規則とユニドロワ原則を中心として―」奥島孝康教授還暦記念第二巻『近代企業法の形成と展開』71頁，74頁（成文堂，1999）など参照。
(36) 大判大正10年6月2日民録27輯1038頁〔塩釜レール入〕，大判大正14年12月3日民集4巻12号685頁〔深川渡〕。
(37) その際，次のような問題にも配慮する必要がある。契約履行の過程において，両当事者が契約の定めとは異なる契約行動を，異議を述べることなくとりつづける場合がある。その場合，それが契約を改訂するものと解釈されると，「関係維持」のための行動が「エンド・ゲーム」を支配することになってしまう（たとえば，「履行の経緯又は実践的契約解釈（course of performance or practical interpretation）」という表題を有する改正前のUCC第2-208条は，繰り返しなされる履行を相手方が異議を申し立てることなく受け入れているという事実が，「合意の意味の確定」のための材料になるとしていた。改正UCC第1-303条は，実践的契約解釈という表現は使っていないが，「履行の経緯」概念が，「合意の意味の確定」だけでなく，「合意を補充又は制限」するに当たっても意味も有するとして，その意義を拡張している。CISG第8条(3)項，UNIDROIT原則4.3条(c)号も，契約締結後の当事者の行為に意味をもたせている）。この場合の契約解釈方法も検討されなければならない問題である。

なお，実務においては契約改訂を書面による場合に限定する趣旨で"No-Oral Modification Clause"（口頭変更禁止条項）が契約に定められることが多い。UNIDROIT国際商事契約原則2.1.18条は，それでも口頭の変更を信頼した相手方を保護する。

(曽野　裕夫)

第2章

プラント輸出契約のルールづくり

第1節　はじめに

　プラント輸出は，第2次世界大戦後のヨーロッパ産業の復興と開発途上国の工業化を達成するための有力な取引手段として新しく登場する。この大規模で複雑な国際取引は，言語，宗教，法制度などを異にする当事者間で行われるため，様々な紛争や不都合が生じる。そのような問題を解決ないし緩和しようと，条約，統一規則，モデル法，標準約款，リーガル・ガイドなどの法形式によって国際プラント建設に関する法律と契約を調和・統一するためのルールづくりが推進されてきた。

　その中で，プラント輸出契約のルール化を主導してきたのは，国際標準約款である。プラント輸出取引に適用ないし援用が可能な約款は，日本産のENAA約款とJMEA約款を含め数多く刊行され，国際取引慣行あるいは国際慣習法に向けてのルールづくりに重要な役割を演じている。

　本章[1]は，まず「プラント輸出契約」というわが国独自のネーミングがなされた時代背景について検証し，取引および契約の特徴と進化を踏まえてプラント輸出の契約法上の性質について考察する。その上で，国際約款や実際の国際契約における「商人法」(lex mercatoria) の準拠法規範としての適応性について検討する。次に，民間および公共工事の国際建設契約に最も多く使用され，他の約款にも大きな影響を与えてきたFIDIC約款およびその他の主要約款[2]について概観して，これら約款がどのように生成・発展し国際建設市場の変化

に対応してきたかを明らかにしたい。加えて，これら約款に含まれる共通原則が商慣習(法)への道程においてどのような位置づけにあるかについて検討する。最後に，プラント輸出契約のルール化の将来展望に触れ，あわせて「プラント輸出契約」という用語の再定義について問題提起する。

第2節　プラント輸出契約の概要

まず，プラント輸出契約とは，どのような国際契約であるのか，意義，特徴および形態の面から考察する。

1　プラント輸出契約の意義

プラント輸出契約は，機械，装置，役務，技術など有形無形の要素から構成される工業施設（industrial works）を海外に建設するために輸出企業が設計，調達，建設，運転指導等の業務を提供する国際取引契約である。わが国の時限立法であった「プラント類輸出促進臨時措置法（昭43年法58）」は，プラントについて「1つの機能を営むために配置され，又は組み合わされた機械，装置又は工作物の総合体」と定めていた。同法は，プラントとして鉱工業生産設備の他，電気・ガス供給，放送・通信，教育・研究・医療，交通・灌漑の各施設，または政令で定める類似の設備・施設と定めており，事実上，"産業施設"全般を対象とする。プラント輸出は，技術集約的で付加価値が大きく貿易摩擦が少ないため，途上国の工業化に貢献する新しい輸出型ビジネスとして奨励され，1960年代後半より急速に活発となる。

（1）　用語の誕生と時代背景

「プラント輸出契約」という名称は，わが国による輸出振興の時代背景のもと，わが国固有の実務用語として1970年代初頭に定着する[3]。以来，この言葉は，

その後の取引内容の進化（日本からの機器・サービスの調達比率の減少，プロジェクト・ファイナンスの導入など）との整合をつけないままで今日にいたる。国際取引法に関する多くの国内文献においても，単独または他の名称に併記して使用されてきた[4]。外国においては，世界銀行（世銀）の調達ガイドライン（SBD）（2004年版）2.5条がプラントについて「生産施設にみられる据え付けられた設備」（"installed equipment, as in a production facility"）であるとする。"プラント"あるいは"輸出"という語を表題に用いた標準約款[5]も少なくない。

　UNCITRAL（United Nations Commission on Trade and Law：国連商取引法委員会）は，1985年に公刊した「工業施設建設契約のリーガル・ガイド」（"Legal Guide：International Construction Contract for Industrial Works"）においては，"Plant"を含めた言葉として"industrial works"という語を用いる[6]。プラント輸出のほとんどが仕向地での建設（construction）あるいは少なくとも施工監督（erection supervision）にかかわる業務を含んでいることから，外国においては「国際建設契約」（international construction contract）の分野として捉えられている。「エンジニアリング契約」（engineering contract）[7]と総称されることもある。

（2）　契約対象業務と契約類型

　契約の対象となる業務（activities）には，①プラントの企画，設計，機器調達，運送，建設，運転指導を軸とする「基本業務」と，②技術移転，資金調達，保険手配，保証供与などの「支援業務」とがある。加えて，全体の業務を調整し総合管理するプロジェクト・エンジニアリングが不可欠である。基本業務と支援業務の範囲は，契約当事者である発注者（employer）および契約者（contractor）双方[8]のニーズと資源（ヒト，モノ，カネおよび技術）の提供能力によって異なる。

　プラント輸出契約は，契約者の業務範囲（scope of work）からみて，①設計から建設あるいは試運転まで一括して引き受ける「ターンキー（turnkey）型」，②プラントの機器資材を供給し施工地での据付業務を監督（FOB supply plus erection supervision）する「FOB型」に大別される。また，代金決済方式からみて①定額（lump-sum）で決済する「ランプ・サム契約」，②消費時間に応じ

た実費（cost）に一定の料率または額の報酬（fee）を加算（cost-plus, cost-reimbursable）する「実費精算契約」ないし「コスト・プラス契約」、③数量表（bill of quantity：BQ）に定める単価（unit-price）に実際の使用量を乗じて積算（measurement）する「単価契約」、に大別される。とりわけ、ランプ・サムと実費精算とは、危険負担、瑕疵担保、納期などリスクと責任の面で大きな相異がある[9]。プラント輸出契約は、融資面などの要請からランプ・サムとなるケースが多い。BQを長年採用してきたFIDIC-Civil約款も、1996年にランプ・サムを選択肢に加える。ターンキー契約は、ランプ・サムあるいはコスト・プラス（実費精算）の何れの代金決済方式もとりうるが、ランプ・サムに最も馴染みやすい。

　ターンキー契約は、国際建設契約法の分野において認知された共通の定義があるとはいえない。プラント業界においては契約者がプラントの鍵を渡すだけで発注者のプラントの稼動が可能となるよう設計から試運転にいたるすべての業務を一括して受注し、完成義務（duty to achieve the final result）を負う形態をいう。世界銀行（世銀）は、2005年刊行の「プラント輸出契約のターンキー契約標準入札書類」（SBD-Plant Turnkey）[10]の中で、ターンキーについて「単一の契約者がプラントおよび機器の設計、供給、据付および試運転につき全責任を引き受ける場合に、すべての機器が配置され操業運転が100％準備できた状態で装置を発注者に提供するに適する契約である」としている。プラントないし工業施設建設のための"ターンキー契約約款"は、IChem（1968）→ UNIDO（1984）→ ENAA（1986）→ NEC（1991）→ ICE（1992）→ World Bank（1997）→ ORGALIME（2003/3）→ ICC（2003/11）→ ICC（2006予定）と続く。

　土木建築の分野においては、設計と建設という利害が異なる2つの機能を"分離して"発注（design-bid-build）してきた伝統的な契約慣行に対して、設計と建設を"同一の"契約者に発注する方式（design and build）を指し、これをターンキーと称することも少なくない。Design-Buildは、20世紀末のイギリス国内土建工事の約3割を占めるにいたる。世界的にも普及し、土木・建築工事用の"Design-Build"約款の刊行が次第に増え、JCT（1981）→ AIA（1986）→

EIC (1994) → FIDIC (1995) と続く。

　プラント業界および土木・建築業界においてターンキー契約は，設計および建設の両業務を同一の契約者に任せることから，土木建築工事用の Design-Build 約款は，プラント輸出契約にも適用可能な部分が少なくない。本章においても，ターンキーについて Design-Build を含めた広義の国際建設契約として用いる。外国においても，業界や適用分野のいかんにかかわらず講学上，国際建設契約として捉えられている。

　FOB 型契約は，契約者が機械装置を製作地から据付地に向けて船積する形態であり，通常，機械装置の「据付業務の監督」(erection supervision) の業務が付加される。このように契約者が設計と機器の供給に加えて"発注者"選定の建設業者が行う業務の監督・指導を行うことによりプラント完成義務を負う形態をセミ・ターンキー (semi-turnkey) 契約[11]ともいう。この場合，上述のターンキーは，セミ・ターンキーと区別するためにフル・ターンキー (full turn-key) と呼称されることもある。しかし，ICC 約款が，①ターンキーを製造プラント本体の構成部分についての設計と機器一式の供給と②フル・ターンキーを土木，建築など付帯工事込みの製造工場全体の設計・機器調達・建設とに分類するなど，ターンキーの定義は必ずしも定まっていない。

　プラント輸出ビジネスにおいてターンキー国際契約が一般的になった1980年代中頃に，エンジニアリング振興協会 (ENAA) の ENAA 約款 (Model Form of International Contract for Process Plant Construction (1986)) および日本機械輸出組合 (JMEA, 現 JMC) の JMEA 約款 (Model Forms of Consortium Agreement (1984)) および Model Forms of Joint Venture Agreement (1985)) と銘打つモデル・フォームが刊行される。これら約款が海外の文献，法曹会議，仲裁事件などで引用されるようになると，わが国の法曹界と産業界においてもプラント輸出についての"国際契約"への理解が次第に深まる。

2　プラント輸出取引（契約）の特徴

　次に，プラント輸出取引の性質，形態および取引契約の特徴について考察す

る。

（1） 取引の性質と形態

プラント輸出取引は，①国際性（当事者，契約履行地），②大規模性（契約対象物，契約金額），③長期性（契約交渉から履行完了まで），④契約対象物の不代替性（仕様に従って一定期間を経て完成），⑤完成物の非移動性（土地に付着する工作物）をもつ。

ターンキー契約は，プラントの完成義務を契約者（コンソーシアム，ジョイント・ヴェンチュアの場合を含む）の単一責任（a single responsibility）とする。機械装置の供給（supply）を含む場合であっても役務集約的（service-intensive）要素が強い。

1950年代からFOB型とターンキー型に2分されてきたプラント輸出取引は，1990年代に入ると，FOB型取引に固執していた社会主義国がターンキー型取引を受け入れたこともあって，FOB型の影響力が相対的に低下する。

ターンキー契約は，契約金額の支払方式としてランプ・サムおよびコスト・プラスのいずれもとりうるが[12]，国際プラント市場において主として融資や予算管理上の必要からランプ・サム決済が多く採用されるため，ランプ・サム・ターンキー契約への指向が強まり，ランプ・サム・ターンキー約款が次々に刊行される。

（2） 契約の特徴

プラント輸出契約は，契約者が①設計・調達・輸送・建設などの「サービス」，②機器などの「物品」，③プロセスなどの「技術」を統合して，プラントを完成し引渡す契約（works contract）である。実費精算契約にみられるようにプラント完成に必要な設計・調達・建設のサービスの供給を主たる目的とする契約（service contract）もあるが，機器の供給（supply contract）を含む契約形態が典型的である。

プラント輸出契約は，①調達機器資材を使用し仕様書・設計図書に基づいて建設と試運転をするなど，施工地業務が介在する注文製作（tailor-made）であ

る点で単なる売買とは異なる，②設計と建設を分離して別々の業者に発注してきた慣行に捉われない点で"伝統的な"土木・建築契約とは異なる，③プロジェクト・エンジニアリングによってプラニングからプロダクト・イン・ハンドまで各業務が有機的に統合される，④契約者が完成義務を履行する過程において業務遂行に一定の裁量[13]が与えられる，⑤仕事の瑕疵についての立証責任は契約者が負担する，といった特徴がある。

　第2次世界大戦後に新たに登場したプラント輸出契約は，標準約款，特に国際プラント市場の変化に耐えてきた主要な約款に"共通する"条項が，いわば自律的法規として契約一般法よりも強い影響力をもつ。

3　プラント輸出取引（契約）形態の進化

　プラント輸出契約は，1970年代に契約者側の当事者が複数化し，1980年代に入るとプロジェクトの内容が多様化し，狭義の「プラント輸出契約」から「国際プロジェクト契約」へと変貌しはじめる。IBA（International Bar Association）のSBL-Committee Tは，こうした傾向を反映して1992年に，委員会名を1972年発足の"International Construction Contract Committee"から"International Construction Projects Committee"（IBA/ICP）（下線は筆者が付加）に変更する。

（1）　契約当事者の複数化

　プラント輸出契約の発注者と契約者の双方において，リスク軽減や技術補完の観点から契約当事者が複数（multiple-parties）となるケースが増加する。特に契約者側において，数ヵ国にわたる当事者が「ジョイント・ヴェンチュア」（joint venture）あるいは「コンソーシアム」（consortium）[14]という"ヨコ"（horizontal）の関係を形成してプラント建設業務を遂行するケースが多くなる。コンソーシアム／ジョイント・ヴェンチュアを律する約款として，ORGALIME（1975），JMEA（1979），FIEC（1992），FIDIC（1992），AGC（2002）などが刊行される。複数の契約者は，発注者との直接の契約関係をもつ「主たる契約

者」(main contractor)の構成員となり，通常，発注者に対して連帯（joint and several）して契約履行の債務を負う。契約者のもとには，多数の各種下請業者（subcontractors），機器・サービスの供給者（suppliers）などが"タテ"（vertical）の関係を形成する。プラント輸出取引は，グローバルにまたがる"タテとヨコ"の契約関係(15)から構成される。

（2） 取引内容の多様化

契約の対象業務は，①設計・建設の分離（design, bid and build）から統合（design and build）へ，②設計・建設の統合（design-build）からプロダクト・イン・ハンド（product-in-hand）へ，③プロダクト・イン・ハンドからBOT（Build, Operate/Own and Transfer）へ，④公的借款の供与（public financing）からプロジェクト・ファイナンス（project financing）へ，⑤機器資材，労務，通貨等の資源の調達先を単一国から多数国（multiple-sources）へ，と進化を続ける。

プロダクト・イン・ハンドは，建設完了後，プラントの保守・運転要員を一定期間オン・ザ・ジョブ・トレーニングして所定規格の製品を継続的に生産できた時点で検収（acceptance）とする契約方式である。

BOTは，仕向地に設立した合弁会社（出資者：現地国の公的機関のほか，元請人，下請人，設計・工事施工者，主要機器供給者，融資機関，原料供給者，製品購買者などプロジェクト関与者から構成）が，出資・融資によって調達した資金を使ってプラントを建設（Build），所有（Own），操業（Operate）して，企業経営が軌道に乗った時点でプラントを現地側に譲渡（Transfer）する契約方式である。BOT方式には，BOO（Build, Own and Operate），BOOT（Build, Own, Operate and Transfer）あるいはBLT（Build, Lease and Transfer）などの形態が含まれ，従来のプラント輸出契約のほか，出資者間の合弁契約，プラント建設業者間のコンソーシアムないしジョイント・ヴェンチュア契約，ライセンサーとライセンシー間の技術援助契約，融資者間のシンジケート契約，合弁企業と製品購入企業との製品引取契約，融資者と被融資者・保証人との担保契約など，多くの支援契約（supporting contracts）がグローバル規模で構築される(16)。BOTプロジェクトには，ほとんどの場合に設計および建設を担当する"単一の"

契約者が起用される。

第3節　国際取引契約論としてのプラント輸出契約

プラント輸出の対象物は，量的，金額的にみると機械装置の供給が中核を占める。プラントのハードウェア部分の本邦からの船積（shipment）に着目して「プラント輸出」と命名されたが，その法的な特徴はどのようなものであろうか。

1　プラント輸出契約の契約法上の位置づけ

わが国においては当初，機器の供給面に着目して売買ないし売買類似の契約とみられることが少なくなかった[17]。

プラント輸出取引は，1970年代中頃にFOB型からターンキー型までの幅広い取引が行われる。1980年代になると同一プロジェクト向けの機器の製作者ないし調達先が本邦以外のソースに広がり，1990年代前半にはプロジェクト・ファイナンスの活用によりBOT型，1990年代後半に入ると大型インフラのためのPFI（Private Finance Initiative/Privately Financed Infrastructure：UNCITALモデル立法条項(2003)参照）ないしPPP（Public Private Partnership）など民活プロジェクト方式にいたるまで，幅広く取り込むようになる。

一方でFIDIC―EPC約款が，BOT取引を対象に含めるなどターンキー契約の範囲が次第に拡大し，他方で「工業プラントのターンキー供給契約」と題するICC約款(2003)が，プラントを構成する個々の機器装置の引渡（delivery）を船積時から建設地搬入時の間での合意時とし，この時点で発注者にリスク移転させて売買契約的要素が強いセミ・ターンキー型（UNIDO約款とは異なるタイプ）に位置づけるなど，ターンキーの定義がさらに曖昧となる。

このように時代の要請により変貌を遂げる契約形態をシビル・ロー国の典型契約に適用しようとしても，捉える側面によって見解が相異し[18]，ターンキー

型に的を絞ってみても見方が分かれる。プロジェクトとしてシステム化された機能の一部を取り出して，それぞれ売買，委任，雇用，請負，製作物供給など既存の法体系に当てはめてみても，さほどの実益はない。各種の契約要素が交じり合う混合契約とみるのが実態に即する。実際のプラント輸出契約は，仕事の完成を契約の目的とし完成にいたるまで注文者の基本設計および仕様の範囲内で請負者に一定の裁量（freedom of choice）を許容する伝統的な「請負契約」の場合に比べて，リソース（機器・サービス）の選択，工程の調整など，発注者の介入を相当程度に許容する。

一方，個別契約類型ごとに法体系化を行うコモン・ロー国においては，建設行為により履行義務が完結する契約を講学上，「建設契約法」（construction contract law）として体系化するアプローチがとられてきた。

プラント輸出契約は，ヒト，モノ，カネ，テクノロジーといった資源の大規模な国際移動を伴い，輸出相手国の産業に大きな影響を与え公共の利益に深くかかわるために，行政法規を中心に諸種の法令[19]によって契約自由の原則に制約が加えられる。契約の成立は，公共工事はむろん，民間工事の多くも国際競争入札（international competitive bidding）によるが，民間工事では随意契約（negotiated contract）もある。

プラント輸出契約の当事者間に生じた意見の不一致ないし紛争を解決するには，契約解釈の準拠となる実定法規範（governing rules of substantive law）が拠り所となる。その上で，①準拠法となる国家法（national law）が商慣習（法）をどのように評価するか，②準拠法の規定を欠いても国家法を介在させることなく，法的拘束力ある紛争解決ができるか，という課題に向き合うことになる。

2　プラント輸出契約の準拠法

プラントなど工作物の建設の国際約款には，準拠法の規定が置かれる。ほとんどの約款は，プロジェクトごとに当事者が合意する国家法の選択を予定する。現実の契約についてみても，ICC 仲裁事例の対象契約の 7 割以上が特定の国家法を準拠法に指定している[20]。規定のない場合には，仲裁廷（arbitral tribunal）が"抵触法を経由して"（through conflict law）あるいは"直接に"（近年の国際仲裁規定では直接方式が有力：UNCITRAL仲裁モデル法28(1)条，ICC規則17(1)条など参照）準拠法規範を指定する。

（1） 不利な準拠法の指定圧力への対応

　言語，法制度，宗教，文化，取引慣行を異にする相手方の国家法を契約解釈や紛争処理の判断基準とするにはリスクが大きい。契約準拠法を発注者国ないし建設国の法律とする約款（UNIDO，世銀など）はむろん，契約者側の法律を準拠法とする約款（AIA，ORGALIME，ECE188Aなど）もない訳ではないが，多くの約款が当事者の合意に委ねる。現実の契約交渉では，バーゲニング・パワーに勝る発注者が，自国法ないし建設地法に固執するのが常である。世銀のプラント入札書類（後述の2005年版のSBD-PlantおよびSBD-Plant Turnkey）に含まれる標準約款（General Conditions of Contract：GCC）の準拠法条項は，「特別条項（Special Conditions of Contract：SCC）に定めるとおりとする」とあり，SCCには「準拠法は，発注者の国の法律に従う」との"サンプル条項"が示されている。

　契約当事者は，相手方の国家法に準拠するリスクを軽減しようと様々な対応を講じてきた。
① 　長期契約の履行リスクを軽減するために，詳細な履行条項を契約に盛り込み当事者が遵守すべき「マニュアル的機能」をもたせる。
② 　国際的に容認された「標準契約約款」を使用する。
③ 　紛争解決手段として法的拘束力のある「仲裁」を選択した上で，仲裁に前置して「ADR」を導入し，迅速かつ柔軟に紛争の暫定的解決を図る。
④ 　建設紛争事例が多くて予測可能性が高い「第三国法」を準拠法に指定する。
⑤ 　「契約法の一般国際原則」（internationally accepted principles of contract law）を準拠法に指定して特定の国家法の影響を回避もしくは軽減する。

(2) 仲裁の判断基準としての商人法 (lex mercatoria)

　プラント輸出契約から生じる紛争は，通常，国際仲裁によって処理されるので，ほとんど全ての約款が，"仲裁"を紛争解決手段に定める。仲裁が，①準拠法の対象を法 (law) から法規範 (rule of laws) へと拡大，②当事者の合意を条件に「友誼仲裁」("amiable compositeur") ないし「善と衡平」("ex aequo et bono") に基づく判断を許容，③ADRとの組合せ (med-ab など) が容易といった点で，訴訟に比べて紛争処理に弾力性があり，プラント輸出契約から生じる紛争処理に馴染むためといえる。

　仲裁判断の準拠法として，①"lex (international) mercatoria" (国際商取引において慣行的に使用されている法：以下「商人法」という) ないし②"general principles of contract law" (国際商取引において慣行されている契約の基本原理のリステートメント：以下「一般契約法原則」という) を指定する例がみられる。両用語[21]は，しばしば相互交換的に用いられるので，本章では原則的にこれらを「商人法」と総称する。

　商人法の概念が曖昧で準拠法とするには熟さないとの批判がある中で，仲裁廷 (arbitral tribunal) が商人法を指定するケースは，まだ一般的とはいえない。1987年のICC仲裁案件 (237件) をみても，紛争処理を商人法に基づいて処理するとした契約条項は皆無[22]，2000年になっても541件のうち9件 (CISG：2件，一般契約法原則：7件) に過ぎない。

　国際取引契約における商人法の容認論には，①いずれの国家法も仲裁規則も，紛争処理にあたり商慣習 (trade usage) を勘案 (UNCITRAL：モデル仲裁法33(3)条および仲裁規則33(3)条，ICC規則17(2)条など) するが国際商慣習もその一類型，②比較法，条約，認知された国際契約法原則，国際仲裁事例，常設国際司法機関の判例などから生成する「国際取引契約のコモン・ロー」[23]，③過去25年間に「法から法規範へ」と拡大[24]した準拠法の対象には商人法を含むべき，などの主張がある。国際契約の準拠法としての商人法の是非論は1960年代に始まり，①国家法を指定すべきとする従来型 (UNCITRALモデル仲裁法28(2)条参照) と②国境を越えた規範 (transnational rules) を許容する進歩的な仲裁法 (ドイツ，

スイス，フランス，オランダなど一部の欧州国）とが対峙してきた。

（3） 商人法を準拠法に定める約款

「英仏海峡トンネル工事（Channel Tunnel Rink Project）約款」（1987）は，FIDIC 約款をベースとして紛争解決に Expert Panel → ICC 仲裁の2段階方式をとり，紛争解決に"間接的（二次元）"ながら商人法を採用[25]する。さらに ICC 約款（2003）の準拠法は，「国際取引においてプラントのターンキー供給契約に適用できると一般に認められる法原則」と定め，国家法を排除して非国家法（non-national law）である商人法を"直接的"に指定する。商人法の指定は，機器の供給を主体とする FOB 型ないしセミ・ターンキー型契約におけるとはいえ，プラント輸出契約の約款として意欲的な試みである。

ICC 約款（2003）における準拠法は，個別契約において当事者間に明示もしくは黙示の合意がない場合に，①CISG（"United Nations Convention on Contract for the International Sales of Goods"（通称「ウィーン売買条約」）(1989)，以下"CISG"という），②関連取引慣習（relevant trade usages），③ユニドロワ（私法統一国際協会：UNIDROIT）の「国際商取引契約法原則」（"Principles of International Commercial Contracts"(1994)，以下"UNIDROIT"という）の優先順位に従う（3.6条A）と定める。CISG が上位にあるのは，対象契約を売買契約類似と捉えているためのようだが，「ターンキー供給」という名称と取引の実態認識の妥当性については，さらなる検証を要する。

ICC 約款（2003）に定める商人法は，仲裁による紛争解決にのみ適用される。当事者が訴訟による解決に合意する場合には，国家裁判所が商人法を受け入れる可能性が極めて低い現状に鑑み，準拠法に特定の国家法（約款3.6条B）を予定する。

（4） 当事者に合意なき場合の商人法の適用可能性

準拠法選択の当事者自治の原則は，①上述の ICC 約款や英仏海峡トンネル工事約款のように明示されているか，②明示されていなくても仲裁期間中に合意に達した場合には，商人法を認める。専門法律用語，通貨，履行地などの要

素を組み合わせて"黙示の"合意が認められる場合にも同様である（ICC 仲裁事例：Case No.8365/1996など）。仲裁人は，当事者ないし自らが選定した国家法に準拠して判断する場合であっても，解釈・補充の手段として，CISG，UNIDROIT，PECL（Principles of European Contract Law）など一般契約法原則を参酌することは可能であり，実際に行われている[26]。また，国際契約の当事者が紛争解決の準拠法として特定の国内法に合意できず，一般契約法原則に従うとした場合に，仲裁人がこれら国際商取引契約法原則を商人法として"直接に"適用することは可能であろう。

「善と衡平」に基づく友誼仲裁の場合，あるいは複数国に連結点を有するため抵触法の指定が不適当な場合には，仲裁人による商人法選択の可能性が高くなる。問題は，それ以外の場合に仲裁人が国家法を排除して商人法を選択できるか否かである。準拠法の定めがない契約に基づく仲裁では，国家法によるべきとして商人法を否認する事例[27]もある中で，1970年代末より仲裁人が商人法を選択するICC仲裁事例（ICC Case Nos. 3131/1979）が登場し，その仲裁判断の執行に対する異議申立訴訟（オーストリア（1982）やフランス（1985）の最高裁判決）にも耐える。ICC仲裁事例には，これを許容する流れ[28]が次第に広がりつつあるようだ。

第4節　プラント輸出契約のルール化

　プラント輸出取引の法律問題の解決に有益な基準となるルール（規範）には，①多国間条約（未発効分を含む），②統一規則，③モデル法，④標準約款，⑤リーガル・ガイドなどが挙げられる。これらの法形式は，地域や国ごとに異なる私法や取引慣行の統一ないし調和を推進する。

1 ルール化の現状と標準約款

　国際建設契約の統一法の成文化 (codification) が実際に完成されたことはない。1970年代および1980年代に EC 委員会がヨーロッパの「建設責任法」(construction liability law) を積極的に推進しようとした時期があったが，成立した条約としては，EDF 約款 (1990) の適用について EC 加盟国と ACP/OCT[29]加盟国 (アフリカ諸国など) とで合意した1975年のロメ条約 (Lome-Convention) のような地域間協定に限られる。

　プラント輸出契約のガイドラインとしては，①世界銀行 (世銀) の"Guidelines for Procurement under IBRD Loans and IDA Credit" (1985, 最新改訂2005)，② UNCITRAL の "Legal Guide for Drawing-up International Contracts for the Construction of Industrial Works" (1987) などが知られている。また，物品，建設およびサービスの調達についての公共工事入札についてのモデル法として UNCITRAL の "Model Law on Procurement of Goods, Construction and Services" (1994, 2006年3月現在，改訂作業中) などがあり，これに基づいて約20ヵ国が立法化している。実際のプラント輸出契約は，発注者の意向 (時間・コスト・品質, 設計建設業務に対する介入度など) に応じて調達方式 (procurement method) が決まり，これに適した契約形態が選択される。

　上記の世銀ガイドラインに基づく建設プロジェクトの標準入札書類 (Standard Bidding Documents：以下，SBD という) には，① Procurement of Works (SBD-Works)[30]，② Procurement of Works-Smaller Contract[31]，③ Supply and Installation of Plant and Equipment (SBD-Plant)[32]および④ Supply and Installation of Plant and Equipment under Turnkey Contract (SBD-Plant Turnkey)[33]がある。①には FIDIC-Civil (4版)，③には ENAA-Process (改訂版) の各約款が採用されている。

　プラント輸出契約のルール化は，model form, standard form, general conditions of contract[34]などの標題のもとに作成された「標準約款」が主導している。イギリス建設市場には，8団体から40以上の約款が刊行され，取引者の7割以

上が標準約款を利用するといわれる。国際建設分野でも，種々の公的，私的の団体により作成された約款は，他の国際取引の分野に比べて際立って多い。EBRDの調達規則（Procurement Policies and Rules, 1992）3.24条は，「一般に認められた契約条件を含む標準約款を使用すべき」と定め，そうした約款の存在を想定している。が，現時点で単一の国際約款に絞ることは容易ではない。

プラント輸出取引の主要業務は，設計，調達，運送，建設，検査，技術移転，総合調整など，多様な機能から構成される。これらを個別にみると，特に売買，建設，運送など伝統ある取引の契約分野において，20世紀初頭より約款の刊行が始まり同世紀中頃までに普及する。が，このような既存約款を複合取引形態である新しいプラント輸出取引にそのまま適用することは難しい。プラント輸出取引のための国際約款は，1950年代中頃より登場し，①建設（設計を除く），②ターンキーないしDesign-Buildおよび③建設のマネジメント，以上3つの範疇で発展（とりわけ②の興隆が顕著）する。以後半世紀の間に刊行された多数の約款[35]の中には，すでに使命を全うしたもの，時代のニーズに応じて生き抜いてきたものがあり，その盛衰にはそれなりの歴史的役割と背景がある。

2　標準約款の役割

一定の取引分野・地域・業界における商慣行を条文化した法形式である標準約款は，国際取引の安定化（危険の予測）と円滑化（迅速・確実）に役立つ。あわせて取引に経験が乏しい関係当事者を教育・啓蒙する効果がある。複雑な国際建設取引の交渉をゼロから始める不便さと取引に要する時間と費用を軽減し，契約当事者間で対立する利害を調整して公正さの担保を目指す。契約準拠法を特定の国家法に委ねるリスクを軽減するには，標準約款の使用が効果的である。発注者側の交渉上の立場が伝統的に強い国際建設契約の分野において標準約款は，入札者が同一条件で競争できる基盤を整備し，取引の予測可能性を高める。少なくとも現実的な交渉の開始を可能にする。

契約の標準化（standardization of contract）は，①大企業や業界団体が一方的に，②利害が異なる契約当事者（企業，業界団体など）が協力的に，③公正

で中立的な第三者が知識と経験に基づいて専門的に，作業が行われる。後者になるに従って契約の合理性と公平性が増し，前者になるほど約款濫用など病理現象発生の可能性が増して，立法，司法，行政による介入の余地が大きくなる。プラント輸出契約に援用可能な国際約款の作成は，上記のいずれのケースもあるが，信頼度の高い国際約款は，③のプロセスを踏む。客観性を高めるために，(i)約款起草委員に利害を異にする代表者を入れる（FIDIC, ICE），(ii)テスト版を発行して広く一般よりコメントを徴求する（NEC1991版，FIDIC1998版），(iii)約款に公的機関（世銀，EBRDなど）のお墨つきをうる（FIDIC, ENAA, NECなど）。利害の異なる起草委員が拒否権をもつ場合（JCT）と，もたない場合（FIDIC, ICE）があるが，一方当事者のみによる作成は，附合契約（adhension contract）として拘束力が問われ，作成者不利の原則（contra proferentem）が働くこともある[36]。

いずれにしても，約款作成には専門的な知識と経験を有する第三者が何らかの資格で参画しており，完成までの議論を公にすることによって透明性が高められる。むろん，標準約款といえども妥協の産物の面があり，柔軟な規定にしようとすれば不確実性が増し，契約当事者に公正・公平な規定であろうとすればそれぞれの責任に曖昧さが残る，といったジレンマも抱える。

3 国際商慣習の形成過程における標準約款

プラント輸出取引の約款作成から商慣習法にいたるステップを想定すると，①反復取引についての明文化・標準化のニーズに応じて約款が作成される→取引の安定と迅速化のためのチェック・リスト機能，②約款が国際市場で広範囲に使用される→グローバル化，③信頼を得た国際約款に共通する原則が合理的な取引慣行（trade practice）として認められる→事実たる商慣習（conventional trade custom or usage）の形成，④一定取引分野において実質的な拘束力が生じて実効性と任意法性を備える→慣習法（customary law）の形成，へと進展する。商慣習（法）形成へのステップは，約款の作成・改訂作業と市場ニーズとの相互作用によって推進される。

保険，銀行，運送など定型取引用の約款のように，ほとんど修正なしに現実の取引に使用されている建設約款は多くない（約款王国イギリスでも3割以下といわれる）。市場と時代の変化に対応を迫られるプラント輸出取引の分野では，すべてのケースに使用できる約款を求めること自体が，やや理想的に過ぎる。したがって，個別取引の特殊事情を反映できるように，①そのままの使用を想定する"General Conditions"（一般／基本条件）のほか，②個々の取引によって具体的に定める"Special/Particular Conditions"（特別／例外条件）と，契約書式に2部構成をとる約款が多い。

　プラント輸出取引において，約款自体が全体として商慣習ないし商人法を形成していると法的に認知された例はない。約款に含まれる基本原則が国際商慣習を形成しているかについても，1997年当時のICC仲裁事例（Case No.8873/1997）は，「FIDICもしくはENAA約款に含まれる関連条項が自律的な基本法原則（autonomous principles of law）ないし商取引慣行と認められるほど熟してはいない」として否認する[37]。が，取引慣行（trade usages）を反映しつつ改訂を重ねたいくつかの国際約款は，商人法形成の途上にある。なかでもFIDIC約款は，"国際"建設工事，とりわけ外国融資がかかわるプロジェクトにおける使用実績（地域，件数）からみてその先頭に立つ[38]。FIDIC約款の使用から派生した紛争についてのICC仲裁事例も1980年代以降，紛争処理条項を中心に数10件にのぼる。FIDIC約款は，そのまま使用されなくても①当事者の契約交渉や契約書作成にあたり参酌され，②他の多くの国際約款を作成する際の手本ともされてきた。

　"国内"工事用の多数の建設約款を輩出してきたイギリスは，"建設輸出"契約の約款分野でもリーダー格であった。いずれの約款も通常，先行する約款を参酌しつつ作成[39]されるが，とりわけイギリス産の約款は，他の約款に対しても直接間接に大なり小なりの影響を及ぼしてきた。20世紀後半になると他の有力約款の出現もあり，イギリス産約款の影響力が相対的に低下傾向を示す。

　他方，アメリカ産の約款については，1911年から作成に着手したAIA約款の影響力は，グローバル規模ではイギリス産ほどでないが，州際取引においては絶大である。建設契約法の世界的な権威であるスウィート（Justin Sweet）

教授は,「……建設プロセスの契約面で最も重要な"法"は標準約款に見出され,制定法や判例法よりも重要である。アメリカの建設法について学びたければ,最善の典拠資料はAIA約款であろう」と述べている[40]。

英米両国には,裁判所に建設紛争を取り扱う専門の部門（例：イギリスのTCC（Technology and Construction Court）[41]がある。また,主要な専門職能団体が建設紛争の処理に適する独自の仲裁規則（アメリカのAIA Construction Industry's Arbitration Rules（1984）,イギリスのICE Arbitration Procedure（1983）など）を備える。複雑な建設工事紛争を扱った判例および仲裁事例の集積も豊富である。建設契約の当事者双方がイギリス以外の企業であっても準拠法にイギリス法を指定することが少なくないのはそのためである[42]。

第5節　プラント輸出取引に適用可能な主要約款

国際建設契約の分野における数多い標準約款のうち,主要な"国際約款"について,プラント輸出契約の典型的な形態であるFOB型およびターンキー型（Design-Build）,とりわけターンキー約款を中心に概説する[43]。これらを対象工事別に大別すると,①プロセス・プラント系（I. Chem, UNIDO, ENAA-Process, ORGALIME, ICC）,②機械・電気プラント系（I. Mech/IEE, FIDIC-Plant, ENAA-Power Plant, FIDIC-EPC）,③土木・建築系（ICE, FIDIC-建設, JCT, AIA）,④建設一般系（EDF, NEC）となろう。このうち①および②が工業施設（industrial works）を適用対象とする。以下,主な約款について解説する。

(1)　ECE約款（1953）

ECE（United Nations Economic Commission for Europe）は,1953年から1964年の間にECE約款シリーズ[44]を刊行する。この約款は,1955年より着手したCMEA（Council for Mutual Economic Assistance）約款（「コメコン加盟国間の物品引渡用一般条項」など）に大きな影響を与える。

FOB 型約款を軸に国際公的機関が作成した上記の約款は，第2次世界大戦後のヨーロッパ復興のための西欧域内取引や資本主義国と社会主義国との東西取引に頻繁に利用されたが，EU 発足およびソ連東欧圏の崩壊とともに，それぞれの歴史的役割に区切りを迎える。したがって，ECE 約款のその後の改訂はないが，欧州の民間機関である ORGALIME（Organismus de Liason des Industries Metalliques Europeenes）は，①ECE 188に対応する S2000（2000），②188A に対応する SE01（2001）の各約款を刊行して ECE 約款の基本原則を実質的に継承する。ほかに ORGALIME は，ターンキー約款（Turnkey Contract for Industrial Works[45]）を2003年に刊行する。

（2）　I Mech E/I E E 約款（1956）　（最新改訂：2000）

イギリスの IEE（Institute of Electrical Engineers，1871年設立）は，電機プラントの"輸出"用約款"Bシリーズ"を1925年に刊行する。これが後のプラント輸出契約約款，特に FOB 型の原型となる。1956年，IEE は，I Mech（Institution of Mechanical Engineers，1847年設立）の参加を得てBシリーズを再構築して「I Mech E/IEE 約款」[46]を刊行し，1970年代までに版（B1&2：4版，B3：2版）を重ねて FOB 型の輸出プロジェクトを中心に広く利用される。Bシリーズ約款は，1980年代に時代の要請に合わなくなったため，新たに作成した"MF シリーズ"[47]に差し替えられ，建設工事を含む約款の B3 は MF/1 となる。

（3）　ICE 約款（1956）　（最新改訂：2004）

土建業界における世界最古の職能団体（1818年設立）である ICE（Institution of Civil Engineer）は，1945年に国内土木工事用の ICE 約款を刊行し8回の改訂を重ねる。1956年には ACE（Association of Consulting Engineers，1871年設立）と共同で，海外土木工事用の ICE 約款を作成（その後未改訂のまま FIDIC 約款に引き継がれる）する。ICE 約款は，FIDIC-Civil 約款の土台ともなる。土木工事用の ICE 約款は，建築工事用の JCT 約款と並んでイギリスにおける代表的な民間工事用約款として評価されてきた。このほか，国内建築工事用約款として ACA（Association of Consultant Architects）約款（1982）がある。

ICE は，1992年に FCE（Federation of Civil Engineering）と共同して，土木工事用の Design-Build 約款（ICE Design and Construct Conditions of Contract）を刊行する。

（4） FIDIC 約款（1957）（最新改訂：1999）

1957年，FIDIC（International Federation of Consulting Engineers，1913年設立）が最初に発刊した土木工事用「FIDIC-Civil 約款」（Conditions of Contract for Works of Civil Engineering Construction：通称「レッド・ブック」）は，1955年の国内土木工事用の ICE 約款（4版）を土台にして作成される。その後，国際建設市場のニーズに応じて2版（1969），3版（1977），4版（1987）と改訂を重ねる。当初，FIDIC-Civil は，契約金額の支払に BQ に基づく積算方式（measurement）のみ採用していたが，1996年にランプ・サム方式を加える。特にレッド・ブックは，土木工事のほか，他の建設工事にも援用可能に配慮された面（完工テストなど）もあって，1973年のオイル・ショック以降，中近東，アフリカ，中南米，香港などにおいて，グローバル規模で最も多く使用され[48]，世銀，EBRD，ADB など公的国際機関からも推奨されている。

FIDIC は，「FIDIC-Civil 約款」と1963年初版（2版：1980，3版：1987）の機械および電気工事用の「FIDIC-Plant 約款」（Conditions of Contract for Electrical and Mechanical Works：通称「イエロウ・ブック」）との2本立てに固執していたが，1995年にターンキー工事用の「FIDIC-Turnkey 約款」（Conditions of Contract for Design-Build and Turnkey：通称「オレンジ・ブック」）を加え3本立てにする。

そして，国際建設プロジェクトの契約慣行の変化に対応して1994年より抜本的な改訂作業に着手し，各3約款につき1999年版を刊行する。従来の"用途別"の工事約款（土木工事用の旧レッド・ブックおよび電気・機械工事用の旧イエロウ・ブック）を「発注者の設計に基づく新レッド・ブック」と「契約者の設計に基づく新イエロウ・ブック」とに新しく分類する。両ブックとも従来どおり発注者が雇用する「エンジニア」（"Engineer"）が発注者に代わって契約履行管理（contract administration）とプロジェクト遂行の監督（supervision）を行

うが，旧ブックが"Engineer"に与えていた「紛争解決についての暫定的拘束力ある決定権限」を外し，新たにDAB（Dispute Adjudication Board）を設ける。一方，オレンジ・ブックは，当初から"Engineer"ではなくDABを採用し，EPC（Engineer-Procure-Construct）業務を一貫して遂行する「シルバー・ブック」に引き継がれる。また，3つの新ブックに共通する20の条文表現を統一する。

かくして1999年版の新ブックは，次の3本立て[49]の約款（Conditions of Contract）に再編成される。特に，②および③がプラント輸出契約への適用性を有する。

① 「FIDIC建設約款」（"Construction for Building and Engineering Works Designed by the Employer"：通称「新レッド・ブック」）："発注者の設計"に基づく建設・エンジニアリング工事用

② 「FIDICプラント約款」（"Plant and Design-Build for Electrical and Mechanical Plant and for Building and Engineering Works Designed by the Contractor"：通称「新イエロウ・ブック」）：契約者の設計に基づく電気プラントおよび機械プラントの建設およびエンジニアリング工事用

③ 「FIDIC-EPC約款」（"EPC Turnkey Projects"：通称「シルバー・ブック」）：設計，調達および建設（EPC）をランプ・サム・ターンキーで遂行するBOT等の工事用

FIDIC-EPC約款は，ファイナンス供与者の要請を考慮して"発注者提供の設計要件や情報の正確性"，"予見不能な困難"など大きなリスクを契約者に負担させる。これらの規定は契約者に著しく不利な条件[50]である。他のFIDIC約款に比べて契約者の裁量と利益も大きい（リスクあるところに利益あり）との想定があるにしても，当事者の公正・公平なリスク分担を標榜するFIDICの伝統に反するとの批判を招き，ORGALIMEやICCの新約款の作成を動機づける。今後，FIDIC-EPC約款が市場の認知を得るには，裁判所，仲裁廷による法的テストおよび国際公的機関や市場の評価に耐えていかなければならない。

FIDIC約款は，従来の狭義のプラント輸出契約からプロジェクト契約へと

多様化を求める市場の要請に対処すべく改定を重ね，シビル・ロー国に与える違和感を順次に解消（force majeure 条項の導入，"Engineer"の準仲裁人的権限の廃止など）してきた。

（5） JCT 約款（1981）（最新改訂：2005）

建築士，測量士，コンサルティング・エンジニアなど建設業専門職から構成される RIBA（Royal Institute of British Architects, 1837年設立）は，1893年に RIBA 約款を作成し，以来改訂を重ねる。JCT（Joint Contracts Tribunal, 1931年設置）は，この RIBA 約款[51]を軸に一連の既存約款を建築工事用の「JCT 約款」として1963年に集大成する。その後，ヨーロッパ約款を目指して1980年版 JCT 約款を完成，1981年にはターンキー約款（Standard Form of Building Contract with Contractor's Design）を刊行，その後これを改訂（最新版：DB05（2005））する。JCT 約款は，イギリス国内で最も広く使用されているのみならず，限定的ながら国外の公共および民間の建築工事にも使用されており，ICE 約款および公共工事約款（GC/Works/1（1973））[52]とともに，イギリス3大約款を構成する。

JCT 約款の1998年改訂版は，"Design and Build Form WCD98" を含む6種類のシリーズ約款となり，以後3年間に既存4約款を修正するとともに，5つの新約款を加える。ターンキー約款の最新版は，近年の複雑で大規模なプロジェクト（1000万ポンド以上）に対応すべく既存の JCT 約款に比べ簡潔に作成された JCT Major 約款（Major Construction Form MPF 03（2003））である。

（6） AIA 約款（1985）（最新改訂：2004）

AIA（American Institute of Architect, 1863年設立）は，1888年の最初の約款以来，数々の約款を刊行してきた。AIA 約款は，Form A201（General Conditions of Contract between Owner and Contractor）を軸に構成され，1963年の大改訂を経て75種類に及ぶ。ターンキー約款は，AIA Form A191（Standard Form of Agreement Between Owner and Design/Builder）として1985年に刊行され，"予備設計および予算作成"と"最終設計および建設"との2つの文書（Part

1 and 2）に分けるなど，イギリス型の約款とは異なる構成をとる。A201およびA191は，1996年にそれぞれA201™およびA191™として改訂された後，ターンキー約款（A191）は2004年にA141™として内容と構成面で大改訂される。

1世紀を超える伝統をもつAIA約款は，アメリカ建設市場において支配的地位を確立する。AIA約款に対抗する約款としては，EJCDC（Engineers Joint Contract Documents Committee）[53]の約款シリーズ（1990）（建設はCシリーズ，ターンキーはDシリーズ）が知られている（2004年10月現在，EJDCとは約80種の契約文書を作成）。そのほか，1953年の初版刊行以来，半世紀の歴史をもち海外工事でも使用実績が多いAGC（Associated General Contractors of America, 1918年設立）約款が知られ，建設：200シリーズ（ランプ・サム：AGC200（2000））およびターンキー：400シリーズ（ランプ・サム：AGC415（1999））を主要約款とする[54]。

（7） EDF約款（1972）（最新改訂：1990）

フランス契約法の理念[55]に基づき作成された1972年のEDF（European Development Fund）約款は，ACPおよびOCT諸国向けEDF融資対象の海外プロジェクト用約款として広く用いられる。1974年に旧版を改訂し，コモン・ロー系のFIDIC-Civil（4版）を土台にして新たに①Works Contract, ②Supply Contractおよび③Service Contractの3つのGeneral Conditionsを1990年に公刊し，ヨーロッパ約款を目指す[56]。

EDF約款は，①コモン・ローとシビル・ローを調和，②契約管理についてSupervisorの裁量権を制限し契約者の業務の検証（verification）に限定，③Design and Buildにも適用可能，④ランプ・サム，実費精算，単価のいずれの契約形態にも対応可能，⑤変更不可（no deviation）の"強制規定"（世銀を含む国際機関との共同融資事業を除く）と当事者の合意によって変更可能な"任意規定"とから構成，などの特徴をもつ。

（8） UNIDO約款（1984）（最新改訂：1990）

途上国の食糧事情改善のため肥料関連施設の増強に取り組んだUNIDO（国

連工業開発機構）は，工業国からの肥料プラント（プロセス・プラント）の輸出契約に一定のルールを設定しようと，肥料プラント建設用（for Construction of Fertilizer Plant）の①ターンキー・ランプ・サム契約（Turnkey Lump Sum Contract）（1984），②実費精算契約（Cost Reimbursable Contract）（1983），③セミ・ターンキー契約（Semi-Turnkey Contract）（1985），以上3つのモデル・フォームを刊行する。

　約款の作成作業は，当時の激烈な南北対立の時代背景を反映し1984年のサンパウロ会議（わが国の代表も参加）は難航を極める。その結果，先進国側の契約者に不利な規定（製品／プラントの無限定保証，準拠法にプラント建設国の法律を優先など）が少なくない。UNIDO 約款は，肥料プラントという限定分野での約款のためか，それとも南北問題が対立から対話へと始動したためか，実際の取引には UNIDO のもくろみどおりには浸透しないまま一応の役割を終える。

　UNIDO 約款は，肥料プラントという"プロジェクト"に用途を限定しているが，特定の"プロジェクト"に用途限定した国際建設約款としては，①北海油田開発のための"North Sea Offshore Lump Sum Construction Contract"（1983），②英仏海峡トンネル工事約款（1986）など，大型インフラ・プロジェクト用のアドホック約款が知られている。

（9）　ENAA 約款（1986）（最新改訂：1992）

　ENAA は，イギリスの化学工学協会（Institution of Chemical Engineers：ICE，1828年設立）の"国内"プラント向けの「I. Chem. ランプサム約款」（Model Form of Conditions of Contract for Process Plant suitable for Lump-Sum）（1968，最新版：2001年の4版）[57]の1981年改訂版の邦訳出版（1984）を行う。続いて1986年に"海外"のプロセス・プラントの EPC プロジェクト向けの ENAA 約款（Model Form of International Contract for Process Plant Construction）を自ら刊行する。ENAA 約款は，機械および電気プラントを対象にした FIDIC-Plant 約款（旧イエロウ・ブック）に対して，化学プラントなどプロセス・プラントを対象とする EPC ランプ・サム・ターンキー約款である。

ENAA約款は，1992年に刊行した改訂版によって利便性（ドラフティングの改善，付属書類の充実，選択肢の付加など）を高める。その結果，1997年，世銀のSBD-Plant（Section IV. General Conditions of Contract）に一部修正のうえ採用され，日本産の国際約款が公的機関によって初めて認知される。ENAAは，1996年に「発電プラント用モデル契約書」（Model Form International Contract for Power Plant Construction：ENAA-Power Plant約款）を刊行する。BOTにも適用可能な形式とするが，後のFIDIC-EPC約款が大きなリスクを契約者に移転したのとは対照的に，これらのリスクを少なからず発注者においている。

(10)　NEC約款（1991）（最新改訂：1998）

ICEは，従来のICE約款に加えて，1991年にNEC（New Engineering Contract）と銘打った6類型からなる建設約款の初版，1995年に2版（Engineering and Construction Contract）を刊行する。契約条件（Conditions of Contract）は，Design-Buildを含むすべてのプロジェクトに修正なく使用できる「コア条項」とプロジェクトごとに選別する「選択条項」の2本立てとし，選択条項（optional clauses）は，ランプ・サム，実費精算，目標価格など6つの基本契約ごとに詳細な構成となっている。

NEC約款は，①イギリス式の契約文書色の強い表現を改めて簡潔な条文と平易な英語に改める，②契約当事者双方のプロジェクト管理者によるパートナリング方式をとりマニュアル的に構成して使い勝手を重視する，③工事（建築，土木，プラント），契約類型（ランプ・サムか実費精算）や設計担当（発注者か契約者）の別を問わず使用できる弾力性をもつ，といった特徴を備える。発刊後5年間で香港新国際空港プロジェクトなど25ヵ国において使用され，FIDIC約款とともにEBRDに推奨される。

(11)　EIC約款（1994）

EIC（European International Contractors，1970年設立）は，FIEC（Federation of European Construction Industries，1905年設立）およびCICA（Confederation of International Contractors' Association，1974年設立）と連携して1980年代に

EIC約款を作成し，世銀などにコメントを求めていた。1994年になってターンキー約款として"Conditions of Contract for Design and Construct Projects"を刊行する。また，EIC約款を協賛したFIECは，ヨーロッパ建設契約モデル法の礎とすることを目指して「主たる（元請）契約ヨーロッパ原則」（European Principles for a Contract with a General Contractor）を1996年に公表し反響を呼ぶ。

EIC約款は，FIDIC-Civil（4版）の語法を踏襲しつつも，発注者と契約者の義務に関する規定（特に概念設計から最終設計までのプロセス）をそれぞれ集約し，きめ細かい構成をとることによって，ターンキー契約の特徴を明らかにしている。

EIC約款の作成は，ENAA約款やORGALIME約款と同様に，契約者側主導によって作成されたターンキー約款である。

(12) ICC約款（ターンキー：2003，フル・ターンキー：2006予定）

ICC（International Chamber of Commerce：国際商業会議所，1919年設立）は，民間の国際機関としてインコタームズや信用状統一規則をはじめとして，数々の統一規則やモデル契約を作成してきた。プラント輸出契約の分野においても，2003年に"ICC Model Contract for Turnkey Supply of an Industrial Plant"（ICCターンキー約款）を刊行する。続いて2006年に，"ICC Model Major Project Turnkey Contract"（ICCフル・ターンキー約款）の刊行を予定している。ICCターンキー約款（2003）の特徴については，第2節1(2)で述べたとおりであり，ターンキー契約と称しているものの，プラントを構成するすべての機器資材を合意場所（合意なければ建設現場）において，原則としてCIP（Cost Insurance Paid）ベースで引渡すとしているので，むしろFOB型ともいえる。一方，ICCフル・ターンキー約款（2006）は，契約者が仕事（work）を完成（プラント，橋梁など）する義務と権限を引渡（taking-over）まで有する契約である。

本節においてプラント輸出契約に適用可能な各種の主要標準約款の概要を解説した。これらの概要を比較して図表2-1に掲げる。

図表 2−1　プラント輸出契約に適用可能な主要な標準約款

(2006年5月31日)

約款略称名 (刊行国)	初版 (ターン キー約款)	最新版	刊行機関 [公的or私的機関]	契約の類型/用途	主要用途	備　考
IEE (イギリス)	1925	—	Institution of Mechanical Engineers [私]	海外工事向け：FOB型が主体	電気プラント	"初の輸出用"の約款(Bシリーズ)。I. Mech. E/IEE(1956)に承継される
ECE (国際機関)	1953	—	United Nations Economic Commission for Europe [公]	海外工事向け：FOB型(Supply of Plant and Equipment：188)を主体とし、①Supply and Erection of Plant (188A)、②FOB with Erection Supervision (188B)	機械・電気プラント	CME (Council for Mutual Economic Assistance：コメコン)約款(1955)に影響を与える。後にOR-GALIMEがS200(2000)およびSE01(2001)として実質的に引き継ぐ
I Mech. E/IEE (イギリス)	1956	2000	Institution of Mechanical Engineers/Institute of Electrical Engineers [私]	海外工事向け：FOB型(Bシリーズ)が主体	機械・電気プラント	"Bシリーズ"として、IEE約款(1925)が刊行、1956年にI Mech.E/IEE約款に統合：1990年代にMFシリーズとして改訂
ICE (イギリス)	1956 (1998)	2004	Institute of Civil Engineers [私]	国内建設工事向け：①BLに基づくmeasurement contract、②Design and Construct (1998)	土木工事	国内工事用約款(ICE)として刊行、後に海外工事用約款(1956)に発展し、FIDIC約款(1957)の母体となる
FIDIC (国際機関)	1957 (1995)	1999	International Federation of Consulting Engineers [私]	海外建設工事向け：①BLに基づくmeasurement contract、②ランプサム方式を追加(1996) ③ターンキー約款(オレンジ・ブック) (1995)	土木建設工事およびプラント工事	2本立て(国際土木建設工事およびプラント工事)から①建設、②プラントおよび③EPC(シルバー・ブック)の3本立て(1999)となる。世銀、EBRD、ADBなど公的機関も推奨
GC/Works/1 (イギリス)	1973 (1998)	1998	UK Government [公]	国内政府調達工事向け：ターンキー約款を追加(1998)	土木・建築工事	ICE約款、JCT約款(以上、民間約款)と並んでイギリスの3大約款(1909)の1つ(政府約款)
JCT (イギリス)	1963 (1981)	2005	Joint Contract Tribunal [私]	国内建築工事向け：ターンキー約款を追加(1981)→AGC400(2003)→DB05(2005)	建築工事	JCTは、RIBA約款(1909)に数種の約款を統合する(1963)
AIA (アメリカ)	1888 (1985)	2004	American Institute of Architect [私]	国内建築工事向け：①ターンキー(1985) ②コスト・プラス(1986)	建築・土木工事	1963年に大改訂し、75種類からなる約款集となる
AGC (アメリカ)	1953 (1999)	2000	Associated General Contractors of America [私]	国内建設工事向け：①建設約款、②AGC200、AGC400：ターンキー約款(ランプサム)、AGC400：ターンキー約款(ランプサム、およびコスト・プラス)(1999)	土木・建築工事	ターンキー約款：AGC415(ランプサム約款)、AGC410(GMP ※付コストプラス約款) ※ Guanteed Maximum Price

94

第2章 プラント輸出契約のルールづくり

EJCDC (アメリカ)	1990 (2000)	2002	Engineers Joint Contract Documents Committee [私]	国内建設工事向け：①Cシリーズ、②ターンキー（D シリーズ）：ランプ・サム方式とコスト・プラス方式	土木・建築工事	EJCDC：①AGC、②NSPE/PEPP、③ACEC および④ASCE-CI より構成される建設契約文書の起草委員会
EDF (国際機関)	1972	1990	European Development Fund [公]	海外建設工事向け：①Works、②Supply、③Service の3種の約款	土木・建築工事	ACP および OCT 向け EDF 融資対象プロジェクトを主対象：改訂版 (1974) には FIDIC スタイルを採用
UNIDO (国際機関)	1984 (1984)	1990	United Nations Industrial Development Organization [公]	海外建設工事向けターンキー：①ランプサム (1984)、②実費精算 (1983)、③セミ・ターンキー (1985) の3本立て	肥料プラント	途上国の食料事情改善のための肥料プラントを対象とした約款
I. Chem. (イギリス)	1968 (1968)	2001	Institution of Chemical Engineers [私]	国内建設工事向け：①ランプサム (1968)、②実費精算の2本立ての国内建設契約	プロセス・プラント	ENAA 約款に影響を与える。改訂4版2001 (ランプ・サム)、改訂3版2001 (コスト・プラス)
ENAA (日本)	1986 (1986)	1992	Engineering Advancement Association [私]	海外建設工事向け：①プロセス・プラント、②電力プラント (1996) の2本立て EPC	プロセス・プラント、発電プラント	EPC：Engineering, Procurement and Construction 世銀により推奨
NEC (イギリス)	1991 (1991)	1998	Institute of Civil Engineers [私]	海外建設工事向け：①ランプサム、②実費精算、③目標価格、など6種類	土木建設、プラント	NEC：New Engineering Contract EBRD により推奨
EIC (国際機関)	1994 (1994)	—	European International Contractors [私]	海外建設工事向け：ターンキー	土木建設	EIC 約款は、FIEC および CICA との連携によって作成
World Bank (国際機関)	1985 (1997)	2005	World Bank [公]	海外建設工事向け：①SBD-Plant ②SBD-Plant Turnkey ③SBD-Works	プロセス・プラント	①Standard Bidding Document-Supply and Installation of Plant and Equipment、②Standard Bidding Document-Supply and Installation of Plant and Equipment under Turnkey Contract
ICC (国際機関)	①2003 (2003) ②2006 (予定)	—	International Chamber of Commerce [私]	①海外建設工事向け：ターンキー (Turnkey Supply) ②海外建設工事向け：メジャー・ターンキー (Major Turnkey)	工業施設	①Model Contract for Turnkey Supply of an Industrial Plant (Turnkey Supply) ②Model Major Project Turnkey Contract (Full Turnkey)
ORGALIME (国際機関)	2003 (2003)	—	European Engineering Industries Association [私]	海外建設工事向け：ターンキー (Turnkey for Industrial Works)	工業施設	他に機械・電気装置用として S2000 および SE01 がある

第6節　プラント輸出の標準約款に共通する主要条項と国際商慣習

　国際建設業界に認知された標準約款に含まれる条文を個別的にみると，多くの"共通する"権利義務規定がある。これら共通の契約条件が業界（industry sector）において慣用（common practice）されるようになると，商慣習ないし商人法形成のステップに入る。共通条項のうち，主な事項を取り上げてみよう。

1　リスクの分担

　建設標準約款の主目的は，リスク・責任と予備費（contingencies）の配分をいかに行うかにある。フランス法に源を発した"force majeure"（不可抗力）をとるシビル・ロー国および"frustration"（契約の目的不達成）をとるコモン・ロー国においても，両概念の調整に苦慮しつつも国際建設約款では不可抗力条項として統一される傾向にある。イギリス国内建設用であるI. Chem. 約款は，1968年初版から不可抗力（FM）条項を採用する。同じくコモン・ロー系のFIDIC約款では，"special risk"（特殊リスク）と"frustration"を組合せた従来版に対して，①FIDIC-Plant（3版,1987）およびFIDIC-Civil（4版,1987）がfrustrationに代えてFM条項を新設，②FIDIC-Turnkey（1995）は当初よりFM条項を設ける。そして1999年版にいたり全てのFIDIC約款に共通するFM条項が設けられる。他方，ICE約款，NEC約款，AIA約款などは，frustration条項を維持している。

　ほとんどの国の法制度は，FM事由によって債務者の履行が妨げられた場合に履行遅滞を免責とするが，追加費用については工事目的物の検収にいたるまで管理責任（care of works）がある契約者の負担とする。標準約款においてもハードシップ（hardship）条項など特別の規定がない限り同様な取扱いが多い。が，FIDIC約款の変遷が示すとおり，FMにより契約者の蒙った追加費用の発

注者負担が少しずつ認められる方向にある。約款における不可抗力への対処は，履行不能によって契約が終了となる制定法に比べると広くて弾力的である。

ほとんどの約款は，FMのうち損害保険の対象とならないリスク（戦争，暴動など）については，除外危険（excepted risk）として発注者に追加支払を義務づけ，FM継続中に業務の一時停止（suspension）を契約者に認める。また，FMが長期間継続する場合に，多くの約款（FIDIC, ENAA, I-Chem., ICCなど）が契約解除権を明文で認める。

不可抗力の定義について天災などの事象を非限定（non-exhaustive）とすることでは各約款とも共通している。救済を受ける要件としても次第に共通する内容となっている。すなわち，ほぼ全ての国家法と約款に共通する基本条件が「制御不能」（beyond control）であり，大多数の約款が，「非予見性」（unforeseeability），「不可避性」（unavoidability），「影響の回避・緩和努力」（preventive effort），「通知」（notice）などの要件を加重する[58]。ただし，非予見性については，要件から外す約款（FIDIC, ENAA, EDF, UNIDO, ORGALIME）が増えつつある。

また，通常の調査では発見が困難な地盤条件など「予測不能な状況」（unforeseeable conditions）についてのリスク分担と追加費用の負担については，ターンキー契約において必ずしも主要約款間での統一ができていない（FIDIC約款の間においても，FIDIC-建設（新レッド・ブック）およびFIDIC-プラント（新イエロウ・ブック）が発注者負担，FIDIC-EPC（シルバー・ブック）が契約者負担）。

2　損害賠償責任

契約者が約定期限までにプラントを完工しなければ債務不履行となり，損害賠償責任が生じる。ほとんどの約款は，納期遅延による現実の損害額についての立証の困難性と受注金額に過度の予備費を挿入しようとする傾向に対処して，約定損害賠償額（liquidated damages：LD）を定める。納期前に完成・引渡ができた場合のボーナス条項を設ける約款（I-Chem., ENAA, JCT-Major, ORGALIME）が増えつつあり，世銀，アジア開銀（ADB）などの国際公的融

資機関も LD とボーナスを推奨する。

また，①契約者の損害賠償についての責任限度額（limitation of liability）の設定および②両当事者による間接損害（consequential damages）の免責（悪意や重大な過失を除く）は，慣行となっている。①および②については，FIDIC-Civil 約款（4版）まで規定がなかったが，1999年改訂版からすべての FIDIC 約款を通じて契約者の責任限度額の規定が設けられ，間接損害についてはそれぞれの契約当事者のリスクとなる。

納期遅延の起算点となるプラントの完成については，コモン・ローに派生する「実質的完成」（"substantial completion"）の概念によって，発注者が完成証明書の発行，支払義務の発生および瑕疵担保期間の始動と引き換えに，完工以前にプラント全体の使用権を得る慣行が確立しつつある。

3 紛争解決

関与者が多く複雑で長期にわたるプラント輸出取引は，技術および支払に関する事項で紛争が生じる可能性が高い。紛争解決手段から仲裁を外す例外（JCT-Major 約款（2003））もあるが，国際建設紛争の"終局的な"解決手段は，外国仲裁判断の承認と執行に関するニューヨーク条約（1958）の批准国の増加（2006年現在：140ヵ国）や UNCITRAL モデル仲裁法の普及（2005年時点の採択国：45ヵ国）もあって，訴訟でなく仲裁によることがほぼ慣行になっている。世銀，アジア開銀など国際公的機関も仲裁を推奨（世銀は，仲裁規則として UNCITRAL，ICC，SCC および LCIA を示唆）する。FIDIC，ENAA，NEC，ORGALIME および ICC の各約款がそれぞれ ICC 仲裁を，AIA 約款が AAA 仲裁を特記する。建設契約分野での ICC 仲裁は，1980年代には申立て件数の20〜25％（分野別2位），1999年には17.7％（分野別1位）を占め[59]，しかもその多くが大型紛争である。

国際建設市場では，紛争処理中も業務を継続する慣行が確立している。そこで，多くの約款は，複雑な建設紛争を迅速に解決し業務遂行への支障を軽減するために仲裁に前置して，紛争やクレームの処理を第三者に委ねる2段階方式

（ADR→仲裁もしくは訴訟）[60]を採用する傾向にある。ADR部分について①採用が強制（mandatory）か任意（optional）か，②常設（standing：契約業務着手前に設置，土木工事など現場工事部分が大きい場合に多い）かアドホック（ad hoc：紛争が生じた後に設置，現場工事より機器提供部分が大きい場合に多い）か，③（ⅰ）DAB（Dispute Adjudication Board）のように判断に暫定的な拘束力（binding decision）をもたせる，（ⅱ）DRB（Dispute Review Board）のように判断を勧告（non-binding recommendation）にとどめる，（ⅲ）紛争当事者が，DRBの勧告に対して一定期間（例；30日以内）に異議を申し立てない場合には拘束力をもたせる，などの方式について土建業界とプラント業界の受入姿勢には温度差がみられる。一段目のADRの部分については商人法が働く余地はより大きいであろう。本章ではDRBとDABなど評議会（Board）の設置による紛争処理をDB手続（Dispute Board Procedures）と総称する。

　FIDIC約款は，"Engineer"に対して①発注者の「代理人」（Employer's agent）と，②和解もしくは仲裁で覆されない限り拘束力ある決定（即履行の義務）を下す「紛争解決者」（quasi-arbitrator, adjudicator），という利害が対立する二重の役割（「忠実義務」対「公平性」）を与えてきた。イギリスにおけるコモン・ローの判例法（fairnessの法理）に基づき20世紀初頭に形成されたEngineerのシステムは，国際取引では定着していなかったため，約款に明記する必要があった。しかし，発注者に雇用された者の判断の公平性（impartiality）に懐疑的なシビル・ロー国[61]のほとんどの約款は，Engineerを上記①の代理人の役割に限定する。ついにFIDICは，1999年改訂の際，Engineerの準仲裁人としての役割を放棄して和解を助力する調停的機能に限定する。そして，紛争処理に当事者合意の第三者（adjudicator）をメンバーとするDABに付託するシステムをすべての約款に導入する[62]。

　イギリスにおいてDB手続は，"Adjudication"の制度と相互に影響を与えながら発展する。ICE約款も2004年にEngineerの紛争処理機能を廃止し裁定システム（adjudication）に代える[63]。伝統的な仲裁手続に固執してきたICCも，仲裁とは一線を画しているものの，1990年刊行の仲裁前置の判定員手続（Pre-Arbitral Referee Procedure）および2001年刊行のADR規則に続いて，2004年

にDB規則（①DRB，②DABおよび③CDB（Combined Dispute Board：通常はnon-binding recommendation，契約当事者の合意あればbinding decision手続に移行））を刊行するにいたる。

　世銀は，1995年版SBD-Worksにおいて建設紛争処理の分野で初めてDRBを導入，2000年版ではDABを採用，2005年版ではFIDICのDABを採用する。DRB/DABは，"大型"建設プロジェクトにおける紛争処理として国際的に有力となる。1960年代にDB手続が始まって以来40年が経過するが，国際建設契約の商慣習として定着するには更に10年以上を要することであろう[64]。

4　契約履行保証

　契約者の義務（①適法入札，②契約義務の履行，③不履行の場合の前受金返還）の忠実な履行を担保するため，契約金額の一定割合（契約義務の履行については通常，10％）について，履行保証（performance security）を差し入れる慣行が確立している。保証形式には，①条件付（conditional guarantee/bond），②請求払（demand guarantee），③スタンドバイ（stand-by letter of credit），などが用いられているが，受益者（発注者），保証依頼人（契約者）および保証人（保証機関）の利害がそれぞれ対立する。

　国際建設市場においては，主として当事者のバーゲニング・パワーを反映して，伝統的な「条件保証」（受注者の債務不履行に基づき実行可能：URG 325/1978，URCB 524/1993，米国市場のsurety bondなど）に代わって，「独立保証」（発注者が受注者の債務不履行を単に申し立てる請求：simple demand）によって主たる契約から独立して実行可能：URDG 458/1992，UCP（Uniform Customs and Practice：信用状統一規則）などの保証手段が1970年代より中近東プロジェクトに端を発し広まる。独立（請求払）形式の保証は，受益者（発注者）による不当実行（unfair call）のリスクが大きいために，ICCの「URDG」やIBAの「履行保証状の例示フォーム」（1992），UNCITRALの「独立保証状およびスタンドバイ信用状についての国連条約」（1995）などが，独立保証における不当実行の対応措置をめぐってこれら規則の起案段階で激論の末，成立する。

当然ながら契約者主導による約款は，条件付保証（ICC URCB：EIC 約款）を推奨する。FIDIC 約款は，FIDIC-Civil 4版（1987）までは条件付の保証証書であるボンド（surety bond）をサンプル・フォームとして添付していたが，1999年約款では履行保証市場の現実に対応すべく，①請求払保証（ICC URDG 458）[65]もしくは②保証証書（ICC URCB 524）を選択できるよう付表（Annex B and C）に例示する。さらに後述の MDB/FIDIC の「建設契約条件の調和版」（2005）においては，URDG を明記する。このように URDG は，発効後10年を経て国際機関からの推奨を次第に増やしつつある[66]。

5 変　更

プラント輸出契約において発注者は，完成までに生じる諸種の事情の変化に対応するために，契約の"一般目的の範囲内で"業務を「変更」（variation）する裁量権をもつ。変更によって費用，スケジュールなど契約者に影響がある場合には，「クレーム処理」（claim handling）という売買など他の契約形態にない独特の手続に従って納期の延長と追加費用が契約者に認められる。

ほとんどの約款は，発注者からの変更指示があれば，変更金額が合意されていなくとも契約者は仕事に着手（work first, pay later）すべきものと定めてきた。しかし，FIDIC1999約款（FIDIC 建設約款を除く）および ORGALIME 約款は，変更条件について着手前に合意すべきとし，従来慣行の変化の兆しとして注目される。変更に対して上限（たとえば契約金額の15％）を設けるケースもある。

6 その他

上記条項のほか，支払遅延に対する救済，発注者の都合による契約解除権，瑕疵担保責任，特定目的適合性保証（fitness for purpose warranty），汚職防止・倫理義務など，いくつかに商慣習の形成途上ないしコモン・ローとシビル・ローとの調和過程にある原則がある。

第7節 む　す　び
―プラント輸出契約のルール化への展望―

　上述したように，各国の建設契約法の相異を克服すべく，数々の公的や私的の機関によってプラント輸出契約のルール化の試みがなされてきた。ヨーロッパでは，1970年代末から80年代にかけてマチュラ（Claude Mathurin）氏が，建設契約法の調和を目指しヨーロッパの「標準建設契約」と「建設契約法の統一原則」を策定すべき旨，提唱するが，一般契約法におけるコモン・ローとシビル・ローとの相克に直面し一進一退をたどる。1988年に欧州議会は，建設契約の標準化と調和を図るべきとの決議を採択する[67]。これを受けて1989年の「マチュラ報告」[68]によってヨーロッパの建設契約法原則と契約慣行（当事者の責任，検収条件など）を調和すべきとの提言がなされる。EC 委員会（GAIPEC 作業部会）において検討の結果，1992年に勧告[69]がまとまるが，EC 建設業界でコンセンサスが得られていないとして EC 委員会による採択にはいたらなかった。

　他方，イギリスにおいては，イギリス建設業界には"単一の"標準約款が望ましいとする「ラーサム報告」（1994）[70]によって，マチュラ提言と同趣旨の提言がなされる。以後，EDF，NEC，EIC，ICC などが，FIDIC 約款に対抗して国際統一約款を目指して新設や改訂作業を推進する。

　EU 当局が介在したマチュラ報告から10年を経て21世紀に入ると，ヨーロッパ建設契約法の調和が再び討議議題にのぼる。今回は，EC 指令のような"公的な政治課題"としてではなく，ヨーロッパ統一私法を唱える高名な法律学者の"私的な"グループ[71]の主導による。グローバル・レベルでは，世銀（IBRD）が他の開銀（EBRD，ADB など）[72]との間で土木建築工事分野での契約発注方針（contract policy）の調和を推進する。

　世銀は，OECD をリーダーとする国際公的融資機関の参加も得て FIDIC との間で"調和のとれた"（harmonized）建設約款を2003年2月より検討した結果，2005年5月，FIDIC からの著作権ライセンス[73]のもと，他の国際開発銀行とと

もに，SBR-Works 標準約款に FIDIC 新レッド・ブックを「国際建設契約条件の MDB/FIDIC 調和版」(Conditions of Contact for Construction, MDB Harmonized Edition) として採用し2005年版標準入札書類の一部とする。しかも，従来の借り手が行ってきたように一般契約条件に対して特別契約条項 (Particular Conditions of Contract) を作成することによって世銀融資の契約条件を恣意的に変更することは，原則的に行い難くしたのである。

このように建設契約の約款分野でのハーモナイゼーションは，公的および私的な国際機関の協力によって一歩一歩前進している。

標準約款は，国際建設契約をルール化する試みの中で，最も現実的な役割を果してきた。21世紀に入っても新約款，改訂約款が相次ぎ，多くの約款が国際建設市場の評価を問うて競い合っている。国家法に代えて商人法を準拠法に指定した ICC 約款（2003）のインパクトが，今後どのように波及するのかについても興味深い[74]。いずれにしても21世紀に入って，プラント輸出契約における国際慣習（法）の位置づけは，ますます重要になるものと思われる。ICC 約款（2006刊行予定）のほか，IBA が EPC Turnkey 契約を念頭に新約款（IBA/ICP 約款）の作成準備に入るなど，新しい約款の登場からも目が離せない。

標準約款は，単に業界の主張を文書化するのではなく，透明性，客観性，公平性を備えなければ，市場の試練に耐えられない。プラント輸出契約は，保険，銀行，運送などの定型取引とは異なって，発注者の仕様に基づく注文製作の取引であり，契約締結交渉からプラント完成までの長い間に顧客満足が変化する。商取引慣習（法）へのステップにも時間がかかる。国家法（建設契約法，入札法など）間の相異の克服，コモン・ローとシビル・ローの調和，一般契約法原則と建設契約法との整合，発注者と契約者にとってバランスのとれた契約条件，ルールを尊重する風土の醸成など，法律実務環境が整備されなければ，約款による取引のルール化は加速しない。

建設取引についてのヨーロッパ契約法の調和・統一あるいはヨーロッパ共通原則にまで到達するには10年以上，グローバルな建設契約法のルール化までにはさらに数十年の努力を要するであろう。それまでは，プラント輸出契約の標準約款が国際商慣習（法）の形成に寄与し続けるに違いない。グローバル・ベー

スで調和を目指すには，私法の調和・統一の分野で実績ある官民の国際機関によるより積極的な関与と貢献が有効であろう。

「プラント輸出契約」というわが国固有の名称については，ほぼ確立した用語を他の言葉に単に置き換えてみてもさほどの実益はないが，グローバル取引の時代環境にそぐわなくなったとの印象は免れない。持続性ある用語に変更するに当たっては，ターンキー取引内容の再定義から始めるべきであろう。

<注>
(1) 本章は,「プラント輸出契約のハーモナイゼーション」と題して『国際商事法務』誌(2006年6〜7月号) に連載した論考に補足と若干の改訂を行ったものである。
(2) Clive Schmitthoff, *Schmitthoff's Export Trade*, The Law and Practice of International Trade, 52, 447 (7th ed., 1980) Stevens & Sons. 参照。1948年初版の本書は，7版 (1980) になってプラント輸出契約約款として初めてFIDICおよびECEを取り上げ，10版 (2000) でENAAおよびUNIDOを追加する。
(3) プラント輸出契約に関する初期の国内文献として，斎藤優編『プラント輸出の実務』(ダイヤモンド社，1976) および，プラント輸出契約研究会『プラント輸出契約に関する研究』(国際商事仲裁協会，1978) などがある。
(4) 具体的な表現については，章末に記載する国内参考文献の"標題"を参照。
(5) ①1925：IEE (イギリス電気技師協会) の "Export Contract for Supply of Plant and Machinery", ②1953：ECE (国連ヨーロッパ委員会) の "General Conditions for the Supply of Plant and Machinery", ③1995：World Bank (世界銀行) の "Standard Bidding Documents for Supply and Installation of Plant and Equipment" ④1997：EBRD (欧州開銀) の "Standard Tender Documents for Supply and Installation of Plant and Equipment", ⑤1999：FIDIC (国際コンサルティング・エンジニア協会) の "Conditions of Contract for Plant and Design-Build", ⑥2003：ICC (国際商業会議所) の "Model Contract for the Turnkey Supply of an Industrial Plant", ⑦2005：世界銀行の "Standard Bidding Documents for Supply and Installation of Plant and Equipment under Turnkey Contract" など (下線は筆者が付加)。
(6) "industrial works" をタイトルに掲げる標準約款にはORGALIME (Turnkey Contract for Industrial Works", 2003) がある。また，ICC約款 (2003) は，"Industrial Plant" を用いる。
(7) 古い外国文献としては，Alfred Hudson, *Engineering and Construction Contract* (1891) Sweet & Maxwell, Robert W. Abbett, *Engineering Contracts and Specification* (1945), John Wiley & Sons, Inc. などがある。
(8) 本章では "contractor" を「契約者」,"employer", "owner" または "purchaser" を「発注者」と翻訳する。前者については請負者，受注者，売主など，後者については注文者，買主なども考えられるが，シビル・ローおよびコモン・ローにまたがる "国際" 建設契約の性質上，いずれも用語としての適用範囲が狭いように感じる。なお，"契約者" を用いた文献として章末に掲げる国内参考文献 (原，雨宮，江頭，絹巻および高柳の各書) を参照。

(9) 高柳一男『コスト・プラス契約の法律問題』(国際商事仲裁協会, 1982) 参照。
(10) SBR-Plant Turnkey : Standard Bidding Document-Supply and Installation of Plant and Equipment under Turnkey Contract (May 2005).
(11) たとえば，UNIDO約款 "Semi-Turnkey Contract for Construction of Fertilizer Plant" (1985) 参照。UNIDO約款は，発注者が契約者納入の機器資材を使用してプラントの建設工事を引き受け，これを契約者が監督する業務（FOBプラス据付監督）を行っただけで，契約者がプラントの引渡まで管理責任とリスクを負担するという厳しい条件設定となっている（"中抜きターンキー" などとも呼ばれる）。他方，ICC約款 (2003) のように，個々の機器については引渡場所（合意なければ建設現場）においてリスク移転する形態もある。
(12) 注(9)の文献を参照。建設工事約款のほとんどがランプ・サムとコスト・プラスの双方を備えているが，ターンキー契約約款としてランプ・サムに加えてコスト・プラスの双方について約款を刊行するのは，①I. Chem (1976), ②UNIDO (1983), ③AIA (1986), ④NEC (1991), ⑤AGC (1999), ⑥EJDC (2002) など。
(13) 建設プロセスは，伝統的な "design-bid-build" の場合，発注者が品質，時間および予算についての期待度（design and specifications）を契約者に示し，契約者がこれに対して提案書（proposal）を提出することによって始まる。Designは発注者，workmanshipは契約者という漫然とした責任の仕分けがあるものの，一定範囲で両者に選択の自由（freedom of choice）があり，その選択の幅は，一方が増えれば他方が減るという関係になる。契約の履行過程における機材およびサービスの提供についての選択の幅は，伝統的な建設契約と新しいターンキー契約とでは異なる。前述の世銀の「プラント輸出契約のターンキー契約入札書類」(SBD-Plant Turnkey) (2005) によれば，入札者（契約者）は，プラント建設国での輸入品と国産品との間で最善の配分をする選択権をもつとされる。
(14) コンソーシアムとジョイント・ヴェンチュアの実務上の相異は，①損益の面から（i）前者：各参加者が "分担業務" についてそれぞれ損益分担する，（ii）後者：各参加者が "全業務" について "一定割合" で損益負担をする，②受注業務遂行面から（i）前者：各参加者が自らの組織で業務遂行する，（ii）後者：各参加者が単一の混合組織を形成して業務遂行する，などである。詳細については，日本機械輸出組合「国際コンソーシアム契約作成ガイドブック」(1984) および「国際ジョイント・ヴェンチュア契約作成ガイドブック」(1985) 参照。JMEA約款は，国際契約約款上初めて両者の相違を明確に示した。
(15) 主契約と下請契約のタテの関係は，同一プロジェクトにおける多数当事者（multi-party）間（顧客―契約者―下請契約者）の訴訟あるいは仲裁において固有な争点を生じさせる（Martin Hunter, et al. *Law and Practice of International Commercial Arbitration* 141 (1986), Sweet & Maxwell. ICC仲裁規則 (1998) 10(2) など参照）。
(16) 高柳一男『国際プロジェクト契約ハンドブック』3頁（有斐閣，1986）参照。なお，本文で後述するように1990年代に活溌化するPFI/PPPプロジェクトについては，PFI/PPPプロジェクト調達方式の主導国といわれるイギリスの政府報告書，①PFI：Meeting the Investment Challenge (July 2003), および②PFI：strengthening long-term partnership (March 2006) by HM TREASURYが政府側の視点からみてPFIプロジェクトの実態を分析している。
(17) 野口良光編『工業所有権用語辞典』880頁（日本工業新聞社，初版 (1968), 同書改訂

⒅ 「請負契約」説：高桑 [2003] 227頁；「製作物供給契約」説：北川・柏木 [1999] 49頁；「混合契約」説：原 [1983] 274頁，江頭 [1990] 72頁，絹巻 [2001] 179頁，高柳 [1991] 133頁。雨宮 [1986] 192頁は，混合契約というより1つの特異な類型的契約とする。

⒆ 為替管理，入札，10年無過失保証，紛争処理，不当契約防止，労働，知的財産，技術移転，反贈収賄，主権免責，公害防止，戦略物資輸出規制，ボイコット，税，現地化，営業登録などに関する法令。

⒇ 2000年における ICC 仲裁申立数541件のうち，75％が特定の国家法を指定，わずか2％が CISG, UNIDROIT を含む国際法原則（international legal principles）を指定。残り23％は準拠法の規定を欠く（ICC International Court of Arbitration Bulletin, Vol.12 No.1（2001）参照）。

(21) 両用語の相異については，①商人法は慣習法であり準拠法として容認するが，一般契約法原則は準拠法として認めない，②一般契約法原則は商人法の一形態，③商人法は国際取引から生成し国家法に代わって当事者の合意に対して契約の"外部"から適用される「法規範」であり，一般契約法原則は契約で特に除外されない限り特定分野の取引で行われている普段の慣習（usual practices）に従って履行されるとの当事者の期待が合意に"内在"する事実たる慣習（Eric A. Schwartz, et. al., *A Guide to The New ICC Rules of Arbitration*, 219, 225（1998）Kulwer Law. 参照）である，など諸説がある。商人法と一般契約法原則は，生成的，概念的には異なるが，ともに商慣行（customary business practice）にかかわるため，境界は必ずしも明らかではない。標準約款は，商慣習を具現したものとみれば，双方にかかわりをもつ。

(22) Stephen Bond, *How to draft an Arbitration Clause*, J. INT. ARB 65（September 1989）。

(23) W. Lawrence Craig, et al., *International Chamber of Commerce Arbitration*, 101 (Third ed., 2000), Oceana Publication. 参照。

(24) ICC, AAA, LCIA, UNCITRAL, WIPO などの国際仲裁規則，UNCITRAL モデル法28（1）条参照。

(25) 英仏海峡トンネル工事約款の準拠法条項は「イギリス法とフランス法に共通する原則，そのような原則がない場合には，国家法廷および国際法廷（national and international tribunals）が指定する「国際商取引法の一般原則」（general principles of international trade law）」と定める。

(26) プラント輸出関連契約の ICC 仲裁事例：①当事者の要請により容認したケース：No.9651/2000（スイス法の補充として UNIDROIT），②仲裁人の判断により容認したケース：No.9594/1999（英国法の補充として UNIDROIT）。

(27) プラント輸出関連の ICC 仲裁事例：No.8873/1997（UNIDROIT を否認）。

(28) プラント輸出関連の ICC 仲裁事例：Case No.3267/1979（無規定→ the general principles widely admitted and regulating international commercial law）；Case No. 7110/1995/1998/1999（natural justice → UNIDROIT）。

(29) African, Caribbean, and Pacific Associable：ACP（アフリカ・カリブ・太平洋諸国連合）。Overseas Countries and Territories：OCT。

(30) 初版：1985/1, 改訂：1996/6, 1996/8, 1997/9, 1999/1, 2000/5, 2002/3, 2004/7および2005/5。

(31) 初版：1995, 改訂：2005/5。なお，EBRD（European Bank for Recommendation

and Development) は，これに基づき EBRD 標準約款（Conditions of Contract）（1995）を作成している．

(32) 初版：1997/11，改訂：1999/1，2002/3，2003/3および2005/5．

(33) 初版：2005/5．

(34) model form と standard form あるいはこれらと general conditions とは，厳密にいえば適用力の強弱などの面で相異があるが，本章では原則として"標準約款"として用語を統一している．ちなみに AGC は，「スタンダード・フォームは，空欄を埋めればそのまま全体を使用できる印刷物であり著作権の対象とされるが，モデル・フォームは，適切な契約条件を単に示唆しているに過ぎず，そのまま使用されることを意図しておらず著作権の対象ともされない」と説明している．しかし，この区別が国際的に認知されるほど熟してはいないように思われる．

(35) これら3種類の約款（①～③）のほか，subcontract 約款がプラント輸出契約にとって重要である．

(36) シンガポールの SIA（Singapore Institute of Architects）の標準約款（Conditions of Contract）の初版（1980）は，建設契約法の権威であるイギリスのI. N. Duncan Wallace, Q Cの単独起草に委ねられる．その第7条には，発注者に不利に働かぬよう作成者不利の原則を適用しないとの明文が置かれた．SIA 約款は，その後関係者の意見を参酌しつつ版を重ねる（2005年：Main Contract-Lump Sum, Main Contract-Measurement ともに第7版）．なお，シンガポールには公共約款として PSSCOC（Public Sector Standard Conditions of Contract，最新版：2004）がある．

(37) ICC Bulletin, Vol.9 No.2（1998），45 & 61および ICC Bulletin, Vol.10 No.2（1999）参照．

(38) FIDIC 約款は，①南米（ペルー，メキシコなど），アフリカ（ケニヤなど），中東（UAE，エジプトなど）および中欧（ルーマニア，ラトビアなど）において国際融資機関（世銀，EBRD など）プロジェクトを中心に"広く使用"（中東の石油・ガス関連を除く分野を除く）され，②オセアニア（ニュージーランド，オーストラリア）および一部のアジア（インドなど）でも国際プロジェクトに"少なからず使用"され，③西欧（イギリス，フランス，ドイツ，イタリア，スイス，ベルギー，ポルトガル，スウェーデン，スペインなど）では"ほとんど使用されていない"ようである．

(39) ① RIBA 約款（1909）→わが国の「工事請負契約約款（旧四会連合約款）」（1923），② ICE 約款（1955）→ FIDIC 約款（1957），③ I. Mech. E./I. E. E 約款（1925）→ ECE 約款（1953）および CMEA 約款（1963），④ I.Chem. 約款（1984）→ ENAA 約款（1986），⑤ FIDIC 約款（1987）→ EDF 約款（1990），EIC 約款（1994），中国 Model Form CF-91-0201（1991），世銀フォーム（1955）およびロシア建設契約法（民法Ⅱ部）（1996），⑥ FIDIC 約款（1995）→ ADB フォーム（1996），⑦ ECE 約款（1953）→ Orgalime SEO（2001），⑧フランス公共工事建設契約法（CCAG 約款を含む）→ EDF 約款（1972），⑨イギリス建設契約法→ SIA 約款（1980），⑩ JCT（1963）→マレーシア PAM（1969）約款および香港 SFBC 約款（1968），⑪世銀 SBDR – Smaller Contract（1985）→ EBR-SBDR（1992），⑫世銀 SBDR-Plant（1997）→ EBRD-Plant（1997），など．

(40) A. M. Odams, *Comparative Studies in Construction Law: The Sweet Lectures*, 1 (1995), Construction Law Press.

(41) TCC は，Section 83 of the Judicature Act 1893に基づき発足した the Official Referee の制度を1998年（9 October 1998）に引き継ぐ．"The Technology and Construction

Court Guide"（19 December 2001 as amended on 30 October 2005）参照。
(42) アメリカの AAA には，International Center for Dispute Resolution（ICDR, 2003年改訂）および DRB Guide Specification（2001）がある。これらは，建設紛争について使い勝手がよい ADR ルールを整備し国内外での紛争事例を集積している。
(43) 表題の年号は初版の刊行年。
(44) ECE 約款は，①市場経済国間の取引：188（Supply of Plant and Machinery for Export, 1953），188A（Supply and Erection of Plant and Machinery for Export and Import, 1957），188B（Additional Clauses for Supervision of Erection of Plant and Machinery, 1964）およびD（Additional Clauses for Complete Erection of Plant and Machinery abroad, 1963），②社会主義経済国との取引：574（Supply and Erection of Plant and Machinery, 1955）についての各 General Conditions からなる。
(45) ORGALIME 約款が対象とする industrial works とは，industrial installation or plants を指す。
(46) Bシリーズは，① Model Form B1-Export Contract for Supply of Plant and Machinery（1956），② Model Form B2-Export Contracts, Delivery with Supervision of Erection（1956），③ Model Form B3-Export Contracts, including Delivery to and Erection on Site（1960）の3部作から構成。
(47) Bシリーズのうち，B1が MF/3（1993），B-2が MF/2（1991），B-3が MF/1（1988, 2000（Rev.4）に該当する。
(48) Christopher R. Seppala, *International Construction Law-Opportunities and Risks in the 90s*, Nov. 5-6, ABA Forum on Construction Industry 7（1992）参照。
(49) そのほか FIDIC は，Short Form of Contract（Green Book：小規模工事用）など10種類の契約書類を作成しており，これらを総称して「レインボウ・シリーズ」という。
(50) FIDIC シルバー・ブックは，ドイツの「標準約款契約法」（AGBG）に抵触のおそれがあるとの指摘があるが，イギリスの「不正契約条件防止法」で義務づける"合理性"を欠くとの指摘は見当たらない。いずれにしても，FIDIC-EPC 約款や本文で後述する FIDC/MDB 約款は，従来の FIDIC 約款に比べて発注者寄りの条項（pro-employer terms）に傾いたとの批判が強い。ICC 約款（2003＆2006），ORGALIM（2003），IBA/ICP（2006作成準備中）は，FIDIC に対する不満が主要の動機となっている。
(51) RIBA（Royal Institute of British Architect）約款の改訂は，1909/1931/1939/1963と続くが，1977年に約款名称の RIBA を廃止する。
(52) "General Conditions of Government Contracts for Building and Civil Engineering Works（2版：1977，最新版：1998）は，ターンキー約款（single stage design and build general conditions）を含む。
(53) 1975年発足。① AGC，② NSPE/PEPP（National Society of Professional Engineers/Professional, Engineers in Private Practice），③ ACEC（American Council of Engineering Companies），④ ASCE-CI（American Society of Civil Engineers-Construction Institute）からなる契約書類作成の起草組織。イギリスの JCT に類似する組織。EJCDC 約款は，design-bid-build（D-990シリーズ：D-700，D-520（stipulated price）および D-525（cost-plus），（2000））である点など AIA（A201）に類似しているが，前者が建築工事，後者が土木工事に主として使用される。
(54) そのほか，発注者側の約款として，各州および主要な大学がそれぞれ約款を作成している。

⑸　公共工事についての法令76-87（January 21, 1976）に基づくCCAG（Cahier des Clauses Administratives Generales）約款を含むフランス建設契約法。世銀も1996年にCCAGに基づく標準契約条件を刊行している。なお，フランス民間工事約款としてはAFNOR/NFP03-001がある。また，同じシビル・ロー系に属するドイツのVOB/B（"Verdingungsordnung fur Bauleistungen" part B）約款は，中欧の国（スロベニアなど）に少なからず影響を与えている。

⑹　Nicholas Gould & Dominie Helps, *European Standard General Conditions of Contract*, IBA Committee T Paper at Cannes Meeting（September 1992）参照。

⑺　海外工事用としても評価が高い。ほかにICEは，「I. Chem. プロセス・プラント建設実費精算契約の約款」（Cost-Reimbursable Contract）を1976年（最新改訂：2001年の3版）に刊行する。

⑻　FM要件として「制御不能」のほか，(i) FIDICは，「不可避性」，「影響の回避・緩和努力」および「通知」，(ii) ICC約款は，ICC規則"Force Majeure and Hardship"（nos. 421/1985, 650/ 2003）を原則的に採用し，「非予見性」，「不可避性」，「影響の回避・緩和努力」および「通知」を挙げる。

⑼　ICC Bulletin, Vol.9/No.1（May 1998）8およびVol.11/No.1（2000）12参照。

⑽　たとえば，AIAのターンキー（design-build）約款（A141™ 2004）によれば，1段目の調停（mediation）を強制とし，調停不調の場合に①仲裁，②訴訟，または③当事者の合意により選んだ第三の紛争処理手段，以上のいずれかをとる。もしいずれの方法にも合意できなければ法の適用（operation of law）によって訴訟となる。

⑾　コモン・ロー国のアメリカの国内建設業界においても，Engineerの独立性／公平性については否定的見解が強い。

⑿　FIDIC-EPC約款（1995）は，当初より"Engineer"に代えてDABを採用する。イギリスの建設紛争処理において1970年代に採用されたDRB/DABは，1996年のHGCRA（Housing Grants, Construction and Regeneration Act of 1996）によって訴訟提起前に行う"強制的"義務とされる"Adjudication"の制度（ICE，EBRD約款などが採用）と相互に影響を与えながら発展する。

　　DB方式は，①1975年にアイゼンハワー橋建設プロジェクトでアメリカ国内初採用，②1981年にホンジュラスのダム建設プロジェクトで国際的に初採用，③1990年代に普及した"DRB"（AAA Construction Industry Dispute Review Board Procedures, 1993参照）を大型融資プロジェクトに強制手続として導入（1997：世銀のDRBにアジア開銀（ADB）も追従）。

⒀　ICE約款66条参照。ICEは，1996年のHGCRA法のAdjudicationを受けて1997年にAdjudication Procedureを設ける。

⒁　DBの発展史を要約すると，おおよそ次のとおりとなる。

	[国内建設契約]	[国際建設契約]
1960年代	アメリカのダムや地下鉄工事分野で登場	—
1970年代	イギリスの建設工事分野でAjudicationシステムとして登場	—
1975年	アメリカ国内でDRBが初めて採用（アイゼンハワー・トンネル工事）	—

1981年	—	ホンジュラスでDRBが初めて国際的に採用 （ダム建設工事：世銀借款工事）
1989年	ASCE（アメリカ土木技師協会），"DRB Specification" を刊行	—
1991年	ASCE，"DRB Specification" を改訂	—
1993年	AAA，"DRB Procedures" を刊行	
1995年	—	世銀，SBRD-WorksにおいてDRBを採用（5千万ドル以上のプロジェクト）
1995年	—	FIDIC，オレンジ・ブックにDRB採用
1996年	イギリスのHGCRA法成立	ADB，世銀のDRBを導入
1997年	HGCRA法にAjudicationを導入（強制的手続）	—
1998年	ICE約款，Ajudicationを導入（6版/Design and Construct初版/Minor Works 2版）	
2000年		世銀，SBR-WorksにDABを導入
2001年	AAA, DRB Procedure Handbook 刊行	—
2004年	—	ICC，DRB，DABおよびCDB規則を刊行
2005年	—	世銀，FIDICのDABを採用

(65) URDGについて Roy Goode, *Guide to the International Rules for Demand Guarantees*, International Chamber of Commerce, (1992) および「請求払い保証に関する統一規則」ICC日本国内委員会（1999），IBAフォームについて D. L. Marston, *Law for Professional Engineers*, 214 (3rd. ed., 1996) McGrow-Hill Reyerson Ltd. など参照。

(66) 世銀，UNCITRAL，EBRD，FIDIC，OHADA (Organization for the Harmonization of Business Law in Africa), SWIFT (Society for Worldwide Interbank Financial Telecommunication) など。2006年末5月現在，8ヵ国がUNCTRALの独立保証状の条約を批准したほかアメリカが署名済（1997）である。なお，ICCは，1999年にUNCITRALの独立保証状の条約を支持表明をしている。

(67) Resolution adopted on 12 October 1988 on the need for Community action in the construction industry.

(68) "Study of Responsibilities, Guarantees and Insurance in the Industry with a view to Harmonization at Community Level" proposed by Claude Mathurin to the EC Commission (30 September, 1989). なお，（注68）および（注70）に記載する資料の入手については，イギリス人弁護士のDick Shadbolt氏の協力を得た。謝意を表したい。

(69) GAIPEC (Groupe des Associations Inter-Professionnelles Europeennes de la Con-

struction)の勧告(25 September 1992)の中には,①検収の統一手続,②間接損害の免責,③瑕疵担保について発注者による5年間の保険付保義務,④契約当事者による連帯保証ルールの廃止,などが含まれる(Commission Staff Paper Concerning Possible Community Action with regard to Liabilities and Guarantees in the Construction Sector (25 September 1992).

(70) "Final Report of the Government/Industry Review of Procurement and Contractual Arrangement in the UK Construction Industry ("Construction Team"), HMSO, by Sir Michael Latham (July, 1994).

(71) H. Koetz, Christian von Bar, Erster Band, Zweiter Band, Beck Verlagなどヨーロッパ契約法の権威。"The Case for the European Lex Constructionis" by Christian E. C. Jansen [2000] ICLR 593参照。

(72) EBRD:European Bank for Reconstruction and Developments, ADB:Asian Development Bank, IBRD:International Bank for Reconstruction and Developmnet.

(73) License Agreement dated March 11, 2005 between IRDB and FIDIC参照。

(74) ICC約款(フル・ターンキー,2006発刊予定)の準拠法は,原則としてプラント建設国の法律を準拠法とするようである。

参考文献(単行本のみ)

<国内文献>

雨宮定直「プラント輸出契約・海外建設関連契約」菊地武『現代企業取引法講座:国際取引』189頁(六法出版社,1986)。

江頭憲治郎「工業施設建設契約(プラント輸出契約)」『商取引法(上)』72頁(弘文堂,1990)。

大隈一武『海外工事請負契約論』34頁(商事法務研究会,1991)。

北川俊光・柏木昇「プラント輸出契約」『国際取引法』49頁(有斐閣,1999)。

絹巻康史「プラント輸出契約」『国際取引法入門』94頁(同文舘,1999)。

絹巻康史「プラント輸出契約」『国際商取引』166頁(文眞堂,2001)。

小泉淑子「プラント建設工事契約」『国際取引と係争の法律実務』343頁(商事法務研究会,1992)。

高桑昭「大規模建設工事・プラント輸出」『国際商取引法』227頁(有斐閣,2003)。

高柳一男「プラント・エンジニアリング契約」土井輝生『国際契約ハンドブック』178頁(同文舘,1971)。

高柳一男『国際プロジェクト契約ハンドブック』3頁(有斐閣,1987)。

高柳一男「プラント輸出契約」高桑昭・江頭憲治郎『国際取引法』227頁(青林書院,1991)。

原壽「プラント輸出契約」遠藤浩ほか『現代契約法体系8巻』271頁(有斐閣,1983)。

<海外文献(単行本のみ)>

Huse, Joseph A., *Understanding and Negotiating Turnkey Contracts* (1997), Sweet & Maxwell.

Knutson, Robert, *FIDIC-An Analysis of International Construction Contracts* (2005), Kulwer Law International and IBA.

Odams, A. H., *Comparative Studies in Construction Law : The Sweet Lecturers* (1995), Construction Law Press.

Pike, Andrew, *I. Mech. E./I. E. E. Conditions of Contract* (1984), Sweet & Maxwell, London.

Richter, I. E., *International Construction Claims : Avoiding & Resolving Disputes* (1983), McGraw-Hill Publishing Company.

Stokes, M., *International Construction Contracts* (1978), McGraw-Hill Publishing Company.

Sweet, Justin, *Legal Aspects of Architecture of Engineering and the Construction Process* (1985), West Publishing Company.

UNCITRAL, *Legal Guide on Drawing Up International Contracts for the Construction of Industrial Works* (1988), United Nations.

Wallace, Duncan, I. N., *International Civil Engineering Contract* (1974), Sweet & Maxwell.

Wallace, Duncan, I. N., *Hudson's Building and Engineering Contracts* (11th ed. 1997), Sweet & Maxwell.

なお，海外雑誌としては，Llyoid, HHJ Humphry & Wightman, David (eds.), International Construction Law Review, London : Llyoids of London Press, ISSN0265-1416.

（高柳　一男）

第3章

手続法上の lex mercatoria
――国際商事仲裁の過去,現在,未来――

第1節 はじめに
――実体法上および手続法上の lex mercatoria――

　この章の主たる焦点は,一般的に lex mercatoria について最も議論されている点,私の用語法でいえば,「実体法上の」lex mercatoria――特に,商人が,国境を越える契約関係をマネージメントするために広く発展させ,適用してきた慣行および規範――にある。しかし,国家および国家間機構も,それらの慣行や規範を,多少とも拘束力のある国際協定において吸収または生成しながら,さらなる規範体系の創造のために参照するようになってきているかもしれない。

　たとえば,インコタームズにみられる規範は,おそらく,実体法上の lex mercatoria の最も成功した例であろう。インコタームズは,国際商業会議所(私的な国内商業会議所の世界的連合である ICC)が何十年もの間にわたって改良してきた規範であり,当事者は,国際売買契約に際してしばしば自発的にそれを組み込んできた。しかし,国連国際商取引法委員会(UNCITRAL)は,国際物品売買に関する国連条約(1980年に採択され,1988年から発効している CISG)の危険移転に関する準則を発展させるために,インコタームズの規範を参考にした[1]。今や世界の国境を越える売買の多くは CISG により規律されている。そ

の背景には，両当事者が明示的にCISGの適用排除につき合意し，ある国家の売買法を選択した場合（6条）を除いて，契約当事者がCISG（今や多くの）加盟国に営業所を有している場合（1条1項a号），または——驚くべき拡張性であるが——法廷地の国際私法が条約加盟国の売買法の適用を導く場合（1条1項b号）にまでCISGが適用されるからである。私法統一国際協会（長年にわたる国家間機構であるUNIDROIT）が1994年に公表したユニドロワ国際商事契約原則（UPICC）においてもCISGの危険移転およびその他の準則の多くが導入・維持された。UPICCは，国内法として直接に適用されるか，あるいはその後の立法行為により国内法として組み込まれるCISGとは異なり，自動的に拘束力を有するものではない。一般に，UPICCが拘束力を有するためには，両当事者個々が国際契約の準拠法の一部として明示的に選択するか，あるいは契約中に国際契約の「一般原則」または単純に「lex mercatoria」により規律されることを明記することにより，（「lex mercatoria」のリステイトメントを目指している）UPICCを黙示的に選択しなければならない。UNIDROITは，UPICC前文の説明において，UPICCが「国際的統一法を解釈または補充する」もしくは「準拠法に関連する準則を確定できないときに1つの解決方法を提示する」ために用いられうることも想定している。UPICCおよび多少包括的な実体法上のlex mercatoriaに関する他のリステイトメントは，往々にして（CISGのような）国際協定および国内法準則の両方を解釈または補充するために用いられていることが実証研究や逸話的（anecdotal）証拠によって明らかにされている[2]。このように，実体法的なlex mercatoriaは，様々な国家，準国家的機構および私的行為者によって継続的に改良されてきた規範の一群であるため，相互に関連し，しばしば重複しながら作り上げられてきたものなのである[3]。

　この相互作用から，2つの重要な緊張関係が生じている。まず第1に，lex mercatoriaの特徴は，国境を越える取引を通して，また国境を越える取引のために発展してきたところにある一方で，その過程には国家の介入があるため，国家または私的行為者が国家の法的および文化的伝統による影響を受けてきた。それは，とりわけ実体的規範を適用するに当たって，地域的差異が依然として生じうることを意味する。たとえば，Bergerは，「越境的な法の利用」に

関する包括的実証研究において，イギリス人の一部が，国際契約における，いまだ一般条項的な性質をもつ lex mercatoria に対してなお著しい嫌悪感を示していることを明らかにしている。これは，イギリス法の伝統におけるより形式的な理由づけの思考と「明瞭な準則」に対する選好を反映していると思われる(4)。

　これにより，法規範における非形式性および形式性という，部分的に関連した第２の緊張関係が生じる。国内法体系の中には（たとえばイギリスのように）法規範を発展および適用するに当たり，より形式的であることを好むものもある。そして，法哲学者および法社会学者の多くは，全ての法体系がより広範な「実質性」——「道徳上，経済的，政策上，社会制度上または他の社会的」な要素をある程度排除しつつ，最小限の形式的理由づけ（formal reasoning）を含んでいるべきであるという点に同意するであろう(5)。法体系が，法とその基礎にある社会的慣行および期待との間にギャップを生じさせるような形式的理由づけを含みながら，反復的なプロセスで発展していくことは，しばしばみられる傾向である。ただし，裁判官または立法者が，国内法体系において，かようなギャップを最小限にしようとする場合もある。衡平法裁判所によるコモンロー裁判所に対するより大きな実体的正義回復のための介入はその例の１つである。衡平法を専門にしてきた裁判官は，19世紀後半に２つの裁判所が合流した後ですら，イギリス契約法の推敲に際し，より実質的な理由づけを大胆にも試みる傾向があった。しかし，そうした努力の多くが衰退の途をたどるのはやむをえない。チャールズ＝ディケンズは，19世紀の衡平法裁判所の固定化を皮肉ったし，デニング卿の20世紀の革新も，（衡平法上の原則からさらに簡潔で実体的正義に関する展望をリベラルに参照している点で）あくまで例外であり，ほとんどの場合，彼の下した判決は結局貴族院により元通りに修正された。そして今や，より実質的な理由づけに向けて最も忍耐強く働いているのは，イギリス契約法内部での動きよりむしろ，EU 法の発展にあると思われる(6)。

　グローバルな次元でも実体法上の lex mercatoria と類似した緊張関係がみられる。CISG は，契約における実務および規範を頻繁に参照しているが，準則の中には，曖昧あるいは欠缺しているものもある。法的伝統の異なる国の代表

団（特にイギリスの代表団）間の意見の相違により，厳密な輪郭線を決定または合意しえなかったためである[7]。UPICC は，その15年後，CISG における概念に関連してより詳細な準則を多く加えた（契約の解消または特定履行を許す「重大な契約違反」の立証を支援する明確な要因など）。また，UPICC は，CISG においてカバーされていない，いくつかの新しい法理も採用した（経済的な「ハードシップ」における再交渉義務および裁判所による契約の適合など）[8]。

　これらの法理の追加は，実体法上の lex mercatoria の形式化を反映し，それを推し進めるものと理解されうる。確かに，UPICC が推し進める契約法の基本的展望，とりわけ，契約はできうる限り継続されるべきであるという基本的理念[9]は，おそらくは経済上の理論的根拠である一方，道徳的に近いものでもある。そしてそれは，明確な準則設定に関する，より「実質的な」創造——または巧みな操作——への途を開くものでもある。しかし，かかる理由づけは，「第二次元の理由づけ（second-order reasons）」であり，他方「第一次元の理由づけ（first-order reasoning）」（第二次元の理由づけに先んじるために，より明確な準則を利用する媒介）は形式的なままである。また，最近公開された実体法上の lex mercatoria を定期的にアップデートする試みは[10]，この分野におけるより形式的な根拠づけの傾向を強めるように思われる。このような分析が妥当であるとした場合，法学者（とりわけ，「実質的な理由づけ」に対し門戸が開かれている法的伝統を有する国の法学者）と，特に，より開放的な構造をもった実質的規範の復活を国際契約への適用に求める商人とに，正反対の反応が生じることも予見できる。

　2つの類似した緊張関係——「グローバルな調和」対「国家・ローカルな次元における多様性（glocalization と略称できよう[11]），ならびに「非形式化」対「形式化」（in/formalization と略称できよう）——は，国際商事仲裁（ICA）の歴史上の発展においてもみられる。私が「手続法的な lex mercatoria」と称し，以下の主たる焦点となる ICA 分野の発展は，実体法上の lex mercatoria の主要部分も生み出してきた。Berger の実証的研究が論証するように，（UPICC のような）トランスナショナルな契約法は，契約交渉または契約書草案過程においてではなく（ただし，それらの規範が契約交渉または草案過程の目的のために，驚く

ほど頻繁に用いられていることも指摘されているが），むしろ国際商事紛争を解決する仲裁手続において最も頻繁に利用されている[12]。これらの準則および他の実体法上の lex mercatoria に関する規範は，国内裁判所における CISG に関する判決や UPICC に言及した判決が今や少しずつ増加しているにもかかわらず[13]，国際仲裁人の判断において適用されることがはるかに多いのである。これらの判断は，報告される数が次第に増加しており（ほとんどの場合，契約当事者の匿名性を保護する形で報告されているが），国際会議の場でも多様に議論されている。Berger は，既存の仲裁判断の「先例」に関する体系を lex mercatoria の「忍び寄る成文化（creeping codification）」の例の1つとして言及し，この成文化の試みがグローバルな市場の発展した必要性と同調しながらオープンな構造をもち，かつ，柔軟なものとなることを望んでいる[14]。しかし，それは，実体法的な契約法規範ばかりでなく，仲裁手続をも悪化させる形式化となりうると思われる。実は，1950年代から1960年代にかけての ICA 復興の鍵を握るテーマは，その発達した形式化にあり，1970年代から少なくとも1980年代後半までは，仲裁は形式的なものであった。しかし，とりわけ1990年代以降，仲裁手続をより非形式的なものに導く側面が増えつつあるのは，以下に示すとおりである。

　第2のテーマとして残っているのは，ICA に対するグローバルな次元（dimensions）と国家（またはよりローカルな，そして時に地域的な）のアプローチとの間の緊張関係である。1950年代および1960年代においては，大規模な国境を越える紛争に仲裁人として給仕する「長老」は，限られた範囲の国家（特にスイスおよびフランス）出身者である傾向があった。しかし，彼らは，実体法的な lex mercatoria のための「普遍的な」規準ばかりでなく，仲裁手続を規制する「普遍的な」規準を発展・適用することへの規範的――実用的でもある――側面を重視しながら仲裁手続を遂行していたように思われる。それにもかかわらず，この双方の点に関して，とりわけ発展途上国から，契約法規範が何人かの仲裁人によって発展途上国の利益に反するように偏向した形で「でっち上げられ」，仲裁廷および仲裁手続もまた不公平であるとの批判がなされた[15]。この部分的な「国際政治的」反応が，とりわけ国連を通して拡大され，

より広範囲なベースをもつ協議の開催へとつながり,その結果,1980年にはCISG が誕生した[16]。また同様に,1958年に制定された外国仲裁判断の承認および執行に関するニューヨーク条約（NYC）も,そして特に1985年の ICA に関する UNCITRAL モデル法（ML）も誕生した。しかし,NYC および ML という2つの国際規範体系は,ICA 世界における形式化の一因となるものである。1976年の UNCITRAL 仲裁規則も同様である。同規則は,（両当事者および仲裁人がケースバイケースに手続を合意する）アドホック仲裁を支援するようにデザインされているが,その採択後まもなく機関仲裁にも採用された（ある機関が当該手続の遂行を支援する際,通常,両当事者は,彼らの仲裁合意にその機関自身の詳細な手続規則を組み込む）[17]。繰り返しになるが,これら3つの規範体系における（第二次元の理由づけとなる）基本原則が,当事者自治の尊重,国内裁判所が仲裁手続を妨げるために介入する範囲の限定であることは確かである。そして,これは当事者が適切な程度に非形式性を回復する仲裁手続を整えるための足かせとなる[18]。しかし,これらの原則は多少なりとも拘束力ある規範体系において規定され,より詳細さを増せば,（「第一次元の」）形式的な理由づけ（formal reasoning）を促進するものとなる。

　より重要なことであるが,ML,CISG,UNCITRAL 規則などの作成は,アメリカの大手法律事務所が1970年代から,それに続きイギリスの大手法律事務所が1980年代から（特にパリの ICC において）ICA 世界の中心となるにいたったことに起因する。これら二国の大手法律事務所は当初,そもそも自国の裁判手続のためにデザインされた法律事務所およびケースマネジメントの新しいテクニックを国際商事仲裁手続に持ち込んだ。これは,古き時代に「長老」が先鞭をつけ,NYC のような国際協定によってさらに進められたグローバルスタンダード[19]への推進力を削ぐのみならず,仲裁手続の強力な形式化を推進させるものとなった。実際,国境を越える商事紛争の解決にあって ICA は,国境を越える訴訟と比較してもはや廉価ではなく,わずかに迅速なだけであるという口承的（anecdotal）証拠が1990年には,ある調査によりすでに確認されていた。

　しかし,調停のようなその他の代替的紛争解決方法（ADR）の魅力の高ま

りや，多くの国々の裁判所における裁判運営の効率化等の改革とともに，こうした批判が ICA に圧力をかけるようになった。その結果 ICA は，とりわけ1990年代中頃より強烈に「抵抗」し，多様な次元でより大きな非形式性のもたらす利益（特に時間の節約）を回復し，よりグローバルなスタンダードへの回帰をも促しはじめた。

したがって以下では，主に glocalization と in/formalization という2つの緊張関係に ICA を絡み合わせることを通して，ICA の過去・現在および未来について重点的に扱うことにする。第2節では，1950年代からの ICA の復興ならびに NYC，UNCITRAL 規則，ML の特徴を紹介しながら，1970年代から1980年代の形式化と地域化の発達についてより詳細に叙述する。その上で，1990年代中頃以降の ICA におけるこれらの挑戦への反応――そして，それはこれから10年も続くであろう反応――を論じる。第3節では，ICA において近年話題となっている問題が，非形式的かつグローバルなアプローチへの回帰という意味をどのように補強しているのかについて示す。第4節は，ICA の存続がいかに重要なことであるかを繰り返し念押しすることにより結論と代える。ICA は，当事者自治に由来する仲裁本来の柔軟性に近づきつつ，国境を越える紛争解決の極めて適切な手続であり，したがって実体法上の lex mercatoria のさらなる成長を生み出す「原動力」であり続けるように思われる。また ICA は，国内ならびにトランスナショナルな次元において，法それ自身が一般的にどのように発達するかという問題に対するより理論的な洞察という観点からも興味深い。

第2節　国際商事仲裁の過去，現在および未来[20]

第2次世界大戦後，ICA が顕著な復興を遂げる物語の第1部を迎えたことは現在ではよく知られている。主としてそれは，1990年代に公表された2つの実証的研究に起因する。まず，Dezaley と Garth は，何百にもわたり構成され

たインタビュー調査を通して，1950年代からの（産業国家と新興独立国家との間の）南北戦争および東西緊張関係（冷戦）が（とりわけ，大きな政治的色彩に満ちあふれた（politically-charged））インフラ投資関係の仲裁事件を生み出し，その仲裁人として（特に大陸ヨーロッパ諸国の）著名な法律学者を選任したことを示す[21]。これらの仲裁人は，新しい実体法上の lex mercatoria だけでなく，「新しい手続法上の lex mercatoria」——紛争解決手続の様々な局面で適用される一般的な規範——を展開・適用した。手続法上の lex mercatoria は，国内裁判所への依拠を限定的にするとともに，当事者自治および残りの自由裁量を仲裁人に与えることが含まれていた。より政治的色彩を強く帯びた仲裁の多くはアドホック手続で進められたが，仲裁機関は，複雑なケースの遂行に自分たちのサービスの売り込みができることを認識しはじめた。その主たる受益者は ICC であった。ICC は，「私的正義（private justice）」を提供する機関として位置づけられ，フランスの裁判所は実際ほぼ干渉しなかった。イギリスの裁判所は，仲裁手続に対する監視を活発に行うという独自の伝統の影響を受けて，（同じく私的機関である）ロンドン国際仲裁裁判所（LCIA）を常にコントロールしていた。その結果，LCIA の仲裁事件数はそれほど増加しなかった[22]。

　さらに，ICC は1950年代初頭から，ICA をさらに促進するための多国間協定を要求しはじめた。1958年にこの要求から生まれた NYC は，すぐに成功を収め，国連がそれまでに定めた多国間協定の中で最も広く受け入れられたものとなった[23]。その特徴の1つは，両当事者の仲裁合意において明定された「仲裁 place」（より正確にいえば，「seat」）にある裁判所にその仲裁合意がカバーするすべての紛争について，裁判を続行せずに，仲裁人自身に当該事案を判断させることを求めている点にある（NYC2条）。もう1つの特徴は，主張を認められた当事者がある国の裁判所において仲裁判断の執行を求めた際には，厳格に限定された理由——仲裁人による法の過誤は含まない——のある場合を除いて，当該仲裁判断を承認執行しなければならないという点にある（5条）[24]。仲裁は，本条約に支援され，より純然たる商事紛争（たとえば，私企業間の販売店契約やジョイントベンチャーに関する紛争）にますます受け入れられるようになった。

　他方，とりわけ1980年代までにヨーロッパ市場に進出したアメリカの大手法

律事務所は，複雑な――しかしほとんどは国内的な――訴訟運営に用いられる自らの高度なテクニックを導入するようになった。これは，とりわけICA手続の形式化の度合いを強めるとの批判を多く招いた。このようなテクニックや，より一般的には法律事務所の規模を急激に大きくする手助けとなる「弁護士のトーナメント」は，イギリスの大手法律事務所によっても同様に受け入れられてきた[25]。この点で，ICAは，その普遍主義的特性を失いはじめたのである。他方，ICAの参加者の輪は成長を続け，「周辺諸国」（南半球または東側諸国）の第一人者達は，「中心」（西欧諸国，最近ではアメリカ）世界との出会いから得た経験およびアイディアを，ICA――そしてより一般的に，ADR――の成長を助長するために自国に持ち帰った。おそらくこれが，以下の第3節において分析される論点によって例証されるとおり，ここ数十年の「再グローバリゼーション化」[26]と昨今呼ばれうるものが何たるかを説明する手がかりとなろう。しかし，1980年代の間，ICAにおける英米の大手法律事務所は，支配的集団として仲裁手続の形式化を推し進めた容疑者と考えられていたのである。Buhring-Uhleは，1990年頃に行ったインタビューとICAについて知られている利点の調査から，形式化現象を証明する実証的研究をさらに発展させた。その回答者がICAについて，国境を越える訴訟よりもほんのわずかに迅速であり，廉価でないものになったことを示した点が特徴的である[27]。

　過去の話はこれで打ち切りとして，ICAの予想される将来の認識および評価，また，現在，すなわち1990年代から21世紀初頭の10年間にかけて発展しつつあるICA世界で生じている事象を認識および評価するのはより困難である。しかしながら，より非形式的な手続に対する利益の回復を探求すること，ならびに混成的な参加集団の間で新たなグローバルスタンダードの発展を探求することに対する顕著な反応がみられるように思われる[28]。1985年のMLには，国際仲裁「地」の仲裁立法をアップデートするための非常に詳細な雛形が含まれていたが，それはさらに，当事者自治に関する原則を強固にし，とりわけアジア太平洋地域の多くの国でみられた司法介入を制限する結果となった[29]。MLのこれらの特徴は1980年代には十分に生かされていなかったが，特に1990年代後半になると，世界のあちらこちらで仲裁手続における非形式性を許容・促進す

図表3-1　ICA 対国際訴訟の利点（1990年頃）

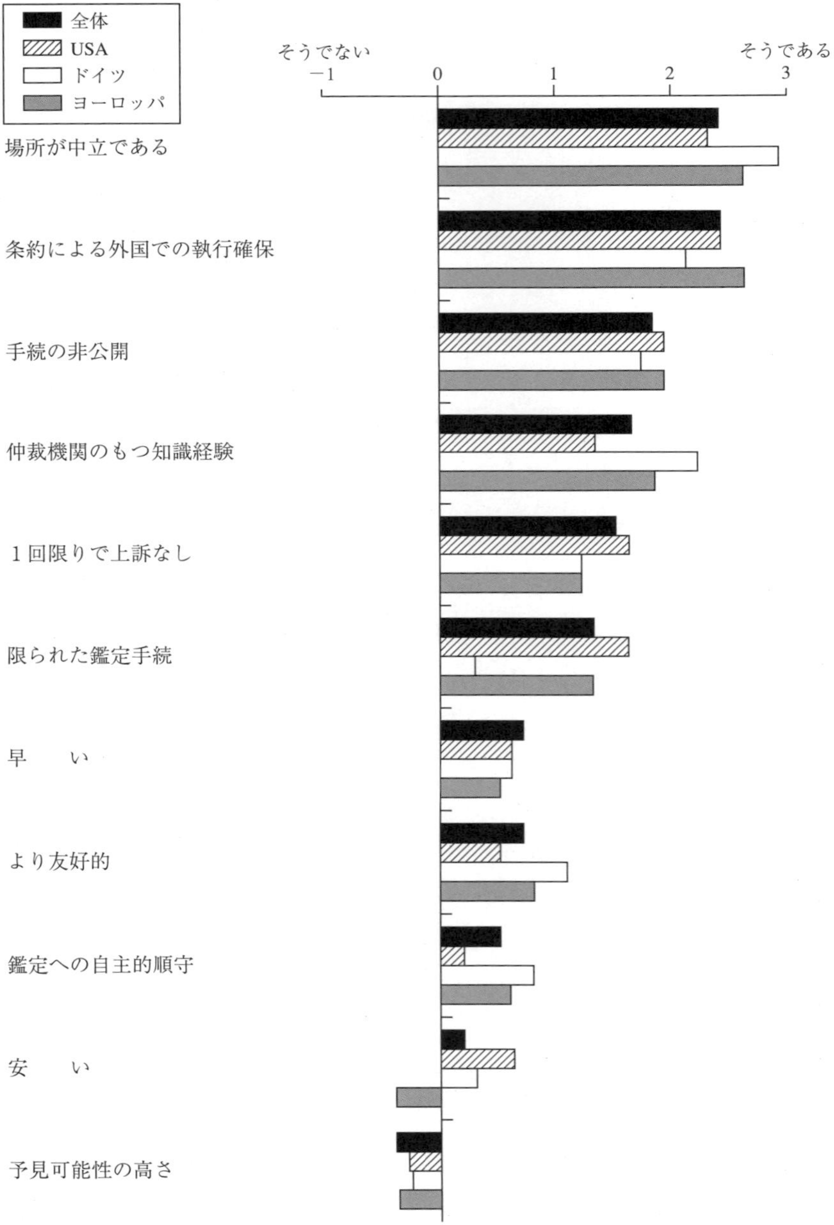

凡例：
- 全体
- USA
- ドイツ
- ヨーロッパ

横軸：そうでない −1　0　1　2　3　そうである

項目：
- 場所が中立である
- 条約による外国での執行確保
- 手続の非公開
- 仲裁機関のもつ知識経験
- 1回限りで上訴なし
- 限られた鑑定手続
- 早い
- より友好的
- 鑑定への自主的順守
- 安い
- 予見可能性の高さ

るために復活した。さらに，ML を採用した国々の中には，その中になかった規定を追加することによって，仲裁手続の開始（たとえば，手続のきっかけとなる仲裁合意の書面性要件をよりリベラルにすること），または仲裁手続の遂行（たとえば，仲裁人が調停人として行動できること）において，さらなる非形式性を許容する立法を試みるところもある[30]。

また，「中心地域」ばかりでなく，「周辺地域」における仲裁機関も1990年代後半に競いあって仲裁規則を改正した。特に，一般的手続の時間制限が簡素化され，小規模または比較的複雑でない請求のために「迅速手続」が設けられた[31]。「周辺地域」における仲裁機関も，より伝統的な ICA 世界における機関もまた，商人達や彼らのリーガルアドバイザーの間で世界的規模で高まった「多層的な紛争解決」条項および手続に対する関心に目を向けなければならなかった[32]。また，仲裁機関は，ドメインネームをめぐる紛争解決[33]のような，しばしば迅速性およびより非形式的な紛争解決に力点が置かれる混合的な仲裁または準仲裁（pseudo-arbitration）にも急激にかかわるようになった。

また，国家の利益が直接あるいは間接にかかわる新たな手続も従来の仲裁の世界に影響を与えており，これらの手続に関与する個人にその世界におけるキャリアへの新たな道を開いている。この手続には以下のようなものが含まれる。

・私人たる投資家と（投資目的となる）受入れ国との間の紛争に関する仲裁（1965年のワシントン多国間条約に基づく ICSID ケースの増加，地域的制度である NAFTA 連合下でますます問題視されてきている紛争，2国間協定の急増に伴う紛糾など）

・スポーツ仲裁（個々の選手にかかわる仲裁判断が，それぞれの国家にもしばしば重要な影響を与えている）

・大規模な紛争処理手続（たとえば，アメリカでのクラスアクションがドイツ政府をも含んだグローバルな解決にいたる以前のスイスにおける遊休銀行預金をめぐる準仲裁手続）[34]

・WTO 紛争解決（その中で，正式な仲裁手続に服する可能性がいくつかの段階に存在するが，パネルおよび上訴審たる上級委員会手続においてさえ，しばし

ば形式化と非形式化というICA世界でみられる類似の緊張関係が明らかであるし，裁定者または弁護人の中にはICA世界にかかわる者もみられる）[35]

これらの手続の多くは，後述するように（第3節12），より非形式的な手続を多く含んでいる。それが情報技術の改良と，迅速な手続を行う義務がリンクしたものであることは明らかである[36]。また同時に，よりグローバルな，実質性を重視する法規範（たとえば，国際公法のより一般的な原則）の適用により，非形式化がしばしば推し進められてきている。しかし，現在の混合仲裁は，古き時代の「長老」が紛争をアドホック手続の中で解決することによって，ICAの仲裁基盤を発展・確立させた半世紀前と比較してなお形式的である[37]。他方，ICAは，おそらくその初期の頃に比べてますますグローバルなものになってきている。ICAは今や，世界の仲裁実務家の様々な集団を統括しており，そしてこの新世代型仲裁は，（裁判所による介入に反対して）当事者自治の尊重といった原則に従い，より透明な実体法上のlex mercatoriaに関する規範（たとえより形式的であっても）を適用できる仕組みとなっている。また1990年代以降，特にアジア・オセアニアにおいて地域的な「異種配合（cross-fertilization）」の形跡もみられるようになっている。しかし，これは「開放的地域主義（open regionalism）」であり，MLのようなグローバル・スタンダードと一致する動

図表3-2　非形式グローバルから形式／国家へ—およびさらなる形式／地域開放へ

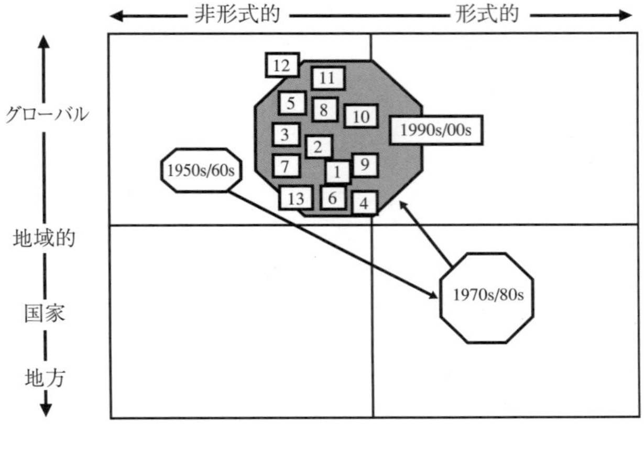

きである⁽³⁸⁾。また，仲裁事件の総数も世界的次元で順調に増えてきているように思われる。したがって，全般的にみれば，1950年代以降の主たる変化は，一応図表3-2の3つの八角形によって示される。

しかし，この図表で示される概観的評価は，以下の第3節で議論される1〜13の法律問題が世界の仲裁人，裁判所，立法者や学者によってどのように解決されるかという点にも影響を受けるであろう。

第3節　ICAにおける圧覚点
——Glocalization および In/formalization——

1〜13の法律問題は，とりわけ1990年代以降のICA世界で熱く議論されてきた主たる「圧覚点（pressure points）」の大半を占めている。それらの解決にはおそらくさらに10年を要するであろうが，その多くは「glocalization」および「in/formalization」というパラメーターの中で位置づけられることがすでにかなり明確になってきていると思われる。これは，1970年代から1980年代にかけて発展した傾向に対するICA世界の「抵抗」の道程につき，第2節で紹介した仮説を裏づけるものでもある。

ここでは，「glocalization」および「in/formalization」という2つの主たるパラメーターに関する13の問題をまずは設定する（図表3-3参照）。まずは仲裁手続の主要な各段階から生じる問題，すなわち，有効な仲裁合意の承認（No.1-4），仲裁手続それ自体（No.5-9），そして特に仲裁判断の執行から生じる最近の問題（No.10）について究明し，その後上記全ての段階に関わる一般的な問題を扱うこととする。

1　分離可能性（原状回復，違法性）

「分離可能性」の原理は，ICAにおける基本的原則の1つである。たとえ仲

図表3-3

A. 仲裁合意	1. 分離可能性
	2. 仲裁可能性
	3. 書面性要件
	4. 多数当事者
B. 仲裁手続	5. 仲裁人
	6. 暫定的保全措置
	7. 期間制限
	8. 証拠
	9. 仲裁手続中の調停
C. 仲裁判断の執行	10. 仲裁地で取り消された仲裁判断
D. 横断的な問題	11. MLの国内紛争への拡張
	12. 親類型の仲裁
	13. 秘密保持

裁合意が主たる契約を示す文書中の一条項として含まれていたとしても——それは通常のことであるが——, 当該仲裁条項を（たとえば売買契約の）主たる契約と分離して概念化すべきという点は, 現在広く認められている。これは, たとえ主たる契約が（相手方当事者の契約違反を原因として一方当事者により）解消されても, 仲裁合意は主たる契約に関する紛争を解決するための仲裁手続として存在し続けることを意味する。そうでなければ, 違反当事者は, 主たる契約を破るだけでなく, 合意した仲裁人による審問結果をも回避しうるし, そのかわりに当該紛争を（国際私法の規則により, おそらくは違反当事者の自国の法域において）国内裁判所による審理に持ち込むことができる。

各国の裁判所は徐々に, 主たる契約が契約成立後の解消のために争われる場合ばかりでなく, 詐欺または違法性により当初から無効である場合であっても, 仲裁人に当該紛争の判断を許す方向に分離可能性の原理を拡張してきている。主たる契約が違法であると主張される場合[39]には, 仲裁人が審理手続を拒否し, 国家の裁判所にその機会が譲られた（おそらくはやや古い）例がいくつかあるため, なお議論の余地は残されている[40]。しかし, 近年では（たとえばイギリスのような）国内裁判所は, どの国家においても許されないような性質を有する契約（たとえば奴隷取引）およびそれに結びつけられた仲裁契約でない限り, 主たる契約がその準拠法（契約準拠法）の下で違法でなければ, 自国の法（法

廷地法)もしくは履行地法の下で主たる契約が違法であっても,その仲裁判断を執行する傾向がある[41]。この拡張傾向は,仲裁人にとって心強いものであり,さらに,国際法協会のような私的国際機関による2002年の宣言によっても裏づけられている[42]。

同様に,紛争が主たる売買契約に関する請求だけではなく,原状回復(不当利得)に関する請求を含んでいる場合であっても,各国の仲裁人および裁判所が当該紛争を仲裁付託させることに積極的になっていることもますます明確化している。この問題は1990年代において,オーストラリアなどの国々でかなりの議論を呼んだ。というのも,ある国々では仲裁がいまだに建設業界で頻繁に用いられており,当該業界では原状回復請求(たとえば,有効な契約が存在するとの誤った想定に基づいて建設業者によりなされた役務に対する支払い請求)が多いこと,またそれだけでなく,契約法とは異なった私法体系としての原状回復(不当利得)債権は1987年に(日本の最高裁に相当する)連邦高等裁判所によってようやく承認されたばかりだからである[43]。このため,オーストラリアの裁判所および学者の中には,たとえ当該仲裁合意が紛争当事者間の契約に関する紛争のみをカバーするものであっても,論理上,当事者間には契約が存在しない——したがって,原状回復の請求のみが残る——から,仲裁人が原状回復を含む請求の審理を受理するのは困難であるとの認識を示す者もいたのである[44]。しかし,裁判所は国内仲裁のケースにおいてさえ,原状回復請求をも含む仲裁合意の文言を拡大解釈し,仲裁人が他の契約上の請求と同様かかる請求を審理することは許されるというより実践的なアプローチをとる傾向にある。この傾向は,契約関係をめぐる紛争と同様,当然に原状回復(または不法行為)をも含む「一定の法律関係」に関するあらゆる紛争の仲裁を許すML 7条1項と一致している。したがって,オーストラリアは現在のグローバルな動きに応えつつあると思われる。

これら2つの例は,グローバリゼーションが顕著に強固なばかりでなく,非形式化をより促進するものであることをも示している。国内裁判所が,仲裁合意を契約上の請求と同様に原状回復をもカバーするものと広く解釈すれば(オーストラリアでさえこのように広く解釈する),かような問題に対する仲裁人

の管轄権を争う時間を削減できる。実際に，当事者は，仲裁合意を慎重に起草（または再起草）することに多くの時間を費やす必要がなくなるであろう。さらに，原状回復請求およびあらゆる主たる契約に悪影響を及ぼす違法性の問題のいずれもが国内裁判所によって扱われるべき問題として分離されるのではなく，仲裁人の取扱いうる問題とした場合，時間を節約し，当事者間の紛争および関係全体にかかる努力と証明のための負担を軽減することができる。

2 仲裁可能性（競争法，知的所有権，破産，消費者/労働法）

紛争の仲裁可能性，とりわけ，仲裁「地」の制定法規が，明示または黙示に一定の類型の紛争について仲裁を妨げるか否か（ML34条2項b号i），また，執行国における別の制定法規が執行を妨げるか否か（NYC5条2項i）という問題からも同様な結論が導かれうる。1980年代以降世界的にみると，かような紛争において仲裁人の判断権を限定する傾向にある。アメリカの最高裁判所が，競争法の問題を判断するに当たり，日本の商事仲裁協会仲裁規則に基づく販売店契約の仲裁を尊重した事件は世界的な注意を浴びた[45]。1990年代になると，一定の破産紛争に関して仲裁可能性の拡張を認めるアメリカの裁判所も出てきた[46]。知的所有権紛争は，特許の有効性の争いを除き，今や世界的規模で仲裁による解決が許されるものとして認識されている。現在，主に仲裁可能性が限定されるのは，会社（ほとんどの場合）対私人――とりわけ消費者――および労働者の「半商事的な（semicommercial）」紛争においてである。日本で2003年に制定された新仲裁法のように，消費者の場合でさえ仲裁合意は一応の拘束力を有し，したがって，私人が後の段階で異議を唱えない限り当該紛争を仲裁人に付託するという立法も存在するのである[47]。

3 書面性の要件

仲裁合意は，書面によって成立しなければならないという書面性要件の自由化についてもグローバルなコンセンサスがかなり形成されてきている。NYC

2条2項は，契約中の仲裁条項が「両当事者によって署名されまたは交換された書簡もしくは電報」に含まれていなければならないという，かなり厳格な要件を課している。ML 7条2項は，交換された「電報その他合意を記録する通信手段，または請求および答弁において一方当事者が仲裁契約の存在を主張し，相手方もこれを争わない場合」という条項をつけ加えた点で NYC と異なる。また，1990年代に ML を採用したいくつかの国の立法は，これらの要件をさらに自由化した。たとえば，1994年に制定されたシンガポール国際仲裁法2条4項は，「傭船契約の船荷証券または仲裁条項を含むその他の文書における仲裁付託は……当該条項が当該船荷証券の一部としてなされたものである場合」，仲裁合意を有効とすると規定している(48)。1996年のニュージーランド仲裁法は，消費者を当事者とする国内仲裁においては ML の書面性要件よりも厳格な要件を課する一方で，国際仲裁合意に関しては書面性の要件を完全に撤廃するという極端な立場をとった(49)。1999年スウェーデン仲裁法も国際仲裁合意の書面性要件について規定していない(50)。しかしこれら2ヵ国は例外である。1世紀以上昔のドイツ法から示唆を受けた日本の改正前民事訴訟法の諸規定は，（国内または国際）仲裁合意の書面性要件を課していなかった。しかし，2003年の新法は，民事手続に関するドイツ法に従った他の諸国における近年の立法と同様，書面性要件を課すものとなった(51)。

UNCITRAL の作業部会は，書面性要件につき，1999年以降他の問題とともに議論している(52)。作業部会は2001年に，書面性要件を完全に撤廃せずに自由化するよう7条2項を修正する提案をした(53)。作業部会はまた，国内裁判所およびその他の機関が NYC の書面性要件の（修正された ML の観点から）拡大解釈を推進させるよう，UNCITRAL 事務局による「解釈宣言」を出すことも検討している(54)。中にはすでにその拡大解釈を推進する傾向にある国もあるが，それで十分かどうかは疑問であり，効果が足りない場合にはやはり NYC が書面性要件に関してより統一的な自由化を達成するよう修正されるべきであろう。しかし，こうした書面性の自由化が——たとえ完全なものではなくとも——現在のグローバルな傾向であることは明らかである。

その傾向は，ICA における非形式化を促進するものでもある。というのも

仲裁手続の最初の約束において，両当事者は形式的な文書の交換をほとんど行わずに当初の仲裁合意の交渉を促進できるからである。紛争が生じた後の手続の調整，すなわち，仲裁の進行に伴って，両当事者が当初の仲裁合意をより非形式的に再交渉することも促進される。しかし，実務においては両当事者，とりわけ仲裁人が合意を何らかの書面による形式で残そうとする傾向があるため，非形式性に向けた圧力はそれほど強くないと思われる[55]。

4　多数当事者

多数当事者が関与する紛争がどのように仲裁人に付託されるべきかという問題についてはグローバルな合意が存在せず，とりわけ仲裁手続の併合が問題となる。主に国内仲裁を規律するための国内立法の中には，この問題についての適用範囲を広く解しているところもある[56]。また，MLのアプローチに従っている国を筆頭に，こうした可能性の国際仲裁への拡張を試みるものもある。しかし，全当事者がこれらの併合制度に「参加する」(opt-in)ことは実務上で稀であり，そのためには別個の要件が必要とされる。しかし，たとえ実務でそのようなことが行われたとしても，仲裁手続が併合されうる要件は極めて厳格である[57]。機関仲裁規則の次元においても，類似の問題は，かなりの相違点をもつ[58]。

この点におけるグローバルな合意の欠如は，いまだにICAの形式化への誘因ともなっている。仲裁合意の交渉または再交渉を行う場合，または，かかる合意に基づいて仲裁人または裁判所に併合請求を行う場合，多くの時間と労力が必要となる。したがって，この問題は，図表3-3において，仲裁合意の範囲および性質を考察するに当たってほとんどの場合に生じる1～3の問題に比べて，より形式的でグローバル化されていないものとして位置づけられる。

5　仲裁人（背景，忌避，免責）

No.5～9の諸問題は，いったん有効な仲裁合意が締結された仲裁手続に関す

るものである。まず、よき仲裁人は効果的な仲裁手続の基本要件である。この点につき学者の間には一般的な一致がある。「効果的」というのは一般的に、仲裁手続が効率よく遂行され、さらに、両当事者の合意が公正な審理を受け、その結果、仲裁手続において敗れた当事者さえもがその仲裁判断を受け入れること、敗者の財産に対する執行がなされる際、自発的に仲裁判断に従う機会を最大限にしておくことを意味する[59]。ICAにおけるこのような自発的従属は、敗れた当事者が現地の裁判所に対して執行を争うことが稀であることからわかるようにICAにおいて非常に一般的なことである。また、NYCの下で執行の拒絶原因を限定的にするという国際的合意が次第に形成されてきたことで、その傾向はさらに助長された。ICAプロセスの過剰な形式化および各国（特にアメリカの）の裁判所や法律事務所によるICAへの急激な加入があった1980年代においてさえ、仲裁人は効果的仲裁手続に力を入れていた。

ICAにおいて全体としていまだ高度な満足感が得られているのは、仲裁人——結局、最後にはしばしば仲裁人となる仲裁実務家（弁護士、裁判官、学者など）——が着実にグローバリゼーションを貢献しているためである。このグローバリゼーションは、1990年代にかけて加速し、「長老たち」が彼らの伝統を新しい世代に伝えたヨーロッパ、続いてアメリカにおいて新たな世代の実務家を輩出する原動力となった。同様の転換は、世界のより「周辺地域」において不可欠であるように思われる。たとえば、アジア太平洋地域において仲裁人の「地域化（regionalization）」を唱える者さえいる。しかし、この現象は、当該地域における仲裁人が——組織的な、またはより非形式的な所属により——ICA世界の「中心」と大いに結びついており、それゆえにグローバルな基準設定を包含する「開かれた地域主義」のもう1つの例である[60]。

当事者が仲裁手続における戦術的優位性を求めて、公平性または独立性の欠如を原因に仲裁人を訴えるという争いが増大した背景にはこのような仲裁人がいまだ発展途上のためである[61]。しかし、このような争いを生むより重要な要因は、1980年代から1990年代初頭にかけてピークに達した「形式主義」にあったと思われる。ICA世界は、最近10年間にわたってこの形式主義に歯止めをかけてきたので、仲裁人に対する申し立て（challenge）はより少なくなってい

くであろう。仲裁機関も，制度の濫用を妨げる必要性を強く認識しており，関連する仲裁規則を修正してきている。おそらく，国内裁判所もまた，仲裁機関が十分に考慮を払った上で仲裁人に対する異議申し立てを拒絶した場合，当該判断を尊重するであろう[62]。こうしたグローバルな反動により，今度は，仲裁手続をより非形式的にし——場合によっては，両当事者に考えられうる主張および証拠を全て提出させる機会を犠牲にしてまでも——迅速化することを可能とすることで仲裁人はより優位な立場に立てるようになるであろう。

また，仲裁人は仲裁手続の運営および仲裁判断を下すに当たって民事責任から免責されるというもう1つの注目すべき傾向があり，これも仲裁人に有利に働く要因となっている。このような免責規定の意味するところはまだそれほど明確ではないし[63]，「長老たち」の残党の1人は，そうした立法が仲裁人の「無責任」さを助長する可能性を指摘する[64]。私的な仲裁機関に免責を容易に拡張しないことに対するこの主張には[65]，大変説得力があり，そこまでの拡張は実際いまだ見出せない。しかし，全体として，このような免責の拡張は世界的な勢いを獲得しつつあるように思え，正式な保護規定を完備し不安を解消することで仲裁人ならびに仲裁機関は仲裁運営においてよりリスクを負うことができる。

6 暫定的（保全）措置

とりわけ，仲裁手続の当初において重要となるもう1つの問題は，暫定的措置の問題である。経験ある実務家であれば熟知しているとおり，（財産または証拠の保全のために行う）暫定的保全措置は，措置に従わせるか紛争を解決するためにしばしば当事者に対して強制できるものである[66]。そのような措置は，潜在的に手続を短縮化するため，ICAにおける非形式化をより促進しうる。当該措置は，措置を求められた当事者に対する審問の機会を与えずに，一方的に（*ex parte* application）緊急になされることも非形式化促進の要因である。

保全措置の範囲，とりわけどのように保護措置を適用・執行するかという点に関しては残念ながらグローバルな見解の一致がいまだ存在しない。この点に

ついては，仲裁規則においても温度差がある[67]。MLの条文から得られる示唆が限られており，各国の立法府が規則の骨格にほとんど肉づけをしていないのである[68]。NYCを通してこのような保全措置を執行することもまた難しい。というのも，NYCが「終局的な」仲裁判断を執行の要件としているからである[69]。UNCITRAL作業部会は，MLの改正についての議論を進めているが，仲裁人が暫定的措置を一方的（*ex parte*）に命じる権限を認められうるか否かという点につき議論の行き詰まりが主に生じている[70]。この点について多国間フォーラムで妥協案が完成し，各国が改正ML（そしておそらく，改正NYC）に照らして自国の仲裁法を改正するまで，この問題は国内立法の多様性とともに残され，非形式化を妨げる要因であり続けるであろう。

7　時間制限(Time limits)（仲裁機関規則および仲裁人実務）

近年，仲裁手続の迅速化への動きが世界的規模で注目されてきている。中には新たな一般原則として，あるいは，仲裁手続を完了させるために課される制限として立法上支持している国もある（ただし，当事者が期限を延長することにつき別段の合意をした場合はこの限りではない）[71]。また，仲裁機関が仲裁手続の様々な段階で時間制限の短縮を試みていることも重要である。仲裁人を承認し，その仲裁付託事項を決定する，上級仲裁実務家からなる（誤解を招くが，「裁判所」と称される）評議会による「付加価値品質コントロール（value-added quality control）」の規定を誇っているICCでさえ，その事務局による仲裁手続およびその他の運営面に当たる役割を増やしてきている。また，他の「競合し合う」機関もまた同時期に仲裁手続を迅速化するように手続規則をアップグレードした[72]ことに触発され，ICCは1998年に仲裁規則を改正し，仲裁人報酬の決定についての規則も修正した。報酬は基本的に，時間給制から係争請求額に依拠した均一制に変更された。この修正は，まずICC仲裁の紛争解決を迅速化し，次にこれが他の機関（時間給制を維持しているLCIAですら）を通して国際仲裁に浸透し，今や経験ある国際仲裁人によって遂行される比較的大規模な国内仲裁の迅速化を確実にする改善方法だと主張する論者もいる[73]。仲裁機関は，典

型的な例として請求額の小さな紛争に対する迅速（省略）手続を1990年代後半から導入したが，頻繁には用いられていないようである。ただし，ICAにおける手続全体への思考方法の変化を示す動きとしてその重要さは看過されるべきではない。このように，仲裁手続における迅速性と非形式性を大いに促進する新たなグローバルな規範が生まれてきているが，主として，lex mercatoriaのよき伝統に忠実な当事者やそのアドバイザー，ますます増えつつあるその他の実務家や仲裁機関がその中心となっている。

8　証　拠（1999年 IBA 規則を含めて）

　ICA 手続における証拠の提出は，当事者の主導が重要な役割を果たす領域の1つである。最近の立法においても強行規定は稀であり，とりわけ両当事者が充分な審問の機会を与えられるべきといった「自然的正義」（Natural justice）が例外とされているという具合である[74]。機関仲裁規則および UNCITRAL 事務局による仲裁手続に関する摘要書（UNCITRAL's Secretariat Notes for Organizing Arbitral Proceedings）[75]によると，おおむね両当事者およびその仲裁人に証拠手続に関するルールは委ねられているが，別の私的仲裁機関が興味深いことにその溝を埋めようとしてきたのである。1999年，国際法曹協会（International Bar Association）は「国際商事仲裁における証拠に関する規則」[76]の改正版を公表した。両当事者は，当初から，または（たとえば，仲裁人から説得されて）仲裁手続が開始された際に，当該規則を彼らの仲裁（合意）契約に組み込むことができる。当該規則がどの程度こうして使用されているかに関する実証的研究はこれまでのところ存在しないが，法律雑誌や学会では好意的な評価が実務家から多く寄せられている。当該規則は，とりわけコモンローと大陸法系（および他の法圏）との間の世界的コンセンサスを再確認しながら，たとえば，準備審問たる「ディスカバリー」または相手方当事者の要求による証拠開示をかなり制限しているし，口頭による尋問とともに証人の陳述書の早期交換も認めている[77]。このグローバルな "best practice" スタンダードは，1950～1960年代における，適切な証拠を引き出すために仲裁人自身の権限および名声に依

拠することができた，仲裁人の強固なアプローチと比較して，より形式的な手続であることを示す。しかし，これらの IBA 規則は，1970～1980年代よりも非形式的でかつ非アメリカスタイルの手続へと回帰していくことを示唆しており，かつそれを補強するものとなろう。

9 仲裁中の調停

　仲裁を調停とどのように結びつけるかという問題は，1990年代中頃から後期以降さらに深刻な問題となった。私的なサービス提供者による助長や裁判手続への付帯により[78]様々な ADR 手続が世界的規模で人気を集めてきたことで，それに刺激を受けた紛争当事者やそのリーガルアドバイザーは，急激に「多層」紛争解決条項を規定しはじめるようになった。両当事者は，まず（多かれ少なかれ形式化された）交渉を試み，次いで第三者たる調停人に紛争解決を委ね，解決の合意にいたらなかった場合，拘束力を有する判断を下す権限を与えられた仲裁人に委ねるというのが人気のある亜流である。世界各国の裁判所は原則として調停の段階でさえ，このような紛争解決条項を承認するにいたっている[79]。

　現在の主たる論点はむしろ，仲裁人が解決すべき紛争を調停に付することも可能か否かにある。この二元的な役割は，背景や根拠が異なりながらも，様々な国で共通にみられてきた。裁判官にも多かれ少なかれ明示的に紛争解決の試みを求めている（ドイツのような）民事訴訟法の伝統から前進させる国もある[80]。日本などそのような伝統を継受した国々の他，それ以外の国（たとえばアジアまたは中東のいくつかの国）でも，少なくとも数人の仲裁人により演じられてきた調停的役割は，「法文化」よりももっと大雑把な「一般的文化」と結びついている[81]。しかし，他の諸国，特に中国では，調停型仲裁手続は共産主義といった近代政治体制と密接にかかわってきた[82]。これらの伝統とは対照的に，調停人として行動する仲裁人の観念に対するコモンローの法文化を継受した国（イギリスおよび合衆国系の国々）の実務家からの抵抗はなお強い[83]。コモンロー系の国々では通常の裁判手続における裁判官の役割の活発化もつい最近の動向に

過ぎない。最近は緩和されつつあるが[84]，この対立はなおも現存している。その意味で，2002年に公表された「国際商事調停に関するUNCITRALモデル法」が明示的に調停人として行動する仲裁人をその適用範囲外としたことは驚くべきことではない[85]。この実情では，目下，ICA手続における非形式性を最大限に実現できる可能性は限られている。かかる非形式性は2つの側面から生じる。すなわち，混合手続で適用される規範（調停人は法規範の適用に拘束されない）とその手続の柔軟性（調停人はグループ別や個人別に当事者に会うことができるが，これについては調停型仲裁に好意的な論者でさえ，MLおよびNYCの下での「自然的正義」という強行規定の観点から問題があると考えている[86]）である。

10 仲裁地で取り消された仲裁判断 (Locally annulled awards)

　仲裁による紛争解決の最終的段階は，仲裁判断の執行である。仲裁判断の書面性要件（No.3）または調停人として行動する仲裁人（No.9）といった上記で紹介した論点の多くは，仲裁手続の進行中だけでなく，当該手続の結果下される仲裁判断の執行（その段階で争いがない場合でさえ）の際にも問題となりうる。しかし，とりわけ執行の段階で浮かび上がってくる興味深い問題は，（MLよりも広い範囲で審査を許容する古い仲裁法を有している発展途上国であることが多い）仲裁「地」における裁判所により一度は仲裁判断の取消しがなされたにもかかわらず請求を認められた当事者が（NYCに加盟する先進国であることが多い）他の国において仲裁判断の執行を求めることである。

　フランス，スウェーデンおよびアメリカの裁判所では，ICAができる限り国内裁判所から「脱国家化 delocalize」することができ，かつ，そうすべきものであるとの考えに則り，「仲裁地で取り消された仲裁判断」の執行が許容されている[87]。このアプローチについて世界的規模での合意が形成されれば，グローバリゼーションはさらに促進されるであろう。またそれは，仲裁手続における非形式化を導くものでもある。というのも，仲裁人は，取り消された仲裁判断が海外で執行されうる可能性があると知っているため，仲裁地で仲裁手続の遂行に対して争われる心配をする必要がそれほどないからである。しかし，

アメリカおよびドイツの最近の判例はこのような「delocalization」を拒絶してきた[88]。この対立の図式は，この点についてもグローバルな意見の不一致が現存していること，仲裁手続における形式性の可能性がなお現存することを意味している。

11 ML（国際）制度枠組みの国内仲裁への拡張

ICA全体を通しての問題の中でとりわけ興味深い傾向として，国際仲裁のために作られたMLのルールおよび一般原則の全てあるいはほとんどを，国内仲裁に拡張することによって，自国の仲裁立法を改正しようとする法域がある。ML1条は，仲裁合意の当事者がいくつかの国に営業所を有している場合の仲裁，または，仲裁地が国外となる3つのシナリオの場合の仲裁に適用すべき旨定めている。とりわけイギリス法の伝統に従う国の多くは，1980年代後半から1990年代中葉にかけて，単純にMLを基礎にした仲裁立法の改正を行った。それゆえ，その立法の適用は，「仲裁地」が同様の立法がある国での国際仲裁にほぼ限られていた。そうした国々は，主にイギリスのモデルから継受された国内仲裁立法を多少なりとも維持し，仲裁人による法の過誤に対する上訴等への司法介入に対して広範な権限を与えてきた[89]。しかし，こうした国々の中には最近，裁判所および立法を通して，MLの原則を国内仲裁にも拡張しはじめてきているところもある[90]。この傾向は，民事手続において大陸ヨーロッパの伝統に従っている国々の中で特に著しい[91]。またこの傾向は，最近シンガポールおよびオーストラリアにおいて下された常軌を逸した判決を修正する助けとなるかもしれない。常軌を逸した判決とはすなわち，両当事者によるICC仲裁規則の選択は，国際仲裁のために定められた立法による別段の定めがない限り，MLの法制度からの「黙示的逸脱」を意図し，国内仲裁のために各法域で定められた法制度を採択することを示唆しているとした判決である[92]。

ここでより重要なのは，ML法制度への変更は，たとえそれが国内仲裁を規律するためのものであっても，さらなるグローバリゼーションの促進を意味するという点である。というのは，多くの旧植民地がいまだに英連邦を通して法

的事象において拘束されるほどイギリス法の虜となっているにもかかわらず，このような変更はイギリス法に固有の伝統に取って代わるものだからである。またこの変更により，仲裁手続がより非形式化される範囲も拡大されるであろう。なぜなら，（とりわけ仲裁人による準拠法の過誤に関して）裁判所の介入の可能性が限定され，当事者（さもなくば仲裁人）が（とりわけ仲裁手続における）柔軟性を最大限に許容するアドホックまたは機関仲裁規則を採用する範囲が拡大されるからである。

12　新類型の仲裁（新たな分野における仲裁，混合仲裁，国家の関与する仲裁）

　グローバル化と非形式化への圧力は，仲裁が「新しいビジネス」を展開しようと努めるいくつかの領域においてもみられる[93]。このようにして成長をみせる領域の1つに，プロスポーツ選手達といった新たな分野で仲裁による紛争解決がある。ローザンヌにあるスポーツ仲裁裁判所（CAS）による紛争解決手続が最もよく知られている[94]。この手続における請求のほとんどは，選手達が不正に競技能力を高める薬剤を服用したと判定された後，国内懲戒機関により下された国際スポーツイベントへの参加を禁じる決定を覆すことを求めるものである。これは準商事紛争といえよう。なぜなら，このような決定は通常，CASにより維持された場合，非常に利益を上げているスポンサーおよびその選手と第三者との間の他の契約にとって致命的だからである。スポーツの世界における専門知識から恩恵を得てはいるものの，CASもまた，かかるスポンサー契約を含む紛争を直接的に解決するための仲裁機関として選択されうる。しかし現在のところ，そのような事案は，ドーピングやそれに類する紛争よりはかなり少ない。

　とりわけドーピングなどに関する仲裁では，CAS規則が非常に迅速に仲裁判断を下すという点が特徴的である[95]。こうした判断は，しばしば選手がドーピングなどで失格になったとされたスポーツイベントの開催期間中に下されなければならないものである。さらに，CAS仲裁の仲裁地がスイスにあるため，たとえ審問が（2000年のオリンピックにおけるオーストラリアのように）他の国

家で行われても，1987年スイス国際私法が適用され，(MLと同様に) 準拠法の過誤に対する上訴は認められえない[96]。そのため，CASの仲裁では，仲裁判断を下すに当たり，仲裁人に自由裁量がいくらか許されている。加えて，CASの仲裁人は世界中から参集し，(オリンピックのような) 国境を越えるイベントに関係する国際イベントで，またはそのイベントのために会合し，あらゆる特定の国内法によらない規範に基づく仲裁判断例を多く下してきた。それゆえ，スポーツ仲裁は，顕著な非形式性を許す例としてだけでなく，グローバライズされた新たな実務領域の一例として注目に値する。

　仲裁に専門的に携わる者はまた，ドメインネーム紛争解決といった新しい混合仲裁手続にも周到な注意を払っている[97]。これは，インターネット上のドメインネームを登録するために発達してきたシステムの乱用（特に，「サイバー上の不法侵入（cybersquatting）」）を迅速かつ効率的に扱うもので，1990年代中頃から急激に拡大してきた。登録人が不誠実にかつ正当な理由なく（通常は，登録されたドメインネームを第三者に対し非良心的な価格で譲渡する申込み），第三者の商標と一致または類似するものであるという主張から生じうるあらゆる請求に関して，登録人は私的なパネルに託すことに同意している。この手続は，混合的または現代的規準によるところの「原始的な仲裁（proto-arbitration）」に過ぎない。なぜなら，(a)裁判所の中には，登録人が裁判所での解決を望む場合，登録人に対しパネル手続を強制することができないと判示した例があり，(b)たとえ登録人がパネル手続の進行を許容しても，パネルの判断は10日以内であれば，裁判所に上訴しうるためである[98]。しかし，ドメインネーム紛争解決の特徴は，(NYCとMLによって補強された) 現在の仲裁立法により(a)両当事者の合意に従い裁判所は仲裁人に当該紛争を託すよう，また(b)裁判所への上訴（とりわけ準拠法の過誤について）を限定するように修正される前の古い国際「仲裁」法制度においてもみられたものである。その上，裁判所への「上訴」という結果を伴うような判断を下すパネルはほんのわずかにとどまり，今や事実上，当該手続および判断が──他分野における「純然たる」仲裁のように──拘束力を有する形で終始しているのである。加えて，ドメインネーム紛争を解決するために選ばれたパネリストの多くはICAの慣例的な形式に関する経験を有し

ており、パネル手続の運営を認められた機関の中にはまた他のICAに携わっているところもある[99]。ドメインネーム紛争において中心的役割を果たしているWIPO（世界知的財産機関）はこの紛争処理手続を仲裁ではなく「行政的」パネル手続と注意深く表現している（おそらくドメインネームの登録と同時に当該手続に強制的に加入させられるという特にアメリカでの批判を恐れてのこと）が、このシステムは、したがって広範なICA世界と非常に密接に相互関連するものと考えられるべきである。

この見地からドメインネーム紛争解決システムの特徴の1つを今一度顧みると、それは非形式的で、（典型的な例として登録のキャンセルによって登録人はもはやそれを使用できなくなるという理由で）パネルの判断を下すまでの期限が非常に厳しく設定されている。またそれは、パネリストの素性および管理機関の属性、そしてとりわけ適用される一般原則と判断の公表といった観点から、高度にグローバライズされたシステムでもある。

ICAが盛んになっているもう1つの分野は、一方に私人、他方に国家が関与している手続である。第2節で言及したように、1950～1960年代におけるICAの復興は、まずはこのような紛争から生じた[100]。したがって、当事者の結びつきがこのように再出現することにより、非形式性、とりわけグローバルスタンダードへの圧力が再度生じることは驚くべきことではない。近年では再び、私人の投資家と国家または国家の仲介者とを含む紛争においてICAが急展開をみせている。1965年のワシントン条約では世界銀行のICSIDに基づく仲裁への「同意」が要件とされているが、この要件は、東欧における共産主義の崩壊以来、より自由化された外国投資立法を規定し、あるいは他の国の投資家による請求を仲裁に付託することを定めた2ヵ国間投資協定を締結している条約加盟国により規定されることが多くなった。国家が関与する結果、（たとえば、私的投資の収用に対する補償の決定など）国際公法の準則がしばしば適用されるため、ICSID仲裁には強力にグローバライズされた要素が含まれている。この要素は、NYCに基づき執行の際に裁判所による仲裁判断の審査に代わるものとして、ICSID内部でなされる自治的取消手続[101]によって補強されている。さらに、ここでも仲裁人は世界諸国から参集している。こうした特徴は、請求額

の大きさや仲裁判断の公開という点において，スポーツ仲裁またはドメインネーム紛争よりも形式的であるが，紛争解決手続における非形式性を許容しうるものでもある。

13 秘密保持

ICA における最後の一般的争点は，仲裁に関する情報が公表されうるべきか否かという問題である。仲裁に付託する合意がなされたという事実も，手続が開始されている事実のいずれも，通常は公表されても問題にならない。主として問題となるのは，仲裁手続において提出された証拠および主張，仲裁判断の詳細についての秘密保持に関してである[102]。第2節の図表3-1に示したように，秘密の保持は，国境を越える訴訟と比較して，仲裁の主たる利点として広く認識されている。その根拠としては，商事上の情報が公のものになる可能性が少ないこと（たとえば，それがライセンス取得の対象となりうるノウハウに関するものであれば致命的である）から，国家が仲裁手続の当事者である場合，あまり政治上の論争にならないということまで多様に想像できる。秘密保持に関する利点の大きさは，請求額のような他の要因により異なる。特に，重要な問題が争点となっている場合，両当事者による秘密保持がより必要とされるであろう。仲裁手続における形式性は，請求額の大きい紛争においても必要とされるであろう。したがって，秘密保持の義務が大きくなればなるほど，形式性もより強くなりうる。しかし，一定の請求額に関しては，秘密保護義務を強化すればするほど，非形式性が増すはずである。というのも，両当事者が制限を設けることなく情報を開示することについて懸念は少なくなるからである。また，情報をより広く開示することにより，紛争解決の機会は広がり，また，より迅速に仲裁手続の結論が下される方向へと導かれることになるであろう。

しかし，「glocalization」のパラメーターに照らしてみると，1990年代には各国の国内法体系の間で不一致が依然として残っていた。フランスは，秘密保持義務を取消手続にまで拡張するなど，最も強い秘密保持義務の体系を有する国の1つである。ニュージーランドの1996年立法は，黙示的な秘密保持義務を導

入し，イギリスも判例法を通して同様の義務を維持している。スウェーデンでは仲裁当事者が信義誠実の原則に基づく契約義務を負っているということからさらにきめ細かいルールが導かれている。対照的に，オーストラリアでは，1995年の連邦最高裁判所判決以来，（仲裁手続のプライバシーとは対照的に）黙示的な秘密保持義務が承認されていない。これは，当事者が仲裁条項を起草する際に明示的に秘密保持について契約しておかなければならないことを意味する。この判決ではまた，同様の趣旨のアメリカにおける判例がいくつか参考とされた[103]。明示的な秘密保持義務は，仲裁機関の仲裁規則を採用することによって組み込むことができるが，全ての仲裁規則が充分な秘密保持義務を加えまたは導入している訳ではない。また，両当事者がアドホック仲裁を選択する場合（とりわけ建築分野においていくつかの国ではいまだに一般的にアドホック仲裁の選択が行われている），なおも問題が残る。したがって，図表3-3において，この問題（No.13）は，問題11（新たなタイプの仲裁）および問題12（MLの国内法への拡張）よりもかなり「グローバライズ」されていないものとして位置づけられ，それらの問題よりもいくぶん「非形式的」でないものとして位置づけられる。

第4節　む　す　び

　第3節の分析は，概説的または印象に基づく分析に過ぎないとみられるかもしれない。比較法学者は，より所与の文脈に沿った，または「機能的な」アプローチの採用を長きにわたって求められているにもかかわらず，判例法またはより容易に入手できる他の「問題」に焦点を当て，そうした偏向したサンプルから過度に一般化しようとすることで二重に自らを偽ってきた[104]。それにもかかわらず，この分析が，とりわけ1990年代中葉以降ICAにおいて起こっている事象に関する包括的な実証的研究のない現状において，1980年代以降の動向を示唆する豊富な証拠を丹念に練り上げるものとなっていることを心より願う。

結論としてはまず，非形式性がICAに再導入されているといえよう。これは，とりわけ手続の迅速化に関して当てはまる。1990年代以降の非形式化の波は，1970～1980年代にかけての「形式化」により助長されたより大きな確実性が伴うICA基準によって強化されたのかもしれない[105]。しかし，非形式化の動きはむしろ，取引社会の要求を意識した仲裁実務家にとって好ましい方向に多かれ少なかれ慎重にシフトしているようにも思われる。より迅速な仲裁手続により，コスト削減も導かれうる[106]。しかし，世界各国の民事裁判手続における「訴訟運営」の経験[107]からは，弁護士および仲裁人が結局は（いくらか迅速で）より早い段階に裁判手続と同等の費用を課すために，コスト削減が常に生じるとは限らないことが示唆されている。個々の当事者および仲裁人は，「手続正義上の保護規定」対「時間およびコスト削減」について適切に判断を下し，その後注意深く当該仲裁手続をデザイン・調整していかなければならないのである[108]。

第2に，この非形式化は，ここ10年のICA世界での急激なグローバル化と並行するものである。グローバルスタンダードはいまだかなり発展途上であり，したがって，仲裁人による実体的な正義の適用が許容される範囲はより広く認められている[109]。非西欧諸国の当事者および実務家はこの現状に満足しているかもしれず[110]，ICAへの参加者もまた世界的規模に拡大している。しかし，重要な問題点についてはかなりのコンセンサスがみられる。たとえ見解の相違が大きい場合であっても，ICA概念に関する国際的な共通語（lingua franca）により有効に議論されてきたのである。毎年開催されるヴィス模擬仲裁裁判のようなより広範な基盤をもつ「イベント」のおかげで，この共通した言語に精通した新たな時代が誕生しつつある[111]。

しかし，第2節の図表3-1が示すように，列挙された問題の全てがこれら2つのパラメーターに沿って完全に一致する訳ではなく，それらのほとんど全てはいまだ議論の途上にある。今後10年にかけて，ICAの再形式化またはナショナリズムの促進もしくは「閉ざされた地域主義化」に向けて再び動き出すかもしれない。後者の可能性は，とりわけアメリカが世界的規模での地政学上の問題を解決するに当たって，多国間解決から単独および「限定的地域」アプローチへの転換がみられるために，21世紀初頭にあって特別の関心事となる。この

lex mercatoria に関するより広範な文脈は，たとえそれが存在し，おそらく主に国境を越える商取引の実務および期待によって運用されているものだとしても，留意しておかなければならない[112]。

より明確なこととして ICA は，当事者自治にコミットしているため私的なインセンティブを働かせており，変わりつつある商業および国家のニーズに適合させるための活力によって適切に作られたものであるし，そのダイナミズムはまだまだ続くであろう[113]。それゆえ，「手続法上の lex mercatoria」である ICA は，「実体法上の lex mercatoria」を生じせしめる主要な要因でもあり続けるであろう。また両者は，とりわけ急速にグローバライズされた世界にあって，法がどのように発展していくかという点に対するわれわれの理解をより深めてくれるものでもある。

＜注＞

(1) たとえば Gabriel［2001］を参照。
(2) ＜www.unidroit.org/english/principles/chapter-0.htm＞と，たとえば，Berger et al.［2001］および Bonell［2001］とを比較せよ。
(3) 一般的には，たとえば，Horn et al.［1982］と比較参照。
(4) 興味深いことに，統計上，アメリカ人の一部の反応は，イギリス人のそれより顕著な嫌悪感を示すものではない（Nottage［2000a］）．本章の翻訳として，（中野俊一郎・的場朝子訳）「日本における Lex Mercatoria の実務的・理論的意義―トランスナショナル法の利用に関する CENTRAL の実証的調査―」際商30巻9号1229-35頁［第一部］(2002)，同10号1387-92頁（2002）を参照）。この結果は，アメリカの契約法やその関係する法制度がより「実質的なもの」（「道徳，経済，政策，制度論，または他の社会的考察に開かれたもの」）を重視しているというテーゼと一致している（Atiyah & Summers［1987］）．
(5) たとえば，Summers［1997］, Ziegert［2002］を参照。
(6) それぞれ，Dickens & Page［1971］, Atiyah［1999］, Nottage［1996］, updated in Nottage［2002a］を参照。さらに，Nottage［2005］を参照。
(7) Rosett［1984］。
(8) CISG25条および UPICC7.3.1(2)条，CISG46条1項および UPICC7.2.2条，CISG79条ならびに UPICC7.1.7条および6.2.1-3条をそれぞれ比較参照（および，たとえば，Bund［1998］と比較参照）．
(9) Bonell［2001］, Honnold［1999］も参照。より一般的には Lando［2001］とも比較参照。
(10) Berger［2002］。
(11) この新語について，山本顕治教授にお礼申し上げる。
(12) Berger［2001］（Nottage［2000a］に筆者による書評がある）。

第3章 手続法上の lex mercatoria　145

⒀　それぞれ，Honnold［1998］（＜ www.cisg.pace.edu ＞も参照）および Bonell［2001］（＜ http://www.unilex.info ＞も参照）を参照。
⒁　Berger & Center for Transnational Law［1999］，Berger［2001］。
⒂　一般的には，Shalakany［2000］を参照。
⒃　Teubner［1997］。
⒄　最も突出した例は，現在もイラン－アメリカ請求権法廷である。なぜなら，それは，実体法上の lex mercatoria の重要な一部分も生み出しているからである Brunetti［2002］。
⒅　この可能性が近年，たとえば，Leahy & Bianchi［2000］により指摘されている。
⒆　たとえば，Nariman［2000］，谷口［1997］を参照。
⒇　この第2節は，2003年9月13日に東京で開催された第4回名城大学仲裁会議における報告の第1部の2より抜粋したものである。Nottage［2003b］。
㉑　Dezalay & Garth［1996］。
㉒　一般的には，Mason［1999］を参照。
㉓　商取引法の分野では，世界で一番人気のある条約といわれている（Nariman［2004］）。2006年4月には，137ヵ国の加盟国がある（＜http://www.uncitral.org/uncitral/en/uncitral_texts/arbitration/NYConvention_status.html＞を参照）。
㉔　たとえば，Cobb［2001］，Nienaber［2000］を参照。
㉕　Galanter & Palay［1991］。
㉖　たとえば，Gelinas［2000］。
㉗　Bühring-Uhle［1996］，ノッテジ［1998］を参照。
㉘　さらに Nottage［2000b］，Nottage［2002b］を参照。
㉙　一般的には，たとえば，Barrington［2002］，Sanders［2001］を参照。
㉚　たとえば，1994年シンガポール国際仲裁法（概略につき，たとえば，Secomb［2000］）を参照。
㉛　たとえば，1998年 ICC 仲裁規則および2001年 TOMAC 迅速手続規則をそれぞれ参照。
㉜　たとえば，Pryles［2001］を参照。
㉝　たとえば，HKIAC および SIAC を参照。
㉞　さらに，たとえば，Buergenthal［2000］を参照。国家の利益により密接に関連さえすると主張するものとして，たとえば，Leurent［2000］を参照。
㉟　さらに，たとえば，Chow［1999］を参照。また，WTO の官僚主義の範囲内で形式化による遅延がみられることを指摘する Weiler［2001］と比較参照。
㊱　たとえば，Alford［2001］を参照。
㊲　たとえば，Mayer［2001］も参照。
㊳　たとえば，Schaefer［1999］，Polkinghorne & Fitz Gerald［2001］と Garnaut［1996］とを比較参照。
㊴　たとえば，Sturzaker & Cawood［2000］，Kabraji［2001］，Kantor［2001］を参照。Diwan［2003］とも比較参照。
㊵　Sornarajah［2003］。たとえば，Kreindler［2003］と比較参照。
㊶　Enonchong［2000］。
㊷　2002年4月2日から6日までニューデリーで開催された国際法協会第70会期での決議「仲裁判断執行拒否事由としての公序」を参照。テキストおよび2001年と2002年の報告書は，下記から入手可能である＜http://www.ila-hq.org/html/layout_committee.htm＞。

⒀　Pavey & Matthews Pty Ltd v Paul（1987）162 CLR 221. この判決は，貴族院が原状回復請求に当たり不当利得を契約上の基礎に基づかないものとして区別した Lipkin Gorman v Karpendale（1991）2 AC 548という著名な判決にも先んじるものである。

⒁　Baron [2000]。

⒂　1985 年に下された Mitsubishi v Soler の判決は，近年，Posner [1999] において再考がなされている。

⒃　一般的には，たとえば，Baron & Liniger [2003] と比較参照。

⒄　新仲裁法附則4条を参照。その文言は，これらの条文が将来にわたって自由化されることの期待をも示唆するといわれている Eastman [2003]。オーストラリアでは，たとえば Bonnell [2005] を参照。

⒅　シンガポール国際仲裁センター（SIAC）のウェブサイトより入手可能＜http://www.siac.org.sg＞。

⒆　第6節に従い，両当事者の合意がない限りニュージーランドを仲裁地とする国際仲裁に適用される）附則1の7条1項は，「仲裁合意は口頭または書面によってなされうる」と規定する。しかし，11条1項c号は，次のようにして，消費者を含む仲裁合意に関してMLよりも厳格な書面性要件を課す。すなわち，「消費者は，別個の書面により，消費者が当該仲裁合意を読解し，かつ，理解した上で，それに拘束される合意をしたと認定する」と。ニュージーランド法律委員会は，消費者仲裁につきさらに書面性要件の厳格化を検討中である（New Zealand Law Commission [2003]）。

⒇　スウェーデン仲裁法は，手続および仲裁判断に関する書面性要件を含むに過ぎない。以下のウェブサイト＜http://www.sccinstitute.com/uk/Laws_and_Conventions/The_Swedish_Arbitration_Act_1999_116_/＞および一般的には Jarvin & Young [1999] を参照。

(51)　日本の旧法786条（書面性の要件に言及されていない）と2003年の日本仲裁法13条とを比較せよ。(1998年に大幅に修正された) ドイツ仲裁立法1031条（＜http://www.dis-arb.de/materialien/schiedsverfahrensrecht98-e.html＞），1999年韓国仲裁法8条（＜http://www.kcab.or.kr/English/M6/M6_S1.asp＞）も参照。後者については，一般に Oh [2003] も参照。

(52)　一般的には Sorieul [2000] を参照。

(53)　＜http://www.uncitral.org/uncitral/en/commission/working_groups/2Arbitration.html＞を参照。(2001)。

(54)　たとえば，Van Houtte [2000]，Hill [1999] と比較参照。

(55)　この傾向は，「仲裁付託書」が作成される ICC 仲裁においてとりわけ存在するようである。たとえば，Greenberg & Secomb [2002] を参照。

(56)　たとえば，オーストラリア統一商事仲裁法（CAA，＜http://www.austlii.edu.au＞）を参照。

(57)　たとえば，オーストラリアの IAA24条を参照。近年のオーストラリアの多数当事者仲裁に対するアプローチが極めて厳格である点につき，たとえば，Origin Energy Resources Ltd v Benaris International NY & Woodside Energy Ltd TASSC 50 (2002) を参照。

(58)　一般的には，たとえば，Hanotiau [1998] を参照。

(59)　たとえば，Veeder [2002] を参照。より一般的に，最小限の「手続的正義」の重要性を強調する古典的研究として，Lind & Tyler [1988] を参照。

⑹⁰ Jones [2003], Garnaut [1996] を比較参照。一般的には，Pryles [2002] を参照 (*Uniform Law Review* 2003に報告者による書評がある)。
⑹¹ 一般的には Partasides [2001] を参照。
⑹² Eastwood [2001] および Harrison [2001] によって論じられている AT & T Corp & Anor v Saudi Cable Co (2000) 2 Lloyd's Rep 127. を参照。イギリスの控訴院は，Yves Fortier QC (その後 LCIA の副会長になった) が仲裁人とし続けた ICC の決定 (理由は書かれていない) を支持した。
⑹³ たとえば，1996年ニュージーランド仲裁法13条 (「仲裁人は，仲裁人の能力の範囲内で行ったあらゆる事柄，または，行うことを怠ったことの過失に対する責めを負わない」) を参照。
⑹⁴ Lalive [1999]。
⑹⁵ しかしながら，たとえば，CAA の修正提案は，1996年イギリス仲裁法29および74条 (仲裁機関に免責を拡張している) を参照している (< http://www.sccinstitute.com/UK/Laws_and_Conventions/Arbitration_Act_1996/ >)。
⑹⁶ 1990年代に熊谷組が敗訴したBangkok Expressway紛争は有名な例である。たとえば，"Embattled Thai Consumers Win Round", International Herald Tribune, 3 September 1993 (< http://www.iht.com/articles/1993/09/03/thai.php >) を参照。動きが始まる新法制定数年前から段階では先に行われる。
⑹⁷ Marchac [1999]。
⑹⁸ ML 9条および17条と，たとえば，オーストラリア国際仲裁法23条とを比較せよ。
⑹⁹ たとえば，Webster [2001] と比較参照。
⑺⁰ たとえば，< http://www.uncitral.org/english/sessions/unc/unc-36/acn9-524-e.pdf > (2003) を参照。
⑺¹ それぞれ，1996年イギリス仲裁法1条a号 (「仲裁の目的は，不必要な遅滞または費用をかけることなく公平な仲裁廷で公正な紛争解決を獲得することにある」)，2002年タイ仲裁法< http://www.eldi.or.th/ >経由で入手可能。
⑺² 一般的には，たとえば，Goldstein [1999], Greenblatt & Griffin [2001] を参照。
⑺³ たとえば，Wood [2004] を参照。
⑺⁴ NYC 5条1(b)および ML18条を参照。
⑺⁵ <http://www.uncitral.org/uncitral/en/uncitral_texts/arbitration/1996Notes_proceedings.html >を参照。
⑺⁶ <http://www.ibanet.org/images/downloads/IBA%20rules%20on%20the%20taking%20of%20Evidence.pdf >を参照。
⑺⁷ Buehler & Doragon [2000], Raeschke-Kessler [2002]。
⑺⁸ たとえば，Nottage [2003a] および当該セッションにおける他国のレポートを参照。
⑺⁹ たとえば，Pryles [2001] を参照。
⑻⁰ Schneider [1998]。
⑻¹ Sato [2001] (2002年の International Arbitration Law Review に報告者による書評がある)。
⑻² 一般的には，たとえば，Lubman [1991] を参照。
⑻³ Bühring-Uhle [1996]。
⑻⁴ たとえば，1980年以来，オーストラリアにおいて CAA により規律される仲裁の当事者は，仲裁人が調停人として行為することを明示的に合意しうる。Redfern [2001] を

参照。より一般的には，Schneider［1998］を参照。
(85) 国際商事調停に関するモデル法を採択した国連総会決議＜http://www.uncitral.org/stable/res5718-e.pdf＞ 同モデル法2条(9)(a)を参照。
(86) たとえば，Newmark & Hill［2000］を参照。
(87) Read［1999］。
(88) たとえば，Freyer［2001］およびWeinacht［2002］を参照。Goode［2001］からの（イギリス人らしい）批判も参照。
(89) たとえば，香港およびオーストラリア（1989年），シンガポール（1994年）およびニュージーランド（1996年）の仲裁立法を参照。ニュージーランドは，（国内・国際仲裁に）分離した立法を廃止したが，（準拠法の過誤に対する上訴を含んだ）MLと異なった規定が国内仲裁に適用されるから，イギリスの伝統を部分的に保持している。ただし，両当事者がこの国内仲裁に適用される規定から「逸脱」（opt-out）する場合はこの限りではない。マレーシアは，古い英国法に基礎をおいた既存の自国立法を維持したが，クアラルンプール地域仲裁センターにより遂行される（国際）仲裁は，（仲裁人の準拠法の過誤に対する上訴のような）裁判所の介入を認めずに，UNCITRAL仲裁規則により支配される旨の修正を1970年代に追加することによってMLと矛盾しない原則を導入した。数年前から，より広範にMLに基づく国際仲裁向けの新しい法制度を採択する動きが始まり，2005年12月31日に新法が制定された（Hwang［2003］）。
(90) ニュージーランドでは，たとえば，控訴院は，国内仲裁であっても準拠法の誤りによる上訴は容易に認められないということを支持する結論を導くに当たって，MLの仲裁手続における「終局性」原則を参照した（Gold & Resource Developments NZ Ltd v Doug Hood Ltd（2000）3 NZLR 318）。香港では，全体的な立法枠組みの見直しの開始にあって，この風潮がより顕在化・普及している。オーストラリアでは，1984年からすべての州と準州において統一的に制定され，もともと国内仲裁のための法律である商事仲裁法（CAA）が2003年の段階では1996年イギリス仲裁法を参照しつつ修正される見込みだった。しかし，MLに基づく（連邦レベルの）国際仲裁法の修正が先に行われる見込みがあり，それが次にはMLアプローチを国内仲裁にも拡張したCAA修正を喚起するように思われる（Nottage［2003a］）。
(91) ドイツ法の伝統については，たとえば，ドイツ法それ自身（1998年），韓国（1999年），日本（2003年）の仲裁法を参照。1998年の台湾の新仲裁法も大部分はMLと矛盾しないものと理解されている（Li［1999］）。フランスおよびスペイン法の伝統については，たとえば，タイ（2002年）およびヴェネズエラ仲裁法をそれぞれ参照。
(92) 実際，シンガポールの立法府は，すでにこのような判決を覆すための国際仲裁法の修正を（2度も）行っている（Smith et al.［2002］）。これは，同法に別段の定めのない限りML法制度の範囲内での国際仲裁を維持することを助けるものであろう。
(93) たとえば，Alford［2001］，Block［2002］，Bryne-Sutton［1998］，Smith［2000］，Horn & Norton［2000］も参照。
(94) 一般的にはSturzaker［1999］を参照。
(95) たとえば，Kaufmann-Kohler & Peter［2001］およびTompkins［2000］とも比較参照。
(96) たとえば，Sturzaker & Godard［2001］において論じられているRaguz v Sullivian（2000）NSWCA 240を参照。
(97) たとえば，Reynolds［2003］を参照。

⑱ <http://www.icann.org/udrp/udrp-policy-24oct99.htm> での要約4段落(k)を参照。
⑲ たとえば，HKIAC（<http://www.hkiac.org/>），SIAC（<http://www.siac.org.sg>），KCAB（<http://www.kcab.or.kr/>）を参照。
⑩ たとえば，Boeckstiegel [2000] と比較参照。
⑪ 1965年ワシントン条約52条（<http://www.worldbank.org/icsid/basicdoc-archive/9.htm>）を参照。
⑫ たとえば一般的には Trakman [2002] を参照。
⑬ Brown [2001]．ニュージーランドは，秘密保持を黙示的に示唆するいくつかの制定法規を維持するようである（New Zealand Law Commission [2003], Nottage [2003c]）。
⑭ Nottage [2004]．
⑮ たとえば，Hunter [2002] と，より一般的には Nottage [2000b] と比較参照。
⑯ より一般的には，たとえば，Peter [2002], Li [2001] を参照。
⑰ たとえば，Zander [1997] を参照。
⑱ 一般的には Leahy & Bianchi [2000] も参照。
⑲ この可能性は，手続上の保護規定および仲裁手続の形式化にもかかわらず，たとえば，Nariman [2000]，とりわけ Mayer [2001] によって示唆される。
⑩ たとえば，McConnaughay [1999] を参照．しかし，たとえば，Nakamura [2001] と比較参照。
⑪ ノッテジ・曽野 [2001]．
⑫ 一般的には Berger [2001] と比較参照。
⑬ Mustill [2002]．

参考文献
<国内文献>
谷口安平「国際商事仲裁の訴訟化と国際化」法学論叢140巻5・6号1-15頁（1997）。
ノッテジ・ルーク（柏木昇訳）「国際商事仲裁と Lex Mereatoria の変遷」法の支配113号110-111頁（1999）。
ノッテジ，ルーク・曽野裕夫「ウィーン売買条約（CISG）と法学教育——第7回ウィレム・C・ヴィス模擬国際商事仲裁大会参加記——」法政67巻3号（2001）。
ノッテジ，ルーク（中野俊一郎・的場朝子訳）「日本における Lex Mercatoria の実務的・理論的意義——トランスナショナル法の利用に関する CENTRAL の実証的調査—」際商30巻9号（2002）。
ノッテジ，ルーク（那須仁訳）「オーストラリアにおける仲裁教育——国境を越える提携に向けて」JCA ジャーナル52巻（2005）。

<海外文献>
Alford, R., *The Virtual World and the Arbitration World*, 18 Journal of International Arbitration (2001).
Atiyah, P. S., *Lord Denning's Contribution to Contract Law*, Denning Law Journal 1999-1 (1999).
Atiyah, P. S. & Summers, R. S., *Form and Substance in Anglo-American Law: A Com-*

parative Study of Legal Reasoning, Legal Theory, and Legal Institutions (1987), Oxford : Clarendon Press.

Baron, A., *The Australian International Arbitration Act, the Doctrine of Severability, and Claims for Restitution*, 16 Arbitration International 159 (2000).

Baron, P. & Liniger, S., *A Second Look at Arbitrability: Approaches to Arbitration in the United States, Switzerland and Germany*, 19 Arbitration International 27 (2003).

Barrington, L., (2002) *The Uncitral Model Law-Fifteen Years On*, Paper presented at the Union International des Avocats 75th Anniversary Congress, Sydney, 27-31 October 2002.

Berger, K. P., *The New Law Merchant and the Global Market Place-A 21st Century View of Transnational Commercial Law*, The Practice of Transnational Law, 1 (Berger, K. P. ed. 2001) The Hague: Kluwer.

Berger, K. P., *Lex Mercatoria Online: The Central Transnational Law Database at www. tldb. de*, 18 Arbitration International, 83 (2002).

Berger, K. P. ed., *The Practice of Transnational Law* (2001), The Hague: Kluwer.

Berger, K. P. & Center for Transnational Law, *The Creeping Codification of the Lex Mercatoria* (1999), The Hague; Boston: Kluwer Law International.

Berger, K. P. et al., *The Central Enquiry on the Use of Transnational Law in International Contract Law and Arbitration-Background, Procedure, and Selected Results*, The Practice of Transnational Law, 115 (Berger, K. P. ed., 2001) The Hague: Kluwer.

Block, G., *A Remarkable Example of Promotion of Arbitration and ADR: The Resolution of Disputes in the Belgian Newly Liberalized Energy Sector*, 18 Arbitration International 401 (2002).

Boeckstiegel, K.-H. *Settlement of Disputes between Parties from Developing and Industrial Countries*, 15 ICSID Review 275 (2000).

Bonell, M. J., *The UNIDROIT Principles and Transnational Law*, The Practice of Transnational Law, 23, (Berger, K. P. ed., 2001) The Hague: Kluwer.

Bonnell, M., *Arbitrability of Competition Disputes in Australian Law*, 79 Australian Law Journal 585 (2005).

Brown, A., *Presumption Meets Reality: An Exploration of the Confidentiality Obligation in International Commercial Arbitration*, 16 American University International Law Review 969 (2001).

Brunetti, M., *The Lex Mercatoria in Practice: The Experience of the Iran-United States Claims Tribunal*, 18 Arbitration International 355 (2002).

Bryne-Sutton, Q., *Arbitration and Mediation in Art-Related Disputes*, 14 Arbitration International 447 (1998).

Buehler, M. & Dorgan, C., *Witness Testimony Pursuant to the 1999 IBA Rules of Evidence in International Commercial Arbitration: Novel or Tested Standards?* 17 Journal of International Arbitration 3 (2000).

Buergenthal, T., *Arbitrating Entitlements to Dormant Bank Accounts*, 15 ICSID Review 301 (2000).

Bühring-Uhle, C., *Arbitration and Mediation in International Business: Designing Proce-*

dures for Effective Conflict Management (1996), The Hague; Boston: Kluwer Law International.

Bund, J., *Force Majeure Clauses: Drafting Advice for the CISG Practitioner*, 17 Journal of Law and Commerce 382 (1998).

Chow, D., *A New Era of Legalism for Dispute Settlement under the WTO*, 16 Ohio State Journal of Dispute Resolution 447 (1999).

Cobb, M., *Domestic Courts' Obligation to Refer Parties to Arbitration*, 17 Arbitration International 313 (2001).

Dezalay, Y. & Garth, B. G., *Dealing in Virtue: International Commercial Arbitration and the Construction of a Transnational Legal Order* (1996), Chicago; London: University of Chicago Press.

Dickens, C. & Page, N., *Bleak House* (1971), Harmondsworth: Penguin.

Diwan, R., *Problems Associated with the Enforcement of Arbitral Awards Revisited: Australian Consumer Protection, Conflict of Laws, an English Law Perspective*, 19 Arbitration International 55 (2003).

Eastman, R., *Arbitration and Alternative Dispute Resolution in Japan*, 1–5 Sep. 2003, Paper presented at the biennial LAWASIA conference (2003), Tokyo.

Eastwood, G., *A Real Danger of Confusion? The English Law Relating to Bias in Arbitrators*, 17 Arbitration International 287 (2001).

Enonchong, N., *The Enforcement of Foreign Arbitral Awards Based on Public Policy*, Lloyds Commercial and Maritime Law Quarterly 495 (2000).

Freyer, D., *United States Recognition and Enforcement of Annulled Foreign Arbitral Awards: The Aftermath of the Chromalloy Case*, 17 Arbitration International 1 (2001).

Gabriel, H., *International Chamber of Commerce Incoterms 2000: A Guide to Their Terms and Usage*, 5 Vindabona Journal of International Commercial Law and Arbitration 41 (2001).

Galanter, M., *Law Abounding: Legalisation around the North Atlantic*, 55 MLR 1 (1992).

Galanter, M. & Palay, T. M., *Tournament of Lawyers: The Transformation of the Big Law Firm* (1991), Chicago: University of Chicago Press.

Garnaut, R., *Open Regionalism and Trade Liberalization: An Asia-Pacific Contribution to the World Trade System* (1996), Singapore; Sydney: Allen & Unwin.

Gelinas, F., *Arbitration and the Challenge of Globalisation*, 17 Journal of International Arbitration 117 (2000).

Goldstein, M., *International Commercial Arbitration*, 33 International Lawyer 389 (1999).

Goode, R., *The Role of the Lex Loci Arbitri in International Commercial Arbitration*, 17 Arbitration International 19 (2001).

Greenberg, S. & Secomb, M., *Terms of Reference and Negative Jurisdictional Decisions: A Lesson from Australia*, 18 Arbitration International 125 (2002).

Greenblatt, J. & Griffin, P., *Towards the Harmonization of International Arbitration Rules: Comparative Analysis of the Rules of the ICC, AAA, LCIA and CIETAC*, 17 Arbitration International 101 (2001).

Hanotiau, B., *Complex-Multicontract-Multiparty-Arbitrations*, 14 Arbitration International (1998).

Harrison, J., *Arbitrators Are Easily Challenged but Hard to Dismiss*, 20 The Arbitrator and Mediator 27 (2001).

Hill, R., *On-Line Arbitration: Issues and Solutions*, 15 Arbitration International 199 (1999).

Honnold, J., *The Sales Convention: From Idea to Practice*, 17 Journal of Law and Commerce 181 (1998).

Honnold, J., *Uniform Law for International Sales under the 1980 United Nations Convention* (3rd ed 1999), The Hague: Kluwer Law International.

Horn, N. & Norton, J. J., *Non-Judicial Dispute Settlement in International Financial Transactions* (2000), London; Boston: Kluwer Law International.

Horn, N., Schmitthoff, C. M., and Marcantonio, J. B., eds., *The Transnational Law of International Commercial Transactions* (1982).

Hunter, R., *Anticipating Trends in Dispute Resolution*, 3 International Commercial Arbitration: Developing Rules for the Next Millenium (Odams, M. & Harrison, R. eds., 2000) Bristol: Jordan Publishing.

Hwang, M., *Arbitration and Alternative Dispute Resolution in Malaysia*, 1-5 Sep. 2003, Paper presented at the biennial LAWASIA conference (2003) Tokyo.

Jarvin, S. & Young, B., *A New Arbitration Regime in Sweden: The Swedish Arbitration Act 1999 and the Rules of the Stockholm Chamber of Commerce*, 16 Journal of International Arbitration 89 (1999).

Jones, D., *The Growth and Development of International Commercial Arbitration in the Asia-Pacific Region*, 13 Feb. 2003, Paper presented at the IBA International Arbitration Day, Sydney (2003).

Kabraji, K., *Hubco v Wapda–Allegations of Corruption Vitiate International Commercial Arbitration: The Pakistan Experience*, 4-8 Oct. 2001, Paper presented at the 17th Lawasia Biennial/NZ Law Conference, Christchurch (2001).

Kantor, M., *International Project Finance and Arbitration with Public Sector Entities*, 24 Fordham International Law Journal 1122 (2001).

Kaufmann-Kohler, G. & Peter, H. P., *Formula 1 Racing and Arbitration: The FIA Tailor-Made System for Fast Track Dispute Resolution*, 17 Arbitration International 173 (2001).

Kreindler, R., *Approaches to the Application of Transnational Public Policy by Arbitrators*, 13 Feb. 2003, Paper presented at the IBA International Arbitration Day, Sydney (2003).

Lalive, P., *Irresponsibility in International Commercial Arbitration*, 7 Asia-Pacific Law Review 161 (1999).

Lando, O., *Salient Features of the Principles of European Contract Law: A Comparison with the UCC*, 13 Pace International Law Review 339 (2001).

Leahy, E. & Bianchi, C., *The Changing Face of International Arbitration*, 17 Journal of International Arbitration 19 (2000).

Leurent, B., *Views on the UNCC and Its Adjudication of Contractual Claims [Claims Processing vs Iraq after First Gulf War]*, 17 Journal of International Arbitration (2000).

第3章　手続法上の lex mercatoria　153

Li, C., *The New Arbitration Law of Taiwan: Up to an International Standard?*, 16 Journal of International Arbitration 127 (1999).

Li, C., *Evaluating the Various Non-Litigation Processes for Resolving Disputes: The Cost-Effectiveness Approach*, 18 Journal of International Arbitration 435 (2001).

Lind, E. A. & Tyler, T. R., *The Social Psychology of Procedural Justice* (1988), New York: Plenum Press.

Lubman, S., *Studying Contemporary Chinese Law: Limits, Possibilities and Strategy*, 39 American Journal of Comparative Law 293 (1991).

Marchac, G., *Interim Measures in International Commercial Arbitration under the ICC, AAA, LCIA and UNCITRAL Rules*, 10 American Review of International Arbitration 123 (1999).

Mason, K., *Changing Attitudes in the Common Law's Response to International Commercial Arbitration*, 18 The Arbitrator 73 (1999).

Mayer, P., *Reflections on the International Arbitrator's Duty to Apply the Law*, 17 Arbitration International 235 (2001).

McConnaughay, P., *The Risks and Virtues of Lawlessness: A "Second Look" at International Commercial Arbitration*, 93 Northwestern University Law Review 453 (1999).

Mustill, M., *Arbitration, Imagination, and the Culture of Compromise*, Inaugural Clayton Utz International Arbitration Lecture, co-hosted by the University of Sydney, delivered in the Banco Court on 11 June (2002).

Nakamura, T., *Continuing Misconceptions of International Commercial Arbitration in Japan*, 18 Journal of International Arbitration 641 (2001).

Nariman, F., *The Spirit of Arbitration*, 16 Arbitration International 261 (2000).

Nariman, F., *East meets West : Tradition, Globalisation and the Future of Arbitration*, 20 Arbitration International 123 (2004).

Newmark, C. & Hill, R., *Can a Mediated Settlement Become an Enforceable Arbitration Award?*, 16 Arbitration International 81 (2000).

New Zealand Law Commission, *Improving the Arbitration Act 2003* (2003), Wellington: New Zealand Law Commission.

Nienaber, V., *The Recognition and Enforcement of Foreign Arbitral Awards*, Understanding International Commercial Arbitration, 99, (CENTRAL ed., 2000) Muenster: Center for Transnational Law.

Nottage, L., *Form and Substance in US, English, New Zealand and Japanese Law: A Framework for Better Comparisons of Developments in the Law of Unfair Contracts*, 26 Victoria University of Wellington Law Review 247 (1996).

Nottage, L., *Practical and Theoretical Implications of the Lex Mercatoria for Japan: Central's Empirical Study on the Use of Transnational Law*, 4 Vindobona Journal of International Commercial Law and Arbitration 132 (2000a).

Nottage, L., *The Vicissitudes of Transnational Commercial Arbitration and the Lex Mercatoria: A View from the Periphery*, 16 Arbitration International 53 (2000b).

Nottage, L., *Form, Substance and Neo-Proceduralism in Comparative Contract Law: The Law in Books and the Law in Action in England* (2002a), New Zealand, Japan and the U.S. PhD in Law, Law Faculty, Victoria University of Wellington, Wellington.

Nottage, L., *Is (International Commercial Arbitration) ADR?*, 19 The Arbitrator and Mediator (2002b).

Nottage, L., *Comparing ADR in Australia and New Zealand*, Paper presented at the biennial LAWASIA conference (2003a) Tokyo, 1-5 Sep. 2003 (available at www.law. usyd.edu.au/~luken/lawasia 2003.pdf).

Nottage, L., *Special Report, Focusing on Australia and New Zealand*, 11-13 Sep. 2003, Paper presented at the 4th Symposium on International Commercial Arbitration in the Asia-Oceania Region: Conditions and Policies for the Enhancement of International Commercial Arbitration, Toshi Senta Hotel (2003b) Tokyo.

Nottage, L., *Reviewing the Arbitration Act 1996*, New Zealand Law Journal 34 (2003c).

Nottage, L., *Convergence, Divergence, and the Middle Way in Unifying or Harmonising Private Law*, 1: Annual of German and European Law 166 (2004).

Nottage, L., *Who's Afraid of the Vienna Sales Convention (CISG)? A New Zealander's View from Australia and Japan*, 36 Victoria University of Wellington Law Review 815 (2005).

Oh, C., *Evaluating the Framework for International Commercial Arbitration and Other ADR Mechanisms in Korea*, SJD thesis, University of Sydney Law Faculty (2003).

Partasides, C., *The Selection, Appointment and Challenge of Arbitrators*, 5 Vindabona Journal of International Commercial Law and Arbitration 217 (2001).

Peter, W., *Witness Conferencing*, 18 Arbitration International 47 (2002).

Polkinghorne, M. & Fitz Gerald, D., *Arbitration in Southeast Asia: Hong Kong, Singapore and Thailand Compared*, 18 Journal of International Arbitration 101 (2001).

Posner, E., *Arbitration and the Harmonization of International Commercial Law: A Defense of Mitsubishi*, 39 Virginia Journal of International Law 647 (1999).

Pryles, M. C., *Multi-Tiered Dispute Resolution Clauses*, 18 Journal of International Arbitration 159 (2001).

Pryles, M. C. ed., *Dispute Resolution in Asia* (2nd ed., 2002), The Hague; Boston: Kluwer Law International.

Raeschke-Kessler, H., *The Production of Documents in International Arbitration - a Commentary on Article 3 of the New IBA Rules of Evidence*, 18 Arbitration International 411 (2002).

Read, P., *Delocalization of International Commercial Arbitration: Its Relevance to in the New Millenium*, 10 American Review of International Arbitration 177 (1999).

Redfern, M., *The Mediation Provisions of Section 27 of the Commercial Arbitration Acts*, Aug. 2001 Australasian Dispute Resolution Journal 195 (2001).

Reynolds, A., *The UDRP and AUDRP - Arbitration or Arbitrariness?*, 14 Australasian Dispute Resolution Journal 40 (2003).

Rosett, A., *Critical Reflections on the United Nations Convention on Contracts for the International Sale of Goods*, 45 Ohio State Law Journal 265 (1984).

Sanders, P., *The Work of UNCITRAL on Arbitration and Conciliation* (2001), The Hague: Kluwer.

Sato, Y., *Commercial Dispute Processing and Japan* (2001), The Hague; New York: Kluwer Law International.

Schaefer, J., *Borrowing and Cross-Fertilising Arbitration Laws: A Comparative Overview of the Development of Hong Kong and Singapore Legislation for International Commercial Arbitration*, 16 Journal of International Arbitration 41 (1999).

Schneider, M., *Combining Arbitration with Mediation*, in A. van den Berg ed., International Dispute Resolution 1998 Towards an International Arbitration Culture, 57, The Hague: Kluwer.

Secomb, M., *Shades of Delocalisation: Diversity in the Adoption of the UNCITRAL Model Law in Australia, Hong Kong and Singapore*, 17 Journal of International Arbitration 123 (2000).

Shalakany, A., *Arbitration and the Third World: A Plea for Reassessing Bias under the Specter of Neoliberalism*, 41 Harvard International Law Journal 419 (2000).

Smith, G., Lim, M. & Choong, J., *The UNCITRAL Model Law and the Parties' Chosen Arbitration Rules - Complementary or Mutually Exclusive?*, 6 Vindabona Journal of International Commercial Law and Arbitration 194 (2002).

Smith, V., *Arbitration in International Telecommunications: The Way Ahead?*, International Commercial Arbitration: Developing Rules for the Next Millenium 175, (Odams, M. & Harrison, R. eds., 2000) Bristol: Jordan Publishing.

Sorieul, R., *Update on Recent Developments and Future Work by Uncitral in the Field of International Commercial Arbitration*, 17 Journal of International Arbitration 163 (2000).

Sornarajah, M., *Singapore Report: Problems in Pre-Trial Procedure in International Commercial Arbitration*, 11-13 Sep. 2003, Paper presented at the 4th Symposium on International Commercial Arbitration in the Asia-Oceania Region: Conditions and Policies for the Enhancement of International Commercial Arbitration, Toshi Senta Hotel, Tokyo (2003).

Sturzaker, D., *On Track for the Year 2000: Sydney and the Court of Arbitration for Sport*, 18 The Arbitrator 83 (1999).

Sturzaker, D. & Cawood, C., *Mercenaries, International Law and Arbitration*, 1 International Trade & Business Law Bulletin 10 (2000).

Sturzaker, D. & Godard, K., *The Olympic Legal Legacy*, 2 Melbourne Journal of International Law 1 (2001).

Summers, R., *How Law Is Formal and Why It Matters*, 82 Cornell Law Review 1165 (1997).

Teubner, G. (1997) *Global Bukowina: Legal Pluralism in a World Society*, in G. Teubner (ed.) Global Law without a State, 1, Aldershot: Dartmouth.

Tompkins, D., *Sports Arbitration in New Zealand and Australia: The America's Cup Arbitration Panel*, 16 Arbitration International 461 (2000).

Trakman, L., *Confidentiality in International Commercial Arbitration*, 18 Arbitration International 1 (2002).

Van Houtte, V., *Consent to Arbitration through Agreement to Printed Contracts: The Continental Experience*, 16 Arbitration International 1 (2000).

Veeder, V. V., *The Lawyer's Duty to Arbitrate in Good Faith*, 18 Arbitration International 431 (2002).

Webster, T., *Obtaining Documents from Adverse Parties in International Arbitration*, 17 Arbitration International 41 (2001).

Weiler, J. H. H., *The Rule of Lawyers and the Ethos of Diplomats: Reflections on the Internal and External Legitimacy of WTO Dispute Settlement*, 35 Journal of World Trade 191 (2001).

Weinacht, F., *Enforcement of Annulled Foreign Arbitral Awards in Germany*, 19 Journal of International Arbitration 313 (2002).

Wood, P., *Domestic Lessons from International Arbitration–Anaconda v Fluor : A Case Study*, Paper presented at the IAMA conference, Sydney, 21–23 May 2004＜http://www.minterellison.com/public/resources/file/ebc7ec4e9e5bcd7/Website%20Fluor%20case%20study.pdf＞ (2004).

Zander, M., *The Woolf Report: Forward or Backwards for the New Lord Chancellor?*, 16 Civil Justice Quarterly 208 (1997).

Ziegert, K. A., *The Thick Description of Law: An Introduction to Niklas Luhmann's Theory*, An Introduction to Law and Social Theory 55, (Banakar, R. & Travers, M. eds., 2002) Oxford: Hart.

（ルーク・ノッテジ）

（翻訳：立命館大学大学院法学研究科博士後期課程　中林啓一
　　　　シドニー大学大学院博士課程　那須　仁）

第Ⅱ部

自然発生のルールから
グローバル・スタンダードへ

第4章

ICC は何をしたか

第1節　ICC の歴史と役割

　国際商業会議所（International Chamber of Commerce：ICC）は，1919年10月にアメリカ東岸のアトランティック・シティーにおいて開催された国際通商会議における準備過程を経て，1920年5月から6月にかけてパリで開催された創立総会において正式に設立された。この会議の参加国は，第1次世界大戦の戦勝5ヵ国に限られ，その各国から代表的実業家497名が参加し，国際通商の円滑なる発展によって各国経済の復興を図るための種々の項目にわたる部門別委員会に分かれて議論が行われた。その結果，ヨーロッパ戦災地域の復興対策，二重課税の撤廃，事務および人員の整理による各国経済の再建，国際信用調査機関の設立，不正競争の防止，工業所有権の保護，商標および原産地の名称等を調査するための付属機関の設置，税関および税率ならびに船舶抑留問題を緩和する措置，共通規準に基づく各国経済統計調査，港湾能力調査，貿易用語の統一等に関する決議が採択された。

　しかし，このパリ会議の最大の成果は，自由意志に基づく恒久的な国際的民間経済団体としての ICC を正式に設立したことであった。ICC の設立に関する審議は，パリ会議の合同委員会において行われ，1920年6月24日，定款および議事規則が公表された。この日が ICC 誕生の日とされている[1]。

　1920年の創立以来，ICC は，極めて急速にその組織と機構を拡大し，名実ともに各国実業界の代表者を網羅する国際的協力団体となり，その総意を代表し

て，強力にしてしかも広範囲にわたる活動を展開した。創立当初から現在まで，ほとんど変わっていない定款にあるとおり，ICC は，各国実業人の自由意志によって結合された組織であることを最大の特徴としており，ビジネスのあらゆる分野に存在感を深めていった[2]。

この路線は，第2次世界大戦後も変わることなく継続され，ICC の活動は，仲裁・紛争解決から，自由貿易と市場経済システムの推進，ビジネスのための自治的国際規則の制定，腐敗防止，商業犯罪の阻止にいたる膨大な範囲に及んでいる。

第2節　ICC と日本

第1次世界大戦の戦勝国の1つであった日本の実業界は，ICC の設立当初から，積極的に関与している。1920年6月，自由意志に基づく国際的民間経済団体として ICC が設立されたとき，創立総会には，藤山雷太が日本代表として出席し，定款および議事規則の決定に参画した。

1921年6月，ロンドンにおける第1回総会の後，日本は1922年8月，ICC 加入の準備機関として，日本経済聯盟会を創設した。その役員として名を連ねているのは，会長　団　琢磨，常務理事　井上準之助，事務局長　高島誠一という錚々たる財界の大物であった。1923年6月，加入金12,500ドルとともに，正式加盟の手続をとり，7月20日の ICC 理事会において承認された。この日に ICC 日本国内委員会が正式に発足。高島氏は，太平洋戦争による活動休止まで，約20年間，事務を掌握した。日本国内委員会は，ロンドンおよびニューヨークに支部を設置した。日本国内委員会は，1939年の総会を日本で開催することを希望したが，当時の国際情勢から実現しなかった。

第2次世界大戦後は，1949年10月，日本の再加入が承認され，1950年4月，日本国内委員会が復活した。当時の役員は，議長　高橋龍太郎，顧問　一万田尚登，中島久万吉，宮島清次郎，常任委員　石川一郎ほか18氏，事務総長　堀

越禎三という豪華メンバーであった。

　1939年の総会を日本で開催したいという日本国内委員会の希望は，1955年5月，約15年後に実現することになった。すなわち，ICCの第15回総会が，1955年5月15日から21日まで東京の東京會舘本館で開催されたのである。この総会における日本代表団役員は，団長　石坂泰三，顧問　藤山愛一郎，石川一郎，副団長　佐藤喜一郎，杉　道助，植村甲午郎ほか7氏であった。

　日本国内委員会は，1995年4月の総会で規約の改正を行い，「日本委員会」と改称され，現在にいたっている[3]。2004年3月30日の総会で選任された現役員は，次のとおりである。（敬称略）

　会　　　長　佐々木幹夫（三菱商事社長）
　副　会　長　植松　敏（日本・東京商工会議所専務理事），河野俊二（東京海上火災保険相談役），溝口道郎（鹿島建設常任顧問），茂木友三郎（キッコーマン社長）
　専務理事　橋本惠夫

第3節　ICCの制定した国際規則

1　概　　要

　ICCは，早くから，その活動の重要な一環として，商取引に関連する国際規則の編纂に努め，国際商取引の円滑化を図ってきた。その中で，最も著名かつ成功したものが，

　①　1933年のウィーンにおけるICC第7回総会で採択された「商業荷為替信用状に関する統一規則および慣例」（現在のいわゆる「信用状統一規則」）
　②　1936年に貿易用語の解釈に関する国際的統一規則として公表された「インコタームズ」

の2つである。

ICCは，この他にも，1978年の契約保証統一規則（URCG），1992年の請求払保証統一規則（URDG），1994年の契約保証統一規則（URCB）など多くの規則を制定しているが，上記の2つの規則が実際の使用実績からいって，圧倒的な知名度をもっており，世界貿易に大きく貢献している。信用状統一規則は，現在，1993年版が通称UCP500として広く使用されており，UCP600となる予定の改訂作業が現在進行中である。インコタームズは，現在，2000年版が使われており，世界的にほとんど唯一の貿易取引条件に関する国際規則として使用されている(4)。

本章では，紙面の制約上，ICC制定にかかる全ての国際規則について述べることはできないので，最も重要なインコタームズおよび信用状統一規則についてやや詳しく述べ，さらに最近実務で比重が高まっているスタンドバイ信用状について，ICCも最後の段階で制定に参画した国際スタンドバイ規則（ISP98）の起草の経緯と問題点などに触れることにしたい。

ICCは，最近の貿易実務の急速な変化に対応すべく，国際規則の更新に最善の努力を重ねており，日本委員会も，貿易大国の立場から，よりよい規則を生み出すための貢献，提案を求められている。

第4節　インコタームズ

1　はじめに

Incotermsは，International Commercial Termsの前の2つの単語のはじめの2字，すなわち"In"と"Co"とをTermsに冠して略称としたもので，正式の名称は，International Rules for the Interpretation of Trade Terms（取引条件の解釈に関する国際規則）といい，1936年にICCによって制定されたのち，1953年，1967年，1976年，1980年および1990年に改訂された。その後，さらに1998年から改訂作業が行われ，2000年1月1日，インコタームズ1990に若干の

修正を加えたインコタームズ2000（Incoterms 2000）が実施された。

インコタームズは，現在世界で広く貿易関係者に活用されている。フランスとドイツでは，インコタームズは裁判所によって国際的貿易慣習と認められている。アメリカでは，従来は，改正米国貿易定義が用いられていたが，最近インコタームズを活用すべしとの声が貿易関係者の間で強くなっている。

2　インコタームズ2000

ICCは，1999年6月21日，パリの本部で国際商慣習委員会を開催し，取引条件作業部会と起草委員会が作成したインコタームズ2000の最終草案を承認した。ICC本部は，新しいインコタームズを普及させるため，直ちに活発な広報活動に入り，1999年9月13日にはその内容を出版した。

筆者は，1998年10月にパリで行われた取引条件作業部会にICC日本委員会を代表して出席し，インコタームズ2000の作成に参画した。インコタームズ2000の概要は，次のとおりである[5]。

3　インコタームズ2000の取引条件の構成

インコタームズ2000における取引条件の構成は，基本的にインコタームズ1990と同じで，図表4－1のとおり，合計13条件となっている。

FASとDAFを廃止するという議論があったが，これらの条件も従来同様残ることになった。各取引条件における売主と買主の義務が，それぞれ10項目に分けて規定されており，左右見開きに印刷されている点も，インコタームズ1990と同じである（図表4－2参照）。

図表4-1　インコタームズ2000

Eグループ 出荷	EXW	Ex Works （...named place）	工場渡（... 指定地）
Fグループ 主要輸送費抜き	FCA	Free Carrier （...named place）	運送人渡（... 指定地）
	FAS	Free Alongside Ship （...named port of shipment）	船側渡（... 指定船積港）
	FOB	Free On Board （...named port of shipment）	本船渡（... 指定船積港）
Cグループ 主要輸送費込	CFR	Cost and Freight （...named port of destination）	運賃込（... 指定仕向港）
	CIF	Cost, Insurance and Freight （...named port of destination）	運賃保険料込（... 指定仕向港）
	CPT	Carriage Paid To （...named place of destination）	輸送費込（... 指定仕向地）
	CIP	Carriage and Insurance Paid To （...named place of destination）	輸送費保険料込（... 指定仕向地）
Dグループ 到着	DAF	Delivered At Frontier （...named place）	国境持込渡（... 指定地）
	DES	Delivered Ex Ship （...named port of destination）	本船持込渡（... 指定仕向港）
	DEQ	Delivered Ex Quay （...named port of destination）	埠頭持込渡（... 指定仕向港）
	DDU	Delivered Duty Unpaid （...named place of destination）	関税抜き持込渡（... 指定仕向地）
	DDP	Delivered Duty Paid （...named place of destination）	関税込持込渡（... 指定仕向地）

図表4-2　インコタームズ2000における売主と買主の義務の各項目

A　売主の義務		B　買主の義務	
A1	契約に合致した物品の提供	B1	代金の支払い
A2	許可, 認可および手続き	B2	許可, 認可および手続き
A3	運送および保険契約	B3	運送および保険契約
A4	引渡し	B4	引渡しの受取り
A5	危険の移転	B5	危険の移転
A6	費用の分担	B6	費用の分担
A7	買主への通知	B7	売主への通知
A8	引渡しの証拠, 運送書類 または同等の電子メッセージ	B8	引渡しの証拠, 運送書類 または同等の電子メッセージ
A9	照合—包装—荷印	B9	物品の検査
A10	その他の義務	B10	その他の義務

4　インコタームズ2000における重要な変更点

インコタームズ2000をインコタームズ1990と比較した場合，今回の改訂で実質的な変更が行われたのは，次の2点である。

（1）　FAS と DEQ における通関および関税支払義務

通関は，それが行われる国に住んでいる当事者が手配し，関税も支払うのが，自然であろう。したがって，輸出者が物品の輸出通関を行い，輸入者が物品の輸入通関を行うのが望ましい姿と考えられる。

ところが，従来のインコタームズのFAS（輸出通関は買主の義務）とDEQ（輸入通関は売主の義務）の下では，この原則から離れていた。そこで，インコタームズ2000のFASとDEQでは，それぞれ，輸出のために物品を通関する義務を売主に，また，輸入のために物品を通関する義務を買主に課すことに変更された。

一方，売主が13条件の中で最小の義務を負っているEXWでは，従来同様，輸出通関は買主の義務とされており，変更されていない。また，DDPでも，関税込持込渡という名称が示しているように，売主が輸入のために物品を通関し，関税を支払うことになっている。

（2）　FCA における積込み・荷下ろし義務

F条件においては，売主は，買主の指図に従って物品を運送人に引渡さなければならないが，FCAでは，引渡場所が様々なために，積込み・荷下ろしの義務についての解釈が混乱していた。物品は，売主の施設で，買主によって派遣された車両に積込まれることもあるし，あるいは，買主によって指定されたターミナルで，売主の車両から荷下ろしされることもある。インコタームズ2000は，これらの選択肢を考慮し，契約に指定されている引渡場所が売主の施設である場合には，引渡しは，物品が買主の受取車両に積込まれた時に完了し，また，その他の場合には，物品が売主の車両から荷下ろしされない状態で，買主の処分に委ねられた時に完了する旨規定している。インコタームズ1990の

FCA A4で異なる輸送手段について述べられていた細則は、インコタームズ2000では削除された。

一方、FOB・CFR・CIFにおける危険負担の分岐点としてのShip's Railについては、骨董品的な遺物であるから廃止すべしとする強い議論があったが、危険負担の分岐点を変更すると、穀物、原油など商品取引所で取引されており、通常、傭船契約の下でバラ積みで海上輸送されている商品（commodities）の売買に大きな影響を与えるという理由で、変更しないことになった。

1998年10月の作業部会では、Ship's Railを廃止した場合のFOB・CFR・CIFにおける危険移転の分岐点についての具体的表現、FAS、DAFの廃止の是非などについて、活発な議論があったが、結局、これらのやや過激な改訂は見送られた。結果的に、泰山鳴動して鼠数匹の感があるが、これは、「インコタームズが今や世界的に認められていることは明白であり、したがって、ICCは、この評価を強固なものにし、変更のための変更を避けること」が望ましいとの認識によるものである。

5 コンテナ貨物と取引条件の誤用問題

インコタームズ2000は、序論（Introduction）の第18節で、コンテナ貨物について、後に本船に積込むために運送人に引渡しているにもかかわらず、FOBを使用するのは誤用であり、FOBは、当事者が物品を本船のレールを横切って引渡す意図がない場合には使用すべきでない、と強い調子で警告している。この問題について、日本では、コンテナ貨物であっても90％以上の契約で依然としてFOB・CFR・CIFが使用されているため、一部の学者はICCに批判的であるが、ICCとしては、物品が、コンテナに詰められて、後に本船に積込むために運送人に置場などで引渡される場合には、FOB・CFR・CIFではなく、FCA・CPT・CIPを使用することを勧告する姿勢を貫いており、ICC日本委員会も、いわゆるコンテナ取引条件の日本における普及活動を強化する方針である。この問題は、要するに、日本でFCA・CPT・CIPの存在ないし内容が十分に知られていないために起こった、教育ないし広報の問題と考えられる。

一方，近年，商慣習が国際規則，条約，モデル法などに取り入れられるテンポが速くなったことも，このような問題を引き起こしている1つの，そしてより根本的な原因と思われる。すなわち，現在貿易取引に広く使用されているFOB条件やCIF条件は，過去数百年にわたって商人の間で徐々に内容が固まり，次いで，イギリスの判例によって認知された。朝岡良平博士によれば[6]，1812年にFOB契約に関するイギリスの最初の判例があらわれ[7]，CIF契約についての最初の判例は，その50年後の1862年に出現した[8]。ICCが，これらの契約の内容を文章化したインコタームズ（Incoterms）をはじめて発表したのは，さらに74年後の1936年であるから，一連の商慣習法の認知プロセスは，大変ゆっくりと進んでいたことがわかる。これが古くからのレックス・メルカトリアの姿であった。商慣習は，歳月を経て成熟した後に商慣習法となったのである。

　ところが，このようなスロー・テンポでは，現代の複雑な国際商事紛争に対応できないと感じた学者たちは，1960年代からSchmitthoffを中心に，公私の国際機関の活動に期待を寄せた。UNCITRAL（国連国際商取引法委員会），UNCTAD（国連貿易開発会議），UNIDROIT（私法統一国際協会），ICCなどの公的なまたは民間の国際機関が共同して作業することによって，世界的に通用する国際統一商事法が生まれるのではないか，と考えたのである。

　このような創造は，国連の各機関（UNCITRAL，UNCTAD等）やUNIDROITのような公的な国際機関によって行われるか，または，ICCなどの民間の国際機関によって行われている。最近では，このうち，UNIDROITおよび民間の国際機関による規則の制定または改訂が盛んに行われており，Klaus Peter Bergerは，この現象を「徐々に進行する超国家法の成文化（Creeping Codification of Transnational Law）」と表現している[9]。この現象は，1994年頃から顕著となった。まず，1994年5月，UNIDROITが国際商事契約原則（the Principles of International Commercial Contracts）を公表した[10]。1年後，ヨーロッパ契約法委員会（the Commission on European Contract Law）が，ヨーロッパ契約法原則（the Principles of European Contract Law）の第一部を発表した[11]。同委員会は，1999年12月には，この契約原則の改訂・拡大版を発表している[12]。一方，UNIDROITは，2004年，国際商事契約原則の拡大第2版を発表した[13]。

Bergerによれば、かかる現象は、新しいレックス・メルカトリアの再述（Re-Statement）というよりも、前述（Pre-Statement）であるという。新しいレックス・メルカトリアの成文化のプロセスは、決して終わらない、常に一層使いやすく実践的な規則へと前進するプロセスとして、位置づけられている(14)。Pre-Statement理論による国際規則への成文化は、商慣習を早目に固め、明確化する働きをもつ。

　すでに述べたとおり、近年、ICCは、多くの国際規則を制定しているが、その中でも、最も重要なものの1つがインコタームズ（Incoterms）である。最初に制定された1936年当時は、商人間で商慣習として定着し、イギリスの判例で認知されたFOB、CIFなどの主要取引条件を忠実に文章化したものであった。しかし、近年、コンテナが普及し、物品の運送人への引渡しが本船の手すりを越えて行われなくなり、陸上の置場でなされるようになると、ICCは、この現実を反映した取引条件として、FCA、CPTおよびCIPの3つの条件を新しく作った。これらの、いわゆるコンテナ取引条件は、欧州における実務の状況をそのまま成文化したものであったが、商慣習法として世界中に定着するほどには、時間が経過していなかった。そのため、わが国では、不慣れな上に、貿易実務家の勉強不足、ICC JapanのPR不足なども手伝って、奇異の目でみられ、普及の速度が遅かった。しかし、もともとコンテナ貨物に適した合理的な内容の条件であるから、最近急速に普及が進んでいる海上運送状の例をみればわかるように、普及は時間の問題であり、わが国でも総合商社を中心に次第に普及しつつある。このインコタームズのコンテナ取引条件の例は、ICCという民間の国際機関が、欧州で現実に行われている実務を基に、やがて商慣習法となるべきものを先取りして規則として前述した典型的な例であり、ICCがグローバルな統一商取引法の形成に着実に貢献していることを物語っている。UNIDROITの国際商事契約原則は、より大きなスケールで、このような役割を果たしている。

　今後の貿易売買においては、原則として、コンテナ詰めで主として定期船によって輸送される製品類については、FCA・CPT・CIPを使用し、一方、傭船契約に基づき、バラ積みで輸送される鉱石、石炭、穀物などの原料類につい

ては，従来と同様に FOB・CFR・CIF を使用するという取引条件の棲み分けを推進することが望ましく，ICC もこの方向で広報活動を行うべきものと思われる。製品を対象とした ICC モデル国際売買契約では，この趣旨が徹底されており，FOB・CFR・CIF などのいわゆる海上条件（Maritime Terms）は，推奨されていない。もっとも製品でも，鉄鋼の厚板のようにコンテナを使用せず，裸のまま船積みされる物品は，今までどおり，伝統的な FOB・CFR・CIF 条件で取引されることになろう。

第5節　信用状統一規則

1　はじめに

　ICC は，設立当初から世界の主要な銀行家によって，国際的に複雑を極める銀行実務技術上の問題を解決する上で，重要視された。ICC は，この期待に応えて，銀行実務に関する統一的基準を作成する機関としての役割を果たした[15]。
　第1次世界大戦の終結後，大陸間における大口商品取引が盛んに行われ，荷為替信用状の利用が急増した。しかし，これを取扱う銀行の処理法はまちまちで，特に国籍を異にする場合には，その相違がはなはだしく，取引上紛争が絶えなかった。ICC は，このような実情に鑑み，1926年，各国の国内委員会，特にアメリカ国内委員会の熱心な協力の下に，荷為替信用状取扱方法の国際的統一に関する活動を開始した。この作業は，ICC 内に開設された為替手形および商業信用状専門委員会によって，約7年間にわたり，調査検討が行われた後，さらに同委員会の中に特設された商業信用状専門分科委員会で検討され，「商業荷為替信用状に関する統一規則および慣例（Uniform Customs and Practice for Commercial Documentary Credit）」にまとめられた。同規則は，1933年のウィーンにおける ICC 第7回総会で採択され，ICC は，この日本では「信用状統一規則」と略称されている規則を出版物第82号として公刊した。規則は，

原則および49ヵ条の規定によって構成されていたが、一般に各国の銀行業界で大変好評であった[16]。

1933年版信用状統一規則は、おおむね各国の関係者によって、実際の取引に採用されていたが、第2次世界大戦後、ICCは、新しい業務の増加に伴い、改訂作業を行い、1951年のリスボン総会で1951年版を採択、出版物第151号として公表した。その後、信用状統一規則は、1962年、1974年、1983年および1993年に改訂され、現在使用されているのは、1993年版（出版物第500号として公刊されたので、UCP500と略称されている）である。なお、1962年の改訂のとき、規則の正式の名称から「商業の（Commercial）」という形容詞が削除された。

2 1993年信用状統一規則（UCP500）

（1） 1993年信用状統一規則（UCP500）の実施

「荷為替信用状に関する統一規則および慣例、1993年改訂版、国際商業会議所出版物第500号（Uniform Customs and Practice for Documentary Credits, 1993 Revision, ICC Publication No.500)」は、1994年1月1日から実施された[17]。

一般に、信用状は、為替手形または支払要求に対する添付書類の有無によって、書類つき信用状と書類なしのいわゆるクリーン信用状[18]の2つに分類され、一方、用途によって、商業信用状とスタンドバイ信用状の2つに分類される。商業信用状は、売買代金の決済のために用いられる信用状であり、全て書類つきであるが、そのうち担保性のある書類が添付されるものが荷為替信用状ということになる。海上運送状がかなり普及してきたとはいえ、実際には船積書類に依然として船荷証券が含まれていることが多いから、商業信用状は、ほとんど担保性のある船荷証券のついた荷為替信用状であり、担保性のない書類つきの信用状は少ない。一方、スタンドバイ信用状は、義務の履行を保証するために用いられる。これには、書類つきの場合とクリーンの場合とがありうるが、何らかの書類を要求していることが多い。UCP500の第1条は、この規則が、適用可能な範囲において、スタンドバイ信用状を含むすべての書類つき信用状

に適用されるものとしている。UCPは，起源からいって，もともと商業信用状に関するものであり，スタンドバイ信用状は，商業信用状とは性格が異なるので，UCP500のすべての規定を適用することはできないし，後にスタンドバイ信用状について述べるように，適用すると妥当でない結果を生ずる規定も一部に存在するが，かなりの規定について適用可能である[19]。UCPは，その名称からいっても，クリーン信用状には適用されないことになるが，クリーン信用状といえども，信用状であるから，信用状独立の原則のように，その基本的性格に関する規定は，理論的には適用することが可能と思われる。

（2） 改訂の目的

ICC銀行技術実務委員会（Commission on Banking Technique and Practice；銀行委員会と略称することが多い）によれば，今回のUCPの改訂は，銀行，商取引の当事者，輸送会社などの実務と技術の発展，裁判所の最近の重要な判例などに対応するものである。

また，国際商業会議所日本委員会による新規則の訳本の序文は，今回の改訂の目的が，運輸産業の発展，新技術への対応およびUCPの機能の改善にあると述べた後，「ある調査によると，信用状に基づいて呈示された書類の約50％が，最初の書類呈示のときに条件不一致ないし外観上のディスクレという理由で拒絶されている結果が出た」とし，「この困った状況は，荷為替信用状の効力を弱めるばかりか，売買当事者への金融の途に悪影響を与えるものであり，輸出入業者にとっても，銀行にとってもコスト増・利益減をもたらすことになりかねません」と今回の改訂の背景を説明している[20]。

なお，インコタームズが改訂されると，3年ぐらい後にUCPも改訂されるのが，近年の例であったため，インコタームズ2000が2000年1月1日から実施されたのに伴い，2003年にはUCPも改訂され，UCP600が登場するとの憶測が銀行界で流れた。しかし，ICCの銀行委員会は，1999年11月3日・4日の両日香港で開催された会合で，1999年1月1日に実施された国際スタンドバイ規則（ISP）の普及状況と，電子商取引の影響を見極めるまで，今後数年間は（for the next several years）UCPの改訂は時期尚早である，と決定した。したがって，

UCPの改訂は，少なくともここ数年はないとみられていたが，最近になってICC本部は，改訂に向けての作業を開始し，各国の委員会に対して，改訂内容について打診を始めている[21]。

なお，上記の香港における決定の中で，ICC銀行委員会は，出版を担当しているICC Publishingに対して，ICC出版物番号600を他の出版物には使わないように依頼したと述べており，次回UCPが改訂されれば，UCP600と呼ばれることになろう[22]。現在の改訂作業の進行状況からみて，UCP600は2007年7月には実施される見込みである。

（3） 1993年信用状統一規則（UCP500）の適用

次に，重要なことは，UCP500は，どのような場合に信用状に適用されるかである。いうまでもなく，UCP500は，法律ではない。したがって，インコタームズなどと同様に，当事者の合意した場合にのみ適用される[23]。

この点について，1983年信用状統一規則（UCP400）は，第1条第1文で，「これらの規定は，他に明らかに合意されていない限り，適用可能な限度においてスタンドバイ信用状も含めて，すべての荷為替手形に適用され，かつ，すべての関係当事者を拘束する」と定めていた。これは，「別段の合意がない限り，当然に適用される」という趣旨に読めるが，UCP400は法律ではないから，当然に適用されるはずはなく，「合意があれば適用される」とすべきものであった。しかし，UCP400第1条は，続いて，第2文でUCP400を適用する場合の表現方法を規定しており，信用状にUCP400に従って発行された旨を記載すべきものとしているので，第1条全体としてみれば，このような記載があれば適用されるという趣旨であって，信用状に何も書いてなくても当然に適用されるという趣旨ではなかったと思われる。しかし，条文の書き方としては，技術的に問題があった。UCP500では，この点の反省があったものか，第1条で，「信用状の本文に盛り込まれた場合に」適用される旨明記された。もちろん，当事者は，合意によって，UCP500を全く適用しないものとすることも，UCP500を一部修正の上適用することも，自由にできる。ただ，このような信用状は，UCP500が世界各国の銀行によって広く採用される場合，例外的な信用状とな

るので，銀行実務を円滑に進める上からは望ましくはないであろう。

　UCP の適用についての当事者の合意は，まず，発行依頼人と発行銀行の間においては，発行依頼人が発行銀行に信用状の発行を依頼する書式の中に，信用状は UCP に従う旨記載しておけば，これを銀行が承諾することによって，合意が成立したということができる。銀行の所定の書式には，通常このような記載があるであろう。さらに，発行銀行と受益者の間でも，合意が必要であるが，これは UCP500第1条が規定しているように，信用状の中に UCP に従う旨の条項を入れておけばよい。受益者が信用状を受領した際に，異議を述べない限り，受益者の受諾によって，UCP に準拠した信用状契約が成立することとなる。要するに，信用状が，UCP に従う信用状として，発行銀行による支払いから発行依頼人による償還まで，問題なく機能するためには，UCP に準拠する旨の，発行依頼人・発行銀行間の合意，および，発行銀行・受益者間の合意が必要であるが，前者は信用状発行依頼書に記載されることにより信用状発行契約において，後者は信用状そのものに記載されることにより信用状契約おいて，合意されることになる。ICC 本部は，このことをよく理解している模様で，各国の委員会に対する通達の中で，「UCP500適用上の注意事項」として，UCP500に従う旨の文言を「信用状発行依頼人の記述作成になる諸フォーム」，「受益者宛の信用状」および「銀行が信用状の発行，確認または通知を依頼するための中間銀行宛の書状」に入れるよう要請している[24]。

　なお，UCP は，法律ではないから，当事者の合意がない場合，当然には適用されないが，このことは裁判所が個々の事件で商慣習として UCP を適用することを妨げるものではない。UCP は，すでに1983年版（UCP400）の段階で，160ヵ国以上の銀行によって採用されており，裁判所がこれを一般的な銀行の慣行（general banking usage）であるとみなす可能性は十分にある[25]。UCP を商慣行の要約（compendium of commercial practice）であるとしている裁判所もある[26]。

（4）　信用状の条項と1993年信用状統一規則（UCP500）が矛盾する場合

　すでに述べたように，UCP500は，法律ではないので，当事者は，合意によっ

て，UCP500を全く適用しないとすることも，また，UCPを一部修正の上適用することも，自由にできる。当事者が，UCPの一部を自分たちの信用状に適用したくない場合には，UCPの当該規定をはっきりと明示して適用しない旨信用状に明記することが望ましい[27]。

問題は，発行された信用状にUCP500によるとの記載がありながら，信用状のある条項がUCP500と矛盾している場合である。この場合には，一般に，契約書の特殊条項は，一般条項に優先するとの原則が適用され，信用状面に特に記載された条項が，UCP500に優先するものと考えられる。この理由は，信用状に特に記載された条項は，当事者が個別に関心をもって交渉した条項であって，当事者が考慮したとは思われないUCPに優先するのが，当然と思われるからである[28]。この点について，Royal Bank of Scotland plc. 対 Casa di Risparmio delle Provincie Lombarde事件の判決の中で，Mustill卿が，次のように述べている[29]。

「……UCPの効用をみくびるわけではないけれども，これらの規定が，成文法の法典を構成するわけではないことは認識しなければならない。タイトルを見ればはっきりしているように，UCPは，慣行と慣例を公式化したものであって，信用状取引の当事者は，それを引用することによって，契約に取り入れることができる。このようなわけであるから，特定の義務に重要な契約の条項を探すに当たっては，出発点としてはっきりしているのは，当事者間の明示的な合意である。もし当事者がかような条項に明示的に合意したということが発見されれば，それ以上探す必要はない。UCPのいかなる反対の規定も，当事者の明示の意思に道を譲ることになるからである。一方，もし重要な点について合意がない場合には，UCPに頼らなければならない。もしそこに関連規定が発見されれば，その規定が事件の決め手となる」。

(5) 信用状独立の原則

信用状独立の原則とは，信用状に基づく発行銀行の支払義務が，基礎となっている発行依頼者と受益者との間の売買などの契約および発行依頼者と発行銀行との間の信用状発行契約から独立している旨の原則であり，厳密一致の原則

とともに，信用状に関する最も重要な原則とされている。UCP500の信用状独立の原則に関連した規定は，その第3条と第4条にある。

UCP500の第4条の表現は，ただ1つの点を除き，1983年版（UCP400）の第4条と全く同じである。相違点は，UCP400第4条では，"……deal in documents, and not in goods, services and/or other performances……"とあったものが，UCP500では，"……deal with documents, and not with goods, services and/or other performances……"となっていることである。すなわち，"deal in"が"deal with"に変わっているのである。

ICCによれば，この変更は，銀行が単に書類だけにかかわるものであって，物品にかかわらないことを強調するためという[30]。この2つの表現のニュアンスの相違は，日本人にはなかなかわかりにくいが，"deal in"には，「売買取引を行う」というニュアンスがあるのに対して，"deal with"は単に仕事が適切に行われるように行動をとることを意味し，「取扱う」くらいの軽い意味しかもっていないものと思われる[31]。したがって，ICCは，"deal with"を使うことによって，銀行は，書類を<u>取引</u>するというよりも，単に書類を信用状条件と<u>照合・処理</u>するだけであることを強調しようとしたものと思われる。

なお，ICC日本委員会による訳文は，UCP400の"deal in"を「取引を行う」と訳していたのに対して，UCP500の"deal with"は「取扱う」と訳しているから，英文の変更を正確に反映した適訳と考える。

（6） 信用状の取消不能性

信用状は，取消不能または取消可能である。そして，発行銀行は，発行した信用状が取消可能であるか，取消不能であるかを明瞭に示すのが原則である（UCP400第7条a/b，UCP500第6条a/b）。しかし，発行された信用状に，その信用状が取消不能か可能かが記載されていない場合には，どのように解釈すべきであろうか。UCP400では，この場合，取消可能とみなされる旨規定していた（第7条c）が，UCP500では，取消不能とみなされることになった（第6条c）。これは，実際問題として，ほとんどの信用状が取消不能であるという現実と取消可能信用状は実務上極めて不満足なものであることを考えると，妥当

と考えられる。しかし，現実には，銀行が信用状を発行するに当たり，その信用状が，取消可能であるか否かを明示しないことは，あまり考えられない。

イギリスの判例では，基礎となっている売買契約が信用状による支払いを規定している場合には，取消不能信用状が発行されるべきものとしている。これは，取消可能信用状では，支払いの約束にならないからであって，当然のことであろう[32]。

また，もし信用状に取消不能とも可能とも記載はないが，"We hereby engage that payment will be duly made against documents presented in conformity with the terms of credit." などの約束文言が記載されている場合には，どのように考えるべきであろうか。UCP500の第6条cの規定の下では，取消不能信用状として取り扱われることになるが，たとえこのようなUCP500の規定がなくても，支払約束文言がある以上，取消不能と考えるべきものと思われる[33]。

(7) 信用状取引における厳密一致の原則

信用状独立の原則とともに，信用状に関する2大原則の1つといわれているのが，信用状取引における厳密一致の原則である[34]。

荷為替信用状が発行されると，発行銀行と受益者との間に船積書類を添付した為替手形の引受け・支払いに関する信用状契約が成立し，この契約に基づいて受益者は発行銀行に手形の引受け・支払いを要求することができる。

しかし，受益者のこのような強い権利は，あくまで，信用状契約の内容を遵守することを前提とするものであって，信用状面の諸条項を厳格に履行しなければならない。信用状の条項を忠実に守って為替手形を振出した場合にのみ，受益者は自己の権利を主張できるのである。したがって，受益者は信用状面に規定されている船積期限や手形の買取期限などを遵守しなければ，手形の引受け・支払いを受けることはできないが，受益者側の信用状条項履行に関して最も問題となるのは，手形に添付されている船積書類が信用状の条項と一致しているか否かという点である。船積書類の種類・内容などは信用状面に要求されているものと一致していなければならない。もし，船積書類が信用状の規定と

異なる場合は，発行銀行は手形の引受け・支払いを拒否することができる。では，どの程度，添付書類は信用状の条項と合致していればよいのか。船積書類は信用状の条項と厳密に一致していなければならない（Documents must strictly conform with the terms of the credit.）。これを信用状取引における厳密一致の原則（the doctrine of strict compliance）という。これは，信用状独立の原則とともに，信用状法の最も基礎的な原理であって，イギリスのBailhache判事は，1922年のEnglish, Scottish and Australian Bank Ltd. 対 Bank of South Africa 事件の審理に当たり，

「基本的に言えることは，信用状を信頼して船積をする者は信用状の条項を厳格に遵守してそうしなければならないということである。また，同様に基本的にいえることは，銀行は，手形と添付書類が発行された信用状と厳密に合致していなければ，信用状に基いて銀行に呈示された手形の引受・支払を行なう義務はないし，それどころか権利もないということである」
と述べている[35]。

また，アメリカでも1921年のLamborn対Lake Shore Banking Co.事件の判決の中で，New York最高裁のSmith判事が次のように述べている[36]。

「信用状に基づいて手形を振出す権利を持つ当事者は，信用状の条件を厳格に遵守しなければならない。その条件の下で信用状が利用できるからである。もし，彼が信用状の条件を守らなければ，銀行が彼の手形の引受け・支払いを拒否しても，彼は銀行に対して訴訟を提起する原因を持たない。」

さらに，1927年のEquitable Trust Co. of New York 対 Dawson Partners Ltd. 事件でも[37]，イギリス上院（イギリスの最高裁判所）のSummer卿が，

「提供された書類がほとんど同一であるとか，あるいはちょうど同様の働きをするとかいう余地はない。他の考え方では取引を安全に進めることはできない」
と述べている。この言葉はかなり有名で，船積書類は信用状の条項と同じ（same）でなければならず，ほとんど同じ（almost same）では不十分であることを端的に表現している。

しかし，厳密一致の原則を船積書類に適用するに当たっては，商業送り状と

それ以外の書類（そのうち最も重要なものは船荷証券である）との間で取扱いに相違がある。

　すなわち，商業送り状（commercial invoice）は売主が買主に宛てた出荷案内書兼価格計算書であって，船積書類のうち欠くことのできないものであるが，他の書類と違って売主が自ら買主に書き送る明細書であるため，物品についての記述は単語の1つ1つにいたるまで厳密に信用状の条項・文言と一致していることが必要である。商業送り状中の商品についての記載が信用状の文言と違っていては話にならない。これに対して，商業送り状以外の書類については，物品についての記述は，商業送り状よりも簡略な一般的用語を使用して差支えないと考えられる。

　商業送り状以外の書類で最も重要な船荷証券についていえば，船荷証券は商業送り状と異なり，売主自らが記載するものではなく，船会社の受領証ではあるが，船会社は受領した貨物の細かい内容についてまでは関知しないから，船荷証券面の物品についての記述は，商業送り状よりも簡略な一般的な表現を使用して差支えないと考えられ，アメリカ法およびUCPはこの態度をとっている。たとえば，New Yorkで1924年に起こったLaudisi対American Exchange National Bank事件では信用状が"Alicante Bouche grapes"の取引のために発行され，送り状には"Alicante Bouche grapes"とあったが，船荷証券には単に"grapes"としか記述されていなかった。裁判所はこれで十分であると判断した[38]。UCP500の第37条cは同じ趣旨を次のように規定している。

> 商業送り状における物品に関する記述は，信用状における記述と一致していなければならない。他の全ての書類においては，物品は信用状における物品の記述と矛盾しない一般的な用語で記述されうる。

　これは，UCP400の第41条cと全く同じである。

　なお，UCP500第39条は，about, approximately, circaなどの表現が用いられている場合には，信用状金額，数量および単価について，10％以内の過不足を許容差として認めており，また，このような表現が用いられていなくても，信用状金額を超えないことを条件として，数量について5％以内の過不足，また，

数量が全量積み出されていること，および，単価が減額されていないことを条件として，金額の5％以内の不足を認めている。これは，厳密一致の原則に若干のゆとり（leeway）をもたせたものである。

（8） 銀行による事実の確認を要する条項

すでに述べたように，信用状取引においては，当事者は書類を取扱い（UCP500第4条），銀行の義務は，信用状に定められたすべての書類が，文面上，信用状条件を充足しているとみられるか否かを確認するために，相応の注意をもって点検することである（同第13条 a）。

ところが，実際には，支払いを受けるために銀行に提出すべき書類を明示せず，銀行に事実の確認を要求する条項を信用状に挿入することが，しばしばある。これを「書類によらない条件（non-documentary conditions）」という[39]。たとえば，3月中に横浜からサンフランシスコ向けにある物品が船積みされたことを示す船荷証券の提出を要求する信用状は，全く問題ないが，物品が4月中に実際にサンフランシスコに到着した場合に支払う旨が信用状に記載されており，到着の確認が実際にいかなる書類によって行われるべきかについて何の記載もないとすれば，銀行は，書類なしで，支払いに先だってサンフランシスコへの到着という事実を確認しなければならない。このような事実の確認作業は，明らかに「書類を取扱う」という銀行の任務を超えるものであり，信用状取引の範囲を逸脱している。

このため，UCP400は，その第22条 a（UCP500では，第5条 b に同じ規定がある）で，

> 信用状発行のためのすべての指図および信用状そのもの，および，適用される場合には，信用状の条件変更のためのすべての指図および信用状の条件変更そのものは，支払い，引受けまたは買取りが行われる書類を正確に述べていなければならない

と規定していたが，その効果もあまりなく，事実の確認を要求する信用状が散見される。そこで，UCP500においては，第13条 c に，

> もし信用状が，その条項にしたがって提出されるべき書類を示さない条件を含む場合には，銀行は，かかる条件を記載されていないものとみなし，かつ，無視する

との規定が設けられた。

しかし，当事者は，どのような条項を信用状に入れるかについては，全く自由であり，発行済の信用状に規定された条項を無視するというのは，穏やかではない。書類によらない事実確認の条件が，望ましくないことは確かであるが，銀行は，信用状の発行または確認に当たっては，このような条件を受付けないことが最も良い解決策と思われる[40]。当事者は，かかる条件を何らかの書類によって代替するように工夫すべきであろう。

もし実際に発行された信用状に，書類によらない条件があり，しかも，その信用状がUCP500の適用を受けることになっている場合には，書類によらない条件とUCP500第13条cの何れが優先するのかという問題が発生する。先にも述べたように，UCPは法律ではないので，理論的には，当事者が特に規定した条項の方が，一般条項であるUCPよりも優先することになる。しかし，一部の学者の間では，この場合，国際的な取決めとしてのUCPを尊重すべきであるという意見もあり，これも一理ある[41]。したがって，もし当事者が，どうしても書類によらない条件に固執する場合は，明示的にUCP500第13条cを排除すべきである。そうしておけば，当事者の意思は明瞭であるから，書類によらない条件が確実に生きてくる。

（9） 銀行の書類点検期間の制限

UCP400は，第16条cで，発行銀行は書類を点検して，引き取るか拒絶するかを決定するために合理的な期間（a reasonable time）を与えられる旨規定していたが，具体的に何日間の期間が与えられるかは定めていなかった。すでに述べたように，船荷証券の危機が発生するのは，本船の速度が上がったためであるが，一方で銀行の書類処理の速度が旧態依然たる状況にあることも一因である。したがって，銀行の書類プロセスの期間を改善できないかという疑問が

出てくる。厳密一致の原則があり，一致しているか否かは銀行の職員が肉眼で判断する以外ないので，限界はあるが，何とかもう少し努力してほしいというのが，信用状のユーザーの偽らざる気持ちであった。

UCP500の第13条ｂは，このようなユーザー側の要望にこたえて，発行銀行，確認銀行およびこれらの銀行のために行動する指定銀行の書類点検のための持ち時間を書類受取りの日の翌日から数えて，おのおの７日間を超えない合理的な期間（a reasonable time, not to exceed seven banking days following the day of receipt of the documents）とした。

銀行は，この７日間のうちに，書類が，文面上（on their face），信用状の条件を充足しているようにみえるか否か（whether or not they appear to be in compliance with the terms and conditions of the Credit）を相応の注意をもって点検しなければならない（UCP500第13条ａ）。しかし，ここで注意しなければならないのは，銀行の持ち時間は，最高７日間を超えない合理的な期間であって，いつも７日間使えるというわけではないことである。実際には，合理的な期間は７日間より短いことも多いであろう[42]。

「文面上」というのは，いかなる意味か，気になるところであるが，これは，UCP500の第３条と第４条に規定されている信用状独立の原則を別の表現で述べたものであって，銀行は，基礎となっている契約などを顧慮することなく，書類の外観だけをみて判断することを意味する。したがって，ここで，"face"というのは，書類の「裏面」に対する「表面」という意味ではない[43]。

ちなみに，UCP500第13条ａのフランス語版は，下記のとおりとなっており，興味深いことに，英文の"on their face"に相当する語はない[44]。

> "Les banques doivent examiner avec un soin raisonable tous les documents stipules dans le credit pour verfier s'ils presentent ou non l'apparence de conformité avec termes et conditions du credit."（銀行は，信用状に定められているすべての書類を，信用状の条件に一致した外観を示しているか否かを確認するために，相応の注意をもって，点検しなければならない）。

このフランス文では，銀行は書類の外見が一致していることを確認すればよ

いことが，はっきりと表現されている。一般に，条約や国際規則などでは，英文の意味がはっきりしない場合に，フランス文をみると納得できることが多いのは，フランス語の方が表現が正確なためであろうか。

第6節　国際スタンドバイ規則(ISP98)

1　はじめに

　スタンドバイ信用状については，商業信用状または荷為替信用状と比較して，その歴史が浅いため，法原則の明確化が遅れている。しかし，最近，スタンドバイ信用状が普及し，その重要性が高まるにつれて，国際的な統一に向けた，関連する法原則の整備が急速に進んでいる。それは，次のような一連の動きにあらわれている。
　　①　ICC 請求払保証統一規則の制定（1992年）
　　②　アメリカ統一商法典第5編「信用状」の改正（1995年）
　　③　独立保証およびスタンドバイ信用状に関する国連条約の成立（1995年）
　　④　国際スタンドバイ規則（ISP98）の実施（1999年）
　このうち ICC が直接制定したものが①，または，当初は関与していなかったが，後にこれに参画・承認したものが④である。
　現行の1993年版信用状統一規則（UCP500）は，その第1条で，「各信用状の本文にこの UCP が盛り込まれることを条件として，すべての荷為替信用状（適用可能な範囲においてスタンドバイ信用状を含む）に適用される」と規定している。具体的に UCP500のどの規定がスタンドバイ信用状にも適用されるかについては，個々の事例の状況によって異なることも考えられるので，一般論としては明瞭にされていない。1993年の改訂に当たり，ICC に加盟している各国の委員会の一部から，どの規定がスタンドバイ信用状に適用されるかをはっきりしてほしいとの要望が出たが，実現しなかった[45]。

しかし，現在，スタンドバイ信用状は，多くの場合に，実際にUCPに従うものとして発行されている。ところが，1933年にはじめて制定されたUCPは，もともと売買契約の代金決済に用いられる商業信用状のための国際規則であった。1933年に制定された当時の名称は，"Uniform Customs and Practice for Commercial Documentary Credits"であったが，1962年の改訂時にCommercialが削除され，現在では，UCPの規定は，適用可能な範囲においてスタンドバイ信用状にも適用されるものとされているのである[46]。しかし，現行の1993年信用状統一規則，すなわち，UCP500の規定の一部は，スタンドバイ信用状とは関係がないか，または，スタンドバイ信用状に用いるのは不適当である。いくつかの例を挙げると，次のとおりである。

① 船積書類に関する第23条から第38条までの規定

これらの規定は，商業信用状の場合には重要であるが，スタンドバイ信用状の場合には，通常，無関係である。スタンドバイ信用状においては，支払いは，船積書類ではなく，債務者が義務を履行しなかったことを示す書類などの提出によって行われるのが普通だからである。

② 分割積みおよび分割支払要求に関する第41条の規定

第41条は，売買契約で分割船積みが行われることになっている場合に，ある部分の船積みが契約に従って行われず，したがって，信用状に基づく支払要求が行われなかった場合には，信用状がそれ以後無効となることを定めている。これは，商業信用状の場合には，妥当な規定であるが，スタンドバイ信用状の場合には，分割支払いの要求がないとすれば，債務者が順調に債務を履行しているためと思われるから，そのために以後信用状が無効になるというのは，全く受益者の予想に反した出来事である。第41条は，スタンドバイ信用状の場合には，不適当な規定であり，受益者は，発行者に対してUCP500第41条の適用を排除するよう要求すべきである。

③ 古くなった運送書類に関する第43条の規定

第43条は，別段の定めがなければ，船積後21日以上経過してから提出された運送書類を受理しない旨定めている。これは，商業信用状の場合，運送書類が古くなると，倉庫料，滞船料などが発生し，関係者間で紛争となること

を危惧した規定であるが，スタンドバイ信用状の場合には，運送書類の提出が要求されるとしても，間違いなく船積みが行われたことを立証するためであるから，船積後何日経過したかは，通常，問題にならない。したがって，スタンドバイ信用状の受益者は，UCP500第43条の排除を要求した方がよい。

④　<u>不可抗力により書類が提出できない場合についての第17条の規定</u>

第17条は，天災などの不可抗力によって業務が中断した場合，業務が再開しても，業務中断中に期限の過ぎた信用状に基づく支払いを行わない旨規定している。しかし，スタンドバイ信用状の受益者は，このような規定には納得せず，期限の延長を求めるであろう。

このような例からわかるように，UCPにはスタンドバイ信用状にそのまま適用できない規定が存在しており，ICCは，スタンドバイ信用状への対応を真剣に検討すべきであった。しかし，主として欧州を基盤とするICCは，スタンドバイ信用状がアメリカを起源とするものであること，URDGを制定したばかりであり，理論的には，スタンドバイ信用状は，独立保証と同じもので，URDGで対応できるはずであることなどを理由として，当面，スタンドバイ信用状のための新しい規則の制定は考えないとの態度をとった。この間隙を縫って，いち早く国際スタンドバイ規則（ISP）の起草に乗り出したのが，アメリカの国際銀行法・慣習研究所のバーン教授（Professor James E. Byrne）であった。

2　国際スタンドバイ規則(ISP98)の実施

(1)　はじめに

国際スタンドバイ規則（International Standby Practices；ISP98）は1999年1月1日から実施された。

この規則は，ICCの信用状統一規則（UCP500）が主として商業信用状に適用されるものとして起草されているのに対して，もっぱらスタンドバイ信用状

およびそれと同等の法的性質をもつ独立保証に適用されることを前提に作成されたものである。

近年，いわゆる「船荷証券の危機」の頻発に伴い，商業信用状の欠陥（厳密一致の原則を背景とした厳格な書類点検による事務処理の遅延）が指摘され，その対策の1つとして，フランスなどでは，通常の貿易売買においても船積書類の買主への直送が可能なスタンドバイ信用状の使用が推奨される傾向がみられる。他方，「直接払いスタンドバイ」と称する新種のスタンドバイ信用状が，債務不履行と関係なく，期日における支払いを担保するために，地方公共団体による起債などに際して使われるなど，スタンドバイ信用状の活用される分野がますます広くなりつつある。

しかし，すでに述べたように，UCP500がスタンドバイ信用状を十分にカバーできないので，スタンドバイ信用状のための本格的な国際規則の登場が待たれていたが，ICCは的確なスピードで対応しなかった。そのため，その間隙を縫って，アメリカの国際銀行法・慣習研究所のバーン教授が中心となって起草したのが，ISP98である。アメリカおよび世界の銀行業界の関係者は，広くこの規則の起草に参画した。ICCも最終段階では，重い腰を上げて起草作業に参加し，その銀行委員会は，1998年3月，ISPに対する支持を表明した[47]。ところが，スタンドバイ信用状のユーザーである発行依頼者と受益者は起草に参画していなかったため，UCP500と比較して，ユーザーに不利と思われる規定をかなり含んでいる。したがって，本規則が実際に広く普及するか否かは，現状では予断を許さない状況にあり，日本の銀行業界でも戸惑いがみられる。

スタンドバイ信用状は，法律的には，請求払保証を含む欧州生まれの独立保証と同じと考えてよいが，ISP98にいう「スタンドバイ」とは，ISPの適用される約束であって，ISP98が適用される限り，スタンドバイ信用状と独立保証の双方を含む。スタンドバイは，ISPが適用されるスタンドバイ信用状だけを意味するので，スタンドバイ信用状より狭い概念であるが，一方で，ISPが適用される独立保証を含むので，スタンドバイ信用状より広い概念でもある。

(2) ISP98の適用

ISP98の「序文（Preface）」によると，ISP98があるスタンドバイに適用されるためには，次のような表現で明示的にISP98による旨を明記することが必要である(48)。

"This undertaking is issued subject to the International Standby Practices 1998." または，"Subject to ISP98."

さらに，作業部会は，ISPはスタンドバイの文言によって変更することができるが，多くの場合に受け入れ可能な中立的ルールを規定しており，もし変更の必要があるなら，交渉の有益な出発点となるだろうと述べている。そして，「ISPは，スタンドバイを発行し，確認し，あるいは，その受益者である銀行を含めて，スタンドバイの条項の交渉と起草に当る当事者にかなりの時間と費用の節約をもたらすだろう」と自信のある発言をしている。

既存の条約・国家法との関係については，ISPは，まず，独立保証およびスタンドバイ信用状に関する国連条約と矛盾しないとの立場をとっており，同条約を「基礎的なスタンドバイおよび独立保証法の有益かつ実際的な公式化」であるとしている。また，国家法についても，法典であると判例であるとを問わず，ISPとの矛盾は存在せず，ISPは，その法の下におけるスタンドバイ信用状に関する慣行を具体的に表現しているという。ISPの規定が，代り金の譲渡や法の作用による移転のような問題について強行法規と抵触する場合には，法規の方が優先するが，これらの問題は国家法で扱われていることはほとんどなく，進歩的な商法では，かかる状況における指針としてISPに述べられているような慣行に傾いている。特に国境を越えた取引の場合には，そうである。結果として，ISPは，国家法と抵触するよりも，国家法を補完することが期待されるという(49)。

「序文」は，また，ISPが仲裁でも使用されることを期待している。特に，国際信用状仲裁センター（International Center for Letter of Credit Arbitration：ICLOCA）による仲裁でISPが使われることを意識しているようで，当事者がこれを望む場合には，スタンドバイに次のように明記すべきものとしている。

"This understanding is issued subject to ISP98, and all disputes arising out of it or related to it are subject to arbitration under ICLOCA Rules (1996)."

(3) ISP98の問題点

　「国際スタンドバイ規則（ISP）」の起草作業は，主としてバーン教授を委員長とする ISP 臨時作業部会（ISP Ad Hoc Working Group）の手で行われ，5年以上の歳月を要した。この間，多数の銀行関係者が起草作業に参加したほか，学者，国際機関などが協力した。作業の結果は，ISP98として公表され，1999年1月1日から実施された。

　このように，ISP98の起草に当たっては，多数の銀行関係者が参画したため，アメリカおよび世界の銀行業界の支持が期待されている。しかし，一方において，スタンドバイ信用状のユーザーである発行依頼者と受益者は，起草作業に関与しなかったので，スタンドバイ信用状関係者の完全なコンセンサスの下に作成されたとは言い難い[50]。この点は，広く起草段階でユーザー側を含む関係者の意見を十分に取り入れて作成された1995年のアメリカ統一商法典改正第5編「信用状」との大きな違いである[51]。

　まず，基本的な点からいうと，ISP98は，この種の国際規則としては，いかにも詳し過ぎる。10のルールで合計89条の規定により構成されており，A or B などの用語の解説まで含むという念の入れ方である。スタンドバイ信用状に関する専門の規則として，従来，銀行実務で提起された問題点を全て網羅しようとした熱意はわかるが，疑問点は次々と新たに発生してくるので際限がなく，結局，この種の規則は原則だけを簡潔に規定し，詳細は商慣習の発展に委ねるべきものと思われる。この点は，ユーザー側の代表が起草に参画していれば，当然，指摘したであろう。この意味で，ICC のインコタームズも，最近，改訂の度ごとに，一層詳しくなる傾向にあり，問題と思われる。

　次に，ユーザー側の代表が起草過程に参加しなかったためか，ISP98には，ユーザーにとって不当と思われるいくつかの規定がみられる[52]。最も問題と思われるのは，次の3つの規定である[53]。

① 第4.09条 c 項：スタンドバイが，引用符，ブロック式字体の文言，添付表または書式などを用いて特定の文言を要求しており，かつ，特定の文言は「厳密（exact）」または「同一（identical）」でなければならない旨規定している場合には，綴り，句読点，間隔の取り方などの誤植，ならびに，データの空白行またはスペースを含めて，提出書類の文言は，厳密に再現されなければならない，と規定している。スタンドバイの文言が，鏡像（mirror image）のように再現されなければ，発行者は支払いを拒絶しなければならないことになるが，これでは受益者にとっては明らかに不合理である。

したがって，受益者は，スタンドバイ信用状に「厳密（exact）」または「同一（identical）」という表現が使われないように注意するか，あるいは，第4.09条 c 項そのものの適用を排除すべきである。

② 第5.06条 c 項 i：発行者以外の書類点検者から支払拒絶の通知を受けた受益者が，発行依頼者の権利放棄のために書類を発行者に送ること，または，発行者から支払拒絶の通知を受けた受益者が，発行依頼者に権利の放棄を求めることを依頼した場合，この依頼が実行されたときは，受益者は，書類が条件に違反している旨の発行者の通知に異議を申し立てる権利を失う，と規定している。実際の商取引の経緯に基づいて，受益者が，たとえ発行者が条件違反を理由に支払いを拒絶しても，発行依頼者に連絡すれば，支払いに応じるであろうと考えるケースは，しばしばありうる。したがって，受益者による書類の送付または権利放棄の依頼が実行されれば，条件違反を認めたことになり，条件違反の通知に対する異議申し立ての権利を失うとは，受益者にとって全く予想しない，不公平な結果といわなければならない。

したがって，受益者は，スタンドバイ信用状の発行に先立って，第5.06条 c 項 i の適用を排除すべきである。

③ 第5.09条 c 項：書類を受領した後，迅速な手段で（by prompt means）誤った支払いに異議を申し立てなかった発行依頼者は，誤った支払いに対して訴訟を提起する権利を放棄する旨規定している。これは，発行依頼者にとっ

て，極めて不合理な規定である。発行者は，条件違反があれば，受益者に支払うべきではない。発行依頼者が迅速に異議の通知をしなければ，発行者がスタンドバイの条件と相違している書類に対して支払いを行っても，後日異議を申し立てることはできないというのは，不当である。いわゆる排斥の原則を発行者と発行依頼者の関係で，このように適用するのは，適当ではない。

　この規定の実質的な効果は，各国の法律で規定されている出訴期限または時効期間の短縮である。この期間は，アメリカ統一商法典改正第5編では，1年間であり[54]，他の諸国では，3～4年としている国が多い。日本法では，不当な支払いによる損害賠償請求権は，商事時効に関する商法第522条により，5年の消滅時効が適用されるものと思われる。問題は，「迅速な手段で」とは，どの程度の期間を意味するかであるが，ISP98にははっきりとした規定はないが，ISP98の公式注釈によると，第5.01条で発行者による支払拒絶について規定されている最長7日間という数字が，この規則の適用に当たり，手引きとなるという[55]。アメリカでも1年間の出訴期限が認められているものを，1週間に短縮するとは，何ということであろうか。

　したがって，発行依頼者は，発行者との間で締結するスタンドバイ信用状発行契約において，第5.09条の適用を排除すべきである。

3　む　す　び
——評　価——

　ISP98は，このように発行者に有利で，ユーザーには不利な予想外の規定を含んでおり，果たしてこのような規則が，スタンドバイ信用状に関する国際規則として世界の国際取引関係者によって広く受入れられるかどうか，極めて疑問である。

　しかし，間違いないと思われるのは，UCPまたはURDGからISPへの移行にはかなりの時間がかかると思われることである。一部の人々が希望している

ように，一朝にして変化が起こる訳ではないのである。

その理由は，惰性（inertia）である[56]。ほとんどの関係者は，ISP が従来の UCP や URDG より優れていると認めているようであるが，たとえそうであっても，ISP への変更は，従来の惰性で簡単には進まないのである。現状では，大部分のスタンドバイ信用状は UCP に従って発行されているが，これを直ちに ISP に変えなければならない緊急の必要性はない。したがって，ISP の普及はゆっくりと進み，スタンドバイ信用状関係者は，当分の間，少なくとも，UCP と ISP の双方に，さらには URDG，独立保証およびスタンドバイ信用状に関する国連条約にも，通暁することが要請されることになろう。

現在，ISP の普及のために必要といわれているのは，次の２点である[57]。

① 権限のある受益者の協力

ここで権限のある受益者（Power Beneficiary）というのは，アメリカの連邦政府，州政府，商品取引所，株式取引所などの自己の定めたフォームによって大量のスタンドバイ信用状を接受する立場にある受益者を指している。このような受益者グループの協力が ISP の普及には欠かせないと思われる。

② アメリカ以外の銀行の協力

もう１つ重要なポイントは，アメリカ以外の銀行が協力するか否かである。スタンドバイ信用状は，もともとアメリカを誕生の地とするものであるから，アメリカ以外の銀行は，これを請求払保証に対抗するアメリカの産物とみており，したがって，ISP98 もアメリカ産スタンドバイ信用状に関する規則であって，請求払保証に適用される国際規則とはみていない。もちろん，スタンドバイ信用状と請求払保証との同化は進行しつつあり，ISP は両者を同一とみて，双方に適用されることになっているが，アメリカ以外の銀行は必ずしもそうは思っていないのである。

このような状況であるから，今後実際にどのような速度で ISP98 が普及していくか，予断を許さないが，大口の受益者が自己のフォームを ISP に準拠したものに切り換え，アメリカ以外の銀行が協力の姿勢を示せば，案外速く普及するかもしれない。

もちろん，ISP98 は，スタンドバイ信用状に関するはじめての専門的国際規

則として，ユーザーの立場からみても長所をもっている。たとえば，不可抗力などの理由の如何を問わず，書類を提出すべき場所が期限の最終日に閉鎖された場合には，再開後30日の書類提出期間の延長と場所の変更が認められているのは，受益者にとって歓迎すべきことである（第3.14条）。したがって，かかる長所が短所と一緒に葬り去られるのは，残念なことであるが，現状では，ISP98がかつてのURCGと同じ運命をたどらないという保証はないように思われる[58]。

今後の方向としては，この規則の長所を温存した上で，短所を修正するために，当事者が本規則を有益な交渉の出発点とし，上述したような適当な修正を加えて活用することが望ましい[59]。そして，これらの修正内容を次回のISP改訂の機会に採用していくことが，最善の策であろう。今後の動向を見守りたい。

<注>
(1) 財団法人国際商業会議所東京総会運営会『東京総会始末記　上巻』8頁以下（1956）。
(2) 同上18-19頁。
(3) もともと「日本国内委員会」という名称は，Japanese National Committeeを直訳したものであった。しかし，この名称は，国内活動しかしていないような印象を与え，実情にそぐわないとの理由で，改称された。これに伴い，英文では，ICC Japanと称するようになった。
(4) 他に，貿易取引条件に関する規則として，改正米国貿易定義（Revised American Foreign Trade Definitions）がある。これは1919年にはじめて制定されたが，現行の規則は，1941年7月30日にアメリカ商業会議所，全米輸入者連合会理事会，全米貿易会議理事会の共同委員会によって採択された改訂版で，やや古くなっているが，広く各種の貿易契約について，売主と買主の義務を定めている。この定義の特徴は，アメリカ独特のFOB契約について規定している点にある。すなわち，FOB契約を内陸での貨車，トラックその他の輸送手段への積み込みの場合にも用いているほか，積地売買としてのFOB契約とは別に，仕向地までの危険と運賃を売主が負担するFOB destination契約を採用している。改正米国貿易定義におけるFOB契約については，新堀聰『貿易売買』156-65頁（同文舘，1990）を参照されたい。
(5) 本章では，紙幅の関係でインコタームズ2000の逐条解説は行わない。したがって，インコタームズ2000の詳細について，原文を参照していただきたい。原文は，国際商業会議所日本委員会で筆者の訳による日本語版を入手できる。同委員会の所在地と電話番号は，次の通りである。〒100-0006東京都千代田区有楽町1丁目9－1日比谷サンケイビル5階　電話：03-3213-8585。また，ICCの取引条件作業部会の委員長を務めたストックホルム大学のジャン・ランバーグ名誉教授による解説書も，筆者の翻訳により，同委員会で入手可能である。ジャン・ランバーグ著，新堀聰訳『ICCインコタームズ2000の

手引き』(国際商業会議所日本委員会,2000)。
(6) 朝岡良平「はじめに：研究会の報告を顧みて」財団法人貿易奨励会第1回(2001年度)貿易研究会『新時代の貿易取引を考える会研究報告書』2頁(貿易奨励会,2002)
(7) Wackerbarth v. Masson (1812), 3 Camp. 270.
(8) Tregelles v. Sewell (1862), 7H. & N. 574.
(9) Klaus Peter Berger, *The New Law Merchant and The Global Market Place*, in *The Practice of Transnational Law 12-13* (Klaus Peter Berger, ed., 2001), The Hague: Kluwer Law International.
(10) UNIDROIT, *Principles of International Commercial Contracts* (1994).
(11) Ole Lando & Hugh Beale, eds., *The Principles of European Contract Law, Part I : Performance, Non-Performance and Remedies* (1995), Dordrecht: Martinus Nijhoff Publishers.
(12) Ole Lando & Hugh Beale, eds., *Principles of European Contract Law, Parts I and II Combined and Revised* (2000), The Hague: Kluwer Law International.
(13) Michael Joachim Bonell, *An International Restatement of Contract Law* 39 (3d ed. 2005), Irvington-on-Hudson, New York: Transnational Publishers.
(14) Berger, *supra* note 9, at 13.
(15) 国際商業会議所東京総会運営会・前掲注(1)・98頁。
(16) ただし，イギリスおよび英連邦の銀行は，慣行の相違を理由に採用しなかった。イギリス系の銀行も採用したのは，1962年版からであった。東京銀行システム部・東銀リサーチインターナショナル編『貿易と信用状』33頁(実業之日本社,1996)。
(17) 1993年信用状統一規則(UCP500)は，英和対訳により，国際商業会議所日本委員会で入手できる。
(18) 「クリーン」とは，為替手形または支払要求以外の書類が一切要求されていないことを意味する。Burton V. McCullough, *Letters of Credit* 1-9 (1996), New York: Mathew Bender.
(19) スタンドバイ信用状の特徴については，新堀聰『現代貿易売買　最新の理論と今後の展望』295頁以下(同文舘,2001)を参照。
(20) 国際商業会議所日本国内委員会『ICC 荷為替信用状に関する統一規則および慣例,1993年改訂版,No.500』4頁(1993)。
(21) UCP500には，種々問題があるので，各国の委員会では活発な議論が行われるものと思われる。どのような論点があるかについては，検討の過程で公開することはルール違反となるので，ここでは差し控え，UCP600が公表された時点で，あらためて信用状のユーザーの立場から論じたいと考えている。
(22) ICC, Department of Policy and Business Practices, *UCP Revision Statement* (23 November 1999, Document 470).
(23) この点が，ウィーン売買条約の場合と異なる。ウィーン売買条約は，日本が採用すれば，当事者が別段の合意をしなければ，当然に適用される。ただし，当事者は，合意によって，その適用を排除できる。
(24) 国際商業会議所日本国内委員会・前掲注(20)・10頁。
(25) AMF Head Sports Wear, Inc. v. Ray Scott's All American Sport Club, 448 F. Supp. 222, 23 U. C. C. Rep. Serv. (Callaghan) 990 (C. D. Ariz. 1978).
(26) Trans Meridian Trading, Inc. v. Empresa Nacional de Comercializacion de Insumos,

(26) 829 F.2d 949, 4 U. C. C. Rep. Serv. 2d. (Callaghan) 1526 (9th Cir. 1987).
(27) Forestal Mimosa Ltd. v. Oriental Credit Ltd. [1986] 1 WLR 631.
(28) 1 A. G. Guest, General Editor, *Chitty on Contract, General Principles*, pars. 826 and 833 (26th ed. 1989), London: Sweet & Maxwell.
(29) [1992] 1 Bank L R 251, 256.
(30) ICC, *Documentary Credits, UCP 500 & 400 Compared 9* (ICC Publication No.511, Charles del Busto, ed., 1993), Paris: ICC Publishing.
(31) *Longman Language Activator* 161 & 309 (1993).
(32) International Banking Corporation v. Barclays Bank Ltd. (1925) 5 Legal Decisions Affecting Bankers 1.
(33) H. C. Gutteridge & Maurice Megrah, *The Law of Bankers' Commercial Credit* 21-22 (7th ed. 1984). Raymond Jack, *Documentary Credit* 21 (2d ed. 1993), London: Butterworths.
(34) 厳密一致の原則について，詳しくは，新堀・前掲注(19)・266頁以下を参照．
(35) 13 Li. L. Rep. 21 (1922).
(36) 196 App. Div. (N. Y.) 504, 188 N. Y. Supp. 162 (1st Dept. 1921).
(37) 27 Li. L. Rep. 49 (1927).
(38) 239 N. Y. 234, 146 N. E. 347 (1924).
(39) Jack, *supra* note 33, at 148-50. McCullough, *supra* note 18, at 4-71 to 86.
(40) Jack, *supra* note 33, at 149.
(41) *Id.* at 149-50.
(42) *Id.* at 95-96.
(43) ICC, *supra* note 30, at 39.
(44) Jack, *supra* note 33, at 143.
(45) ICC, *supra* note 30, at 3.
(46) UCP500 Article 1, Application of UCP.
(47) ICC 銀行委員会における投票結果は，賛成32，反対9，棄権または不参加46であったという．この規則に賛同することに乗り気でなかった委員がかなりいたことを物語っている．"News Briefs", Documentary Credits Insight, 24 (Spring, 1998)．なお，ISP98の原文を掲載した小冊子は，インコタームズ2000と同様に，国際商業会議所日本委員会で入手できる．また，アメリカの国際銀行法・慣習研究所のバーン教授による公式注釈書が，同研究所から刊行されている．Professor James E. Byrne, *The Official Commentary on the International Standby Practices* (1998), Institute of International Banking Law & Practice, Inc., Montgomery Village, Maryland. Website: WWW.ISP98.com でも注文できる．
(48) ISP98, Preface & Rule 1.01(b).
(49) ISP98, Preface, 8.
(50) それにもかかわらず，UNCITRAL は，2000年6月12日から7月7日にかけて New York で開催した第33会期の会議で，URCB, Incoterms 2000とともに，ISP98を国際貿易の促進に貢献するものとして推薦した．
(51) アメリカ統一商法典改正第5編「信用状」の序文によると，「起草委員会の会合は，開放的で，出席した全ての者が意見を述べ，会話に参加する全面的な機会を与えられた．アドバイザーとオブザーバーは，10名のユーザー代表（受益者と発行依頼者），5名の

政府機関代表，5名のアメリカ国際銀行協会の代表，信用状取引における主要銀行から7名，地方銀行から8名，および，信用状に関して教えかつ書いている7名の法律教授からなるバランスのとれたグループであった」。アメリカ統一商法典改正第5編「信用状」は，このように，関係者のコンセンサスを得るために，大変な努力の後，完成したものである。

(52) Gerald T. McLaughlin & Paul S. Turner, *A Walk-Through of the International Standby Practices*, Letters of Credit Report, Volume 14, Number 1 (May/June 1999).
(53) Paul S. Turner, *New Rules for Standby Letters of Credit : The International Standby Practices*, 14 B. F. L. R. 457 (1999).
(54) UCC Section 5-115.
(55) *Official Commentary* 228.
(56) Buddy Baker, ABN AMRO Bank, *Physics and the ISP*, Letters of Credit Report Volume 13, Number 6, at 7.
(57) *Id*. at 7-8.
(58) *Id*. at 4-117 & n.571.
(59) Turner, *supra* note 53.

(新 堀　聰)

第5章

モデル法の母としてのアメリカ法
——UCCとリステイトメントの来し方・行く末——

第1節 はじめに

　大村敦志教授は，その著書「民法総論」の中で，次のように述べられる[1]。
　「アメリカでは，民事立法に関しては州が立法権を有しているため，その法状況は，州ごとに異なる。また，アメリカの民事法の中心部分は，制定法ではなく判例法によって形成されている。その結果，アメリカの民事法は，統一性と可視性の程度が相対的に低い。これを克服するための方策の一つが，統一的なモデル法典の作成であり，別の一つが，リステイトメントによる判例法の整序である。前者は各州によって採択されることによって，後者は判例法を解釈・適用する際の共通のガイドラインとして利用されることによって，事実上の法統一と法の可視性の向上に貢献している。統一商法典と契約法リステイトメントは，これらの代表的な成功例である」。

　英米法を大陸法と対比するとき，まず第1に，前者が判例の積み重ねにより法体系が形成されているのに対し，後者は，成文法を中心として成り立っていると表現されるのが常である。なるほど，特徴的・表層的にはそうである。しかし，アメリカには，コモンローの準則を集成する形でリステイトメントがあり，また，他方では，各州の取引法の統一を促すためのモデル法としてアメリカ統一商法典（UCC）が存在する。こうした法形成スタイルが，現在の世界で，

立法により直截に法の支配を及ぼすことのできない状況における，まさに模範方式としてあまねく浸透していることは，たとえば，CISG（国連国際動産売買契約条約，いわゆる1980年ウィーン条約）や，その後の1994年 UNIDROIT 国際商事契約原則，2002年の第３部公表をもって体裁が整ったヨーロッパ契約法原則の例をみても明らかであろう。このように，ここ20年余の間に統一法原則の試みが顕著であったのは，アメリカにおいてリステイトメント，UCC が一定の成果を収めたからに違いないのではなかろうか。

そこで，本章では，アメリカ民事法の統一性・可視性向上のための方策として成功したアメリカ統一商法典と契約法リステイトメントの歴史，時代背景，基本理念を，そこに登場する人物群像とそれにまつわるエピソードを織り交ぜながら，明らかにし，その成功の要因はどこにあったのか，そしてまた，そもそもそれがどういう意味で成功といえるのかを明らかにしたい。

第２節　リステイトメント・統一商法典成立史

１　リステイトメント成立史

本節では，単純に，リステイトメントおよび統一商法典の成り立ちをクロニクル的に跡づけておきたい。ともあれ，リステイトメント，統一商法典とは何かということを（今更ながらではあるが）明らかにしておかなければなるまい。

アメリカ法は，いわゆる英米法系あるいはコモンロー法系に属し，成文法より，むしろ少なくとも主として，判例法により成り立っていることは，常識に属することであろう。そのようなアメリカで「判例法を条文化し，それに註釈と設例を加えたもの」[2]がリステイトメントであり，契約法，代理法，抵触法，信託法，原状回復法，担保・保証法，判決の効力，財産法，国際関係法などの各分野ごとに編纂された。このうち，最初のものが1932年の契約法リステイトメントであり[3]，リステイトメントの中でも最良のものと評価されている[4]こ

とが本章で契約法リステイトメントを「リステイトメント」の代表として取り上げるゆえんでもある。

リステイトメントは，1923年に設立されたアメリカ法律協会（American Law Institute：ALI）が作成したものであるとともに，同協会はリステイトメント作成を主要な目的として創設されたものであった[5]。そもそも，この ALI は，非営利の民間団体であって，常設の法改善推進機関であり[6]，その系譜をたどると，1906年のミネソタ州セントポールにおけるアメリカ法曹協会（American Bar Association：ABA）年次総会での，若き日の Roscoe Pound による演説に遡ることができるという[7]。そこで，アメリカにおける裁判運営の不明確性と判例の爆発的増加が憂慮された。

1923年の設立総会に提出された報告書の中で，専門家でも調査しきれないほどの判例の増加，法律家の間でのコモンローの基本原理および法律用語の用法に関する共通認識の欠如から生ずる法の不明確性および複雑性という問題が指摘され，法律家が権威者の解説なくしても基本的な法律問題を理解できるような法のリステイトメントが必要であると提唱された[8]。すなわち，その目的はアメリカにおけるコモンローの「再記述 restatement」に他ならなかったが，実際は，本来の目的はより広いものであった[9]。

各リステイトメントのリポーター（reporters）は，ロースクール教授であり，裁判官，弁護士，大学教授が評議会（council）と種々の問題に関する顧問団（advisory groups）を構成し，全国の最高裁長官，全ての州の弁護士会会長，アメリカロースクール協会を形成するロースクール長などが職務上当然の構成員となった[10]。このような構成員を統合できたことは，なるほど大きな力の源となったが，批判を沈黙させる傾向にもあった。と同時に，ロックフェラー財団やカーネギー社より潤沢な寄付も集めることができたという[11]。

作業の一般的計画は，次のようなものだった。すなわち，リポーターが草案を準備し，ロースクール教授，裁判官，弁護士からなる顧問会議に提出することになる。やがて，その草案は，協会評議会に提出され，さらに，試案の形で年次総会に提出され，公表することが承認される[12]。契約法リステイトメントは，1932年5月6日の年次総会で承認された[13]。草案の形式は，ゴチック体で

書かれた原則条文と注釈，事例からなる。リポーターは，限られた数の重要な規定については，判例引用のついた解説覚書を顧問に提供するのを常としていた。ただし，この覚書は非公式のもので，公表はされない[14]。

ところで，前記 Pound の演説の後，イェール大学 Hohfeld 教授の1914年におけるアメリカロースクール協会（Association of American Law Schools：AALS）に向けられた「活力あるロースクール」を求めるアピールがきっかけとなり，1921年に「法学者センター設立に関する委員会（Committee on the Establishment of a Juristic Center）」が設立され，法改善のための恒久的組織創設のために同様の委員会を任命するように協会に求められた[15]。この AALS の委員会により当該目的で招集された人々が1922年5月の会議の後間もなく，暫定組織を設立した。この委員会の後援により，「法リステイトメント」を発案する報告書が1923年1月11日までに完成された。この報告書が，1923年2月23日のワシントン DC における協会設立の基礎となったのである[16]。かくして，リステイトメントの編纂が始まった。契約法リステイトメントは，その完成までの9年間にリポーターおよび顧問は，34回の会議に51個の準備的草案を練り，評議員会は17個の最終的準備草案を審議し，8回の会員総会に10回の試案を提出したという[17]。

2　統一商法典成立史

成立は1952年と，リステイトメントより遅れるが，出発はそれより早かった。州ごとの法の抵触を解決し，法制度に統一をもたらそうとする動きは，1890年のニューヨーク州における州法を統一するための委員会設置を求めた法律の制定によって始まったという[18]。このことが，他の州における同様の委員会の設立を促し，「統一州法委員全国会議（National Conference of Commissioners Uniform State Laws）」の発足につながった。同会議は，各法域から数人ずつ出される委員により構成されるが，その委員は弁護士，裁判官，法学者（過半数の法域では知事によって）が任命される[19]。第1回会議は1892年に開催され，1912年からは全ての法域が全国会議の組織に参加している[20]。基本的な作業プロセ

スは，専門委員が原案を起草，検討し，それが全国会議で承認されて成立する運びとなるが，特に重要な問題については専門家に起草を依頼するという方式がとられた[21]。全国会議は，まず，流通証券の統一に着手し，1896年に全国会議およびABAの承認を得て公表し，1906年には，Willistonの起草による統一動産売買法と統一倉庫証券法を，1909年には統一積荷証券法を公表していった[22]。その後，各統一法に対しては，改正提案がなされる一方，全国会議によっても，改正法が公表されることがあった[23]。

　その後も，既存の統一法修正が模索される中，1940年に全国会議は，商取引分野における統一法および商事事項に関連する重要かつ緊密な統一法に存在しない新しい規定を統合して，それらを近代化すべく統一商法典を準備すべしとする提案を採択し，1945年1月1日全国会議およびALIの共同事業としてUCC制定の作業が開始されることになった[24]。

　草案は，全国会議とALIの共同委員会で審議され，両組織の総会において全員の討議にかけられた。チーフリポーターはシカゴ大学のLlewellynで，準チーフリポーターは，同大学のMentschkoffであった。弁護士や大学教授が実際に作成した草案は，顧問たち（advisors）により細部にわたって審議，調整され，さらに，ALIの評議会および全国会議の「商事行為部会 Commercial Acts Section」もしくは，「財産行為部会 Property Acts Section」により詳細に検討され，承認された草案は，ALIおよび全国会議の全員で審議された。さらに，いくつかの段階を経て，全国会議およびALIの最終承認を得た後，ABAに提出され，その「代議員団 House of Delegates」の承認を受け，1952年の公表にいたったのである[25]。

　その後のUCCは，順調に採択されていった。1954年に施行したペンシルバニア州を皮切りに，現在では，50州全てで採択されており，ルイジアナ州では，動産売買に関する規定などを除いて採択されている[26]。

3　リステイトメント・統一商法典成立後の経過

　以上が契約法リステイトメントとUCCの簡単な起草史である。その後，リ

ステイトメントは，何度も小改正され，1932年公表のリステイトメント（第1次）の反省の上に立って[27]，1952年に第2次リステイトメントの編纂が開始された。代理，信託から始め，抵触法，不法行為，契約と進められるとともに，第1次リステイトメントになかった「アメリカ国際関係法」も付け加えられた[28]。なかでも，契約法第2次リステイトメントは，ハーバード大学のBraucherをリポーターとし，1963年に編纂作業が始められたが，1971年にBraucherがマサチューセッツ最高裁判所判事に就任したため，コロンビア大学のFarnsworthがリポーターを引き継いだ。評議会は，Corbinを相談役に任命するとともに，12名の人物を顧問として任命した[29]。Farnsworthは，毎年夏に章ごとの準備草案を作成し，それがコピーされて顧問たちに回付された[30]。そして，初秋になると，顧問たちは準備草案を検討するために，2日半にわたる会議を開く。顧問たちのコメントに基づき，予備草案は修正され，評議会草案として限定版の形でコピーされる[31]。

この修正草案は，12月に評議会にかけられ，半日から1日かけて吟味される。評議会の決定は，リポーターを拘束し，これによる修正版が試案（Tentative Draft）として，5月に開催されるALIの年次総会に提出されるのである。これに対する意見は，総会前に郵便で送られたり，当日フロアから出された。変更は，注解や事例の形でなされることが多く，ゴチック体の条文そのものが変更されることもある。かくして，1979年5月に，最終的に第2次契約法リステイトメントが承認されることになった。その後，Linzer教授の手により公表前の最終編集が行われた[32]。

他方，UCCも公表後すぐに，見直し作業や提案がなされてきた。1953年にすでに，ニューヨーク州立法府と知事がニューヨーク州法改定委員会（New York State Law Revision Commission）に研究・勧告を求めて照会したが，同委員会は，その考えはよしとするものの，広範な修正がなされない限り，同州は，採用すべきでないと結論づけた[33]。UCC編集委員会が，1956年に，52年版公式規定の多数の変更を勧告したことを受けて，1957年版公式規定が公表された。さらに，1958年，1962年にも公式規定が公表された。こうして，UCCは採択州を増やしていったのである[34]。

最近の修正状況を述べると，1987年にALIと全国会議は，２A編リースを採択，公表し，さらに，詳細な検討の後，1990年に修正された。1987年には，両組織が，6編詐害的企業財産大量譲渡（Bulk Transfers）のサポートから撤退し，各州には，その廃止か改正6編の採択を勧告した[35]。４A編資金移動（Fund Transfers）は，1989年に両組織により承認された。1990年には，3編，4編が，94年には，8編が修正された。信用状がすこぶる発展してきたのと国際慣行との一致がますます必要になってきたので，5編の修正が必要になった。修正9編は，1998年に両組織により承認された[36]。

　2編の修正は，1988年に「恒久編纂委員会」により修正要否検討の研究委員会が設立され，1991年に起草委員が指名された[37]。ALIによる承認の後，2004年2月，ABAは，その2編に加えて，２A編，および7編権原証券（Document of Title）の修正を承認した。2編と7編は，電子取引への対応を目的とし，また，２A編は現代化を目的としている[38]。

第3節　UCCとリステイトメント
―――その人物群像と時代思潮―――

1　UCC・リステイトメントによる法源形成

　UCCはモデル法としてアメリカにおける制定法整備の先導役を果たし，他方，リステイトメントは，コモンロー体系の枠内での準則確立ないし理論整序の役割を果たしてきたといえよう。このように，それぞれの役割は異なるが，大陸法においても法源の主要なものとされる法律，判例[39]の両面においてアメリカ法の統一性，明確性に資するところが大きかった。ここでは，そうした2つの主要法源形成（リステイトメントに関しては契約法リステイトメント）について中心となった人物やその思想，その時代背景を概観してみたい。

2 Williston 対 Corbin

　前節でみたように，契約法リステイトメントのリポーターとして立て役者となったのが，Williston であった。そして，契約法リステイトメント編纂過程で，最も有名な逸話が約因の定義をめぐる Williston と Corbin の論争である。

　この論争について立ち入る前に，Williston と Corbin がいかにして契約法リステイトメントの編纂にかかわるようになったかを簡単に跡づけておきたい。前述のように，リステイトメント編纂の契機となったのは，判例の数の爆発的な増加であったが，その原因の1つとなったのが，1880年のナショナルリポーターシステム（National Reporter System）の発足であり，かかる状況を受けてハーバードロースクール初代院長 Langdell は，少数の役に立つ判例を分離するのが学者の役割と考えたのがそのきっかけのようである[40]。もっとも，Langdell のような概念主義者は，その作業の明確な基準を確立することができず，とかくするうちに，リアリスト法学の興隆により，1930年代には概念主義は完全に信頼を喪失したという[41]。その後は，前述のように，ALI の設立，そして，Hohfeld のアピールへとつながる。1923年に Williston がチーフリポーターとして選ばれたとき，彼が Corbin と Herman Oliphant をアドバイザーとして選任した。この背景には，Hohfeld の業績が ALI の法律用語に対する強い関心の中で目立っていたことがあり，Corbin が Williston より Hohfeld の法概念に精通していたことによるものといわれるが[42]，リステイトメント作成の目標達成のためには，いかなる法体系書に与えられるより以上の権威づけが必要であり，1903年以来イェール大学の教授であり，当時，20年の教育研究生活により法学者として傑出していた Corbin の選任も，この権威づけのためであるともいわれる[43]。

　ところで，両人のよって立つ立場は，「（法的）安定性（certainty）」に対する態度を比較することにより，そのあながち誤りとはいえないイメージをもつことができるだろう。すなわち，ALI およびリステイトメント編纂計画の背後にいる中心人物たちにとって，主たる目標は安定性であるものの，それも度

を超せば，弾力性が損なわれるのであり，また，逆も真であったが，かかる観点で両人を位置づけると，Willistonは絶対安定性に近い位置にあり，Corbinは絶対裁量性に近い位置にあったということできる。こうしてみると，両人の法思想間の争いは，安定性がどの程度法の中に固定されたものであるかについてのイデオロギー的意見の不一致であり，また，どちらの価値が法秩序において重きをなすべきかについての規範的見解の相違を反映していると指摘されている[44]。

　そもそも，正義の追求には2つの方法があると考えられる。1つは，自動的に事実に適用されるような的確な準則（絶対的準則）を適用すること，他は，固定した準則なしで済ます方法（制限のない裁量の援用）だが，Willistonは，その両極を拒絶した。Willistonは，16世紀の初め頃には，多くの事実類型が先例による準則によりコントロールされるほどの段階にまで達しており，裁判官達もこれらの発展した準則に基づいて判断していると信じていたのである[45]。要するに，発展した法体系は，かなりの程度，安定性をもっていると信じていたのである[46]。かかる，Willistonの認識は，概念主義に沿った安定性の定義に対する信頼を反映しているが，個別の事実を軽視する傾向があったという[47]。これに対し，Corbinは，事実に不変の価値を認める。Corbinによると，法準則は多数のケースから試みられた一般化により構成され，社会の変化につれ，個々のケース，一般化も変化するというのである[48]。Willistonが，法準則をある程度16世紀初め頃に確定していたと考えたことから，静的なものと捉えていたのに対し，Corbinは，動的なものと位置づけていたといえよう[49]。ただ，予測を可能にするだけの統一性があることは信じていた[50]。こうしたCorbinの思想は，どの学派に属するものであろうか。彼は，判決は準則により判断されないとする立場には批判的であり，リアリスト運動に加わらなかったとされているが，それでも彼の考えの多くはリアリストと共通していると指摘されている[51]。

3　Gilmore による描写

　Williston と Corbin の約因に関する論争がかくも有名になったのは，時代を画する書物「契約法の死（The Death of Contract）」における Grant Gilmore という秀逸な「ストーリーテーラー」の力によるものといえるのではなかろうか[52]。
　Gilmore の語るところを要約するとこうである[53]。
　Williston と Corbin の両者は，ほとんどの法的観点において異なった見解をもっており，約因の定義を規定するリステイトメント75条にも現れた。Williston は，実質的に，この75条と同様の提案をした。75条は，次のように規定する。

約因の定義
　(1)　約束に対する約因とは，取引の目的とされ，かつその約束と交換的に提供される。
　　(イ)約束以外の行為，
　　(ロ)不作為，
　　(ハ)法律関係の設定，変更または破壊，または，
　　(ニ)返約である[54]

　これに対して，Corbin は，広く，漠然とした，本質的に意味のない，ちょうど大陸法上の causa ないし cause と同様の内容の提案を行った。しかし，この約因の定義に関しては，Williston 派の提案が勝利を収め，75条のような形に落ち着いた。ところが，その次の起草会議で Corbin が攻勢に転じた。彼は，「75条の定義に従えば，約因がなく，それ故に責任のないような状況で，裁判所が，契約責任を課した事例が，何百，いやおそらく何千もある」と主張して，多くの判例を挙げたのである。この意見には，起草者は反論ができなかったが，約因の定義についての論争を蒸し返さず，新しい条項を付け加えることにした。それが，約束的禁反言を定式化した90条であるという[55]。
　なるほど，興味深い話であるが，近時，いくつかの異論が示されている。たとえば，Gordley は，これに対して，この経緯を真っ向から否定し，初期段階

の草案でも90条の原型が入っていたという。そこでは事例が１つ挙げられており，それは，Willistonの文献に引用されていた２つの判例に基づくものであることなどを根拠に論証しようとする⁽⁵⁶⁾。そして，Willistonは，バーゲン理論と約束的禁反言理論の双方の発展に中心的な役割を果たしたと主張するのである。さらに，興味深いことには，Gordleyは，Corbinの同僚や友人にインタビューし，その結果，Corbinはリステイトメント起草過程をGilmore以外に話していないのではないかと推量している。Gilmoreは，1950年代初期のCorbinとのそう多くない会話を基礎にそれから20年も経ってその当時を思い出しながら，本を書いたから，現実に起こったこととその再構成との間にずれがあり，それはGilmore自身も一般的には認めていることであるという⁽⁵⁷⁾。

　さらに，次のような説明もある。すなわち，WillistonとCorbinが選任されて間もなく，1923年6月25～27日にハーバードで組織会議が開かれ，これが，契約法リステイトメントの作業の開始となり，その次の正式会議は10月23日に行われている。この会議における小委員会が約因の問題に関する論議を始めたという⁽⁵⁸⁾。ところが，その後は，Gilmoreのいうようには進まなかったという。Corbinのリステイトメント作業草案の私家版には，約因のバーゲン理論による定義とその例外カテゴリーが10月の小委員会会議までに確実に入っていたのである⁽⁵⁹⁾。とすれば，Gilmoreの描く出来事は，非公式の状況で行われたか，そうでなければ，6月の組織会議で行われたことになろう。また，CorbinによりALIに宛てられた手紙には，Gilmoreの描写と異なるものが含まれている。すなわち，「定義を使う者が伝える思想を，使う者の心に最もよく明らかにする定義が採用されるべきである。75条の限定的定義がこの目的に最も合致するものである。……自分以外の者は，採用された定義によりことばを明確にすると同時に，法制上の作用を単純化しようとしていると信じていた。裁判所は時としてそのような考えを持ち，現実に，バーゲンがない場合には，（90条を無視して）契約がないと判断することもあった。提案された定義はこの慣習を促進することになるだろう。しかし，もし，それらの老齢のリステイトメント起草関与者がそうした考えを持っていたなら，すぐにそれは捨てなければならなかった。それでも，Willistonと自分が他の者たちに，90条を受け入れさせな

ければならなかったのだ」と[60]。

こうした説明は，Gilmoreが述べる「Williston対Corbinの対立構造」とは食い違う。WillistonとCorbinの両者とも約因の定義の問題は，用語の問題に過ぎないと認識しており，Corbinは，バーゲン理論による約因定義が約因という言葉をより明確に単純に使えるようにすると確信するにいたったのである。しかし，両者とも，バーゲンを欠く場合でも約束が強制力をもつ場合もあるから，その定義では法制的には不完全であると考えていた。これに対して，前述のように，他の起草関与者たちの納得を得られず，この時点で，Willistonが，例外カテゴリーを他の起草関与者に受け入れるように説得することでCorbinに加担した，というのが真相だというのである[61]。

こうして，現在，Gilmoreによる有名な逸話も修正されつつある。とはいえ，WillistonとCorbinの間に約因の定義に関する意見の相違がなかった訳ではないし，両者の間の安定性重視の立場と弾力性重視の立場という対比が誤りというわけでもない[62]。Willistonにとっては，歴史的，また同時代的正確性を対価にして約因の狭い定義が購れたというのである。これこそ，安定性の対価であると[63]。

4 リアリスト，Llewellyn

さて，UCC起草の立て役者となったのは，Llewellynであることには異論ないだろう。UCCが"Karl's Code"とか"Lex Llewellyn"と呼ばれることにも如実にあらわれている[64]。

Llewellynを語る上で，UCC起草者であることと同時に常に言及されるのが彼がリアリズム法学の中心人物であったことである。そして，現代アメリカ法学を形成する3つの思潮である，法と経済学派に代表される「効率性の思想」，Friedの約束原理の理論に具現している「権利の思想」，批判法学に代表される「批判の思想」は，このリアリズム法学に対するリアクションとして湧出してきたといわれているからである[65]。

リアリズム法学の主張は，「第1に，伝統的ルールの限界性，つまり，定立

されたルールが判決形成の決定的要因としては限界があること，第2に，事実認定に関する予測は困難であるし，またその過程では，主観性が大幅に介在してくること，第3に，判決の予測可能性を探求する方法の模索がなされたこと」と要約される(66)。法学研究面においては，ルールを中心とする伝統的法学方法への批判活動が重要性をもっていた。具体的には，「法学の視点を従来の法過程における法的推論の論理的な検討の側面から，裁判過程とりわけ裁判官の判決作成過程に向けさせたこと，さらに事実認定や法の適用に当たって裁判官は全人格的な判断を行うものであること，それゆえそこには裁判官の人間としての個性が付着せざるを得ないことを指摘した」ことがリアリズムのなした功績の1つであったという(67)。他方，時代は，技術革新，情報網の発達に代表されるように好況を背景とする新時代といわれた20年代から29年の「暗黒の木曜日」に始まる大恐慌，そしてルーズベルト大統領の出現とともに始まるニューディール期が対応する(68)。法的側面では，1880年代以降のトラスト形態による少数の大企業による支配が進む状況の中で，経済的圧迫を受け続けていた農民が反トラスト運動を展開し，それは，1890年のシャーマン法の制定として結実した(69)。同時期，社会運動の高揚，経済生活に関する自由放任から公的規制への社会的要請や労働条件の向上要求の中で生まれてきた社会諸立法が最高裁で違憲と判断されることが多くあったという(70)。しかし，ようやく，1908年に婦人労働者の労働時間の制限が判例で認められ，大きな判例変更が行われた(71)。もっとも，1935年以降は，ニューディール諸立法が最高裁で違憲と判断され，これが各方面で批判を受けるようになったが，まもなく，これも逆方向に変わるようになった(72)。

　思想面では，リアリズム法学者は，人類学，原理経済学により影響を受けていたという(73)。第1次世界大戦後，アメリカでは進歩主義の楽観主義に疑いが投げかけられた。すなわち，美徳や信頼が偽善とみなされるようになったのである。リアリズム法学者やニューディール支持者は，道徳を実験や経験で置き換えた。また彼らは，19世紀アメリカ知識人の大部分がその保護者として奉仕した，ビクトリア時代の慣習，思想を拒絶した(74)。その背景には，19世紀後半の文字通りのリアリズム・自然主義とビクトリア科学・社会科学の範囲の拡大

があったという[75]。知識人の中では，リアリズム，ハンフリーボガードのようなハードボイルドの英雄，ニューディールが重要な役割を果たしたが，第2次世界大戦勃発でこの世界観も終焉を迎えた。

　20年代は，新しい可能性で満たされた新時代と捉えられたことは前述した。強い楽観主義の空気が支配し，新しい力と繁栄の時代に突入しようとしていた。とはいえ，経済状況は弱々しく，軍国主義，ファシズム，ナチズムが日々台頭しつつあった[76]。それでも，興奮がLlewellynの著作，現代建築，工業デザインに投影し，アメリカはブレークスルーの間際にあることが期待されたのである。まず，時代遅れの考えや実践が捨てられなければならなかった。新時代の興奮が大恐慌のさなかにもかかわらず，浸透していった。かかる混沌とした状況は，リアリズム法学者のイデオロギーと軌を一にしていた。モダニズムが前時代の混沌を一掃しようとしており，法の分野でも影響を及ぼしていた[77]。UCCの目的の1つが商取引法の現代化であることがその証左である。

　また，モダニズム的思想は，事実を強調する。すなわち，現実に焦点を合わせれば，明瞭な考察，繁栄，さらに迫力にさえ通じると思われていた。リアリズム法学は，その名が示すとおり，事実に関心をもち，プラグマティズムにより性格づけられる。経験主義の尊重は，20年代および30年代に浸透していった[78]。「法学」という制限つきではあるが，リアリズムという言葉は，それが文学における写実主義（Realism）や実用的社会科学の亜種であることを示しているし，人生に対する実践的・非理想的・ハードボイルド的態度の亜種であることを示している[79]。こうした実用主義が特定事実の判断に依存するルールをもったUCCをつくり出したのだ。

　法学の外でも，30年代の社会思想は，形式主義の拒絶と経験主義への集中ということで性格づけられる。いかに集団が働くかの現実的観察に基づく制度学派経済学（institutional economics）は，所与の前提を拒絶した。心理学も経験主義を反映した[80]。こうした，事実に対する強調に伴って，理想や当為が拒絶された。Llewellynも事実問題から評価の問題を分離したいと考えていたのである[81]。また，ある種の実用主義は，人類学の科学的現実的アプローチから生じている。Llewellynは，人類学も修めており，その思想を支配したとも指摘

されている(82)。大戦間の社会科学者は，社会分析の単位として個人よりも集団を用いた。実際，UCC も集団実践および規範を中心的原則としており，同第2編は，商人の集団的行動を中心的概念とすることにより「制度主義」を具体化した(83)。その反面，個人主義は拒絶されている。契約条項の規制，解釈の原則として集団的規範が採用された。集団的規範は，誠実（good faith）原則という基準を措定することにより，契約を規制した(84)。

前述のように，リアリズム法学者は，人類学の教義を法の研究に応用した。部族を商人，判事になぞらえ，スタイルや習俗，しきたりは，取引慣行や判断方法に投影される(85)。とすると，リアリズム法学は，法に対する人類学的アプローチとして性格づけられよう(86)。リアリストの間では，ポピュラーな大衆文化に対する嫌悪が拡がった。リアリズムは，人気のある「メロドラマ」と競争していると捉えられた(87)。こうして，民謡（folk song）のような，伝統に基礎を置く民族芸術が価値と信頼性を享受したのである。民謡のように，商人慣習が発展してきたのである。民謡も cif 契約も時間の試練に耐えて，良好で美しいやり方で展開してきた習慣なのである(88)。

5 Llewellyn と保守主義者
――UCC 編纂への取り込み――

こうして，リステイトメントおよび UCC の背景となる思潮を概観してくるとそれは明らかに異なっているように見受けられる。すなわち，前述のように，リステイトメント編纂は，National Reporter System の創始により判例の数が増加の一途をたどり，20世紀初めともなると，「一大雪崩」となり，裁判官達にとってももはや制御できない状況となっていたことが契機であった(89)。編纂を行った ALI の主要メンバーは，法が何かまとまった形でまず存在していて，それを論理分析によって発見することが可能であると信じていたがゆえにこのような作業を始めたのである。しかしながら，リアリズム法学の立場からすると，法というものが人為の所産であり，変化する社会的・文化的状況に依存すると確信していたので，とうてい ALI が掲げた目標は達成不可能だと批判の

対象となったことは必然であったろう[90]。判例を合理的に整理することができるという観念は，ラングデル派のとったものであり，Gilmoreによると1930年代には，少なくともロースクールでとりえないものとなったが，1920年代には，まだ，本質的に純粋な判例法の体系が，それ以上の制定法の浸食から逃れられるであろうという望みがまだ存在したのである[91]。リアリズム法学者は，判例法体系の崩壊を根本的に解決するには，くまなく制定法をもつこと，それも普遍的なベンサム法典化であると主張した。リステイトメント編纂は，まさしく，これに対する保守的な反応であり，遅らせる行動としてみなされ，顕著な成功を収めたのである[92]。法典主義と判例法主義の中間に位置した「非常に巧みな企て」だったという評価は[93]，おそらく誤りのないものであろう。リステイトメントの「判例の前提とする具体的事実を捨象し，判例を文言だけでみる」ということを前提とする判例法へのアプローチは，リアリズム法学者の批判の対象となったことは，当然のことであるし，実際，「事実と以前の判例との相関関係をみながら，原理や原則の形になっている特定の文言のもとで」事件を判断していた裁判官の判断過程を無視するものであった[94]。

　ところで，このようにリアリストの批判を受けるリステイトメントを編纂したALIと全国会議が手を組み，リアリストLlewellynを起用して法典編纂を進めたのにはどういう理由，経緯があったのであろうか。ここでも，多少長くなるが，Gilmoreの説明に耳を傾けてみよう。

　UCCの制定事業当時，全国会議は商事法法典化を事実上独占してきており，ALIは，すでにリステイトメント計画を完了していたが，「およそいかなる組織もそうであるように」（傍点引用者）解散したり，事業を止めたくなかった，という事情があった。その一方で，前者は各州の立法府に働きかける手段をもっており，後者は，資金を手に入れる手段をもっていたので，両者の利害が合致し，双方の組織で高い地位にあったフィラデルフィアの弁護士William Schnaderの働きかけで，両組織の「ありそうもない協力体制ができあがった」というのである[95]。では，なぜ，Llewellynがこの組織に取り込まれたのか。Gilmoreは，彼とALI・全国会議が15年もの間，相互的尊敬と友好の関係を維持して，共存することに成功した事実の中には「ほほえましい皮肉（conforting irony)」があるという⁽⁹⁶⁾。それは，彼が多年にわたり，全国会議の献身的なメンバーであったこと，売買法に関し卓越した権威をもつ学者であったこと，統一売買法の改訂はLlewellynの関与なくしては考えられないことであったことから，彼は，依頼者たちを説得して自身の理論を採択させることができると考えた，とGilmoreは推測する⁽⁹⁷⁾。他方，ALI・全国会議の中心人物たちは，Llewellynの起草技術と法に関する百科辞典的知識を利用しながら，彼自身の方向への傾倒に対しては，拒否権を留保しておくことが可能と考えた，と指摘し，全体的長期的には保守主義者の思うようになったと評価する⁽⁹⁸⁾。Llewellynの提案は，希釈され，緩和されて，無意味な形でしか残らなかった。結局，できあがったのは妥協の産物で，彼をはじめとするリアリズム法学者による草案は，保守主義者により書き直された。それでも，少なからず革新的な考えを反映したものであったため，50年代法曹界の体制側は，UCCの反対に回り，1960年代になるまで多くの法域において立法化されなかった。ところが，50年代，裁判所が自ら法を大幅に書き換えていたので，60年代にこれらの反対者が賛成に回り，各州での立法化が進んだ。しかし，そのころには，UCCは，かえって相対的には保守的なものとなっていた，というのである⁽⁹⁹⁾。そして，Gilmoreは，この節を次のように結ぶ。

「『統一商事法典』の最後の皮肉は，その最終的『成功』（つまりそれの［各州議会での］立法化）が弁護士界のもっとも保守的な人びとが企てた時計の逆回しであったと，と十分考えられることである」⁽¹⁰⁰⁾。

第4節　その後のUCCとリステイトメント

1　UCC修正とその学問的背景

UCCの起草によりLlewellynは5つの特徴をUCCに与えるのに成功したという指摘がある。すなわち，UCCは，a．固定的準則（rules）より弾力的な標

準 (standards) に重きを置いた，b．要式性を回避した，c．規定の目的的解釈を求め，それを容易にした，d．唯一の法の宣言を与えようとせず，一般コモンローおよび衡平法上の諸原則でその準則を補充するように裁判所に命じた，e．原則として被害当事者を完全な状態にするような一定範囲の救済方法を与えた——のである(101)。ところが，近年の大幅な拡張，修正作業は，単にUCCの法準則を変化ないし増加させる以上のことをしたといわれている。これにより，Llewellynの学問的貢献を減少させる効果があり，その5つの貢献を減殺させる効果をもっていると(102)。Maggsは，今次の改正により，既存の準則の内容が多く変更されたことにより，過去のものとは異なるUCCになったと評価する(103)。上に述べた5つの特徴とは正反対の方向性をもっているようである。すなわち，準則に対して標準を好まず，要式性を回避せず，目的的解釈も促進しないし，UCCを唯一の法とする傾向を示すとともに，完全補償以外の考慮に基づいた救済方法を与えようとしている(104)。なかでも，第1の点は，最近の関係的契約理論の流れを考える上でも示唆に富むように思われる(105)。Llewellynとその仲間たちは，UCCに明確な輪郭のある準則ではなく，弾力的な標準を用いることにより，他の制定法と異なるものにしようとしたのである。たとえば，確定申込に関する第2編205条は，撤回のできない期間を特段の定めのない限り，「合理的期間」と規定したのである。なるほど，憲法典もWillistonの統一売買法にも柔軟な標準は用いられている。しかし，UCCとは頻度，範囲が異なる。いろいろな箇所で「合理的reasonable」という言葉が用いられている。第2編だけでも，誠実原則，詐欺防止法，契約の成立，書式の戦い，規定の解釈，等々(106)。もっとも，これには使い過ぎで，立法者の責任と権限の放棄であるという批判もあった。

　Llewellynが標準を好んだのには，理由があった。第1には，取引規範を発展，認識，踏襲するのに，一般的に裁判官や事業者を信頼していたという点，第2に，弾力的な標準なら，取引慣行が変化するにつれ，裁判所が法を調整することができるということから，UCCを半永久的な立法にしたかったという点，第3に，標準より準則に安定性があるということに疑問があるなど，準則にそれほどの優位性を認めていなかった点である(107)。もっとも，最近の改正が標準

の全てを排除しようとしたわけではない。現実に,「合理的」という言葉は使い続けられている。ただ,改正起草者は,「標準」を使用することを縮小しようとし,そのかわりに,「準則」に依拠しようとしたのである。実際,第3編,第4編の改正起草者は,法の安定性を増し,訴訟を減らそうとしたと言明しており,部分的には,これを,弾力性ある標準を厳格化することにより実現したのである[108]。他の編の改正もほぼ同様の方向性を示している。彼らの頭には,標準が訴訟を招くことの危惧があり,弾力性の利点がそれによって生み出される不安定さのコストに見合わないという疑いがあったのである[109]。

　こうした変化をもたらした要因は何であったのだろうか。Maggsは,単純な答えはないという[110]。そこで,いくつかの仮説を立てる。第1に,過去50年にわたって積み重ねられてきたUCCに伴う実務的経験にその原因があるという説。Llewellynの起草したUCCの5つの特徴が混乱をもたらすものだったと改正起草者たちが結論づけた可能性を指摘する[111]。第2の仮説。「法と経済学」の運動が法準則の評価方法を変えたことである。いかにして法が行動に影響を与える動機を作り出せるかを注意深く考えられるようになったことである。その他,事業者間の裁判官に対する信頼が減少したこと,文理解釈派の影響が強くなり,Llewellyn派の影響がある程度消えたこと,業界実務の知識が変化したことも挙げられる[112]。これらは仮説であり,ただ,いえることは,「UCCの法理学（jurisprudence）に変化が生じた」ということだけだとMaggsは主張する[113]。要するに,UCCをとりまく（法）学界状況が変化したのである。法学者のすべてがリアリズム法学者ではなくなった。UCCの中で,単一の一貫した法律学を長期間維持することが不可能であることをこの発展過程が示している。ただ,第1編（改正案も）は,往事の面影を残しており,残りの部分との矛盾が露呈してきたことも指摘されている[114]。

2　第2次契約法リステイトメントの20年

　第2次契約法リステイトメント（以下,単に「第2次」ということがある）は,前述のように,1962年に編纂作業が開始され,1981年に完成をみたが,全

385ヵ条で第 1 次契約法リステイトメント（以下，単に「第 1 次」ということがある）の609ヵ条よりかなり少なくなっている。かかる減少は，関係規定の凝縮・結合の結果であるといわれている[115]。「第 2 次」の形式は，第 1 次リステイトメントと同様，ゴチック体で書かれた原則条文と注釈，事例からなるが，第 1 次と異なり「第 2 次」では，逐条のリポーター注釈が付されている。このリポーター注釈には，原則，注釈，事例を支持するか，場合によっては，これと相反する判例が挙げられている。

　ALI は，公式には，法の変化が定期的な再検討・修正を余儀なくさせると説明するが[116]，学問的な批判から第 1 次を不適当なものであると ALI が捉えていたからであるとする見方もある[117]。ともあれ，第 1 次において ALI は，大多数の法域の裁判所で採用されているありのままのコモンローを明らかにしようとしていたのに対し，第 2 次の起草者たちは，裁判所が適用すべき準則についての規範的見解をあらわそうとしたという[118]。支持する者がほとんどいなくても，ALI が重要と考える政策を促進する準則であればそれを採用しようとしたのである。第 1 次には出てこなかった準則には，起草者注釈で「新しい」と説明されている。それらには，判例はほとんど引用されておらず，代わりに，主として学者の論文に依拠されている。

　こうしてできあがった第 2 次リステイトメントを実務はどのように受け入れていったのか。Maggs は，いかに裁判所がリステイトメントの現代的準則（伝統的理論を拒絶し，新しい弾力的な標準に基づいている——ケースブックで典型的にあらわれるという理由で，リステイトメント15条 1 項 b 号，86条，87条 2 項，89条，139条，153条の 6 ヵ条）を受け入れているかを判断するための検討をした[119]。その結果は，裁判所の態度は，新しい準則に極めて好意的であったが，その理由はほとんど説明されていない。そこで Maggs は，その理由を次の 4 点であると推測する。すなわち，第 1 に，リステイトメント公表前に，その法域ですでに同じ準則が採用されていたという「先例性」の要素[120]，第 2 に，詐欺防止法と約束的禁反言の双方の背後にある政策を注意深く考慮し，139条に従うことに決定した判例があるなど，法の背後にある「政策」を考慮する判例があったという点[121]，第 3 に，ヴァージンアイランドの法律にみられるように，制定

法や判例法が ALI に従うことを求めているので準則を採用しているケースの存在[122]，そして，最も大きな理由になっているのが，単に便利だからという理由であろうと推測するのである[123]。

　しかし，リステイトメントがこのような規範的原則を掲げるようになると，裁判所（司法権）が立法権を浸食するのではないかという疑問が呈されよう。なるほど，契約内容の修正合意と約因に関する89条については，かかる合意が約因なしで拘束力をもつと規定する UCC 第 2 編209条 1 項があるので，多少問題となるが，後者が動産売買にしか適用がないことと両規定が互いに酷似していることで抵触する範囲は限られている，と Maggs はいう[124]。これに対し，139条は，詐欺防止法（the Statute of Frauds）に抵触する。明確に同条の適用を拒絶する裁判所もある。それにもかかわらず，制定法を解釈する際に競合する利益を衡量する権限が立法府により裁判所に対して委ねられたともいいうること（コモンロー上の例外を形成することが期待されている）と，立法の優越の原則は州ごとに異なってもよい，という理由で139条を適用する裁判所もある，と Maggs は説明する[125]。さらに，裁判所は，法原則を述べ，再構成するコモンロー司法上の権限を ALI に譲り渡してしまっており，これは権力分立に反するとの批判もありうる。しかし，リステイトメントのどんな準則にでも従っているのでなく， 1 つずつ考慮しているし，リステイトメントに依ることがいけないことであるとすると，伝統的に依拠してきた他の 2 次的法源（法律雑誌論文や辞典など）もいけないことになり，かえって害のある結果になる，と述べる[126]。

　ところで，このように，裁判所が法律でないリステイトメントに従うことが慣行化することにより犠牲にされる面もないではない。効率性（裁判所の重要な目標であろう）の観点からすると，錯誤があっても契約の拘束力を否定されるべきではないが，錯誤による取消を認める153条は，これと反対の方向に向かわせることになる。もっとも，ALI の地位やリステイトメント作成の周到さ，裁判所の裁量権もあわせて考えると，それほどネガティブではないともいえよう[127]。既存の確立した法が変更されるというコストも，新たな法が当事者の期待に沿うのであればその法が望ましいといえよう。他方，法の明白性および統

一性が促進されるという利点があることを Maggs も強調する[128]。加えて，裁判所の負担が緩和され，理論の精緻さも増す[129]。

　Maggs の評価自体，現実的側面と規範的側面をあわせもつので，これをそのまま鵜呑みにするわけにはいかないだろう。なかんずく，自身も認めるように，多くの州が単にまだ検討する機会がないだけかもしれないし，そもそもこの調査の方法が，新しい準則の人気をある程度誇張しているかもしれない。単に付随意見で準則を引用している判決も多い。また，同意しない裁判所は，引用しないことにしたかもしれない[130]。しかし，かなりの程度（無視できないという以上に）リステイトメントが定着していることだけは確かであろう。

第5節　世界の中の UCC・リステイトメント

1　大陸法の UCC への投影

　法制史的にみた場合は別として，英米法，特にアメリカ法と大陸法のかかわり（大陸法によるアメリカ法への影響）が語られることは少ない。もっとも，個別の理論ごとには，常に影響を受けていることもまた事実であろう[131]。UCC やリステイトメントのように，法典や法典形式の準則集の編纂という着想が，そもそも大陸法の影響であるというごく皮相的な評価はありうるとしても，アメリカにおける 1 つの法典が大陸法の影響を受けているという指摘は，多少われわれを驚かせるものではなかろうか。すなわち，フランスやドイツの法学者から Llewellyn が影響を受け，それが UCC にも影響を与えているという主張もなされている[132]。法典は常に弾力的なものでなければならないという命題は，フランスの Portalis の教えによるものだし[133]，統一法の必要性の高唱は，フランスの Voltaire になぞらえられ[134]，法を目的，政策に照らして解釈される必要性（UCC1-102(2).）を説いたのもフランスの Geny，ドイツの Ihering の影響だという[135]。さらに，UCC に註釈が付加されたのも，註釈を禁じたユスチニアヌ

ス帝やナポレオンと一脈を通じるということにもなる[136]。このような見解が正鵠を射たものであるか否かを評価する能力は，筆者にはない。しかし，法典を編纂しようとしたLlewellynが大陸法の影響を受けたとしても何の不思議もなかろう。そして，こうした経緯が大陸法，国際取引法へのフィードバックを容易にしたという推理もあながち的外れのものではなかろう。

2　アメリカ法からのフィードバック

　近年，国際的な統一契約法作成の試みが活発に行われている。国際私法統一協会（UNIDROIT）によって1964年に公表された，「国際動産売買統一法」（Uniform Law on the International Sale of Goods：ULIS）および，「国際動産売買契約成立統一法」（Uniform Law on the Formation of Contracts for the International Sale of Goods：ULF）を嚆矢として，1980年採択の「国連国際動産売買契約条約」（United Nations Convention on Contracts for the International Sale of Goods：CISG），1994年（2004年に追加・修正）の「UNIDROIT国際商事契約原則」（UNIDROIT Principles of International Commercial Contracts；以下ユニドロワ原則という），1995年に第1部，1996年に第2部が，さらに2002年に第3部が公表された「ヨーロッパ契約法原則」（Principles of European Contract Law）という具合である。特に後三者については，CISGがその後の2つに影響を与えたことは想像に難くないし[137]，それぞれが先進的な契約法として各国の契約法に影響を及ぼしつつある。しかし，年代的にいうと，UCCはこれらに先行するし，第2次リステイトメントの草案が早くから公表されていたことを考慮すると，これらの国際統一法（準則）に影響を与えなかったのかという疑問がわく。

　Farnsworthは，ユニドロワ原則に対するアメリカ法の明らかな影響を3つ挙げている。すなわち，ユニドロワが「he」という代名詞を使用することを止めたこと，「債務者」の用語として"debtor"の代わりに"obligor"を用いたこと，準則適用に関連する要素を挙げるというリステイトメントに通常の慣行を採用し，表題，註釈，設例というスタイルを採用したことを挙げる[138]。各個の規定についていうと，第1に，期前違反の場合の保証請求に関する規定

(7.3.4) は，その起源をUCC2-609条に求めることができる点（それは，さらに第2次リステイトメント251条にも取り込まれた），第2に，誠実原則（good faith）に関して，CISGでは，契約解釈の基準に限定したのに対し（7条1項），ユニドロワ原則では，行為義務を課しており（1.7(1)），これは，リステイトメント205条，さらにその起源となったUCC1-203条との関連の存在を認識せざるをえない点（この点は，ヨーロッパ契約法原則1：201でも同様である），第3に，欠缺条項について当該事情に適切な条項が補充されるとするユニドロワ原則（4.8）が，同様な規定をするリステイトメント204条を起源とすると指摘する[139]。

しかし，Farnsworthは他方，文言上の類似性から誤解を招くこともあり，同じ言葉が異なる意味をもつこともあると警告する。たとえば，当事者の意思表示の解釈について相手方が表意者の意思を知っていたか知りうべきであった場合，その意思によるとする4.2(1)条は，第2次リステイトメント201条2項に似ているが，リステイトメントが影響を及ぼした訳ではなく，明らかにCISGの文言を踏襲したのであって，それは，さらに1964年ハーグ条約（ULF）草案に基礎を置くものであるという[140]。同様の事実は，賠償範囲の規定（ユニドロワ原則7.4.4）にも妥当する。すなわち，起源は，ハーグ条約（ULIS82条）にあり，それがCISG74条を経由して，ユニドロワ原則に取り入れられたと述べる[141]。

いずれにしろ，こうしてみると，UCC第2編が国際統一法に及ぼした影響はわずかに過ぎない。しかし，UCC第2編の先例に照らして，UCCの解釈適用が考慮されるべきと示唆する論説もあり，問題がある[142]。この点，たとえば，CISGとUCCでは，取引慣行の規定が類似しているので，UCCと合致ないし類似するか否かの点で議論がある。CISG，UCCとも，考慮に入れられるためには，その慣行が義務的でなければならないという要件を外している点，主観的基準が満たされること（すなわち，当事者がかかる慣行を知っているか知るべきであったこと）が求められている点，当事者が関与する特定の取引の慣行のみを考慮している点，明示の条項がそれと反対の取引慣行に優先するという準則を明らかにしている点は類似性を肯定する方向に傾くが，CISGは，国際取引で当事者に広く知られた慣行のみを考慮するものと考えること，CISGでは

口頭証拠法則により制限されないこと，取引慣行に関する見解とその重要性が制度ごとに異なることから，互いに類推できないといわれている[143]。要するに，文言が類似しているという理由で，内容の点で類似しているというのは誤解を与えるというのである。それは，CISG については，国際的性質に配慮する必要性があり，また，解釈の統一を促進する必要があるので，自立的解釈（autonomous interpretation）が促進されるべきだからだという[144]。

こうして，そもそも国内取引が念頭に置かれた UCC やリステイトメントと，国際取引ないし少なくとも起源としては多国間取引が念頭に置かれた CISG，ユニドロワ原則などでは，表面的な文言や概念の類似性は認められるものの（その限りでは，影響を及ぼしたのであろう），その起草趣旨や適用目標が異なるのであるから，軽々にその類似性を論じるべきではないといえる。

第6節　むすびに代えて

UCC は，現在，変転の真っただ中にある。UCC は，確かにモデル法として成功例であったが，それでも一時代の法思想により形成されたものであり，その変化による影響を免れない。また，弾力的であるからこその変化ともいえよう。とはいえ，そのことが UCC の価値を落とすものではなかろう。

他方，リステイトメントは，現実的側面と規範的側面を併有するものであるから，その取捨選択は，（法律でないことから当然であること以上に）裁判官の裁量に委ねられている。今後も学者と裁判官の双方から，点検され続け，改良されていくであろう。

UCC，リステイトメントは，その中身の法理論の斬新さ（それが英米法の中だからこそ，の面はあるにしても）もさることながら，法形成の様式モデルを世界に提供したという意味においてこそ，意義を有していたのではなかろうか。

いずれにしろ，UCC，リステイトメントを，歴史，人物，時代背景，思想，影響という諸側面から一応の描写を試みた。しかしながら，筆者の好みにした

がい，断片的な素材にいくつかの逸話を挟み込み，パッチワーク的につなぎ合わせたものに過ぎない。忸怩たる思いが残る。願わくば，この描写がせめても「象を撫でた群盲」のひとりのものでありえたら，幸いである。

<注>
(1) 大村敦志『民法総論』97-98頁（岩波書店，2001）。
(2)(3) 丸山英二『入門アメリカ法』63頁（弘文堂，1990）。
(4) GRANT GILMORE, THE DEATH OF CONTRACT 59 (Paperback ed., Ohio University Press. 1974) 邦訳として，森達ほか共訳『契約法の死』（文久書林，1979）がある。
(5) 田中保太郎「米国普通法のRestatementの意義(1)」論叢31巻1号88頁（1934）。
(6) 清水宏「アメリカ法律協会（American Law Institute：ALI）について」際商28巻11号1342頁（2000）。アメリカ法律協会の性格については，松浦以津子「リステイトメントとは何か」星野英一・森島昭夫編『現代社会と民法学の動向下』501頁（有斐閣，1992）以下も参照。
(7) 清水・前掲注(6)・1342頁。
(8) 同上，1343頁。
(9) Charles E. Clark, *The Reatatement of the Law of Contracts*, 42 YALE L. J. 643, 644 (1933). ——協会の特定の事業，目的は，教育的なものであり，コモンローの明確化および単純化とコモンローの社会の需要へのより好ましい適応を促進すること，司法のより好ましい運用を保障し，学術的・科学的法的作業を奨励し，進めることである，と協会の憲章が述べている。
(10)(11) *Id.* at 645.
(12) *Id.* at 647.
(13) *Id.* at 647 n. 8.
(14)(15) *Id.* at 648.
(16) *Id.* at 649.
(17) 田中・前掲注(5)・(二) 論叢31巻4号97頁（1934）。
(18) 谷川久「アメリカのUniform Commercial Codeの特徴と現況」アメリカ法［1965］52頁。
(19)(20)(21) 丸山・前掲注(2)・62頁。
(22) 谷川・前掲注(18)・52頁。
(23) たとえば，1922年には，修正統一動産売買法が公表された（同上，53頁）。
(24) 同頁。
(25) 同上，54頁。
(26) 丸山・前掲注(2)・63頁。
(27) 田中英夫「RESTATEMENT (SECOND) の編纂」アメリカ法［1967-1］75頁。
(28) 同上，77頁。
(29)(30) E. Allan Farnsworth, *Ingredients in the Redaction of The Restatement (Second) of Contracts* 81, COLUM. L. REV. 1, 3 (1981).
(31)(32) *Id.* at 4.

⑶⑶⑷ JAMES J. WHITE & ROBERT S. SUMMERS, UNIFORM COMMERCIAL CODE 4（5th ed. 2000).
⑶⑸ *Id*. at 5.
⑶⑹ *Id*. at 6.
⑶⑺ *Id*. at 7.
⑶⑻ <http://www.nccusl.org/nccusl/DesktopModules/NewsDisplay.aspx?ItemID=91>（visited April 25, 2004)。
⑶⑼ 五十嵐清『私法入門』26頁以下（有斐閣，1991)。
⑷⑴⑷⑴ Note, *Corbin, Williston, and the Restatement of Contracts, What price certainty?*。70 B. U. L REV. 511, 516（1990).
⑷⑵⑷⑶ *Id*. at 520-521.
⑷⑷ *Id*. at 522.
⑷⑸ *Id*. at 524-525.
⑷⑹ *Id*. at 525.
⑷⑺⑷⑻ *Id*. at 526.
⑷⑼⑸⑽ *Id*. at 528.
⑸⑴ *Id*. at 529.
⑸⑵ Gilmore, *supre* note 4.
⑸⑶ *Id*. at 59 et seq.
⑸⑷ RESTATEMENT OF THE LAW OF CONTRACTS §75（1932). （末延三次訳）『条解米国契約法』33頁（弘文堂，1957)。
⑸⑸ 契約法リステイトメント90条は次のように規定する。『明確かつ実質的な行為を当然に誘致する約束』約束者が，受約者による明確かつ実質的な性質を有する行為または不作為を誘致するものと当然期待すべきであって，事実かかる行為または不作為を誘致するものは，これを強行することによってのみ不正（injustice）を回避し得る場合に限り拘束力がある」RESTATEMENT OF THE LAW OF CONTRACTS §90（1932). 末延・前掲注⑸⑷・45頁。
⑸⑹ James Gordley, *Enforcing Promises*, 82 CAL. L. REV. 547, 567（1995).
⑸⑺ *Id*. at 567 n. 119.
⑸⑻ Note, *supra* note 40, at 531-532.
⑸⑼ *Id*. at 532.
⑹⑽ *Id*. at 533-534.
⑹⑴ *Id*. at 534.
⑹⑵ Corbin は，やはり75条の定義が不正確であると信じていたし，その論議過程で一貫して批判的だったという。*Id*. at 535.
⑹⑶ *Id*. at 537.
⑹⑷ Gregory E. Maggs, *Karl Llewellyn's Fading Imprint on the Jurisprudence of the Uniform Commercial Code*, 71 U. COLOUM. L. REV. 541（2000).
⑹⑸ 内田貴『契約の再生』249-250頁（弘文堂，1990)。
⑹⑹ 丸山隆「リアリズム法学の生成と機能に関する一考察—現代アメリカ法社会学との接点を中心に—」法と政治29巻1号171頁（1978)。
⑹⑺ 同上，172頁。
⑹⑻ 同上，133頁。

⑹⁹　同上，134頁。
⑺⁰　同上，135頁。
⑺¹　同上，136頁。
⑺²　同上，138頁。
⑺³　Allen R. Kamp, *Legal Development: Between-the-Wars Social Thought: Karl Llewellyn, Legal Realism, and the Uniform Commercial Code in Context*, 35 ALB. L. REV. 325-327（1995）.
⑺⁴　*Id.* at 329-330.
⑺⁵　*Id.* at 330.
⑺⁶⑺⁷　*Id.* at 331.
⑺⁸⑺⁹　*Id.* at 339.
⑻⁰　*Id.* at 341.
⑻¹　*Id.* at 343.
⑻²　*Id.* at 352.
⑻³　*Id.* at 346-347.
⑻⁴　*Id.* at 350.
⑻⁵⑻⁶　*Id.* at 354.
⑻⁷　*Id.* at 357.
⑻⁸　*Id.* at 358.
⑻⁹　エドワード・A・パーセル（碧海純一訳）「両大戦間におけるアメリカ法理学⑴―民主制理論の危機とリアリズム法学―」アメリカ法［1972-1］8頁。
⑼⁰　同上，9頁。
⑼¹⑼²　GILMORE, *supra* note 4, at 59.
⑼³　松浦・前掲注⑹・510頁。
⑼⁴　同上，515頁。
⑼⁵　G・ギルモア（望月礼二郎訳）『アメリカ法の軌跡』119-120頁（岩波書店，1984）。GRANT GILMORE, THE AGES OF AMERICAN LAW 83-84（1977）Yale University Press.
⑼⁶　同上，120頁。*Id.* at 84.
⑼⁷　同上，120-121頁。*Ibid.*
⑼⁸　同上，121頁。*Id.* at 84-85.
⑼⁹　同上，121-123頁。*Id.* at 85-86.
⑽⁰　同上，123頁。*Id.* at 86.

⑽¹　Maggs, *supra* note 64, at 543.
⑽²　*Id.* at 544.
⑽³⑽⁴　*Id.* at 552.
⑽⁵　内田貴『契約の時代―日本社会と契約法』60頁以下（岩波書店，2000），特に87頁参照。
⑽⁶　Maggs, *supra* note 64, at 553-554.
⑽⁷⑽⁸　*Id.* at 556.
⑽⁹　*Id.* at 558.
⑾⁰⑾¹　*Id.* at 584.
⑾²　*Id.* at 585.
⑾³　*Id.* at 586.

(114) *Id.* at 588.
(115) Gregory E. Maggs, *Ipse Dixit: The Restatement (Second) of Contracts and the Modern Development of Contract Law,* 66 GEO. WASH. L. REV. 508, 516 (1998). 本論文の紹介として，久保宏之「判例における第2次契約法リステイトメントの受容」アメリカ法 [1999-2] 299頁。
(116) RESTATEMENT (SECOND) OF CONTRACTS at vii.
(117) G. Edward White, *The American Law Institute and the Triumph of Modernist Jurisprudence,* 15 LAW & HIST. REV. 1, at 46 (1997).
(118) Maggs, *supra* note 115, at 516.
(119) Maggs, *supra* note 115.
(120) *Id.* at 527.
(121) *Id.* at 528.
(122) *Id.* at 529.
(123) *Id.* at 530.
(124) *Id.* at 533.
(125) *Id.* at 534.
(126) *Id.* at 535.
(127) *Id.* at 536.
(128) *Id.* at 538-539.
(129) *Id.* at 540.
(130) *Id.* at 542.
(131) 約束的禁反言とドイツ法における契約締結上の過失責任の類似性を説くFriedlich Kessler & Edith Fine, *Culpa in Contrahendo, Bargaining in Good Faith and Freedom of Contract: A Comparative Study,* 77 HARV. L. REV. 401 (1964). は，極めて有名な論文の1つである。
(132) Shael Herman, *Llewellyn the Civilian: Speculation on the Contribution of Continetal Experience to the Uniform Commercial Code,* 56 TUL. L. REV. 1125 (1982).
(133) *Id.* at 1126.
(134) *Id.* at 1129.
(135) *Id.* at 1135.
(136) *Id.* at 1157-1158.
(137) E. Allan Farnsworth, *The American Provenance of the UNIDROIT Principles,* 72 TUL. L. REV. 1985, 1986 (1998).
(138) *Id.* at 1990.
(139) *Id.* at 1991-1992.
(140) *Id.* at 1992.
(141) *Id.* at 1993.
(142) Henry D. Gabriel, *A Primer on the United Nations Convention on the International Sale of Goods: From the Perspective of the Uniform Commercial Code,* 7 IND. INT'L & COMP. L. REV. 279 (1997).
(143) Franco Ferrari, *Symposium: Is the UCC Dead, or Alive and Well ? International Perspectives: The Relationship between the UCC and the CISG and the Construction of Uniform Law,* 29 LOY. L. A. REV. 1021, 1029 (1996).

(144) *Id.* at 1024-1027. その他，ヨーロッパ契約法原則と UCC の規定を比較した論文として，Ole Lando, *Salient Features of the Principles of European Contract Law: A Comparison with the UCC,* 13 PACE INT'L L. REV. 339 (2001). この論文の中では，むしろ，ヨーロッパ契約法原則とユニドロワ原則，CISG との類似性が指摘されており，UCC との類似性はさほど顕著ではないようにみえる。

(久保　宏之)

第6章

CISG からユニドロワ国際商事契約原則へ
——国際的な契約法の調和に向けて——

第1節　はじめに
——契約法の国際的調和に向けて——

　本章の主目的は契約法の国際的調和の現在までの到達点を明らかにし，これからの展望を示すことにある。しかし，目的はそれに限定されるものではない。国際的な法調和の進展は，これまで国家法という固い壁に覆い隠されてみえなかった。しかし，商取引のグローバル化という新たな光が，法という社会経済コントロールの方法が国家の枠を超えて有する多彩な機能や役割を鮮やかに浮かび上がらせつつある。そうした法の理解に対する新たなパラダイム転換の必要性を明らかにすることも本章の目的である。

　この事実は日本社会にとって極めて重要な意義を有する。明治期に西欧法を継受した日本は，19世紀から20世紀にかけてヨーロッパ大陸を疾風の如く駆け抜けた法典化という未曾有の現象とそれが生み出した各国ごとの諸法典を，法律が有する唯一の存在形式として受け入れてしまった。現在でも日本の法律関係者にとって，国家と法との関係を切り離して考察することは思いもよらないことかも知れない。しかし西欧法発展の歴史的経過からみれば，法律は国家の創造物ではなく社会経済的な文化の一側面として人々によって培われてきたものである。それは独自の歴史的基盤をもち，そして時代とともに変化してきた。そして21世紀初頭において法は新たな大変革期を迎えている。そうした多層的に織り上げられてきた法のあり方を探求することが，本書全体の課題である

"lex mercatoria"という言葉の中に凝縮されている。

　以下において展開される本章の全体の構成は次のとおりである。第2節においては，1930年代から私法統一国際協会（the International Institute for the Unification of Private Law：UNIDROIT）によって開始され今日まで行われてきた売買契約法の国際的統一を目指す動きをたどり，その最終的到達点ともいうべきウィーン売買条約（以下，CISGと略称）の完成がもたらした成果とその限界とを明らかにする。まず国際的な統一売買法の作成に向けて1930年以来行われてきた作業の経過と，それがCISGへと結実する過程について詳細に検討する。そしてCISGの成功が国際的な私法の調和という大きな課題にとって，どのようなインパクトをもつものとなったかについて注意深く検討し，それでもなおCISGにおいて十分に克服されなかった問題について検討する。

　そして第3節において，CISGとはやや異なった視点から取り組まれてきたもう1つの国際契約法の調和を目指す巨大プロジェクトである，ユニドロワ国際商事契約原則の着想を説明する。特に，国際的な契約法の調和を促進する上でユニドロワ国際商事契約原則の有する数々の新しい特徴について考察を行う[1]。ここでは第1に，ユニドロワ原則が有する契約法の新たな捉え方に着目する。この点においてユニドロワ原則のインパクトは大きい。特に国家法からの離脱を自覚的に成し遂げた点は，契約法のあり方にとっての大きなパラダイム転換である。しかしそれは突飛なものではなく，これまでの国際売買法統一の作業過程の経験の蓄積がもたらした立法的技術革新でもある。ユニドロワ原則の起草者達は「国際的リステイトメント」という言葉を用いる[2]。確かにアメリカにおけるリステイトメントの成功は，ユニドロワ原則に大きな影響を与えた。しかしそれにもかかわらずユニドロワ原則が抱く野望は，それを凌駕する。法調和に対する法律家コミュニティの洞察力とその操作能力は，現在も急激な進化の過程にある。第2に，ユニドロワ原則の内容面における最大の特徴である「契約の不完備性[3]」の明確な自覚と，それに対応するための新たな規範群の整備について取り上げることにしたい。つまり複雑な国際的契約を締結する当事者は，締結時に将来起こりうる全ての出来事を予測している訳ではなく，予測されなかった出来事に対して何らかの態度未決を残したまま契約関係

に入るという現実をユニドロワ原則は直視する。そして，そうした現実により適合的な契約関係のコントロール方法を意図的に探求しようとする新たな契約法の認識を明確にする。そして第3に，新たに公表された2004年版によって明らかにされた，その拡張可能性について分析する[4]。

そして第4節において，日本における契約ユーザーにとってのユニドロワ原則の意義と活用方法とについて考察を行うことによって，本章における一応の結論を提示することにする。

第2節　CISGからユニドロワ国際商事契約原則に向けて[5]

1　国際動産売買法統一の沿革

（1）　ULIS/ULFの結実

① 動産売買法統一に向けての努力の結実

私法統一国際協会（以下，UNIDROITと略称）の起草によるULIS・ULFとそれを実質上後継するCISGは，1つの自律的な売買契約法システムを構築する括的な統一実質法である。CISGは101の条文からなるものであり，その規模において世界的な統一法史上最大級のものである。実質法とは，国際私法学において抵触法または狭義の国際私法との対比において用いられる用語であり，ある法律的な紛争について当事者間の権利義務を確定し，最終的な解決をもたらすことのできる法律を指す。たとえば，民法，商法，労働法などの法律がこれに当たる。これに対し，国際私法または抵触法とは法律的な紛争に対してどこの国（または法領域[6]）の法律を適用して解決すべきかを決するためのルールであり，最終的な紛争の解決は国際私法により指定された国の法システ

ムにおける実質法，すなわち準拠法に委ねられることになる。

統一売買法は契約法という私法の根幹に直接に触れるものであり，各国の従来の国内実質法との深刻な不整合の危険がある。それにもかかわらず，CISGは2005年10月現在，66の締約国を有している。これは，条約という形態による統一実質法として最大級の成功であり，現時点まで締約国に日本および連合王国は加わっていないものの，北米・欧州・中国その他の世界中の主要な貿易国を網羅するものとなっている。

統一売買法作成に向けた具体的な動きは，ドイツの著名な比較法学者であるラーベルがUNIDROITに統一売買法の起草作業を1928年に示唆したことに始まる。1930年には欧州の著名な学者からなる起草のための委員会が設けられた。作業は戦争での中断をはさみ，1964年にハーグで開催された外交会議においてULIS/ULF[7]として結実する。しかし，この2つの統一法はその壮大な目的にもかかわらず，わずか9つの締約国を獲得したのみであり，現実的な法統一という視点からは明らかな失敗に終わる。しかし，こうした統一法の締約国であったドイツ，ベネルクス，イタリア等の裁判所で実務的に重要性をもつとともに，各国の法改正において直接間接のモデルとして広く参照された。こうした国際的な法統一の試みが，各国における立法のモデルとして与える影響は注目すべき現象である。

(2) 国際統一売買法の進化：ハーグからウィーンへ

その後，統一売買法の作成は1966年に設立された国連総会直属の委員会であるUNCITRAL（国連国際商取引法委員会）で1968年以降議題として再び取り上げられることになる。最初の作業としてULIS/ULFの分析がなされた結果，その到達点を基礎として活用し改善を加えるという方向で新たな統一売買法を起草する方針が採用される。ULIS/ULFと同様に，契約の成立に関する部分と，契約成立後の当事者間の権利義務に関する部分に分けて，2つの草案が作業部会によって作成されたが，1978年には1つにまとめられ国連の各構成国にコメントを求めて送付された。そして1980年にウィーン外交会議での審議を経てCISGとして結実する。その後，締約国獲得に若干の時間を要したが，1986年

12月に中国，イタリア，アメリカの3国が同時に締約国となる手続を行い，その結果発効に必要な10ヵ国に達した結果として1988年1月に発効した。その後も順調に締約国数を増やしてきており，ますますその支配力を強めている。

① ULIS/ULF の失敗の原因

次に CISG と ULIS/ULF とが，実践的な場面でなぜ大きく成否を分けるものとなったかについて，分析を加えることにする。ULIS/ULF が大陸法的方法に依拠し抽象的理論に傾き過ぎた難解な構造のものとなったため実務界や英米法系諸国の理解が得られず，十分な締約国を獲得することができなかったという指摘は随所でなされてきた。しかしその評価には単純化され過ぎた面がある。むしろ失敗の直接の原因は統一売買法の内容における根本的な問題からくるものではなく，その多くは，こうした契約法の根幹にかかわる範囲の広い統一法を作成する上での経験不足に由来するものと評価するのがフェアである。それは統一法が進化するために避けて通れない，経験を蓄積する過程であったとさえいえる。しかし，現時点で振り返れば，そのアプローチがいくつかの点で，あまりにナイーブであったとの批判を免れることはできない。その後の比較法的研究や国際的な私法調和に向けた戦略の進化には目を見張るものがある。特に CISG においては，国際私法への対処や起草過程の設計において大きな進歩を認めることができる。以下ではこうした点についてやや詳しく考察することにしよう。

② 「統一私法」対「国際私法」：抽象理論から実践論へ

国際私法とは，多数の国家法の併存状態を大前提とする対処方法である。国際的性格を有する事件が生じた場合にも，それを最も密接な関係を有する国家法の領域に結びつけることにより法律的な規律を及ぼす方法といえる。国際私法が準拠法として選択しうるのは現存するいずれかの国家法システムであり，法律は国家の領域とともに存在することを大前提としているため，国家法以外のものを選択する余地がないとする立場が支配的である[8]。しかしこうした立場が，グローバルな商取引の規律方法として大きな限界を有するのは自明であ

り，それは早くから自覚されてきた。商取引の自然な展開に対して国境は人為的に作り上げられた柵に過ぎない。また現在まで国際私法は世界的に統一されたものではなく，各国がそれぞれの国家法の一部として区々に制定している。その結果，国際的性質を有する同種の売買でも，どの国で裁判が行われるかによって適用される国際私法のルールは異なり，その結果として異なった準拠法が指定され，最終的な解決が異なるという事態は，理論上も実践上も必然的に発生する。

国際私法を世界的に統一すれば，どこの国で裁判が行われても，同一の売買に異なった準拠法が選択されることは論理的には回避できるはずである。国際売買に関する国際私法ルールを統一する動きはハーグ国際私法会議によって忍耐強く進められてきた。最近では1986年に国際動産売買の準拠法に関する条約が採択されている[9]。しかし各国の国内売買に主として対応するための法律を国際売買へと準用するという国際私法の方法に依存する限り，グローバルな商取引の実情に即した実質法の内容的改善が直接の課題となることはない。つまり国際売買に真の意味で適合的な実質法を形成し発展させる道は，少なくとも国家法のレベルでは閉ざされてしまう。

こうした国際私法に対する不信はあらゆる統一実質法を作成する動きの根底に存在する。1964年のULIS/ULFの起草者達も明確にこうした反国際私法の立場から出発した。こうした状況を乗り越える方法として，各国の実質法自体を統一してしまうことがまず考えられる。これは次のような単純な抽象理論に基づくものである。世界中の実質法の内容が同一になれば，どこの国で訴訟が行われようと結局は同内容の法律を適用して紛争を解決するのであるから，もはや国際私法を用いてどの国の法律を適用すべきかを決する必要はなくなる。したがって，論理必然的に国際私法は不要となるはずである。

しかし，実践面では多くの問題が発生する。第1に，各国が有する既存の売買法との関係で，新たに作成される統一売買法をどう位置づけるかである。売買法は各国の法システムの根幹をなす契約法と分かちがたく結びついている。そうした部分に立ち入って完全な法律の統一を行うことは，少なくとも限られた時間の中では不可能に近い。結果として，その適用範囲を国際的な性格をもっ

た売買契約に限定する「万民法型統一法」という形態が採用されざるをえなかった。これは ULIS/ULF, CISG の双方に共通する立場である。

　また世界中の全ての国が統一売買法を採用しない限り，統一法は十全の機能を発揮できない。国際私法は，英米法では「法の抵触（Conflict of Laws）」とも呼ばれる。それは「同一の事件に適用されそうな法律が複数存在し，それぞれが抵触する場合に，それらをどう交通整理するべきか」という視点から国際私法を表現した言葉である。その意味では，統一売買法が成立してからも，統一売買法を採用する諸国とそれ以外の諸国との間に，依然として「法の抵触」が存在することになる。さらに，統一売買法を採用した諸国においても，それぞれが有する従来の売買法と統一売買法の併存状態は何ら解消されない。そうした複雑な法の重層的抵触状態に対応するため，それを整理するための何らかのルールがどうしても必要となる。しかし，それは正に法の抵触について規則を作ることであり，従来から国際私法が行ってきたことの応用問題に過ぎない。国際商取引を取り巻く法環境の現実を前提とする限り，統一売買法が作られても法の抵触が完全に消滅することはなく，結果として国際私法的な処理方法が不要となることはありえない[10]。

　ULIS はこの難解な現実問題に対して，あくまで理念的な割り切りで対応しようとした。すなわち，その 2 条において統一売買法が適用される限りにおいて国際私法は排除されるという規定をおいた[11]。しかし現実に発効したものの，ULIS はわずか 9 ヵ国の締約国しか獲得できず，それは世界的にみれば法の抵触が解消されたとするにはほど遠い状況であった。実際に 2 条が行ったのは，結局は，締約国の裁判所に，そこで訴訟が提起された国際売買に関する事件には，当事者や売買契約と ULIS 締約国との具体的な結びつきを全く顧慮することなく，一律に ULIS を適用するよう義務づけたに過ぎない（ULIS 1 条は，締約国と国際売買との結びつきを適用のための要件とはしない。この点は以下で取り上げる CISG 1 条 1 項(a)と大きく異なる）。たとえば，1 条 1 項が定めるように異なった国に営業所を有する当事者間の売買契約について訴訟が発生した場合，もし訴訟の提起がなされた国が ULIS の締約国であれば，裁判官はその法廷地となった締約国と売買契約との間にその国の法律を適用するだけの密接な関連

性が認められない場合でも，ULIS を適用することを義務づけられることになる[12]。

> **第1条1項**
>   本法は異なった国の領域に営業所を有する当事者間で締結された動産売買契約であって，かつ以下の何れかを充たす場合に適用されるものとする。
>   a) 契約締結時において，一国の領域から他の国の領域へ運送中であるか，又は運送されることが予定されている動産の売買に関する場合
>   b) 申込及び承諾を構成する行為が，異なった国の領域でなされた場合
>   c) 動産の引渡が，申込及び承諾を構成する行為が為された国以外の国の領域で為されるべき場合[13]
>
> **第2条**
>   国際私法の規範は，本法に反対の規定がない限り，本法の適用に関しては排除される[14]。

このように ULIS は，締約国の裁判所に対して，あくまで世界に唯一存在する統一売買法として，国際売買の全てに適用することを強制することになる。この ULIS の空間的適用範囲の画定方法は，国際私法と統一法は二律背反の関係にあるという理念論をそのまま実際に条文化したことによって生じた欠陥である。世界中の全ての国がすぐ締約国になることはありえないという当然予期された事態に，ULIS 自体は全く対応する術をもたなかった。そのために，こうした ULIS の不意討ち的な適用の危険性に気づいた諸国が，ULIS を統一法として国内法化することを義務づける条約の作成過程で多くの留保条項を提案し，結果として ULIS の適用範囲を制限する4種類の留保が定められた[15]。そして，現実に締約国のほとんどがそれらの留保のどれかを行うことにより，実際に ULIS の適用を決することは極めて複雑な作業となってしまった[16]。

CISG はこの問題に対してある程度自覚的に対処している。それは CISG の空間的適用範囲を定めるに当たり，締約国と国際売買との間に要求される一定の結びつき（両当事者が「締約国」に営業所を有すること）を明確に規定する方法を採用したことにあらわれている[17]。

> CISG 1条 【条約の一般的適用基準】
> (1) この条約は，営業所が異なる国にある当事者間の物品売買契約につき，次の場合に適用する。
> (a) これらの国が，いずれも締約国である場合，又は，
> (b) 国際私法の準則が，ある締約国の法の適用を導く場合。
> (2) 当事者がそれぞれ異なる国に営業所を持つ事実は，その事実が，契約からも，契約締結時以前の当事者間でのいかなる取引又は当事者によって開示されていた情報からも判明しない場合には，無視するものとする。
> (3) 当事者の国籍及び当事者又は契約の民事的若しくは商事的性格は，この条約の適用性を決定するにあたって考慮しないものとする[18]。

このように CISG 1 条 1 項(a)は両当事者の営業所が締約国にある場合にのみその適用があることを定めている。これは CISG と両当事者との間の関連性を重視することによって，適用についての予測可能性を高めようとした結果である。しかし従来の国際私法によって指定される契約準拠法との関係について定めようとした CISG 1 条 1 項(b)は，後述するように，理論的にも実践的にも極めて複雑な問題を生じており，CISG の重大な欠陥の 1 つとなっている。

③ 国際立法の実践経験と技術的洗練

複合的な意味をもつ抽象概念を用いて無駄のない整然とした体系を構築することは，大陸法の 1 つの美学である。ULIS には確かにそうした方法に依拠した部分が目立つ。たとえば，ULIS における「引渡（Delivery）」の概念は，商品の適合性に関する売主の義務をも包摂し，危険の移転ともリンクする複合的なものとして，ULIS 独自に構築されている。また実際に各国の実質法において，そうした抽象概念が用いられることは頻繁にある[19]。

しかし，現実に統一法を使っていくのは，それぞれが独自の法文化や司法制度のバックグランドを有する様々な法域の契約ユーザーや法律家である。各国が共通の法律をもったとしても，その解釈と適用が各国の法律家達によってなされる以上，そこに必然的に差異が生まれる。こうした現象は国際売買に関する統一実質法の解釈においてはもちろん，世界的に統一された国際私法規則の

解釈においてさえ生じる。なぜなら，法律上の概念はそれぞれの国家法システムを背景としてその意味を与えられるためである。同じ言葉で表現された法概念でも，法システムごとにそれぞれ微妙に意味を異にすることは極めて広く観察される現象である。つまり同一内容の条文をもつだけで具体的な事件の解決まで統一されることが自動的に保証されるわけではない。しかし，そうした統一された条文をもつだけで，具体的な事件の解決までもが統一されるという非常にナイーブな幻想に依存した部分を ULIS は有していた。現在まで，私達は統一的な解釈を促進するための国際的な最上級審として機能する裁判所すらもつことができない現状にあることを忘れることは許されない[20]。

　こうした解釈の分岐を最小限に抑えるため，統一法において抽象的で複合的な概念を用いることを極力避け，用語は客観的で単純な事実に対応させる必要があることが自覚されつつある[21]。ULIS が比較法的成果として高い水準にありながら，現実的な法統一という本来の目的に関して，極めて不十分な成果しか収められなかった。そうした苦い経験の結果，CISG では様々な面でかなり実践的な対応がなされている。

（3）　統一私法と国際的合意の形成

①　統一私法の起草過程における国際的合意の形成

　ULIS/ULF のもう１つの失敗の原因として，統一実質法を形成するときの国際的なコンセンサスの形成に関する問題が重要である。確かに内容的に優れたものであることは統一法の成功にとって重要であるが，それだけが統一法の運命を決する訳では決してない。ULIS の起草においては大陸法系に属するヨーロッパの法律研究者達が主導的役割を独占し，アメリカやその他の法域の法律家は蚊帳の外に置かれた。特にアメリカを取り込めなかった点のマイナス効果は極めて大きい。また，連合王国も契約当事者が ULIS を選択した場合にのみ適用するという適用範囲を大幅に縮小する留保条項を採用し，極めて不十分な批准を行ったに過ぎない。

　CISG の起草にアメリカが当初から加わったことも，その成功の重要なポイ

ントとなった。アメリカが統一法作成に向けて積極策へと態度を変化させた原因としては，統一商事法典の成功が指摘できる。また，統一商事法典はモデルローという強制力をもたない法統一の方法が有する実践面での優位性を実証するものとして大きな影響力をもった。しかし，統一法の成功は，何にも増して，どれだけの国が実際にそれを採用するか否かにかかっている。起草の過程から，そのための十分な配慮がなされていることが，統一法の成功のために必要不可欠である[22]。この点において，ULIS が不十分であったとの批判を免れることはできない。

　この問題は，単に国際的な政治力学に関する現実論であり，法律論とは無縁のものとして考察の対象から除外することも可能かも知れない。しかし，統一法が21世紀の国際社会をコントロールするための重要なツールとして多用されるであろうことを考えれば，その起草過程を手続的な観点から整備し，実践面においてより洗練させていくことの重要性は，法律学においても決して無視できない課題である。UNCITRAL は，その意味でこうした場面でのスタンダードを形成する役割を果たし，将来の方向性を設定するものとなったといっても過言ではない。そして，それが CISG の成功に大きく貢献している。

　UNCITRAL は，過去における国際取引法統一のための活動が滞ってきた主な理由の１つとして，そうした活動を担ってきた国際機関の構成国や権限の制約にあることを十分に自覚した上で，国連によって設置された機関である。その構成国は世界の各地域を代表する36ヵ国からなり，経済体制，法体系，経済的発展段階等のバランスを考慮して国連総会により選出される。任期は６年であり，３年ごとに半数の構成国が任期を終えて改選される。実際に国際動産売買を担当した作業部会は，作業効率を上げるために14ヵ国に縮小されていたが，そうした国際社会の様々な立場がバランスよく代表されるよう注意深く選ばれた。そして，作業途中で作成されるレポート等の様々な書類は国連文書として公表され，主要なものは UNCITRAL の年報に掲載され広く一般に公開された[23]。こうした作業過程の透明性が広く世界の関心を集め，CISG を成功へと導く大きな原動力になった。ULIS/ULF を採択した1964年のハーグ外交会議には欧州を中心とする26ヵ国が代表を送ったのに対し，CISG を採択した1980年の

ウィーン外交会議には62ヵ国が代表を送っている。さらに，ベネズエラ，世界銀行，国際商業会議所，UNIDROIT，ハーグ国際私法会議，欧州経済共同体（当時），欧州評議会等がオブザーバーを送っている。CISGにいかに世界中から広い関心を獲得することに成功したかは，この事実からだけでも明確である。最近はインターネットの発達がこうしたプロセスを支える。たとえばUNCITRALは，そのホームページにおいて様々な作業経過に関する最新の書類を公開している。

このようにCISGはULIS/ULFと比較して大きな進歩を遂げた。しかしそれを，比較契約法の基礎研究の進展により内容的に格段の進歩を遂げたためであるとすることは当たらない。むしろ，ULIS/ULFにおける失敗経験を無駄にせず，そこから着実に学んだ成果によるところが大きい。しかしCISG自体もまた，国際的な法調和の歴史における過渡期の一作品として位置づけられるべきであろう。CISGが成立した後も，法調和の技術は，着実な進化の過程を歩みつつある。

2 私法の国際的調和におけるCISGの成果

CISGの現時点での客観状況について，積極的な側面と消極的な側面の双方から眺めてみることにする。

（1） 国連国際商取引法委員会（UNCITRAL）の地位の確立

① UNCITRALの将来的展望の確立

CISGの成功は，それ以外にも現実において非常に大きな意義をもつ。特に，UNCITRALが，これからの国際商取引法の進展において中心的役割を果たす機関であることについて世界的に認知されたことの意義は大きい。実際に，CISGの成功後のUNCITRALの成果には目を見張るものがある。当初は成功が危ぶまれた国際海上物品運送についてのハンブルグ・ルールズは1992年に発効し現在27の締約国を有する。1958年の外国仲裁判断の承認執行に関する

ニューヨーク条約は，起草こそ担当していないが，UNCITRALがその批准を積極的に推進する役割を果たし，2005年8月現在136の締約国を獲得するという偉業を成し遂げている。また1985年の国際商事仲裁モデル法は，各国の商事仲裁法のモデルとして事実上の標準となり，2004年に施行された日本の新仲裁法においても採用されている。その他にも1988年国際手形小切手法条約，1991年国際取引ターミナル・オペレーターの責任に関する条約，1995年独立保証およびスタンドバイ信用状に関する国連条約を作成した。最近では，1997年国際倒産モデル法，1996年電子商取引モデル法，2001年電子署名モデル法，2001年に国債債権譲渡条約，2002年国際商事調停モデル法など，国際取引法の重要問題についての作業を精力的に遂行している。

また，UNCITRALが大きな国際的な求心力を獲得したことによって，これまでに国際取引法の発展に貢献してきた各々の国際機関が自らの特性と役割分担を明確に把握することを可能にし，それぞれの長所を生かし国際取引法の協調に向けてますます精力的な活動を行うことによって，充実した成果を生み出すプラス効果をもたらしている。UNIDROITは，比較契約法における高い理論水準と豊富な経験を生かし，1994年にユニドロワ国際商事契約原則の第1版を公刊し大きな成功を収め，2004年にはその範囲を拡大した第2版を公刊した。また国際商取引コミュニティを代表する民間機関であるICC（国際商業会議所）も実務に大きな支配力をもつインコタームズの2000年版を公表している。インコタームズは現実に行われている商事慣習の明文化という本来の作業領域を超え，時代を先取りした合理的な商慣習の形成へとその役割を拡大しつつあるようにみえる。ハーグ国際私法会議は1985年の動産売買契約準拠法条約以降は直接に国際取引に関係する条約を作成していなかったが，専属的な管轄合意に基づいて下された判決の国際的流通性の基盤を確立することを目指した新条約を2005年に採択した[24]。こうした様々な機関の精力的な作業の展開をみるとき，21世紀前半が国際的な商取引法のグローバルな調和へと進展する時代となることがはっきりと感じられる。

② 各国の立法モデルとして影響力

　CISG が各国の契約法形成において具体的なモデルとして極めて大きな役割を果たしてきた。こうした側面における CISG の影響力は，その本来の目的である国際売買の領域において CISG が果たしてきた役割にも引けを取らないほど大きなものである。各国の契約法の改正に間接的ではあるが，非常に大きな影響を与えつつある。ここでその詳細を論じる余地はないが，国際的な協力作業に加わることの反射的な効果として，国内法が改善されていく現象に私達はもっと注目する必要がある。CISG が採択されて以降，多くの国家において契約法を見直す動きがあり，そのほとんどは何らかの形で CISG の影響を受けているといってよい[25]。

（2）　グローバルな契約法に向けた基盤形成

① 統一実質法の現実的な必要性の増加

　実質法の統一は非常に困難であり，現実離れしているという指摘がなされてきた。これまでに多くの統一実質法が作成されたが，そのほとんどはかなり限定された分野において狭い範囲の問題を扱う断片的なものであった。売買法のように契約法の根幹と関わる分野において，これだけ範囲の広い包括的な統一実質法が作られ，それが実際に多くの締約国を確保することに成功したことの意義は大きい。

　統一法の成否は，何よりも，どれだけの数の締約国を確保できるかにかかっている。その意味で CISG は非常に大きな成功をもたらした。締約国は今後もさらに増加することが見込まれる。これは確かに，CISG が優れた内容の統一法であり，その起草過程から国際的コンセンサスを獲得できるように注意深く進められた作業の成果であることに由来する。しかし，取引活動のグローバル化が急速に進展する中で，国際的な契約法の調和に対する現実的ニーズが，各国に強く認識されてきたことの影響も大きい。一国の国内法による対応だけでは急激な国際化を遂げてきている人々の社会経済活動に対し，一貫性のある規

律を及ぼすことに大きな限界があるのは自明であるが，そのことによる問題性が私達の日常においても実感できるところまで現実が進展したということであろう。そうした現状の急進展が，CISGの予想を超えた大成功の背景に存在している。そして1988年に発効してから18年の歳月を経たことにより，各国裁判所による判例もかなり蓄積されてきており，CISGはその実定法としての存在感をますます強くしてきている。

② 統一法の実践的な活用経験の蓄積

しかし，さらに重要なことは，統一法を現実において上手く使っていくための貴重なノウハウが蓄積されつつある点である。統一法の統一的解釈の促進は，CISG 7条1項のように抽象的にそれを促す条文を規定するだけでは不十分である。しかし，国際社会が私法に関する統一法の統一的解釈を確保するための最上級審をもつにいたるまでに，克服すべき理論的・現実的障害はまだ極めて多い。その間隙を埋める方法として，UNCITRALは21会期（1988）においてCISGに関する様々な国の判決を事務局に集め広く関係者が参照できるシステムを整えた。これは，CLOUT（Case Law on UNCITRAL Text）[26]と呼ばれ現在はインターネットで公開されることにより，非常に利用しやすくなっている。その他にも，各国の大学等の研究機関や研究者によってCISGを中心として「自生的データベース」網ともいうべきものがインターネットを活用して確立されつつある。そうした動きは，将来的に国際取引法に関する様々な問題を議論するための基盤としてのインターネットの重要性を明確に示すものである。情報の共有は問題意識の共有を生み出す。そしてその結果として，国際的レベルにおいて素早く的確な合意が形成され，それが協調的な作業を可能にする。実践的な目的に向けて法律の統一ないし調和を目指す作業が非常に進めやすくなるであろう。

③ 国際的な契約法調和の促進

CISGのような同一の内容をもつ成文の契約規範をめぐって世界各国の法律研究者が，それぞれの実務に直接関連するという切実な関心をもって議論でき

るこれほど広いフォーラムが確立されたことはかつてなかった。1994年に公表されたUNIDROITの国際商事契約原則は,「国際的契約法リステイトメント」と呼ばれるように法律的な強制力をもつことを予定してはいない。しかし,その基本構造においてはCISGを踏襲し,規定の方法としては「原則」という命名にもかかわらず,さらに詳細であり,売買契約に限定されず,契約の成立過程や有効性の問題をも含めている。さらにその第2版では,代理,時効,契約上の権利義務の譲渡,第三者のためにする契約,相殺・免除等を含めて大幅な拡大が実現された。

判決や仲裁判断で使用された実績を踏まえて,現在ではUNIDROITは国際契約の準拠法約款において国際商事契約原則を選択する方法を示唆しており,単なるリステイトメントを踏み越えた,より積極的な法調和を目指すための新しい方向性を示すものとして位置づけられてきている。

他方で,ヨーロッパ連合における法律協調の動向が,ここにきて契約法統一の動きに合流しつつある。ヨーロッパにおいて,法律の協調は公法の段階から私法の中核へと及びつつある。製造物責任指令は不法行為法の,不公正契約条項指令は契約法の,それぞれ根幹にかかわるものである。また,2005年には不公正商慣行指令も加えられた。ヨーロッパ契約法原則の起草作業も順調に展開され,契約法の調和に向けた動きも,加速しつつある。そうした動きの延長線上で,欧州民法典の形成もかなり現実感を伴って浮上してきている。もちろん,実際に欧州全体に共通の民法典が成立することは現実離れしているが,緊急の鋭い問題が提起される領域においてルールの統一を行っていくことは不可避であり,そのために断片的な指令が多数作られていく中で,それらを受け止めて幅広い理論的なバックアップを行う統一的な民法のシステムを形成する必要性はすでに現実のものである。こうした様々な側面での法統一に向けた積極的な動きは,明らかにCISGの成功に大きく勇気づけられ鼓舞されている。

④　国際私法と統一法との併用についての技術革新

また,現実に統一法を使うことにより明確になってきた問題も多い。こうした試みは,CISGの7条2項において不十分ながら自覚的に展開された。CISG

は統一的に解釈されるとしつつ，CISG の基礎をなす一般原則によっても解決できない欠缺がある場合には，従来の国際私法によって選択される準拠法による補充が明文で認められている。これは ULIS/ULF における原理主義的な国際私法への反発との比較において，極めて実践的な対応であるといえよう。

第7条 【条約の解釈原則，規定欠缺の場合の処理】
(1) この条約の解釈にあたっては，その国際的性格並びにその適用における統一及び国際貿易における信義の遵守を促進する必要性が顧慮されるべきものとする。
(2) この条約により規律される事項で，条約中に解決方法が明示されていない問題については，この条約の基礎にある一般原則に従い，またかかる原則がない場合には，国際私法の準則により適用される法に従って解決されるべきものとする。

その後も国際私法の統一と実質法の統一は，相互にバランスをとりながら進めていく必要があるという点は明確に意識されつつある。たとえば UNCITRAL が起草した1995年独立保証およびスタンバイ信用状に関する国連条約は統一実質法規定を中心とするものであるが，それらでカバーできない問題に備えるために統一的な国際私法規定（21条）をあわせて規定するという画期的な方法を用いた。これは実質法と国際私法の統一が実践面で補完関係にあることを正面から認めたものである。UNCITRAL が起草を担当し2001年に採択された国際債権譲渡条約は統一実質法と統一国際私法とのハイブリッド構成をさらに明確にしており，その起草作業におけるハーグ国際私法会議との緊密な連携も注目に値する。

また，多数の国が共通の法律として CISG をもつことで，それを軸とした議論の場が設定されたことにより，大げさにいえば，国境を越えた新たな法文化が生まれつつあるようにみえる。各国の法律家や研究者が自らの切実な関心において CISG を研究し，それについて世界的レベルで議論がなされている。各国の裁判所が実際に CISG を使って判例を積み上げていく。こうした中で，契約法の比較法的認識を促進する共通の基盤が整備され，地に足の着いたものとして非常な進歩を遂げてきている。CISG は統一的解釈を促進するための条項を有するが，これはその後の統一法において定型的な条項として定着した観がある。

CISGの実利的な面についての直接的な評価はなお難しいが[27]、わが国が締約国に加わらないことにより、こうした国際的な法文化進展のうねりに対して、自らを部外者と位置づけてしまっていることの損失は計り知れない。これが国際的な私法調和の動向の理解に対して日本の法律家社会がたどった「失われた四半世紀」である。こうした大きな流れに乗り損なったことによって日本がどれほどの損害を蒙ったかが、本格的に顕在化するのはこれからである。本著が少しでもそれを補うものになればと切に願う。

(3) CISGの限界

① 従来の国際私法秩序との不整合

統一法が機能するためには、当事者が選択された場合にのみ適用されるとするのでは不十分であるとの認識が、ULISではそのことは特に強調された。しかし既述のように、その結果として当事者が予測できない場合にULISが適用される場面が多く生じることが危惧され、それが多くの適用範囲に関する留保宣言を生み出す原因となった（本章2節2(3)参照）。

さらに、1条1項(b)は従来の国際私法が締約国の法律を準拠法とする場合にCISGの適用を義務づけているかに読めるが、優れた売買法をすでに有している国ではこうしたCISGの適用はかえって法適用に関して予測可能性を奪う不適切な場合も生じる。アメリカの各州では統一商事法典が広く採用されており、自州法を準拠法に指定する条項を設ければ当然にUCCが適用された。しかし、CISGが採用されてからは1条1項(b)により同様の条項を設けてもCISGが適用される可能性が新たに発生した。アメリカは1条1項(b)に拘束されない旨の留保（95条）をしているが、訴訟が他の国で行われれば不測の事態が生じることもある。CISG 6条はその全部または一部の排除の自由を認めているが、実際に従来通りUCCの適用を望むアメリカの企業は多く、CISG排除条項は実務上頻繁に用いられている。身近な例を挙げれば、アップル社のデジタル音楽ファイル再生用のソフトであるiTunesの使用許諾書には、CISGを明示で排除しカリフォルニア法を準拠法とする条項が記載されている[28]。これは、従来

の統一商事法典を基礎として発展したカリフォルニアの判例法に依拠する方が明確で適切な解決が与えられる可能性が高いと当事者が考えているためである。理論的な優位性と，実践的な場面における当事者にとっての便宜性は直結するわけではないことを例証するものである。

② 不自然な適用範囲の切り取りと強行法に関する問題

　CISG は，多くの重要問題を規律の対象から排除してしまった。2条は消費者による売買契約を CISG の適用範囲から外している。4条によれば，CISG が扱うのは当事者間の権利義務に限定され，第三者を対象とすることはできない。また契約の有効性の問題も扱われない。5条では人身侵害は扱わないと明言することによって，製造物責任の主要部分もその適用範囲から除かれた。このように CISG の範囲から外された問題のほとんどは，強行法規の領域に関する問題である。こうした部分において国際的な合意を形成することは難しい。どこまでを切り取ってその適用の対象とするべきかについて，万民法型統一法では非常に困難な問題が数多く発生する。

　国際売買において，契約書式や ICC のインコタームズや信用状統一規則等が広く用いられており，実務で日常的に生起する大多数の問題はそのレベルで対処が可能である。また，CISG は国際売買に限定したにもかかわらず，各国法の立法政策に大きな隔たりがある場面（たとえば人身侵害，消費者売買，契約と不法行為との線引きの問題等）を適用範囲から除外した。そのため，国際売買に自己完結的で包括的な規律を及ぼすことはできず，さらにそれを補充するため従来の国際私法によって指定される準拠法を必要とする場面が存在する（7条2項）。

　そして，採択から20年の歳月を経て CISG の中には陳腐化した部分があることも否定できない。CISG の起草段階において，電子商取引の進展も予測の範囲外であった。こうした新たな展開に対しては，CISG が条約という形態をとったために改訂が難しいことも災いしている。

③ 日本および連合王国の未加入

　日本と連合王国の批准が今日まで得られていないことも，大きな誤算であろう。日本がなぜ CISG の締約国になっていないのかについては，日本の法学部の教室においてだけではなく，海外の法律関係者からも頻繁に尋ねられる質問である。しかし，この質問に対して満足に答えられる者は誰もいないのではないだろうか。CISG の批准に対してはっきりとした反対の声は聞いたことがない。おそらく最も信憑性の高い説明は，こうした統一法条約の批准を国会の議題に取り上げるよう政府を動かすだけの圧力団体が日本には存在しないということであろうか。CISG に限らず，日本は国際的な民事法に関する数多くの極めて重要な国際条約の締約国となっていない。日本は国際的な民事法に関する条約の批准を実質的に促進する責任母体を欠いているといわざるをえない。これは様々な統一法条約について最近非常に目立つ問題であり，CISG に限らず，他の重要な条約の批准の遅滞という面で，すでに危機的状態に陥っている。

　これに対し，連合王国の乗り遅れにはコモン・ロー独特の統一法に対するシニカルな姿勢が存在した。それは，実質法を統一しただけでどれほどの実践的な効果が上げられるのかへの不信であり，手続法や司法制度のハードウェアをも含めた総体として法律を考える伝統からは，実質法を統一すれば国際的な法の統一がもたらされるとする大陸法的発想は，あまりに楽観的にみえるのであろう。また世界の商品取引市場の中心地として，契約締結時の取決めを極めて重視する市場型の単発契約を中心としたイングランド契約法の視点からは，CISG が有する柔軟な個別対応の可能性には違和感があるともいわれている。しかし，欧州連合法の進展や比較法学の普及により，連合王国は実質法統一に対する姿勢を肯定的なものへと変化させつつある。

3　比較契約法の成果としての CISG

　次に CISG において 1 つの完成像が示された比較契約法の到達点について分析を加えることにする。CISG を理解することは，日本の法律家にとっても決

して難しいことではない。それは日本の民法が，西欧諸国の成果を研究に学んだ比較法の名匠として国際的な評される研究者達によって起草されたことに基づく[29]。以下では，CISG の基本構造に直接関連すると同時に，永年にわたる比較法的研究の成果が最もうまく生かされている部分として，契約違反に関する CISG の規律を分析する。

（1） 契約違反における法規範の役割

　国際的な場面においても，契約の大部分は多少の波風を経験するにしろ，当事者間の協力により無事終了するのであり，法律が介入する余地は小さい。また，国際売買契約の主要部分は両当事者が契約書において詳細に定めており，さらにそれを補うための様々な標準契約書，統一規則等が存在するため，紛争解決の場面においてすら国家法が直接に適用される場面はそれほど多くはない。そうした背景において CISG が果たすべき役割はどのように考えられるであろうか。

　実践的側面からは，契約違反の場合の救済を扱う規定が重要である。当事者は，契約の対象となる物品の品質や価格，引渡時期，支払方法など，当事者の契約上の一次的な義務については，契約段階で明確に定めている場合がほとんどである。しかし，それに対し，契約が通常のルートから逸れて，いわゆる契約違反の状況に陥った場合について，常に十分な対処方法が当事者間であらかじめ定められている訳ではない。そうした意味で，契約違反に対する救済に関して法律が果たす役割は大きい[30]。そして特にその中でも，法律が日常的な取引活動の行為規範の設定へと結びつく部分が重要である。トラブルが生じた場合でも，当事者はまず裁判外の方法で解決を図ろうとするのであり，合理的な行為規範の設定により最小限のコストで契約違反の対処がなされることを望む。特に物品の品質に関する義務については，検査および通知義務，修補請求，解除，代品購入など，裁判外で当事者が用いる広い意味での救済方法は日常的に頻繁に用いられるものであり，非常に大きな意味を有する。国際売買で最も多く生じるトラブルは品質不良や引渡の遅延であることから，それに対応するための CISG の規定はその中心部分を占めるともいえる。

しかし，CISGが果たす役割はそれだけにとどまらない。取引実務における直接的な実益を離れても，法律の地球化という視点から，CISGが果たす役割についても私達は十分に認識しなければならない。世界の主要な貿易国をほぼ網羅する66ヵ国が現在CISGという同一内容の売買法を自国の実定法として有し，そして現実にそれらの国の裁判所で適用しているという空前の現実を私達は緊迫感をもって受け止めなければならない。売買法とは契約法の原型に他ならない。今日，CISGは世界的な契約法の地球標準を設定するものへと成長した。実践面では思ったほどのインパクトはなくとも，CISGが地球化する取引を規律するための契約法システムの構築に向けて，その基盤を提供するものとなることについて幅広い合意が存在する。日本がCISGの締約国とならず，その結果，十分にその成果を法学教育に取り込めない状態にあることは，日本の将来の法律家の国際性を奪うものである。

ここでは日本民法における物品の品質についての売主の義務違反とその救済構造を概観した上で，それとの比較においてCISGを分析する。この部分は，CISGの最重要部分であり，比較法的視点から最も先進的な部分の1つであると評価することができる。

（2） CISGと日本民法典の比較

① パンデクテン体系

日本法において，契約を規律する法規範の全体像を見通すことは非常に困難である。その第1の原因は，日本の民法典がパンデクテン体系を採用したことによって，契約違反の取扱いに関する規定が各所に分断され非常に見通しの悪いものとなっていることにある[31]。これは大陸法学者がローマ法大全の学説彙纂（パンクステン）の構成に倣って用いてきた，民法の諸規則を統合的な体系の下に配置する方法である。日本の法律学においても「体系的な理解」というときにも，それは科学的な理解ではなく，こうしたパンデクテンの構造に精通した上で法律を用いるのに必要とされる知識を強調する意味において用いられることが多い。実務から距離をおいた法学者の視点から，抽象性と一般性の高

い法規則を括り出して前に置く作業を幾重にも繰り返し，各法制度間の共通ルールと個別ルールとのグラデーションを用いることで，重複の少ない理論的な法規則の整然とした構成物としての「体系」を追求する美学が，大陸法の伝統の中には今日でも強く根づいている。また，大学における法学教育の大部分も，そうした知識の伝授に費やされている。

　第2の原因は，民法典と商法典という歴史的区分に基づく法典編纂の単位を採用したことにより，両者の関係が必ずしも十分に整合的に議論されない点にある。今日，両者の区別は必ずしも現実に適合的とはいえず，CISGにおいても民事・商事の区別は採用されていない[32]。また，日本民法は，制定後の大きな状況の進展を踏まえた改正作業も，契約法の基本構造を定める部分については全くなされていない。

　以下においては，売主が契約において定められた品質よりも劣るものを給付した場合についての日本の民商法上の対応について考えてみることにする。

② 売買契約における当事者の義務

　売買契約に固有のものとされる規定は，契約各則の555条以下におかれる。売主は財産権を買主に移転する債務を負い，買主は売主に代金を支払う債務を負う（555条）。財産権移転債務の内容として，契約で定めた数量を給付すべき点について565条が，瑕疵のない物を給付すべきことが570条が，それぞれ定めている。しかし，それだけが売買契約について民法典が定める規定ではない。それどころか，そのほんの一部に過ぎないといった方が正確である。売主・買主が相手方に対して有する売買契約上の権利は，それぞれ別個の債権として把握され，399条以下の債権総則中の規定の対象となる。また，双務契約における当事者双方の義務の牽連性の視点から，契約総則の規定の対象ともなる。民法典の体系において，売買契約は，以上のように段階の異なる複数のフェーズによって把握され規律されることとなる。売買契約という単一の社会事象を法的規律の側面から理解するには，日本の法律関係者はこうしたパンデクテン構造の抽象理論を完全にマスターしなければならない。

　Phase 1 [債務不履行]

売買契約にも，債務一般の履行としての側面から，債権総則の弁済提供に関する規定（492条以下）が適用される。また，債務が不履行となった場合には，414条以下の規定が関係する。414条は，債務者が「債務の本旨」に従った履行を行わなかった場合を債務不履行とし，買主は履行を請求できるとする。すなわち，買主は契約に適合した物品を引渡すように裁判上および裁判外で請求できる。この場合に不履行について売主の過失は必要とされない。415条は，不履行当事者に損害賠償責任を課す。品質に問題のある物品を引き渡した場合も，債務の本旨に従った履行がなされなかったことにより債務不履行に該当する。その場合，代品や修補を請求するのは415条の履行請求の一類型として把握されるため売主の過失は不要であるが，損害賠償を請求する場合には売主には過失が必要とされ，損害賠償の範囲は416条により，当事者に予見可能な損害，すなわち履行利益の賠償であるとされる。この場合の売主の損害賠償責任と，売買契約に特有の救済方法として位置づけられる570条が定める瑕疵担保責任に基づく損害賠償責任との関係をどう理解するかをめぐって，学説は非常に錯綜した状態にある[33]。

Phase 2［双務契約］

続いて，双務契約一般のレベルでは，契約総則中の同時履行の抗弁権（533条），危険負担（534条以下）が関連する。危険負担について，特定物が目的物の場合，契約成立後の目的物の滅失毀損は534条1項によれば債権者たる買主の負担となるため，以後売主の債務は消滅する。瑕疵担保責任を危険移転時までに特定物について生じた瑕疵に対応する制度と考える説に立てば，危険負担と瑕疵担保責任の調整問題が生じうる。また，近時，代金債権と不能となった契約内容の一部による目的物の価値の下落との対価的均衡，すなわち対価的牽連性の確保の視点から，瑕疵担保責任を位置づけようとする学説も存在する[34]。

Phase 3［特定物売買］

売買契約中に規定される570条の瑕疵担保責任における瑕疵は，通説では契約時に存在することが必要であるとされる（成立後に生じた場合は危険負担の問題となる）。瑕疵とは，取引上一般に期待される品質を欠く場合だけでなく，契約上予定された使用目的に対する適合性を欠く場合も含まれ，415条の「債

務の本旨」に反した履行と理論上と大きく重なる。そこで，従来からの通説は，瑕疵担保を特定物売買についての規定であると説明してきた。特定物の場合，それはこの世に1つしか存在しないので代わりの物を引渡すのは不可能である。したがって，売主は瑕疵があっても，その物を引渡す以外に方法はなく，売主の義務の履行はそれで終了することになる。

　しかし，そのまま放置すれば売買契約における対価的な均衡が破れ，買主にとって酷な結果となる。そうした状況におかれた買主を特別に救済するため，債務不履行のフェーズにおいてではなく，特定物買主に限定した特殊の救済として，衡平の見地から法律が定めた特別の無過失の法定責任として瑕疵担保責任を位置づける。権利行使期間は瑕疵を知ったときから1年[35]（商人の場合，商法526条1項により，目的物を遅滞なく検査して通知をする義務が課され，それを怠れば損害賠償請求および解除を行う権利を失う。直ちに発見できない瑕疵について6ヵ月以内に発見したときも同様である。しかし，それ以降に発見した場合について明文の規定を欠いている）。しかし，近時こうした従来の通説に対し，瑕疵担保責任を債務不履行責任の一種として位置づける学説も有力である[36]。

　③　[債務不履行]の救済と[特定物売買]に特有の救済の抵触について

　売主の契約上の義務違反は，日本民法の債権総則のフェーズにおいて債務不履行として把握される。約束した品質の物を給付しないことは，当然に債務の本旨に従った履行をしないことであり，414条の債務不履行を構成する。債務不履行の効果として，415条によって履行請求が可能となり，416条により損害賠償を請求することができる。物品の品質の契約不適合に関しては，履行請求とは，代品請求か不適合の修補請求ということになる。それぞれがどういう要件の下で認められるかは，実践面において，買主にとって非常に重大な問題である。しかし，その点について民法典の規定が直接触れるところはなく，また学説的にも十分詰められていない。

　また買主は，契約総則のフェーズでは，540条により相当の期間を定めて催告し，売主が応じない場合は解除することができる。買主は，履行請求に代えて，または，履行請求に合わせて，履行遅滞による損害を填補するため416条

が定める損害賠償を請求できる。その場合の損害賠償は，履行が契約どおりになされていたなら，あったであろう買主の経済的状態を回復することであり，履行利益の賠償と呼ばれる。

しかし，以上において説明した債務不履行を起点とした包括的な救済システムに対し，既述した570条の瑕疵担保責任を重ねて規定することの意義はどこにあるかが厳しく問われることとなる。それは，特に瑕疵担保責任を債務不履行責任の一類型として把握する説について特に難問となる。

瑕疵担保責任における救済は，前述の債務不履行についての救済と大きく重なる。救済方法として，両者とも損害賠償および解除（570条による566条1項の準用）が認められることは明らかである。しかし，損害賠償について，瑕疵担保責任を無過失責任と考えれば，過失の存在を前提とする債務不履行の場合と同様の履行利益の賠償を認めることはバランスを失するため，通説は信頼利益の賠償に限定されるとする。解除は，隠れた瑕疵の存在のため「契約ヲ為シタル目的ヲ達スル」ことができない場合に限り行うことができる。より難しいのは，414条によって認められた代品や修補の請求を瑕疵担保責任に基づいて行うことができるか否かであるが，理論的な決め手がなく議論は錯綜している。

時効期間は，債務不履行の一種である不完全履行の場合は目的物引渡から10年（商行為の場合は5年）であり，判例はそれを瑕疵担保による損害賠償請求権にも適用されるとする[37]。しかし，商事売買においては商法526条との関係で目的物受取から6ヵ月以内に発見された瑕疵に救済が実質上限定され，民事売買との不均衡が著しい。立法的な検討が必要であろう。

(3) CISGにおける契約違反と「物品に適合性」に関する義務違反[38]

① 契約違反への統合

CISGにおいて瑕疵担保責任という制度は，契約違反一般の体系に吸収された。品質に関する義務は，物品の適合性に関する義務の一部として把握され，引渡および書類交付に関する義務とならび，売主の義務の一面として構成されている。そして，それらの義務違反には，売主による義務違反に対する救済に

関する規定全体［履行請求（代品請求または修補請求），重大な契約違反の場合の解除，代金減額等］が適用されると同時に，履行期前の売主の契約違反の不安に対する履行停止，損害賠償請求を行うことができる。

　売買目的物の大半を種類物が占める現状おいて，わが国の従来の通説である法定責任説のように特定物を中心とした理論の妥当性は疑わしい。そして現実に日本でも，瑕疵は「給付された目的物が契約の趣旨に適合していない場合[39]」と把握され，ますます契約内容に即して理解されるようになってきている。瑕疵担保責任と一般の債務不履行である不完全履行についての責任は，修補請求，解除，損害賠償等，それに対して用いることのできる救済方法が類似しているのみならず，検査・通知義務など共通に論ずべき問題は多い。両者をパンデクテン体系の異なったフェーズに固定することの合理性自体を正面から疑ってみる必要は従来から明らかに存在していた。五十嵐清教授が，特定物売買においても売主は瑕疵なきものを給付する義務を負うとする契約責任説を，統一売買法起草についての本格的な比較法的基礎研究であるラーベルの商品売買法に着想を経て提唱した[40]ことは，その意味において象徴的である。

　② 特定物ドグマからの離脱

　CISG が採用するのは売買法についての最も明確で整理された体系ある。そこにおいては，特定物ドグマを除去すると同時に，債務不履行を3つの類型から捉えるドイツ法の立場ではなく，契約から生ずる全ての義務の違反を，合理的な救済へと結びつけることのできる柔軟なシステムが採用される。

　また，契約債務と不法行為債務の同一視による契約責任における過失責任主義を放棄し，それに伴う不完全履行と瑕疵担保責任の峻別からも解放された。これに伴い，損害賠償の算定につき履行利益と信頼利益を区別する必要もなくなった[41]。また，重大な契約違反という英米法系に由来する概念を導入することにより，裁判外の救済方法として非常に重要な「解除」を全ての契約違反について合理的な共通の基準に従って用いることができるものにした。

　特に瑕疵担保に関連しては，買主の検査および通知義務(38条)を明確にし，買主が代品を請求できる場合(46条2項)および修補請求できる場合について，

その要件を明らかにした。また，売主側の履行期前(37条)および履行期後の修補権(48条)の存在を明確に定めた。これらの規定は，当事者間の不要な紛争を防止する意味で大いに役立つものである。

CISGにおける契約違反およびその救済の体系がいかに簡明で合理的なものとなっているかは，次頁の図表6−1をみれば明らかである。この体系において，私達はほぼ直感的にその全体構造を把握することが可能となったといっても過言ではない。

③ CISGの簡潔性と先進性

判例および学説は，わが国の瑕疵担保責任制度と債務不履行との関係を合理的なものとするため非常な努力を重ねてきたが，議論が錯綜し構造的な把握が非常に困難なものとなっている。特に，法律の玄人ではない売買の当事者がそれを用いる場面において，それは決して使いやすいユーザー・インターフェイスを提供するものとはいえない。

CISGが，21世紀の契約法の基本構造を提供する地球標準としての地位を確立したことは，その後作成されたユニドロワ原則，欧州契約法原則においてもCISGの基本構造が採用されていることからも明らかである。確かに，社会経済環境の急激な変化は法律に対し，次々と新たな対応を要求してくることは疑いない。売買に関していえば，電子商取引の急進展はCISGの起草当時においては全く予想されなかった事態であり，CISGがいつまでも最新の売買法としての地位を維持し続ける訳ではない。しかしCISGが提示した契約法の基本構造は，これからも支配力を有し続けるであろう。こうした状況下で，わが国にとって最も深刻な問題は，わが国がCISGの締約国となることを拒絶し続けることによって，簡明で合理的な契約法システムの教育を受ける機会を次世代の法律関係者から奪っている点にある。

法律関係者とは狭い意味での法律家に限定された問題ではない。契約法の実社会における真の影響力は，むしろその行為規範的性格の中に存在する。国際取引契約の実務に従事する者には，契約の様々な段階においてその場面ごとにおいてとりうる選択肢を正確に理解し，その中から自分のニーズに合うものを

図表6－1　CISGにおける義務違反と救済

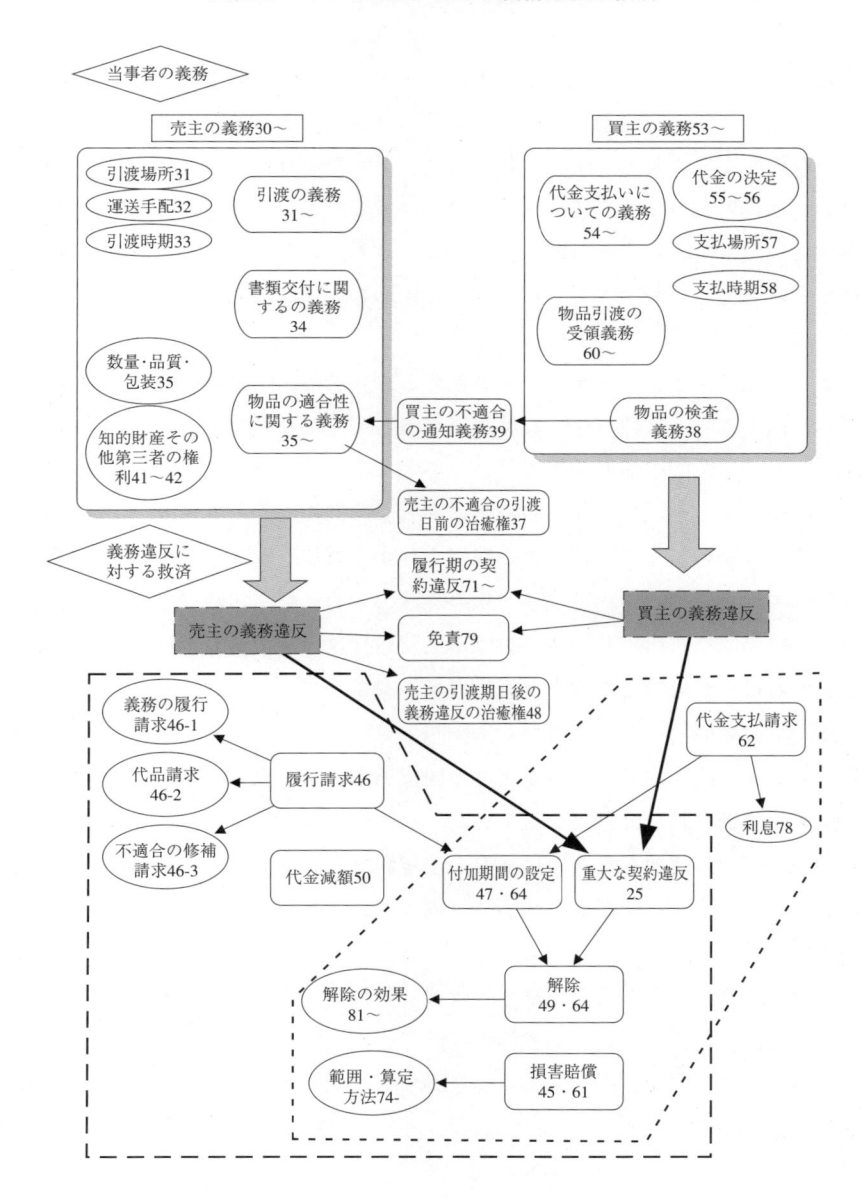

当事者の義務

売主の義務30～
- 引渡場所31
- 運送手配32
- 引渡時期33
- 引渡の義務31～
- 書類交付に関するの義務34
- 数量・品質・包装35
- 物品の適合性に関する義務35～
- 知的財産その他第三者の権利41～42

買主の義務53～
- 代金支払いについての義務54～
- 代金の決定55～56
- 支払場所57
- 支払時期58
- 物品引渡の受領義務60～
- 物品の検査義務38
- 買主の不適合の通知義務39

売主の不適合の引渡日前の治癒権37

義務違反に対する救済

- 売主の義務違反
- 買主の義務違反
- 履行期の契約違反71～
- 免責79
- 売主の引渡期日後の義務違反の治癒権48

- 義務の履行請求46-1
- 代品請求46-2
- 不適合の修補請求46-3
- 履行請求46
- 代金減額50
- 付加期間の設定47・64
- 重大な契約違反25
- 代金支払請求62
- 利息78
- 解除の効果81～
- 解除49・64
- 範囲・算定方法74-
- 損害賠償45・61

迅速かつ的確に選び出すことが要求される。物品の適合性に関していえば，検査通知義務，修補・代品請求，解除などの裁判外で行使される法制度にこそ，実践的場面における非常に大きなインパクトが存在する。また，合理的な損害賠償のルールは訴訟外でも紛争解決を促進することができる[42]。それらは日常的な取引の中で恒常的に用いられる法的ツールであり，当事者間の行き違いが争いへと進展することを防止し，訴訟や仲裁等の多額の費用を要する紛争解決手段にいたる前段階での問題解決を可能とする。それらの制度を正確に理解し運用する能力は，国際売買のビジネスに携わる可能性のある全ての者にとっての常識とさえいえる。

　それらを，法律家コミュニティに属する少数者のみが理解できる，複雑で錯綜した法構造の熟練に依存する特殊な知識としてはならない。そのような技巧は，決して法律学の体系的思考という美名によって賞賛されるようなものではない。それは，不親切で操作の修得に膨大な時間のかかるユーザー・インターフェイスしか有しない時代遅れの機械を動かす方法を覚え，その特殊技能をひけらかす行為に等しい。私達は，狭い趣味の世界に留まる法律学に堕することなく，国際的な法律家共同体における最新の到達点をできるだけ多数の人々が享有することが可能となるよう真摯な努力を重ねていく必要がある。国際売買法は，法律専門家のものではなく，国際売買に携わる全ての人々に奉仕すべきものであり，内容的における妥当性と同様あるいはそれ以上に，簡明さと使いやすさが強調されなければならない。

　わが国では，窮屈な既存の民法典の法規範構成の中で何とかやり繰りをする技術としての法解釈学が少し強調され過ぎている。実践の中で積み重ねられた知恵は承継されるべきとしても，そうしたディテイルを知識として教え込むことに法学教育が膨大な時間を割き続けることは懐古主義の誹りを免れない。新たな時代には新たな挑戦が必ず待ち受けている。既存の到達点をできる限り迅速かつ簡明に次世代に伝え，彼らがその先へと進んでいくことを援護しなければならない。そうした点で，CISGが提示した明解な契約違反のシステムは，世界的な支持を獲得した。契約法にリテラシーというものがあるとすれば，今日それはCISGの基本構造を理解し，運用する能力を身につけることであると

さえいえよう。そして、CISG はそのリテラシー・レイト（識字率）を世界的レベルで大幅に改善する現実的可能性を有する[43]。

第3節　ユニドロワ国際商事契約原則の到達点

　国際的な契約法の調和は、さらにユニドロワ国際商事契約原則の完成によって、新たな時代を迎えた。CISG が国家法システムの最終到達点であるとすれば、ユニドロワ原則は超国家法システムに向けた最初の一歩であるといえよう。それほどまでに多くの画期的な着想が、ユニドロワ原則の中には込められている。それではユニドロワ原則は、どのような意味で新たな貢献を人類にもたらしつつあるといえるであろうか。以下ではこうした問題を、そうした着想に到達した経緯、起草における新たな方法の採用、そしてユニドロワ原則によって導かれる新たな契約法の展望といった3つの側面から概観する。

1　ユニドロワ原則の着想と沿革

　ここでユニドロワ原則の沿革を簡単に振り返ってみる。特に、CISG という地球標準の統一売買法を確立することに一応の成功を収めながら、なぜそれと重ねてユニドロワ原則を作成する必要があったのかを再考することは、極めて重要である。

（1）　国際的な契約法のリステイトメント

　①　アメリカにおけるリステイトメントの影響
　「アメリカにおけるリステイトメントのようなものを国際商事契約について作成できないだろうか」というアイデアは1968年に開催された UNIDORIT の40周年記念の国際コロキウムで示唆された[44]。実際の法としてたとえば「アメリ

カ契約法」というものは存在せず，ただ各州ごとの法律としてのみ契約法は存在する。しかし，アメリカ全体の法をリステイト（再述）する作業は，アメリカの法律家全体がアメリカ全体の法に対する共通認識を醸成する上で，大きな貢献を果たしてきた。そして，この国際契約法をリステイトする計画は1971年のユニドロワの理事会において作業プログラムに加えられ，フランスのルネ・ダビド達からなる検討委員会がつくられた[45]。しかし他にも懸案となっていた多くの作業があり，数年間は優先的な課題とはならなかった[46]。

　1980年になってやっと作業部会が創設され，世界中の主要な法システムと社会経済システムを代表する研究者を中心としたエキスパートが選ばれた。その後の作業において彼らは政府代表としてではなく，個人として意見を述べ，外部にもオープンに意見を求める姿勢がとられた。そうした長年にわたる作業の成果として，1994年にユニドロワ原則第1版が発行された。

　したがって，ユニドロワ原則は，CISGの陰に隠れていたが，lex mercatoriaの再興を唱えるオピニオンリーダー達が推進してきたもう1つの法統一作業であるということも可能であろう[47]。その条文構成は大陸法的であり，統一商事法典やアメリカのリステイトメントと比較すれば条文数は少ないが[48]，独特の特徴もみられる。起草作業において，多くの最新の各国の立法や国際規則が参照された[49]。作業は英語で進められたが，最終的にはできるだけ多くの言語のバージョンをつくることが目標とされた。

　② 超国家的な契約法への夢

　ここでユニドロワ原則の根本的な着想に再度立ち戻ってみよう。国際売買に関してCISGのように各国の契約法には手をつけず，ただ国際売買のみを適用対象とした万民法型統一法を作成することが本当に統一売買法の起草者達が思い描いた夢であったといえるだろうか？　これは，統一売買法の研究を始めて以来，筆者の頭からいつも離れることのなかった疑問である。実際にハーグ統一売買法にも，CISGにも，たとえばインコタームズに顕著にみられるような売買の国際的性格から生ずる特殊性に応じた具体的規則は，実はそれほど存在しない[50]。

統一売買法の発案者であるエルンスト・ラーベルは，もともと，国際売買に適用範囲を限定する意図はなく，それは条約という形式において統一売買法を実現していく過程で「戦術上の理由によって」提案されたものであったと，彼自身が明言している。そして，それが審議の過程で「覆されることを空しくも望んでいた[51]」とする。ハーグ統一売買法が，国際私法に煩わされることのない独立的な国際売買法システムの確立を望んでいたことは，アンドレ・タンクが同統一売買法に付したコメンタリーからも明らかである[52]。しかしそうした希望は，条約という各国の合意の探り合いを前提とする国際立法の過程において，あまりにナイーブな姿勢であった。そして現実に，様々な空間的適用範囲に関する留保を生み出し，国際私法の排除による法適用の明確化の夢は脆くも崩れ去った。

　それから30年後，同じUNIDROITが公表した国際商事契約原則（以下，ユニドロワ原則）は，多国間条約という形式を断念し，実定法的地位へのこだわりをひとまず捨て去ることによって，国際売買法の始祖達が実現できなかった夢を着実に現実化しつつあるようにみえるのは興味深い。確かに，ユニドロワ原則は売買契約のみを対象とするものではない。それは「国際商事契約の一般原則を明言する[53]」ものである。しかし，売買契約は有償契約のプロトタイプであり，統一売買法の起草は，実は契約法の地球標準を模索する作業に異ならない[54]。少なくとも大陸法系の比較法研究者にとってそれが自然な認識であり，統一売買法を作成することの暗黙の前提であったと思われる。しかし，条約作成過程における現実との葛藤の中で，それ本来の壮大で伸びやかな背景は切り捨てられ，現実の国家法を前提とした法的環境の一構成要素たる万民法型統一法として，狭く複雑な実定法階層の隙間に固定されることとなった。

（2）　多国間条約による国際的な法調和の限界

①　多国間条約による法統一の限界

　ここでは，CISGの有する立法技術上の様々な限界についてやや詳しく再検討してみよう。CISGは条約という形をとったため，状況の変化に対応して改

訂を行うことが非常に困難なものとなっている。これに対し，たとえばアメリカの統一商事法典（UCC）はモデルローに過ぎず，その採用は各州の自由に任されているが，商取引をめぐる状況が急速に変化する現在の社会経済状況においては，それがかえって優位性をもたらすものとなっている。1951年に第1版が公刊されて以来，状況の変化に応じ頻繁に改訂を行うことによって，今日まで常に最新の商事法典として世界的に注目を集め続けてきた。またユニドロワ原則は包括性な契約法システムという点ではCISGをすでに超えており，さらにスケールアップした第2版（2004年版）が公表された[55]。

　私法統一の道具として，多国間条約という形式が絶対的なものではなく，むしろ多くの弱点を伴うことは今日共通認識となっている。CISGは確かに多くの面で世界的な法統一を鼓舞したが，多国間条約という形式を採用した結果として，その改訂作業を近い将来に行うことは極めて困難である。

　ユニドロワ原則は条約という形式を捨て去った代償として，統一売買法が意図した本来の自由なイメージの広がりを取り戻したようにみえる。また実定的性格を放棄することにより，国際的な実定法規の厳格な階層構造に組み込まれず，独自の体系的な完結性をも獲得しつつある[56]。

　条約という形式を採用する最大のメリットは，国家という法制定権限において現時点で最も強力なアクターの力を活用できる点にある。たとえば，強行法規に関連する制度について一気に国際的秩序を確立してしまうことが必要な場面では，これからも多国間条約という方法が使われ続けるであろう[57]。確かに統一法の形成に弾みがついた現在，条約という方法をより洗練させた形で用いることの利点は決して小さくはない。また，厳格な条約採択というプロセスを相対化する工夫もEUやWTOをはじめ様々な方面で進展しつつある[58]。私法の国際的調和を考える際にも，こうした国際公法的なルーティン方法を用いて進展しつつある，国家の枠組みを相対化しようとする動向にも注意を払う必要が現在明らかになりつつある。

　② 国家法万能主義への懐疑

　しかし大きな構図の中においては，国際的な法の調和を実現する手段として，

条約という方法がもつ重要性は明らかに減退しつつある。社会においてルールをつくり出すのは，決して国家間交渉や国家の立法権に依存するものだけではない。これは国家法の相対化とも表現できる。近時，完全な法的効力を備えていないソフトローと呼ばれる規範が様々な場面で用いられ注目されつつある。Lex mercatoria をめぐる議論が，それまであまりにも強固であった国家と立法との必然的結びつきに大きな疑問を投げかけた。そしてそれは，現状によってますます肯定されつつあるようにみえる。こうした中から新たな国際的法調和への方向性がみえてくるかも知れない。

こうした壮大な展望を切り開く起点として重大な役割を果たしたCISGは，人類の法統一の歴史において永く祝福される存在としての地位を占めることは間違いない。しかし，条約は締結時に内容が固定され，ある意味で記念碑的なものとなり，状況の変化に対応できず実質法改正の敵とさえなってしまうことさえある[59]。国際契約を取り巻く環境の変化は激しく，CISGですら，電子商取引に十分な対応はできていないとの批判を免れない[60]。ユニドロワ原則が，リステイトメント形式の採用により，時代とともに急速に変化する国際契約実務に柔軟に対応していけることは，その最大の強みといってもよい。2004年に公表された第2版において，さらにその適用範囲を大幅に拡張し，代理，時効，第三者のためにする契約，契約上の権利義務の任意的移転，相殺，免除[61]，などの問題が新たに取り上げられている[62]。

2 私法の国際的調和におけるユニドロワ原則の成果

(1) CISGとユニドロワ原則の位相

① 法調和に向けた形式と実践

国際商事契約法原則はリステイトメントであり，法律的な拘束力はない。しかし，統一法の範囲を任意法規に限定したCISGとの差は，実はそれほど大きくはない。CISGの適用についての黙示の排除が認められるか否かが1つの論

点となっている（6条参照）。しかし本来，国際売買の当事者の便宜を促進するための統一法であるCISGが，それを損なう形で適用される場面を想定するのは困難である。したがって，当事者の意思は明示・黙示を問わず最大限に尊重されることになろう[63]。

　CISGは国家法秩序の中に形式的に位置づけられ，ユニドロワ原則は当事者の契約の拘束力に依拠してその適用が認められる。しかし，こうした形式における違いは一見極めて重要なようにみえるが，実践的にそれほど大きな差はない。また，両者は受け持ち範囲を異にするために両立しうるとの説明も不可能ではない。確かにCISGは国際動産売買のみを規律の対象としている。しかし，動産売買が契約法を形成する場合におけるプロトタイプであることは明らかである。また，その実質法的内容を検討すれば明らかなように，両者はその内容において大きく重なるため，実質的な競合関係に立つ場合も少なくない。

　それではこうした両者の関係をどのように理解すべきであろうか。こうした法の多層的な重なりを考察する上で，いわゆる多法域国家における法のあり方を検討することには大きな意義がある。アメリカでは，連邦の権限が及ばない範囲において各州法の独立性が尊重される。しかし，各州法間にもたとえば判例の相互参照等による事実上の影響等は存在しており，また統一商事法典などのモデル法を各州が任意に採用することによって実現された法的調和もみられる。また，ユニドロワ原則がインスピレーションを得たとするリステイトメントもアメリカ法の総体についての再述であって，特定の州法に基づくものではない。

　こうした多層的な法源構造は，決してアメリカに特有のものではなく，ヨーロッパ共同体にもみられるものである。また，歴史的には大陸法系の法システムにも存在するものであった。たとえば，法典化前のヨーロッパ全体を覆っていたローマ法の大学での研究に基づくユス・コムーネ（ius commune）は，様々な地域の裁判において補充的な法源として用いられてきた。今日でも，たとえばスコットランドでは，ローマ法はスコットランド法の欠缺を補充するための公式の法源としての地位を認められており，実際に最近でもローマ法が参照される場合が存在する。旧英連邦の諸国においても，イングランド法はひろく説

得的権威を有するものとして参照されている。日本法もある時期までは母法としてのドイツ法学説を頻繁に参照しながら，自国の法システムを発展させてきた[64]。こうしてみれば，各法システムが国家の枠内において完全に隔離されて存在するとの考えの方がむしろ虚構というべきであろう。こうした多層的に存在する規範の構造[65]の現実性を，ユニドロワ原則は意識的に取り入れてきており，それはある意味では CISG との関係においては補充的な地位にある。

② 国家間交渉における取引費用の節減

国際取引における規範設定者として国家はもはや十分な役割を果たしていないことは明らかとなりつつある。それは経済活動である国際取引は，本来国境の枠とは無関係に進展するものであり，たとえば WTO や FTA の進展にみられるように，経済活動の進展において国家間の敷居を漸次低くしていくことは明確な国際的コンセンサスとなった。国家とは，国境を外枠とする内的な安定を基本的に指向する制度であり，その意味において内的な利益（国益）を守るための閉鎖システムである。そのためにビジネスのグローバル化と矛盾する一定の構造を内包しており，国際的な協調を促進するためのアクターとして本質的な自己矛盾を抱え込んでいる。こうした国家の有する性格が，これまでの多くの国際的な法調和を実現に向けた場面において，大きな障害をもたらすものとなってきた真の原因であろう[66]。

UNCITRAL の雰囲気は政治的であると表現されることがある。各国の様々なバランスの中で構築された，国家間の譲歩と妥協とを探る意味において極めて洗練された構成を実現し，それが今日でも UNCITRAL の正当性の根底に存在する。しかし，法調和を促進する上で今日では私的アクターの位置づけを積極的に考える必要が大きい。こうした方向性は新しいバージョンの民主的正当化へとつながる可能性さえ見出している[67]。

そうした新しい時代に適した起草過程のデザインは各方面で進められてきている。たとえば，ヨーロッパ契約法原則の基礎作業を担当してきたデンマーク研究者であるランドーを中心とするヨーロッパ契約法委員会[68]のような私的な作業部会に欧州共同体資金援助のみをすることで，モチベーションの強い少人

数の研究者グループによりプロジェクトの萌芽期を任せ，それが育ってきた段階で徐々に公式のプログラムへと格上げしていく方法である。これは日本における最近の立法の方法にも影響を与えつつあるようにみえる[69]。

　これは，強いインセンティブと経験をもった者の知見を最大限に生かす仕組みをつくる方法であり，法律実務家・法学者はその背景となる法システムや法文化の違いにもかかわらず，これまでの歴史においても意外な国際性を発揮し，国際的な法の平準化に大きな力を発揮してきた。またICCやIATAのような同業者による国際的な私的機関もこれまでに素晴らしい実績を残してきている。

　また実際に，法律としての拘束力をもたない形で，説得的権威として，直接に実務に働きかけていく方法も国際取引の場面では大きな成果を上げてきた。インコタームズ，信用状統一規則，そしてデファクト・スタンダードとなった数多くの標準契約書式等がそれに当たる。

　国際取引に従事する人々にとって最も大切なのは，ルール適用についての予測可能性と最終的な解決の強制力である。紛争解決手段としての国際商事仲裁においては，専門知識を有する仲裁人が関与することで商取引の慣習に基づいたルール適用についての予測可能性が増加すると考えられる。また訴訟が国家によって提供されるものであり，自国民に有利な解決がなされるのではないかとの疑念をぬぐい去ることができないのに対して，仲裁は両当事者にとって公平なものとして国際取引の場面では受け入れられやすい。訴訟のように公開が原則ではないため，ビジネスにおける秘密も守られる。さらに訴訟は両当事者間の関係を破壊する可能性が高いのに対して，仲裁は両当事者の関係を保存する効果もある。そして承認執行については，現在137ヵ国が締約国となっているニューヨーク仲裁条約（1958年）が仲裁の世界各国における承認執行にかなりの確実性を保障している[70]。

（2） 比較法的方法の進化

① 比較法研究の進化と実務の吸収

　ユニドロワ原則が，基本的な構造において CISG を踏襲している部分は大きい。しかし，CISG の成立後の発展を取り入れている部分がすでに存在しており，今後改訂を重ねるたびにそうした部分が進化することは疑いない。

　ユニドロワ原則ではかなり周到な各国契約法の比較検討がなされている。また，CISG の成立後に契約法の改正を行った国家は少なくない。オランダの新民法典やアメリカの統一商事法典のような先進国におけるものだけでなく，その中には社会主義圏の国家法も含まれている[71]。また，大陸法と英米法との中間に位置する混合法システムも参照された[72]。こうした作業は各国法に共通する原則を抽出するためだけではなく，各国法の中における最も優れたものを採用しようとする姿勢からも行われた。これは国家代表として行動する起草者達の間ではとりえない姿勢である。ユニドロワ原則の起草過程において，真の意味でコスモポリタン的姿勢を起草者達がとっていたかを示す好例といえる。

　また，ユニドロワ原則は旧社会主義圏の立法として，旧東ドイツおよび旧チェコスロバキアの法律が広範に参照している。東ドイツの1976年に国際商事契約法，チェコスロバキアの1963年に国際貿易法，中国の1985年の対外経済契約法も参照された[73]。旧社会主義圏諸国では，国内において計画経済を採用しており，国内法をそのまま国際貿易のルールとして用いることができない。そうした状況が逆説的ではあるが，国際取引に関する独自の制定法の必要性をより強く自覚させる原因となった[74]。したがって，これら制定法の内容は実用的であり，実務的側面に関して詳細であるため，そこから学ぶべき点も多い。

　いわゆる混合法システム（Mixed Law System）について，新たな比較法的研究が進展しつつあるのも新しい特徴である[75]。アルジェリアやエジプトの民法典，ローマゲルマン法と英米法との混合である南アフリカ民法典，様々な宗教法やローマンダッチ法に加えて英米法の影響をも受けたスリランカ民法典なども参照された。これまでにも国際的法調和を目指す作業において，大陸法系

と英米法系との法文化的ギャップが成功を阻んできた例は決して少なくない。こうした混合法はその両法系の中間に位置する法システムとして，両者を調和させるためのインスピレーションを得るために，欧州連合における法の統一作業においても注目されるようになってきている(76)。

作業は各国制定法の参照にとどまらず，インコタームズ，信用状統一規則，ECEやFIDICのプラント輸出等に関する一般条項，COMECONの物品引渡に関する一般条項にまで及んでいる。さらにヨーロッパ契約法原則も参照された(77)。

② 契約法の調和が目指す究極の課題

統一売買法はこれまで，暗黙に，異なる２つの目的を追求してきた。第１は，各法システムの最大公約数的な契約規範をつくることであり，第２は，国際取引における特殊性に対応した解決を提供することである(78)。

しかしこの両者の関係は，それほど単純ではない。異なった法システムに属する者同士が締結する契約において準拠法選択を行う場合，何れか一方の当事者が属する法システムを準拠法として合意することは容易ではないため，いずれの法システムにも偏らない最大公約数的な契約法の存在は非常に便利である。しかし，国際売買において生ずる実務の詳細に対応するには，そうした偏差のない契約法を作成するだけでは不十分である。個々の契約の性質に応じて，異なった規定を設ける必要もあろう。そうした作業は，国際商業会議所や各物品を扱う同業者の自治団体等に任せる方がより適切であり，また実績もある。私見を率直に述べれば，そうした意味では，ユニドロワ原則もCISGと同様に一般的契約法の域を大きく出るものとはなっていない。様々な分野において専門化した国際契約実務が自由かつ公正に進展できるよう，それらを背後から幅広い一貫性をもってサポートする公正な国際的契約規範としてのポジションを目指すものと理解して大過ない。

国際商事契約において任意に援用されることによって，徐々に地球標準となることを目指す契約法のあり方についてlex mercatoriaの漸進的な法典化の進展（Creeping Codification）がみられるとの指摘がドイツのピーター・ベルガー

によってなされている⁽⁷⁹⁾。そして，ユニドロワ原則がその目的に着々と近づきつつあることは様々な場面における実績が明確に示している⁽⁸⁰⁾。契約ルールを必要とするのは，決して法律家や国家の裁判所だけではない。そうしたルールを最も日常的に用いるのは契約実務に携わる取引者自身である。彼らは必ずしも法律についての詳細な専門知識を有している訳ではないが，日常的な契約ルールを共有し，それを基盤として行動し，さらに新たな取引過程を経験することで新しい契約ルールを創出する原動力となる。そうした契約締結のプロセスに法律家が交渉の補助や契約書の起草を通じて関与することで，ルールの形成と安定化に寄与する場面も多い。そして，契約行動が複雑になればなるほど，法律家の関与の度合いは一般に強まってくるといえよう⁽⁸¹⁾。

（3） 取引社会における秩序の生成

① 取引社会における自生的な秩序形成とその進化

　国際売買契約のように取引者達が長く行ってきた取引分野では，今日法律的紛争にまでもつれ込むようなトラブルが生じることは極めて少ない⁽⁸²⁾。そうした事実は次のように説明することが可能であろう。たとえば，中世の冒険商人の場合を考えれば明らかなように，人類が国際売買を始めた当初において，それは危険に満ちた取引であった。そこでは多くの深刻なトラブルが生じ，取引が破綻したことも多かった。しかし同様の取引が繰り返される過程において，取引社会はそうした取引を円滑に進めるための様々なノウハウを蓄積していく。また，裁判所や仲裁機関のような紛争解決組織もそうした取引の進展に伴って必然的に発生する紛争解決の必要により円滑に対応するために，取引社会が自ら作り上げてきたものである⁽⁸³⁾。

　繰り返し行われる取引における当事者間の取決は，書面にまとめ上げられ，改善を繰り返しながらその後の取引者達によって用いられることで，より効率的で洗練されたものへと仕上げられていく。先例となる契約書をもとに複雑な商取引をコーディネートする仕事は13世紀から法律家によって行われていたとされるが⁽⁸⁴⁾，それは今日，ビジネスローファームで働く法律家が日々従事して

いる仕事と基本的に変わりない。そのようにして契約とその規律方法は，当事者関係を規律し，取引を安定した信頼のおけるものへと整えられていく。

具体的に紛争にまでもつれ込んだ事例等も参考にされ，そうした紛争を未然に防止する工夫も当初の契約内容に先回りして取り込まれていくことになる[85]。たとえば，クレーム手続に関する条項，違約罰条項，不可抗力条項，仲裁条項などがその例である。こうした不測の事態について先回りした取決めを契約書に織り込むことで，そうした問題が顕在化した場合にもより迅速で取引コストの低い方法によって対応することが可能になる。

しかし，取引社会が取引の安定と効率を高めるための対応は決して契約書における工夫にとどまるわけではない。たとえば，支払に対する不安は銀行の国際ネットワークの信用を借りることによって設定された信用状という補完制度によって乗り越えることができる。両当事者のコントロールを超えたリスクの多くも保険という制度によって制御できるようになる。また，商品の品質等についてのクレームに対しては様々な国際的検査専門機関が作成した信頼性の高い鑑定報告を用いることで迅速な解決へと導くことが可能となる。

このように国境という枠に阻まれながらも，取引社会は国際売買を安全に行うためのインフラを発達させてきており，その適応能力には目を見張るべきものがある。このようにしてルーティンとなった取引に関するトラブルは，法律家や紛争解決機関の表立った手助けがなくとも，ほとんどの場合迅速かつ効率的に対処できるところまで到達したと理解するのが現実的である。

法律やあるいはその法律が直接の規律対象として捉えている契約書のみを自己完結した制度として捉え，それとの関係でのみ取引実務を捉えようとする姿勢には無理がある。契約実務や契約書だけでなく，それらを背後からサポートする契約規範をも含めて，それは取引という経済活動をサポートするために，取引社会が歴史的経過の中で経験と工夫とを積み重ねることによって発達させてきた水平的秩序形成のための膨大な作業の一側面として理解することが必要である。

こうした取引社会の全体像の中に契約ルールを位置づけようとする構図を明確にしたことが，ユニドロワ原則によるパラダイムの変換である。国家法に焦

点を合わせ，多国間条約の形式にこだわっていた CISG においては，こうした展望をまだ実現できていなかったのである。

② 法規範の相互作用：ソフトロー・ハードローの単純な二分化を超えて

これまでの国際的な比較法研究者には，ドイツのラーベルに代表されるように英米と大陸の契約法の比較研究において優れた業績を残してきた者が多い。しかし最近では，ドイツのラインハート・ツィンマーマンのように混合法システムの研究から，大陸法系の進展を分析することで，現在の欧州統合における法的調和について発言力をもつ研究者も増加してきている。特に中世以降のヨーロッパの諸大学を中心として全ヨーロッパ的な法文化のあり方を考察することによって，様々な起源をもつ法原則が，多層的に重なる形で訴訟において用いられていたという事実が明らかにされてきている[86]。スコットランドにおいても，判例法に欠缺がある場合には現在でもローマ財産法が補充的な法源としての地位を認められている。また，欧州連合においては EC 法の優越が認められるが，それ以外の部分は従来の構成国の国内法が適用されることになる。このように起源の異なる多層的な法律が用いられてきた実例は，決して少なくない。また，アメリカのリステイトメントのように法的拘束力をもつことなく，法の調和を促進することに成功した規範も少なくない。国際的な分野では，UNCITRAL のモデル仲裁規則やユニドロワ原則がその代表例である。

このように法の多層的な構造や，法調和を促進する方法についての理解は，最近になって急速な進歩を遂げてきている。CISG とユニドロワ原則との関係を考えるに当たり，たとえば CISG に欠缺のある場合にユニドロワ原則をバックアップとして用いることも可能であり，実際にそうした解決方法も実務においてみられるようになってきている[87]。

このようにユニドロワ原則は，国家法中心の法システムの中で私達が失いかけていた法本来の多様なあり方やその機能を再提示するものとして，新たな存在感を獲得しつつある。

3 ユニドロワ原則が導く契約法の新時代

(1) ユニドロワ原則と関係的契約

① 契約の個別構造への理解

　ここでは，最近の新たな経済学（取引費用経済学）による契約への理解の深化を踏まえた，ユニドロワ原則への新しい考察を試みる。

　伝統的な契約法は現在，実社会における契約を合理的に説明するために，乗り越えなければならない高い壁との対峙を余儀なくされている。それは現実社会における契約の多くが，市場価格と同時交換的に物品が引き渡されることで終了する単発契約ではなく，両当事者相互が相当の期間にわたりお互いの関係を維持する必要がある契約となっていることに起因する。日本でも継続的契約をめぐる議論[88]が一時活発となった。しかしその後，この議論は伏流となって存在し続けているにしても，契約法学の表面から姿を消したようにみえる。継続的契約が脚光を浴びる少し前に，イアン・マクニールの関係的契約論およびオリバー・ウィリアムソンの市場と組織の中間に位置するハイブリッド（すなわち関係的契約）について，有力な法学研究者が取り上げ学界の注目を集めた時期があった。しかし日本においては，有力な研究者によるミスリードもあって[89]，関係的契約論の正確な問題提起が日本では十分に理解されることはなかった。

② 独立主体間における剰余利益とその配分

　マクニールとウィリアムソンは，議論の焦点を取引においていた。しかし日本での紹介においては，当事者間の協力が強調され過ぎたため，ビジネス活動を統合するために主導的役割を果たす契約当事者間双方に発生する剰余利益とその分配についての契約の役割が軽視されてた。これは，致命的な見落としである。契約とは，両当事者を別個の主体として捉え，双方の主観に基づいた利

益を効率的に実現させるための規範的な社会的枠組みである[90]。たとえば企業同士の継続的契約において短期的には一方当事者に利益が偏ることは許容されうるが，長期的には公平な利益の配分が目的とされていることは明らかである。

つまり，ビジネスにおける契約を結婚に例える[91]のは必ずしも適切とはいえない。結婚関係の多くの場面では，生じた利益を当事者ごとに分けること自体が意味を失う場合が多いが，ビジネスの場面ではたとえ契約が長期間にわたろうとも，双方にとって生じた利益の公平な分配が強く求められる。つまりビジネスにおける関係維持においては，それが双方にそれぞれ何らかの目にみえる利益をもたらす見込みが存在することが至上命題とされている（それが企業間の合併ではなく契約が用いられることの意味である）。したがって，他の当事者と新たな関係に入ることの利益が明らかに関係維持の利益を上回れば[92]，その関係は結局は放棄されることになろう。それが企業の存在意義に根差した合理的な行動として要求されることであり，単に「情が移る」という事実だけで経済的合理性を無視することは企業には許されない。

マクニールおよびウィリアムソンの見解を単純化すれば，それぞれの契約には，それを双方にとって利益を生み出すという意味において，実り多い関係として規律するための個別内在的な統治構造とそのバランスが存在する，ということになろう。

図表6－2　ユニドロワ国際商事契約原則(2004)の全体構成

前文（本原則の目的）			2. 代理の成立と権限		
1. 総則			2.1 成立		
	1.1	契約の自由		2.1.1	成立の態様
	1.2	方式の自由		2.1.2	申込の定義
	1.3	契約の拘束力		2.1.3	申込の撤回
	1.4	強行規定		2.1.4	申込の破毀
	1.5	当事者による排除又は変更		2.1.5	申込の拒絶
	1.6	本原則の解釈と補充		2.1.6	承諾の態様
	1.7	信義誠実と公正な取引		2.1.7	承諾の時期
	1.8	矛盾する行動		2.1.8	承諾期間内の承諾
	1.9	慣習と慣行		2.1.9	遅延した承諾，通信の遅延
	1.10	通知		2.1.10	承諾の撤回
	1.11	定義		2.1.11	変更を加えた承諾
	1.12	当事者が設定した期間の計算		2.1.12	確認書

		2.1.13	特定の事項又は特定の方式への合意を条件とした契約締結

- 2.1.13 特定の事項又は特定の方式への合意を条件とした契約締結
- 2.1.14 未確定条項を含む契約
- 2.1.15 不誠実な交渉
- 2.1.16 守秘義務
- 2.1.17 完結条項
- 2.1.18 特定の方式による変更
- 2.1.19 標準条項による契約
- 2.1.20 不意打ち条項
- 2.1.21 標準条項と非標準条項との牴触
- 2.1.22 書式の闘い
- 2.2 代理権
  - 2.2.1 適用範囲
  - 2.2.2 代理権の成立と範囲
  - 2.2.3 顕名による代理
  - 2.2.4 匿名の代理
  - 2.2.5 無権・越権代理
  - 2.2.6 無権代理の責任
  - 2.2.7 利益相反
  - 2.2.8 復代理
  - 2.2.9 追認
  - 2.2.10 代理の終了

3. 有効性
   - 3.1 範囲外の事項
   - 3.2 単純合意の有効性
   - 3.3 原始的不能
   - 3.4 錯誤の定義
   - 3.5 考慮される錯誤
   - 3.6 表現又は通信における錯誤
   - 3.7 不履行に対する救済
   - 3.8 詐欺
   - 3.9 強迫
   - 3.10 過大な不均衡
   - 3.11 第三者
   - 3.12 追認
   - 3.13 錯誤による取消権の消滅
   - 3.14 取消の通知
   - 3.15 機関制限
   - 3.16 一部取消
   - 3.17 取消の遡及効
   - 3.18 損害賠償
   - 3.19 強行規定性
   - 3.20 一方的宣言

4. 解釈
   - 4.1 当事者の意思
   - 4.2 言明その他の行為の解釈
   - 4.3 考慮される状況
   - 4.4 契約全体又は言明全体の参照
   - 4.5 全ての条項に効果を与える解釈
   - 4.6 「作成者に不利に」の原則
   - 4.7 言語間の矛盾
   - 4.8 欠落した条項の補充

5. 内容と第三者の権利
   - 5.1 内容
     - 5.1.1 明示の義務及び黙示の義務
     - 5.1.2 黙示の義務
     - 5.1.3 当事者間の協力
     - 5.1.4 特定結果達成義務・最善努力義務
     - 5.1.5 義務の種類の決定
     - 5.1.6 履行の質の決定
     - 5.1.7 価格の決定
     - 5.1.8 期間の定めのない契約
     - 5.1.9 合意による免除
   - 5.2 第三者の権利
     - 5.2.1 第三者のためにする契約
     - 5.2.2 第三者の確定可能性
     - 5.2.3 排除及び制限条項
     - 5.2.4 抗弁事由
     - 5.2.5 撤回
     - 5.2.6 権利放棄

6. 履行
   - 6.1 履行一般
     - 6.1.1 履行期
     - 6.1.2 一括又は分割履行
     - 6.1.3 部分的履行
     - 6.1.4 履行の順序
     - 6.1.5 履行期前の履行
     - 6.1.6 履行地
     - 6.1.7 小切手等による支払
     - 6.1.8 振込による支払
     - 6.1.9 支払通貨
     - 6.1.10 通貨の表示がない場合
     - 6.1.11 履行費用
     - 6.1.12 金銭債務の弁済への充当
     - 6.1.13 非金銭債務の弁済への充当
     - 6.1.14 公的許可の申請
     - 6.1.15 許可申請手手続

            6.1.16　許可が付与も拒絶もされない場合
            6.1.17　許可の拒絶
    6.2　ハードシップ
            6.2.1　契約の遵守
            6.2.2　ハードシップの定義
            6.2.3　ハードシップの効果
7.　不履行
    7.1　不履行一般
            7.1.1　不履行の定義
            7.1.2　相手方による妨害
            7.1.3　履行の留保
            7.1.4　債務者による不履行の治癒
            7.1.5　履行のための付加期間
            7.1.6　免責条項
            7.1.7　不可抗力
    7.2　履行請求権
            7.2.1　金銭債務の履行
            7.2.2　非金銭債務の履行
            7.2.3　不完全な履行の修補及び代替
            7.2.4　司法的制裁金
            7.2.5　救済方法の変更
    7.3　解　除
            7.3.1　契約の解除権
            7.3.2　解除の通知
            7.3.3　履行期前の不履行
            7.3.4　履行のための適切な担保
            7.3.5　解除の効果一般
            7.3.6　原状回復
    7.4　損害賠償
            7.4.1　損害賠償請求権
            7.4.2　全部賠償
            7.4.3　損害の確実性
            7.4.4　損害の予見可能性
            7.4.5　代替取引が為されたときの損害の証明
            7.4.6　時価による損害の証明
            7.4.7　債権者に帰せられる損害
            7.4.8　損害軽減
            7.4.9　金銭の支払いに対する利息
            7.4.10　損害賠償額に対する利息
            7.4.11　金銭賠償の方法
            7.4.12　賠償額算定における通貨
            7.4.13　不履行に対する支払の合意
8.　相　殺
    8.1　相殺の条件
    8.2　外貨による相殺
    8.3　通知による相殺
    8.4　通知の内容
    8.5　相殺の効果
9.　権利の譲渡，義務の移転，契約の譲渡
    9.1　権利の譲渡
            9.1.1　定　義
            9.1.2　除外事項
            9.1.3　非金銭的権利の譲渡
            9.1.4　一部譲渡
            9.1.5　将来の権利
            9.1.6　特定人を定めない譲渡
            9.1.7　譲渡人と譲受人の合意の十分性
            9.1.8　債権者の付加的費用
            9.1.9　非譲渡特約条項
            9.1.10　債権者への通知
            9.1.11　継続的譲渡
            9.1.12　譲渡の適切な証明
            9.1.13　相殺の抗弁と権利
            9.1.14　被譲渡債権に関する権利
            9.1.15　譲渡人による担保事項
    9.2　義務の移転
            9.2.1　移転の方法
            9.2.2　排除事項
            9.2.3　債務者による移転の合意の要件
            9.2.4　債務者の事前の合意
            9.2.5　旧債務者の免除
            9.2.6　第三者の履行
            9.2.7　相殺の権利及び抗弁
            9.2.8　移転された義務に関する権利
    9.3　契約の譲渡
            9.3.1　定　義
            9.3.2　除外事項
            9.3.3　他方当事者の合意の要件
            9.3.4　他方当事者の事前の合意
            9.3.5　譲渡者の免除
            9.3.6　相殺の権利及び抗弁
            9.3.7　契約とともに移転する権利
10.　時　効（期間限定）
    10.1　本章の範囲
    10.2　時効期間
    10.3　当事者による時効期間の変更
    10.4　承認による新たな時効期間
    10.5　司法手続きによる停止

10.6	仲裁手続による停止	10.9	時効期間経過の効果
10.7	ADR（代替的紛争解決手段）	10.10	相殺の権利
10.8	不可抗力，死亡又は無能力による停止	10.11	原状回復

（2） 契約における「不完備性」の受容

　どのような単純な契約にあっても，その統治に法的強制装置のみがその信頼性を生み出す訳ではない。たとえば取引相手の評判やブランドは，他方の当事者に大きな安心感を与える。契約を破ることによって多少の利益が相手方に生じる場合でも，永年培ってきた評判を無にするような愚かな行為に出るとは考えられないからである。両当事者と信頼関係を有する者を仲介者に立てることも考えられる。また双方の事業に資本参加することで，抜き差しならぬ関係をつくり出すことによって当事者間の関係を固定することも考えられる[93]。このように法的な強制装置と私的な統治構造とを組み合わせることによって個々の契約の拘束力はつくり出されていることになる[94]。つまり個々の契約構造の違いは，当事者によるビジネスモデルの選択という意思決定に基づく行為が生み出すものであることが明確となる。

　しかしこうした視点に立つときに，これまでの契約法学で十分に認識されていなかった新たな問題点が浮上する。それは契約がそれぞれに個性的であるとすれば，「単一の契約法」によってそれらを規律することが，そもそも合理的であるかという問題である。つまり複数の契約法の可能性を正面から論じる必要が出てくる。ユニドロワ原則では，こうした現実に対応するための規範として，詳細な契約解釈についてのルールが第4章におかれている。個別構造に即した契約解釈と，それでもなおベストプラクティスを求めて類型化する契約の性質の関係については，更なる未開の研究領域が広がっている[95]。

① 契約成立前の当事者間の義務

　複雑な契約においては，契約締結にいたるまでに当事者間で様々な交渉が積み重ねられる。そうした契約においては，契約成立の時点を一点に画することが現実的ではないことがあり，その以前から当事者間に何らかの義務が発生す

ると考えられる場合もある。そうした問題を契約義務の時間的拡張として説明されることもある。民法学では「契約締結上の過失」と呼ばれることもある。確かに個々の当事者の個性的なビジネス目的に合わせた複雑な契約関係を生み出す過程は、市場型契約のように一瞬にして契約締結が行われる訳ではない。ユニドロワ原則2.1.15条は、契約締結前には両当事者は交渉の自由を有しており、合意にいたらなくとも責任を負うことはないとの原則を認めた上で、不誠実な交渉および不誠実な交渉の破毀について損害賠償義務を明文で規定している。

② ビジネスの複雑化と「不完備な契約」

最近よく取り上げられる「不完備な契約」とは、契約締結時において将来発生すべき全てのことへの対応を完全に決めないまま締結された契約のことである。人間は全能でないため未来を全て予見することはできないから、複雑な契約は必要的に何らかの不完備性を有する。このようにいうと、それ自体が契約の本質に矛盾しているかのように理解されかねない。確かにこれまでの契約法学において、そうした契約内容の部分的な未確定は収まりの悪いテーマとして扱われてきた。たとえば品質や価格の明確な定めが契約締結のために必要とされるか否かという点に関しては、比較法的に以前から議論されてきており、各国の法システムにおいて扱いの差が存在していた。

現在では、特に国際取引において複雑なビジネス活動が展開されるようになってきた結果、契約締結時に全ての事項について定めること自体がそもそも不可能な契約はもはや例外的とはいえない時代を迎えている。こうした契約には、たとえば合弁契約などのように海外への投資を伴うものも多い。あるいはライセンス契約や代理店契約のように長期間にわたり当事者相互間の関係の複雑で難しいマネジメントを必要とするものも増えている。それは国際取引の重心が貿易から投資へと変化したことが、契約に与える影響を示すものである。

それでは、なぜ国際的な契約が複雑化する過程をたどっているのであろうか。それは一概にはいえないが、一応次のような説明が可能であろう。単に相手国の企業から商品や原材料を購入するだけの契約では、当事者間に生じる剰余利

益は，自国内で同じ商品を購入する場合と国外から購入する場合との価格差のみとなる。そうした取引は概して単発的なものであり，市況や景気に大きく影響されることになる。

しかしビジネスにおける工夫によって，さらに大きな剰余利益を生み出す取引を外国の企業との間で行える可能性が存在する。たとえば，日本の電器メーカーが中国の珠江デルタ地域で地元の企業と合弁契約を結び，安価な労働力に加えて地元で部品を安価に調達し，しかも日本の消費者の好みを反映してデザインや高度な技術を組み入れた日本向けの商品を安く生産し，それを日本に逆輸入して販売するようなケースである。こうした取引においては労働賃金や物価水準の差異が大きな剰余利益を生み出す原動力となる。社会経済的な環境の違いや文化ギャップも大きいため，国内的な合弁契約では考えられないような様々なリスクをも当然に含まれることになる。しかし，そうしたリスクをコントロールしながら，こうした深い相互依存関係を伴う複雑な取引へと日本企業がますます進出しいていくことは避けられない。

そうした場面において用いられる契約には，これまでの単純な物品の売買をモデルとして形成されてきた契約法の技術だけで対応できない場面が目立つようになり，新たな契約技術の進化が必要となる。ユニドロワ原則には，そうした新しい問題に対応するためのルールがかなりの程度まで盛り込まれており，次世代の契約法のあり方を指し示す先駆けとしての意義を有している。

これまでの契約法は，契約締結時において将来生じうる全ての出来事を契約締結時に両当事者は見定めた上で契約を締結しているという前提で作られたものである。これをマクニールは「古典契約法」と呼ぶ[96]。したがって，こうした契約においては，両当事者がいったんコミットメントを与えた契約内容を将来において見直すことに，強い反発があった[97]。こうした契約法はすでに確立された市場の存在を前提として行われる契約には妥当する。契約内容の未確定や事後的な変更は市場価格の形成さえも危うくするからである。しかしそれは，現在の国際ビジネスにおいて展開される多くの契約の実態とは必ずしも適合的なものとはいえない。

③ 多様な契約法の受容に向けて

あらゆる種類の契約に1つの契約法で対応することが不可能なこと自体は，契約自由という古典的な法原則においてすでに織り込み済みであったともいえる。しかし，契約全体を見通す枠組みとしての契約法を考えたとき，こうした契約の実態をどのように反映させていくことができるのであろうか。この難問に対してユニドロワ原則が示した解決方法は，「ルールからアプローチへ[98]」という言葉で示すことができるかも知れない[99]。当事者の自由意思に重点を置きながら，当事者が契約締結において典型的に有する取決についての通常の理解のパターンを複数示す方法（結果債務・手段債務[100]）や，締結時における契約内容の拘束力を原則としつつ厳密に制限した範囲内において例外を定める方法（ハードシップ[101]）なども，様々な契約のあり方を正面から認めるものとなっている。

（3） 契約の不完備に対応した「事後調整規範」の充実

良きにつけ悪しきにつけ，社会生活の多くの場面を対等当事者間の合意に基づくものとして捉える傾向は，近時拡大の一途をたどっている。最近の学説において再交渉義務や契約の改訂が取り上げられるようになった1つの原因として，人々は生活の中における関係を契約的に捉えようとする傾向が強まってきたことが指摘できるであろう。これまでは社会という枠内での様々な事実上の上下関係（たとえば年齢，社会的地位，血縁）等を用いて処理されてきた問題を，水平的かつ独立的な個人同士の対等な交渉によって処理しようとする傾向の強まりといってもよいかも知れない。

契約において事前に全ての権利義務について合意しておくことができなかったことの結果として，事後になって契約締結時には予測できなかった事態が発生した場合にはどのように対応すべきであろうか。複雑な取引関係の構築を企業が必要とする状況において，こうした契約の「不完備性」に対応するための取決めのパターンが確立しつつある。それは最初は契約書式の中にみられはじめ，それが長い時間の中で徐々に洗練され定型化されて，そしてユニドロワ原

則のような公式のルールブックに書き入れられ、最終的には国家の契約法典の中に取り入れられていくという道筋が明確になってきている。

　契約締結時においては、漠然としたリスクとして将来生じる可能性がある事態の全てに対応するために、明確な規定をおくことは困難である。しかし契約的な技術を用いることで、そうした事態の発生に備えるための何からの方策を契約締結時に織り込んでおくことは可能であり、そうした試みには様々なメリットが存在する。契約締結時において両当事者は相互にフェアであることが強く要求される。なぜならばフェアでない相手と契約を締結することを通常の当事者は避けようとするからである。また、契約締結時にはお互いが契約の無事な完了によって相互的な余剰利益が実現されることに関心の中心があるので、万一の場合について両当事者の関係を調整するためのフェアな取決めをしておくこと自体に対して強い抵抗はない。これに対して、実際にそうした調整を必要とするような事態（たとえば原材料の急激な高騰）が発生した後には、調整を行うことで利益を受ける当事者とそうでない当事者とが明確になるため、こうした調整のための交渉を事後に行うことは不可能に近い。

　近時、契約の「不完備性」に対応するものとみることができる一連のルールが実務において注目を集めてきている。それらは先進的な商取引契約法をもっている国では判例等にあらわれ、また各種の標準契約書式等において頻繁にみられた。またICCも *Force Majeur and Hardship* （ICC Brochuer No.421）において、こうしたルールの明確化に努めてきた。

　ユニドロワ原則には、こうした契約の不完備性を前提とし、そうした予想外の事態に対応するための規定が詳細に定められており、それが新たな特徴となっている。具体的にはハードシップ（6.2.1～6.2.3条）、不可抗力（7.1.7条）、履行期前の契約違反（7.3.3～7.3.4条）である。これらのうち不可抗力および履行期前の契約違反についてはCISGにおいても規定がおかれていた[102]。しかし、ユニドロワ原則のこうした契約締結後の状況に対応するための規範群は、その充実度と明確さにおいてこれまでになかったものであり、多くの実務経験者に高く評価されている[103]。以下ではユニドロワ原則のこうした規範群についてやや詳しくみていく。

① 不可抗力（Force Majeur）

　第1に，不可抗力（Force Majeur）に対応するための制度である。具体的には，(1)そうした事態が発生したことについての相手方への速やかな通知を要件として，(2)契約の停止と不履行責任からの解放を認める。そしてそうした事態がもたらす結果が「重大な契約違反」となる場合には契約を解除する権利を当事者が用いることも可能となる[104]。

第7.1.7条（不可抗力）
　(1)　当事者が，その不履行は自己の支配を越えた障害によるものであり，かつ，その障害を契約締結時に考慮に入れておくことも，その障害又はその結果を回避・克服することも，合理的にみて期待され得なかったことを証明したときには，その不履行の責を免れる。
　(2)　その障害が単に一時的なものである場合には，その障害が契約の履行に及ぼす影響を考慮したうえ，前項の免責は，合理的な期間についてのみその効力を有する。
　(3)　履行をしなかった当事者は，その障害及びその障害が自己の履行能力に及ぼす影響について相手方に通知しなくてはならない。その通知が，不履行当事者が障害を知り又は知るべきであった時から合理的期間内に，相手方により受領されない場合，不履行当事者は，不受領の結果生じた損害につき責任を負う。
　(4)　本条は，当事者が，契約を解消する権利を行使すること，又は履行を留保し，若しくは支払われるべき金銭の利息を求めることを妨げるものではない。

---

② 予期される不履行（履行期前の契約違反）

　第2に，日本においては「履行期前の契約違反（Anticipatory non-performance）」と呼ばれてきた制度の充実である。ユニドロワ原則では，この制度の中に大陸法系にみられた「不安の抗弁権」の制度をも統合しているようにみえる。具体的には，(1)重大な違反の場合の即時解除，(2)重大な不履行が確実視される場合の履行の停止と履行を担保する保証の要求，(3)保証の要求に応じない場合の解除，である。

> 第7.3.3条（予期される不履行）
>   相手方による重大な不履行が起きるであろうということが，相手方の履行期前に明瞭である場合には，当事者は契約を解消することができる。
>
> 第7.3.4条（適切な履行に対する相当な保証）
>   相手方による重大な不履行が起きるであろうことを合理的に確信する当事者は，適切な履行を担保する相当な保証を請求するとともに，その間自分自身の履行を留保することができる。合理的な期間内にこの保証が与えられない場合，これを請求する当事者は契約を解消することができる。

③ ハードシップ

　第3に，ハードシップと呼ばれる「事情変更」と「再交渉義務」をルール化した制度を設定したことである。こうした契約締結後の事情において契約内容に変更を加えることの必要性はこれまでも各国の法制度において広く議論されてきたが[106]，それが適用される契約の類型や射程範囲等において明確性を欠くため，実定法中において安定したルールとして定着するにはいたっていなかった。

　標準契約書などでは，たとえば原材料の高騰に応じて価格を調整するスライド条項などが用いられる場合もある。また長期にわたる契約においては，契約内容について再交渉を行う義務などを規定する条項も散見された。これらも，契約の不完備性に対応するための，実務的な工夫のあらわれである。

　ユニドロワ原則は，契約それぞれの個性に基づいた規律方法の差異を正面から認める結果として，ハードシップが適用される状況を6.2.2条において明確に定義することによって，「契約は守られるべし（pacta sunt servanda）」の大原則との困難な棲み分けを，何とか可能とすることに成功したといえよう。ここで特に注目すべきは，そうした事態の事前の「合理的考慮の不可能」や「引き受けられたものでない」ことといった要件に結びつけている点である。これは当事者の意思によって契約内容に取り込まれていなかったという意味において，正に「不完備」の部分を明確な標的としている。このようにユニドロワ原則は，契約という社会経済的行動が有する多様性と複雑さに対応するための新

たな一歩を踏み出したといえよう。

> 第2節　ハードシップ
> 第6.2.1条（契約は守られるべきこと）
> 　契約の履行が，当事者の一方にとって，より不利益なものとなっても，ハードシップに関する以下の諸規定に服するほか，その当事者は自己の債務を履行しなければならない。
>
> 第6.2.2条（ハードシップの定義）
> 　ある出来事が生じたため，当事者の履行費用が増加し，又は当事者の受領する履行の価値が減少して，契約の均衡に重大な変更がもたらされ，かつ，次に掲げる要件が満たされる場合には，ハードシップが存在するものとする。
> 　　(a)　その出来事が生じた時，又は不利益を被った当事者がそれを知るに至った時が，契約締結後であること，
> 　　(b)　その出来事は，契約締結時に，不利益を被った当事者により合理的に考慮され得るものではなかったこと，
> 　　(c)　その出来事は，不利益を被った当事者の支配を越えたものであること，
> 　　(d)　その出来事のリスクが，不利益を被った当事者により引き受けられていなかったこと。
>
> 第6.2.3条（ハードシップの効果）
> 　(1)　ハードシップとされる場合には，不利益を被った当事者は，再交渉を要請することができる。この要請は，不当に遅滞することなく，それが基礎づけられる根拠を示して，なされねばならない。
> 　(2)　再交渉を要請しても，それだけでは，不利益を被った当事者が履行を留保する権利を有することにはならない。
> 　(3)　合理的期間内に合意に達し得ないときは，いずれの当事者も裁判所に訴えを提起し得る。
> 　(4)　裁判所は，ハードシップがあると認めたときには，以下のことを，それが合理的であれば，命ずることができる。
> 　　(a)　裁判所の定める期日及び条件により，契約を解消すること。
> 　　(b)　契約の均衡を回復させるという観点から契約を改訂すること。

　こうした不可抗力・履行期前の契約違反・ハードシップは，要件が重なる範

囲において，当事者はその何れを選択してもよいことになる。このように，これまでわが国の学説上取り上げられることはあっても，条文上の根拠が十分ではなく，また明確な要件化が難しいと思われていた制度が，ここまで明確化されたことの意義は大きい。これらは，各国の国内法の解釈においても参考にされるべき重要な条項である。その成功の原因は，原則たる契約の拘束力との関係を明確に示し，ハードシップ等の例外が認められる場合を厳密に定義した上で，そうした制度を実践的に運用するための詳細な規定をおくことに成功したことによる。つまり，ユニドロワ原則は，様々なタイプの契約が存在することはごく当然の前提として，契約の性質に応じて異なる扱いがなされるべきことを正面から受け止めているといえよう。

第4節　む　す　び
──ユニドロワ原則と日本──

　これまでのところ，lex mercatoria をめぐる国際的な議論の高まりに，わが国の法律学研究者の多くは戸惑っているようにみえる。それに反して，国際商取引に携わる商人達は，日々の生活の中でそうした規範の存在に否応なしに遭遇し，それを国際的な商業活動を覆う空気のようなものとして自然に受容するようになる。わが国の裁判官や法律実務家は伝統的に訴訟活動に圧倒的な比重を置いてきた。したがって，訴訟を通じてしか法律と出会わないため，裁判所で用いることのできる実定法規以外に関心をもつ必要性はあまりなかった。

　そうした傾向は，わが国が西洋法を継受した時代の歴史的背景を無視しては理解できないものである。日本が西欧流の近代国家の様式を整えることに躍起になった明治初期において，西欧の法律を導入しようとした日本のエリート法律学者達の目に映ったのは，法典化が最高潮に達した時期の欧州であった。国民国家による立法権独占に正当化を付与するための論拠となったモンテスキューの三権分立論は，法律が社会文化の一部として長い時を経て生み出されてきた歴史的過程を知らない私達にとって，いわゆる「左脳」だけで理解でき

る都合のよい理論的構築物であり，論理思考に優れた日本のエリート階層にとっては机上のみで学びとれるものであった。社会の複雑な経験の集積として存在する現実の法律を社会文化と切り離すことによって演繹的な理論体系にまで抽象化し整理統合した法典は，当時の日本社会が西欧法を導入する上で極めて便利な存在であった。

　しかしそうしたことの弊害として，法律と国家主権とを不可分のものと捉える根強い「刷り込み」が日本の法律家に移植された。国民国家には法制定の権限を国家主権の下に統合する強い必要性を有する。本来，法は西欧社会を構成する様々な部分社会によって多層的に保持されてきたものである。国家権力と法制定権限とを同一視する考えは，それ以降，日本の法律関係者にとって圧倒的なビリーフとして定着しており，現在でも法律を学ぶ学生達へと拡大再生産が繰り返され続けている。

　しかし経済活動におけるボーダレス化の進展は，国家法の枠組みからはみ出す事件数をますます増加させ，そうした事件が私達に対して新たな法律観の再構築を迫ることになる[106]。もちろん，法と国家との直接的な結びつきを否定する歴史的事象が存在したという事実も日本に辛うじて伝えられてきた。ローマ法研究の伝統も，ユス・コムーネ（ius commune）や自然法の思想も，法と国家とは本来異なった位相に存在するものであることを明確に示している。しかし，こうした大陸法の学問的伝統も日本へと持ち込まれはしたが，その実践における役割が認識されたことはほとんどなかった[107]。また日本の初期の法律研究者の中には，イングランド・コモン・ローを真に理解した者[108]や，そのあり方に深い関心を示した人達も多くいた[109]。

　しかし現在，こうした伝統はほとんど影を潜めているようにみえる。日本に西欧法がもち込まれる過程自体が国策に基づく人為的な作業であったのは事実であり，日本の法律学が，こうした強い経路依存性から，今日においても抜け出せずにいることは歴史的経緯として何の不思議もない。しかし欧州における法文化自体は，決して法典化に始まったものではない。ボローニャ大学で開始されたローマ法大全の研究を基盤とする汎欧州的な大学法律学の文化や欧州全域を包み込む教会法の強い影響力，そして国王権力とは独立して成立した商人

達の自治法や商事裁判所など，欧州法を形成する極めて多彩な歴史的記憶は現在も広く強く存在し続けている。そうした事実を，私達はしっかりと再認識すべき時期に差しかかっている(110)。

　Lex mericatoria やユニドロワ原則のようなソフトローのあり方を理解する柔軟性を獲得するために，私達はいま一度西欧法文化が社会的土壌に張り巡らせている根の部分，すなわち「社会文化の一部としてその中に埋め込まれた法」の認識を再継受する必要に迫られているといってよいであろう。そうした認識をもつことができなければ，日本法は水栽培の球根のようにいつまでも日本社会の土壌に根を張ることができず，ただ宙に浮いたまま一度ひ弱な花を咲かせただけで朽ち果てるのを待つしかない。Lex mercatoria が私達に突きつける課題は，実は明治期にいったん成功したかにみえた西欧法の継受を，本当に自分達のものとして社会の中で使いこなしていけるか否か厳しく問うものである。

　これまでのところユニドロワ原則に対する日本の関心が薄いことは，極めて危険な兆候である(111)。たとえば，法科大学院卒業生を対象とした国際私法・国際取引法の新司法試験の出題をみた場合，渉外的な法律業務に従事する実務家はあっけにとられるであろう(112)。新司法試験の出題者は日本の実定法の範囲内でのみ，国際取引の法を理解すればよいと考えているようである。インコタームズや信用状統一規則についてさえ，出題の範囲内に積極的に取り込む意図はないようにみえる(113)。それは日本における訴訟業務を前提として，裁判所で適用されることが明確なルールだけを試験範囲とすればよいとの理解に基づくものである。

　しかし，当事者が契約内容としてユニドロワ原則を取り入れた場合には，日本の裁判所であってもその適用を拒絶すべき理由はどこにもない。もし日本の裁判所がユニドロワ原則に対して無理解であるならば，国際取引の当事者達は日本以外の国の裁判所や国際商事仲裁を選択するだけのことである。このようにして日本の裁判所から国際取引に関連する事件が逃避していく。

　また訴訟以外の場面における法律の役割を全く念頭におかずに教育を考えることは，訴訟を超えた豊かな領域において将来の日本の法律家が活躍すること

を拒絶する姿勢を否応なしに示している。このようにして法科大学院という新たな法学教育を開拓すべき貴重な教育機関は，従来の日本の法律家を単に拡大再生産するだけの場となる。その先にみえるのは，数だけは増えたが，国際化する法律業務の市場においてますます競争力を失い，職域をどんどん奪われていく近未来の日本の法律家および司法制度の姿である。

　さらに，あえて大胆な予測をするならば，日本民法典において現在規定されている条文よりも，たとえばユニドロワ原則の規定の方が実務上重要なものとなる可能性も十分に存在する。国際取引と国内取引とを分けて考えなければならない本質的な理由は，取引実務においては必ずしも存在しない。国境を越えた取引はすでに私達の生活の中にしっかりと浸透し，それらを従来の国内で完結する取引と区別して考える意義は急速に減少してきた。両者を区別する意義は，自国法を適用する他に能のない国家裁判所にはあるとしても，国際取引の当事者達にはない。CISG は現在70ヵ国近い締約国をもち，ユニドロワ原則もますますその支配力を増している。こうした国際ビジネスにおける新たなグローバルスタンダードを，国際的な取引に従事する商人達は，受け入れていかなければ生き残れない。契約法を国家単位で考える姿勢は，現在の世界において超克されようとしている。

　こうした国際的な契約法調和の動向に対して日本の実定法研究者の関心が低いことには，さらに深刻な問題が潜んでいる。法律の国際的動向に敏感に反応し逸早くそれを日本に取り入れる感覚細胞としての役割を，日本では伝統的に法律学研究者が担ってきた。しかし現時点において，日本の法律研究者は，明治期以来担い続けてきたその基本的役割さえも放棄しようとしているかにみえる。しかし以上から明らかなように，法科大学院は CISG およびユニドロワ原則が明確に示している契約法のグローバル化に向けた動向を，日本の将来の法律家に教えていくことは，大学に属する法律学研究者の責務である。

　日本の法科大学院がどうあろうと，近未来の法律家が逃れようのない未来はすでに始まっている。それは法律業務のグローバル化の流れである。取引活動に国境が大きな意味をもたないようになるにつれて，そうした取引活動の基盤である法律もまたグローバル化に対応した変化を厳しく要求されることにな

る。そうした現実的要請がCISGを大成功へと導き，ユニドロワ原則への国際的な注目を創出した。海外の法律事務所の日本への進出も本格化してきており，日本の大手企業の中には国際的な法務について全く日本の法律事務所を用いることなく，英米系の多国籍法律事務所に業務を依頼するところが増えている。

　しかし，こうした悲観的な状況の中においても，日本法を未来へと導く一筋の光はなお差している。日本の民法典および商法典が規定する契約法の内容を詳細に検討すれば明らかなように，それらは現実的な法的問題の解決においてCISGおよびユニドロワ原則との根本的矛盾はほとんど存在しない。その意味で，日本民商法の契約法の規定は時代に100年先んじていたといっても過言ではない。パンデクテンシステムの中で様々な階層に位置づけられ散在する契約規範を整理統合すれば，それはユニドロワ原則やCISGとその基本構造において極めて近いものになることに，私達は驚かされる。

　つまり，私達に欠けているのは自己満足と知的怠惰を捨て去り，一歩先に踏み出そうとする勇気だけである。契約法が本来活躍するのは，紛争が訴訟にもち出された場合ではない。むしろ，契約を履行する様々な過程において契約法の規定は参照され，当事者がそれを指針として相互の関係を調整する場面こそが重要である。契約法は決して法律家だけのものではない。むしろその中心的ユーザーは，契約実務にかかわる人達である。ユニドロワ原則の成功は，この事実を雄弁に語っている。ユニドロワ原則は取引者達によって用いられることでその支配力を強めてきた。取引の各場面において法律を俊敏かつ果敢に活用しなければならない取引者達の立場から，契約法のあり方を私達は真剣に模索する時期に差しかかっている。契約とは，自由主義経済が導く市場化社会のダイナミズムを生み出す基本単位であり，その1つ1つが円滑に機能することを支援するために契約ルールが存在する。契約ルールは取引社会のあり方とともに不断の変化を続ける必要がある。私達は，取引社会が目指す変化との関係において，契約ルールのあり方をみつめ続けなければならない。

＜注＞
(1) こうした影響は様々な分野におけるソフトローといった新たな概念の理論基盤を与え

たと同時に，欧州連合における契約法の調和に向けた動きに対しても大きな影響を与えている。また，UNCITRAL や UNIDROIT に法調和に向けた新たなパラダイムと方法の多様性を導くものとなった。
(2) リステイトメントについては，松浦以津子「リステイトメントとは何か」星野・森島編『現代社会と民法学の動向・下』495頁以下（有斐閣，1992）参照。
(3) 人々はその限定合理性ゆえに，契約締結時に将来生じうる全ての出来事を予測して契約を締結する訳ではなく，そこには何らかの合意の欠落部分が残ることになる。そうした部分については締結時の契約による取決が必然的には及ばないため，何らかの事後的な交渉や調整が行われる必要がある。「契約の不完備」とは法の経済分析において頻繁に用いられる概念であるが，現在までの法律学はそうした現象をランダムに扱うのみで，理論体系の中に取り入れることに大きな困難を感じているようである。
(4) ユニドロワ原則2004年版の解説は NBL において内田貴により開始されている。
(5) この部分については甲斐・石田・田中編『注釈国際統一売買法：ウィーン売買条約』（法律文化社，2000）における「前注」（齋藤彰執筆）をもとに，その後の進展を踏まえた修正を加えたものである。
(6) 多くの地域において，「外交の単位としての国家」の枠と「同一の法システムが支配する領域（法域）」の枠との間に差異が生じている。たとえば連合王国や多くの連邦制国家がその例である。単一の法システムが支配する領域を法域（Jurisdiction）という概念を用いる必要性が増加している。
(7) 1964年に採択された2つのハーグ統一売買法（国際動産売買統一法：ULIS，と，国際動産売買契約の成立についての統一法：ULF）の双方を含めた略称として用いる。
(8) こうした点について新たな問題提起を行うものとして，中野俊一郎「非国家法の準拠法適格性」CDAMS ディスカッションペイパー04/06J（2004）参照。
(9) この条約は現在まで発効しておらず，完全な失敗に終わったと評価できるであろう。
(10) つまり，国際売買に関する紛争を処理数上で，何らかの方法でいずれかの国家法を選んで適用する場面は依然として存在することになる。
(11) 国際的に法の統一がなされれば，具体的な紛争の解決において準拠法を選択する意義はなくなるため，結果として国際私法は不要となるとの原理原則論に基づくものである。
(12) 売主が A 国に，買主が B 国に営業所を有しており，訴訟が ULIS の締約国である C 国の裁判所に提起されたとする。この場合に C 国の裁判所に国際裁判管轄権が認めらたとすれば，C 国の裁判所は，たとえ A 国 B 国がともに締約国でなくても，1条1項により ULIS を適用しなければならない。従来の国際私法によって指定される契約の準拠法は，この場合には2条によって無視しなければならない。
(13) ULIS: Article 1-1

The present Law shall apply to contracts of sale of goods entered into by parties whose places of business are in the territories of different States, in each of the following cases:

(a) where the contract involves the sale of goods which are at the time of the conclusion of the contract in the course of carriage or will be carried from the territory of one State to the territory of another; (b) where the acts constituting the offer and the acceptance have been effected in the territories of different States; (c) where delivery of the goods is to be made in the territory of a State other than that within whose territory the acts constituting the offer and the acceptance have been effected.

⒁　ULIS: Article 2

1. Rules of private international law shall be excluded for the purposes of the application of the present Law, subject to any provision to the contrary in the said Law.

⒂　齋藤彰「国際動産売買法統一の現状⑴」六甲台論集30巻 3 号65頁以下（1983）参照。
⒃　齋藤・前掲注⒂・70頁以下参照。
⒄　CISG 1 条 1 項(a)参照。
⒅　CISG: Article 1

（1）This Convention applies to contracts of sale of goods between parties whose places of business are in different States:

(a) when the States are Contracting States; or

(b) when the rules of private international law lead to the application of the law of a Contracting State.

⒆　たとえば，日本民法における「特定」の概念はその 1 つの典型であろう。
⒇　EC においては，欧州司法裁判所が私法分野における EC の統一規則についても，構成国間の解釈統一を行う役割を果たしている。
㉑　たとえば，住所という概念は，各国の法システムの手垢にまみれ，それぞれの国で微妙に意味が異なるため，統一法で用いるには不適切である。そのためにハーグ国際私法会議は統一国際私法の起草において，居住の事実のみに着目した「常居所」という新たな概念を創設したことは広く知られている。
㉒　これは外交会議という国家代表による合意のプロセスと，条約の批准という各国における立法に準じた手続が要請する，民主主義的正当化の当然の結果ともいえる。しかし，国際売買という私的アクターが展開する活動を規律するための統一売買法において，それがどれほどの意味をもつかについては疑問の余地がある。国家による国際的な私法統一作業の非効率は，現時点では広く認識されてきている。
㉓　こうした情報の公開方法は CISG において原型が作られ，その後の国際的な法調和の作業においての標準として定着したといってよいであろう。最近はインターネットの発達によって，こうした情報公開が極めて容易に行われるようになった。
㉔　CDAMS 研究叢書参照。
㉕　オランダ民法典，中国統一契約法，ドイツの債務法改正等がその代表例である。
㉖　< http://www.uncitral.org/uncitral/en/case_law.html >。

また同様に重要なデータベースとして，UNIDROIT やローマ第一大学等によって運営される UNILEX（http://www.unilex.info/）も存在する。
㉗　齋藤彰「国連国際動産売買統一法条約の意義と限界：私法統一の一特殊形態である任意法統一の視覚から（上）（下）」際商20巻 8 号919頁以下・ 9 号1087頁以下（1992）参照。
㉘　以下は iTunes 6 のライセンス契約中の準拠法選択条項である（下線は筆者による）。

11. Controlling Law and Severability. This License will be governed by and construed in accordance with the laws of the State of California, as applied to agreements entered into and to be performed entirely within California between California residents. <u>This License shall not be governed by the United Nations Convention on Contracts for the International Sale of Goods, the application of which is expressly excluded.</u> If for any reason a court of competent jurisdiction finds any provision, or portion thereof, to be unenforceable, the remainder of this License shall continue in full force and effect.

⒉⒐　Hitoshi Aoki, *Nobushige Hozumi: A skilful transplanter of Western legal thought into Japanese soil* pp.129-151, Rethinking the Masters of Comparative Law (Riles ed., 2001), Hart.

⒊⓪　齋藤彰「国際動産売買における売主の義務：CISG（1980年国連条約）の評価⑴（2・完）」民商91巻6号882頁以下，92巻1号28頁以下参照（1985）。

⒊⒈　契約法の地球標準化に向けて，パンデクテン・システムをそろそろ根本的に再考すべき時期に私達は差しかかっているのは明らかである。国際的な契約法再編の動きは，CISGだけでなく，ユニドロワ原則や欧州契約法原則の急進展にもみることができる。また，契約法に関する法学教育上の問題について，平井宜雄教授は契約法の教育に関する論文の中で，契約法の教育を紛争解決者の視点からではなく，契約当事者間の権利義務関係の事前設計という視点から，伝統的契約法の概念を再定義し，素材を再配列することの必要性を説く（平井宜雄「契約法学の再構築⑶」ジュリ1160号107頁（1999））。

⒊⒉　しかし，2条⒜において，その適用範囲から「個人，家族又は家庭で使用する目的で購入された物品の売買」を除く点において，消費者売買を区別する立場は採用されていない。

⒊⒊　この問題状況を平易かつコンパクトに解説する最近の文献として磯村保「目的物の瑕疵をめぐる法律問題」磯村ほか『民法トライアル教室』303頁以下（有斐閣，1999）。これまでのわが国における判例学説の総括的なレビューとして円谷峻「瑕疵担保責任」星野編『民法講座5契約』185頁以下（有斐閣，1985）参照。

⒊⒋　加藤雅信「売主の瑕疵担保責任：対価的制限説再評価の視点から」『民法Ⅱ判例と学説3』175頁以下（日本評論社，1977）参照。

⒊⒌　民法570条によって準用される566条3項による。

⒊⒍　判例の立場は（最判昭和36年12月15日民集15巻11号2852頁）は基本的に570条の瑕疵担保責任は特定物に関する法定責任であるとしつつも，不特定物の買主も瑕疵の存在を認識した上でこれを履行として認容し，瑕疵担保責任を問うことも可能であると解する点で折衷的である。

⒊⒎　最高裁判所は最近の判例で（最判平成13年11月27日民集55巻6号1311頁）は民法167条1項が瑕疵担保による損害賠償請求権についても適用されることを明らかにした。

⒊⒏　CISGにおける契約違反の救済の構造の詳細については，齋藤彰「国際動産売買における売主の義務違反に対する救済：CISG（1980年国連条約）の評価⑴（2・完）」六甲台論集32巻2号145頁以下，3号154頁以下（1985）参照。

⒊⒐　磯村・前掲注⒊⒊・306頁。

⒋⓪　五十嵐清「瑕疵担保と比較法」『比較民法学の諸問題』80頁以下（一粒社，1976）［原論文は民商41巻3号，6号（1959，1960）］。

⒋⒈　損害賠償の範囲は，逸失利益をも含めた予見可能な損害額とされ，日本法でいう履行利益の賠償に相当するものとされた（74条）。

⒋⒉　特にCISGが有する優れた損害賠償額算定のルールにつき，齋藤彰「契約不履行における損害軽減義務：損害賠償額算定の基準時との関連において」石田・西原・高木先生還暦記念『損害賠償法の課題と展望』51頁以下（日本評論社，1990）参照。

⒋⒊　実際に日本の民商法の体系の中で様々な規定の連携を考えながら，商品の品質の不適合についての法律的対応を十分議論できる水準に達する法学部の学生の割合は，実感的にかなり低い。これに対してCISGの基本構造を説明した上で，具体的な事例に対する法規則のあり方と対策を議論するレベルにまで到達させるには，数コマの講義を行うだ

けで十分に可能であるとの実感を筆者はもっている。

(44) M. J. Bonell, *An International Restatement of Contract Law* pp.19-30. (2nd ed., 1997), Transnational Publishers.

(45) René David（フランス），Clive Schmitthoff（連合王国），Tudor Popescu（ルーマニア）がその構成員である（Bonell, *supra* note 44, at p.20.）。

(46) Bonell, *supra* note 44, at p.21.

(47) 「特集3：ユニドロワ原則：国際契約法への新たな展望」ジュリ1131号（1998）参照。

(48) 1994年版は7章から構成されている。ブラックレター；コメント；イラストレーション。特にコメントはブラックレターと一体となってユニドロワ原則を構成する要素であり，単なる解説ではない。これらは，リステイトメントや統一商事法典において用いられ非常に成功した方法に従ってものである。

(49) オランダ民法典，ケベック民法典，メキシコ商事法典，ドイツ債務法の改正。CISG，インコタームズ，信用状統一規則，UNECEのプラントおよび機械の供給に関する一般条項等を参照している。(Bonell, *The UNIDROIT Principles of International Commercial Contracts: Why? What? How?*, 69 Tulane Law Review 1121, 1130（1995）.)

(50) 筆者の気づいたところでは，CISG19条（変更又は付加条件を付した承諾），32条（運送，保険，買い主への通知），34条（書類の交付）くらいであろうか。

(51) E. Rabel, *The Hague Conference on the Unification of Sales Law*, 1 American Journal of Comparative Law 58, 60（1952）.

(52) 齋藤彰「国際動産売買統一法の現状(1)：ハーグからウィーンへ」六甲台論集30巻3号79頁以下。André Tunc, "Commentaire sur les Conventions du 1er juillet 1964 sur la Vante internationale des objets mobiliers corporels et la Formation du contrat de vente," Diplomatic Conference on the Unification of Law Governing the International Sale of Goods Hague, 2-25. April 1964 Records and Documents of Conference, Vol. 1, p.355, 358.

(53) UNIDROIT原則前文参照。

(54) 国際契約に範囲を限定したことは，主として各国の国内的な経済システムや産業政策の違いによる偏差を避けるためである。また，商事とは「消費者契約」を主として除く意味であり，それ自体はできる限り緩やかに解釈されるべきとされる。(Bonell, *supra* note 44, at pp.54-55.)

(55) 2004年に公表された第2版では，第1版では扱われていなかった領域（代理・第三者のためにする契約・相殺・権利義務及び契約の譲渡及び移転・時効）にまで拡充されている。

(56) ユニドロワ原則1.6条参照。ユニドロワ原則は一切の国際私法規定を含まない。欠缺の場合にも，それが基礎をおくところの一般原則に従い解決することを示唆するのみである。

(57) 同じUNIDROITであっても「可動物件の国際的権益に関するケープタウン条約」にみられるように航空機・人工衛星・鉄道車両に関する国際統一登録システムを一気に汲み上げる必要がある場合には，条約という形式を用いる方法を，それが有する欠点を和らげる様々な工夫をしながら採用している。

(58) WTOやEUは，枠組みとなる条約を確定して，その中の一定領域において特定多数決での決定の可能な領域を拡張し国家間の交渉コストを引き下げ，また政治レベルでの国際調整を可能にする実践的な方法の模索もある程度の成功をおさめつつあるといって

⒜　よいであろう。
⒲　A. Rosett, *Unification, Harmonization, Restatement, Codification, and Reform in International Commercial Law*, 40 AJCL 683, 688 (1992).
⒳　Rosett, *supra* note 59, at p.688.
⒴　Unidroit News: 1999-1 (Updated: 5 August 1999); Report of the First session of the Working Group for the preparation of a second enlarged edition of the Unidroit Principles of International Commercial Contracts.
⒵　レポーターとして東京大学の内田貴教授が作業をしている。
㊥　CISG 6条参照。
㊤　北川善太郎『日本法学の歴史と理論：民法学を中心として』（日本評論社, 1968）参照。
㊨　P. Glenn, *The Common Laws of Europe and Louisiana*, 79 Tulane Law Review 104 (2005).
㊦　国益を求心力とする国家という制度に対して，グローバルな取引規範を策定することを期待する点にこそ，私法の国際的統一が軌道に乗らなかった原因の本質を見出すべきであろう。
㊧　網谷龍介「EUにおける『市民社会』とガヴァナンス：『ヨーロッパ公共空間の共有』は可能か？」神戸第53巻第1号33-67頁（2003）。
㊨　< http://frontpage.cbs.dk/law/commission_on_european_contract_law/ >。
㊩　たとえば，債権譲渡特例法の起草過程にみられるように，法務省民事局において有識者による研究会を発足させその研究報告書をもとに立法作業を進める方法が特徴的である。
㊪　ハーグ国際私法会議においてやっと2005年に「法廷地合意に関する条約」が採択された。この条約は当事者の合意に基づいて管轄を認められた裁判所の判決の国際的流通性を高める意味で，仲裁判断についてのニューヨーク条約と同様の役割を果たすことが期待されている。しかし，その遅れは実に50年近いものとなっている。また，ニューヨーク条約のように大成功する保障はない。国家の枠組みが法の国際的流通について如何に頑なものであるかがこの事実からも明確である。
㊫　K. P. Berger, *The Creeping Codification of the Lex Mercatoria*, p.147 (1999), Kluwer.
㊬　Berger, *supra* note 71, at p.147.
㊭　Berger, *supra* note 71, at p.148.
㊮　たとえば，UNCITRAL が当時社会主義国であったハンガリーの提案によって設立されたことを想起せよ。
㊯　"Legal Transplant"という言葉の産みの親でスコットランド（エディンバラ大学）からアメリカ（ジョージア大学）に渡ったアラン・ワトソンや南アフリカのケープタウン大学において大陸法的伝統とその派生の歴史について大研究を完成したドイツのチンマーマンをはじめ，スコットランド，ケベック，ルイジアナ，南アフリカ，イスラエル等の比較法学者の最近の貢献には目を見張るものがある。
㊰　たとえば，欧州においてはスコットランドが混合法システムの代表的な例となっている。
㋐　Berger, *supra* note 71, at p.151.
㋑　Bonell, *supra* note 44, at pp.35-36.
㋒　Berger, *supra* note 71, at pp.210-227.
㋓　K. P. Berger, *International Arbitral Practice and the UNIDROIT Principles of Inter-*

national Commercial Contracts, 46 AJCL 129（1998）.
(81) 例を挙げれば国際的な企業買収や合弁契約において法律家は契約交渉の段階から必要とされるようになってきている。法律という社会経済的道具は，複雑な取引環境の闇の中においてサーチライトのように最小限の見通しを確保するために欠かすことのできない存在となってきている。
(82) 国際売買を中心として，新司法試験の出題範囲を区切ろうとする姿勢は，そうした意味において将来の法律家にとっての実務的知識の獲得としては，ほとんど直接に役立つことはないと思われる。最低限の実務的な基礎知識として，澤田壽夫・柏木昇・森下哲朗編著『マテリアルズ国際取引法』（有斐閣，2004）程度の範囲をカバーすることが法科大学院における国際取引法の教育には求められよう。しかし現状ではそうした範囲を視野に入れるための明確な理論的枠組みがみえないため，学生は散逸した断片情報の集積としてしかそれらを理解することができない。国際取引法は，その全体を視野に入れる枠組みと各部分の機能と関連を解き明かすメカニズムへの洞察とを早急に確立しなければ，教室におけるその教育が大きな役割をもつことはありえない。
(83) こうしたルールの発生にとって最も重要な役割を担うのが紛争解決機関である。中世の欧州における取引社会では，商人達が自主的に運営する裁判所が存在した。しかし，これらは国民国家の出現において国家が社会の様々な階層において分散的に存在した紛争解決の機能を，全て国家主権の名の下に収奪し，司法はあたかも国家の一元的機能であるかのような虚構を作り上げた。しかし，契約ルールは社会経済活動を行う過程における取引者達の日々の営みに根源をもつものであることには現在でもかわりはなく，法は国家によって与えられるものであるという虚構はとりわけ国際商取引の世界において，馬脚を現しつつある。これが今日の lex mercatoria の再興をとなえる論者達の根本的な観察であるといえよう。（*vid.*, Philip De Ly, *International Business Law and Lex Mercatoria* pp.15-20（1992）North-Holland.
(84) P. De Ly, *International Business Law and Lex Mercatoria* p.14（1992），North-Holland.
(85) オリバー・E・ウィリアムソン「なぜ，法・経済・そして組織なのか？」神戸54巻1号63頁以下（2004）およびウィリアムソンの討論における発言（208頁以下）参照。
(86) Glenn, *supra* note 65, at p.104.
(87) Berger, *supra* note 71, at pp.182-183.
(88) 内田貴，中田裕康を代表とする民法研究者を中心として，「継続的契約」をキーワードとした議論が活発化した90年代に活性化した。しかし，このキーワードが余りに広い契約現象をカバーするため，事情変更や契約の改訂，契約解消，信認義務，独禁法の適用，法と経済学，市場と組織など多くの，それ自体極めて重大な論点を雑多に拾い上げすぎた結果として，空中分解したように思われる。
(89) 内田貴『契約の再生』（有斐閣，2000）はマクニールの関係的契約理論を団体主義の価値論に基づくものとして読み込もうとする（171頁以下）。しかしマクニールは市場と単発契約が有する長所も十分に認識しており，彼自身も自分の学説を価値論ではなく観察に基づくものであるとしている。
(90) マクニールは団体主義者であるとのラベリングがよくなされるが，関係的であるにせよ「契約」という概念を持ち出すことは，両当事者の最終的な独立性と別個の利益の存在を肯定しているのであって，社会全体の利益が個人の意思決定や利益を凌駕することを認める立場とは本質において対立する。

(91) 内田貴『契約の時代』261頁（有斐閣，2000）参照。
(92) もちろん，従来の契約関係を解消するコストも含めて計算される必要がある。
(93) ウィリアムソンが指摘するところの，人質を用いて信頼性あるコミットメントを創出する方法であり，これは政略結婚のように昔から広く様々な社会で用いられてきた。(O. E. Williamson, *Credible Commitment: Using Hostages to Support Exchange*, 73 American Economic Review 519 (1983).)。
(94) G. Hadfield, *The Many Legal Institutions that Support Contractual Commitment*, Handbook of New Institutional Economics 178-181 (Menard & Shirley ed., 2005), Springr.
(95) こうした研究の方向性を示唆する1つの成果として大村敦『典型契約と性質決定』（有斐閣，1997）を挙げることができる。
(96) 現存する多くの契約法システムはそこまで硬直的ではなく，たとえば事情変更の原則，不可抗力免責，不安の抗弁権などの要素をある程度まで取り入れつつある。しかしこれらはまだ不安定な制度としての位置づけしか与えられていないことが多い。
(97) 現実にそうした見直しは頻繁に行われていたとしても，それは法的義務に基づく問題ではなく，温情または特別の好意に基づくものであった。
(98) これはアメリカにおいて1960年頃に生じた抵触法革命（アメリカの国際私法のあり方を根底から変えてしまった法理論革命）において，標語とされた。これ以降アメリカでは，法選択をルールに基づいた硬いプロセスから様々な要素を考慮に入れたアプローチとして捉える視点が導入されることになる。松岡博『国際私法における法選択規則構造論』（有斐閣，1987）参照。
(99) 契約解釈に関する4.3条，4.8条，5.2条，5.5条は，そうした方法を採用した典型例であるといえよう。
(100) ユニドロワ原則5.4条。
(101) ユニドロワ原則6.2.1～6.2.3条はそうした方法の好例である。
(102) 免責については79条，履行期前の契約違反については71条および72条に規定がおかれているが，ユニドロワ原則の規定はさらに明確なものとなっている。
(103) たとえば絹巻康史「不測の事態に対する契約法理と調整条項」新堀聰編『国際商取引とリスクマネジメント』33頁以下（同文舘，2004）参照。
(104) ユニドロワ原則7.3.1条参照。
(105) たとえば，絹巻康史『国際取引法』90頁以下（同文舘，新版，2004）参照。
(106) 最近の最高裁による，国際裁判管轄規範を純粋の判例法として形成しつつある動きは，こうした視点から極めて興味深い。
(107) しかし現在のEU法の動きをみても明らかなように，欧州で法律を軸とした社会の進展において主導権を握るのは，今日でもドイツのコーイングやツィンマーマン，連合王国のピーター・バークスなどに代表されるローマ法研究者である。
(108) 穂積陳重は1876年よりイングランドに留学し，当時のイングランド法における最高水準の教育機関ともいえるミドル・テンプルにてバリスタ達に混ざってイングランド法を学んだ。彼はその後ベルリン大学に移り大陸法の研究をも深めるが，イングランド法について極めて正確に理解していた。以下は，伊藤正己が穂積のフランス法を評した一説を引用した部分である。「『法典完備するがため学者の思想ともすれば法典のために検束され，法文の解釈に汲々として其覊絆を脱する能わず。故に法理の如きは独国に一歩を譲り，又法律の実施に至ては英国に及ばざること遠しと云はざるを得』ないのである」。

またドイツ法については次のように指摘していた。「…独逸学の法律を論ずる者，概ね理論を主とす。而してその法典に至りても，排列秩序の整然たるは殆ど仏国に伯仲し，法律学理の精密なるは，遙かに仏国を凌駕す。然りと雖も，法律の実施に至りては，又英国におよばざること遠しと云わざるを得ず」。(伊藤正己「日本における外国法の摂取：四イギリス法」『外国法と日本法（現代法14）』267頁（岩波書店，1966)）。そして，現時点においてわが国の法律学を苦しめているのも，また，国家による一元的な法秩序の形成という法典化がもたらしたフィクションである。

(109) 戦後のアメリカ法の影響は，憲法・家族法の改正や，アメリカの制定法の摘み食い的な移植が進む中で，拡大しつつあるのは一面の真実であろう。しかしそれ以前にも，末弘厳太郎らの努力により判例研究は，日本の法律学および法学教育の方法として根づいた。これが判例の地位を高めた。また，戦後のアメリカ法の影響によって持ち込まれた様々な英米法的要素（独禁法・不正競争防止法における差止め，信認義務など）が判例を通して幾つかの分野で定着の傾向を示している。

(110) そうでなければ，欧州統合も lex mercatoria も，私達にとって極めて縁遠いものとしてしまう可能性がある。そしてそうした危険と兆候とは，すでに日本の法律学を蝕みつつあるのが明らかなように筆者には思われる。

(111) ユニドロワ原則の実質的な支配力にもかかわらず，これまで日本で発表された文献は僅かである。特に2004年版を紹介した最近の重要な文献としては，内田貴によるNBLへの連載があるのみである。

(112) こうした国際取引の実務と教育との関係について，国際商取引学会や国際経済法学会が2005年秋の大会において課題として取り上げ本格的な議論を展開し始めたことは，今後の動向も含めて注目に値する。

(113) 新司法試験問題検討会による2004年12月に公表された新司法試験のサンプル問題では僅かにFOBの極初歩的な意味の理解のみで対応できるものであった。また，2005年8月に実施されたプレテストでは，日本の実定法およびその解釈のみで対応できる問題となっており，行為した国際的動向に配慮する姿勢は全くみられない。

(齋藤　彰)

──エピローグ──

これからの契約と契約法の展望
——水平的秩序としての契約環境を求めて——

第1節 はじめに

　本書のテーマである「契約ルールの誕生」という言葉には，規範は人工的に誰かが作るものではなく，取引社会から自然に生まれ出るものであるとの主張が込められている。商人達が日々の活動を通じて自生的に織り上げていったものが"lex mercatoria"であり，それは人為的につくられたのではなく正に商人達の日々の活動の中から誕生したルールである。こうした説明はグローバルな取引社会に生きる人々にとってはごく自然な現実であり，空気のようなものであろう。だから，今なぜそのことを声高に主張しなければならないのかを理解に苦しむ人も少なくないかもしれない。

　しかし翻って日本の法律学のあり方に目を向けるとき，私達は驚くべき事態がそこで進展していることに気づく。それは法律が人間社会の中心にあるとの思い上がりといってもよいかも知れない。たとえば法律を操作することによって，社会を自由につくり替えることができるとの思い込みである。そうした傲慢を揶揄する意味を込めて，リーガリズムと呼ぶことがある。その主張者の1人であるシュクラーによれば，リーガリズムとは「諸々の抽象的な法的概念をそれらの社会的背景から切り離し，それによって法的概念の妥当する範囲を過大視する傾向」であると定義される[1]。これは，今日様々な場面で非常に目立つ日本の法律研究者の傾向のように思われる。確かに，国家の法廷という閉ざされた紛争解決の場では，法的概念によって構築された包括的な理論体系が社

会を支配しているという虚構（フィクション）を法律家達が共有する必要はある程度まで否定できない。しかし，虚構をあたかも現実であるが如く考えるほど，法律家コミュニティが世間知らずになるとき，社会は法律への信頼を失い，法律は現実への支配力を失っていく。

　リーガリズムは何も日本の法律家に限られた傾向ではない。しかし日本の状況を顧みるとき，リーガリズムの警鐘はもっと大きく打ち鳴らされるべきであることが明確になる。その1つの原因としての，日本の法律学の不運は，法典化運動が絶頂期にあった欧州から法律学を吸収したことにある。確かに日本における西欧法の継受自体は自発的なものであり，日本は初期から極めて優れた欧州の法律家を招聘し，また自国においても法律学の天才と呼ぶに相応しい先駆者達に恵まれてきたことは，誇るべきことである。しかし，法典化は社会と法律との直接的な関係を断ち切ることで，多くの弊害をも抱え込むものであったようにも思われる。現在，法廷を支配する法的判断が，多くの人々の共感を勝ち得ることができない場面は増加している。法典文化がもたらす条文至上主義の結果として，法律と社会とを結びつける動脈を私達は今日失ってしまったのかも知れない。

　こうしたリーガリズムに対する危機感を抱いている法律家も決して少なくない。しかしそうした批判自体が，逆のミスリードを導く可能性にも私達は注意しなければならない。たとえば，裁判実務を「取引関係に内在する『内在的規範』を吸い上げたもの[2]」として捉えようとする近時の見解は，表面的には本書の視点に極めて近いようにみえるかも知れない。市場型の単発的取引をモデルとした私達の契約法が，現実の取引社会において行われている多くの取引モデルに上手く当てはまらないことは，本書の各論文の考察から明らかである。しかし，社会的協力という曖昧で感情的な表現を多用するそうした共同体主義的な主張[3]が，契約という社会経済的ツールが守る両当事者の生産的関係構築に向けた自由意思によるコミットメントと，それに基づく公正な利益および損失の配分という厳しい経済的正義の要請を，曇らせることは許されない。

　内在的規範と名乗ることで美化された一部の支配階層の価値観への帰依を，全ての人々に要求するスローガンとして「関係的契約」という言葉がもし語ら

れているとするならば、それは極めて不幸なことである。なぜなら関係的契約の名づけ親であるイアン・マクニールは、狭義の関係的契約だけではなく、単発契約の特徴や優れた点をも十分に理解していた。契約という社会経済的なツールが最終的に実現しているのは、個人の独立性であることも忘れられてはならない。身分や階層ではなく、独立性を有した個人同士がそれぞれの自由意思に基づいて構成する暫定的な関係が契約である。つまり契約は、私人に何らかの独立性と自由意思とを認めることによって、はじめてその存在を語ることができる。それは契約という法的技術が有する最も原初的な意義である。それを揺るがすことは、当事者の独立性・自律性という自由主義経済の根幹を崩し、もう一度集産主義や身分社会へと引き戻すことを推奨するかのようにさえ思われる。

 "lex mercatoria"は無数の商人達が社会に付加価値をもたらすための厳正な取引実務の現実の中で、公正な取引環境を持続可能なものとすべく築き上げてきた社会規範である。それは思想としての規範というよりは、相互依存と相互尊重に基づき、人間らしく豊かに生きていくための糧の生産に直結する自然則ともいうべきものである。人間社会を豊かにすることに向けた取引秩序を持続するため、商取引者が決して踏み外してはならない厳しい道である。

 自由主義経済の負の側面が目立つ今こそ、私達は本当に敵対すべきものの正体をしっかりと見定める必要がある。それは決して、貨幣経済でも社会の市場化でも競争でもない。自由な取引を否定することは、ハイエクが正しく指摘するように『農奴制への道』へとつながるであろう。市場や競争は実は人々の尊厳を守るための重要な制度である。それがもたらしているかにみえる危害は、実はそれらの尊い社会経済的ツールを十分に使いこなせない取引社会の力不足にあるというべきであろう。

 日本社会はより多くの法律家を生み出すために、2004年4月から各大学に法科大学院を設置した。こうした時期において、本書の結論に代えて、法律家の役割を水平的な取引秩序形成の観点から再考することにもそれなりの意義があるであろう。英米法圏の法律家と日本の法律家の社会における役割の違いを考えるときに最も目立つのは、「商」の色彩の欠如である。これに対して、法律

家の役割をビジネス取引と積極的に結びつける試みが，日本の大学における法教育で本格的に取り組まれた例はこれまでごくわずかな例外を除いて存在しない(4)。「商」を卑しめたままで，日本の法科大学院は真の意味で取引社会に貢献する法律家を生み出すことは不可能である。

　幸いなことに日本社会全体の「商」に対する見方は，法律学におけるほど短絡的ではない。人々の様々な誤解や蔑みにもかかわらず，どこかで人間は商人の活動に人間本来の冒険精神やロマンを感じ，そして水平的な自由さとを見出してきた。民力という言葉は，ポジティブな活力をあらわす表現として肯定的に用いられている。すっかり流行語となった Win-Win は対等な人間が自由な意思によって相互に実りある取引関係を結ぶことを意味する。そして，国際取引は，意外な需要と供給との出会いを生み出すことで，大きな剰余価値を生み出す素晴らしい潜在力をもっている。そのために人は船に商品を積んで未知の世界へと出かけた。また西洋と東洋をつなぐシルクロードは，絹を求める商人達がたどった途である。

　やや印象派的な本章の議論は次のように構成される。まず第２節において，競争が自由主義経済の根幹を形成する社会協力的な行為であることを明らかにする。続いて第３節で，取引を基本単位とする社会秩序の形成について検討を加える。そして第４節では，法律家が取引の促進においてどのような役割を果たすかを具体的に検討する。

第２節　取引と競争の社会協力的意義について

　取引における法律家の役割を考察するに当たり，そもそも「人々はなぜ取引を行う必要があるのか」を少し考えてみたい。それは単純化すれば，交換によって生まれる剰余価値を獲得するためであるといえよう。たとえば，Aが自分の得意とする商品を作り，Bが自分の長所を生かして作った別の商品と交換をすることによって，双方はより豊かになることができる(5)。そうした過程におい

て優れた商品をより効率的に作るために，各自は自分の職業に対する適性を厳しく要求されることになる。自分の能力を最大限に生かすための職業を見出す過程が「競争」であり，競争は社会全体が有する生産性を向上させるための根本を成すプロセスといえる。競争は日本では人間阻害的なものとの認識が強い[6]が，実はそれ自体が社会全体の生産性向上につながるという意味において，大きな価値を有する社会協力的な行動である。

　ここで筆者は競争というプロセスが，人々の幸福追求および職業選択の自由とも極めて密接な関係にあることを指摘したい。以下はハイエクの『隷属への道』からの引用である。しかし，この部分はこれまでわが国ではあまり注目されてこなかったようである。

　　「売り子嬢に何としてもなりたいと思っている平凡な少女でも，身体的な脆弱さがハンディとなる職業に就こうと決意をした弱々しい少年であっても，あるいはもっと一般的に明らかに能力や適性に欠ける者であっても，競争社会から必ずしも排除されるわけではない。もし彼らがそうした地位に十分な価値を見出すのであれば，彼らは経済的な犠牲を払うことでそうした仕事を始めることは，そして最初にはさほど明白でなかった資質によって後にそうしたハンディを補えるようになることは，往々にしてある。しかし当局がその職種全体の報酬を定め，その選択が候補者の客観的な基準によってのみ行われれば，職業に対する情熱はほとんど考慮されないことになる。その資質が標準的なものでない者や気質が通常の種類のものではない者は，彼の特別な必要に適合するような特別な取決めを雇用者と行うことは最早できなくなる。通常のルーティンよりも，不規則な時間帯や行き当たりばったりの時間に，より少額のあるいは不確かな収入で働くことを好む者は，最早選択の余地を無くすことになろう[7]」。

　ここでハイエクは競争に勝ち残るためには，個人としての幸福感や価値観が強力な武器となることを明らかにしている。私達の生活を注意深く観察すればわかるように，職業の適性はその人の身体能力や知能指数などの客観条件だけ

で決まる訳ではなく，その職業にどれだけの価値や幸福感を見出すかという個性的な要素に極めて大きく左右されることが明らかとなろう。職業において厳しく要求される一定の相対的な能力水準が存在するのは明らかであり，個人的なモティベーションの強さだけでどのような職業にも就くことができるなどという単純な議論をする訳ではない。しかし客観的指標のみによって計測可能な資質だけを条件に職業への参入を決定することは，人間の本質に対する無理解によるものといわざるをえない。明らかな客観条件の不備をも凌駕しうる，人間の個性的な動機や能力が往々にして存在することを，私達は大切にする必要がある[8]。それが，ハイエクが職業への新規参入も客観的条件のみに基づいて制限すべきでないとする理由であろう。

最近モティベーションやインセンティブという言葉が，私達の生活の多くの場面で語られるようになってきた。個人の「やる気」をうまく生かすことができなければ，社会や組織は荒廃する。インセンティブの低下とビューロクラシーコストが公務員や公営企業の非効率に随伴する問題であるとすれば，民営化とは，利益という目にみえる単純な目標を組織の全構成員が共有することによってインセンティブを蘇らせるための工夫である。しかしそれは，馬の鼻先に人参をぶら下げるような低俗な子供だましの策略と捉えるべきではない。人間の幸福追求に直接に関係する重大な課題として認識されなければならない。

第3節 「取引」を基本単位とする分析

取引と競争の超総論はこの程度にして，より具体的な分析に入ろう。本章では分析のための単位として「取引」を取り上げることにしたい[9]。ジョン・コモンズ[10]によれば，取引とは「相互依存 Mutuality」，「葛藤 Conflict」，そして「秩序 Order」の3つの要素から成り立つものであるとされる。オリバー・ウィリアムソンはこれを「コモンズ・トリプル」と名づけている。以下では，取引一般にみられる，この三位一体構造が有する重要性について説明を試みることに

する。

1 基本構造としての分業[11]と剰余利益

　ごく乱暴に説明すれば，平和な社会がある程度継続すれば，人々は自分の能力を発揮できる職場を求めて動きだし，その結果として分業が進展する。分業が進展すれば，人々は自分のコアとなる能力に特化して1つの優れた商品を生産するようになる。そして，それを他人が作った優れた商品と交換し合うことによって，はじめて向上した生産性が社会に行きわたる。つまり，社会的分業は交換というプロセスを伴うことによって，はじめてその真価を発揮する。交換がなければ人々は自給自足に追い込まれ，それぞれの偏った能力に制約された範囲で生産できるものだけを用いて生活するしかない。万能でない個人がお互いの長所を生かしつつ，「相互に依存」しながら社会全体としての生産性を高め，より豊かな生活を実現するための「要」に位置するプロセスが「取引」である。こうした交換は，両当事者にとって新たな剰余価値を生み出す「プラス・サム・ゲーム」として機能する。つまり，交換を通じてお互いに剰余価値を生み出すことは，それ自体社会的に極めて大きな意義をもつ社会協力的行為であることが明らかとなる[12]。マクニールが指摘するように，ごく単純な即物的売買であっても，それは分業の成果を引き出すという意味において社会協力的な行為であるということができる[13]。

　しかし，相互依存によって剰余利益を求め交換を進める上で，それを阻害する方向に働くやっかいな要因が必ず発生する。それが，交換によって発生する剰余利益を両当事者でどのように分配するかをめぐる「葛藤」である。この剰余利益分配の局面だけに限定して考えれば，交換の両当事者はゼロサム・ゲームの関係に立つことになる。つまり，相手が多く利益分配を受けた分だけ，自分の利益は減少することになる[14]。

　この矛盾する2つの要因（相互依存と葛藤）は，どちらも極めて強力なものである。そこで人々は，「葛藤」を抑制しながら「交換（相互依存）」を進展させるために，「秩序」を構築することを否応なしに要求される。これが，ウィ

リアムソンが「コモンズ・トリプル」と名づけた取引社会の核をなす相互作用のバランスである。

2 単発的契約と関係的契約[15]

市場型の単発契約において「葛藤」は極めて巧妙にコントロールされている。コースは「企業の本質」において市場が原始的に存在するものであるかのように議論を開始し，市場との関係で企業の特性を浮かび上がらせようとした[16]。しかし，歴史的に「商」あるいは交換が生み出す価値の感覚に比較的乏しい日本社会[17]においては，コースが解明しようとした「企業の本質」とは反対に「市場の本質」から議論を始める方がより理解しやすいかも知れない。こうした点において，マクニールによる単発契約の分析にはみるべき点が多い。マクニールはコミュニタリアンであるとの誤解が日本において広まっている[18]。しかしデビッド・キャンベル[19]も指摘するように，マクニール個人は（英米の意味における）保守主義者であり，関係的契約と同時に市場型の単発契約の長所や特性についても，秀逸な分析を行っている。

「高度な単発性は，関係性が浸透し始めないようにするため，取引における当事者のアイデンティティの無視を要求する。単発性はさらに，多数当事者の回避を要求する。単発取引の理想的な目的物は一方ではお金であり，他方では代替性のある商品（commodity）であるから，単発性は交換の目的物を可能な限り代替性のある商品のように扱うことで高められる。焦点を最大限に明確にするため，単発性は，取引の内容の決定において，コミュニケーションのソースと取引の実質的内容とを，厳格に制限することを要求する。理論上，プランと合意とは，形式に従った特定のコミュニケーションを通じてのみ生み出されなければならない。言語外のコミュニケーションや取引が行われる環境は，当事者のアイデンティティと同様，無関係でなければならない。取引の開始と終結の明確な認識が必要とされ，約束的禁反（promissory estoppels）の理論により法律となったような中間

駅は，存在してはならない」（下線は著者による）。

　「あるスーパーマーケット・チェーンにおいて，ミルクの値上げが売上にどう影響するかを調査する場合，<u>100パーセントの利己主義によって生じる万引きや価格についての値札の貼り替えなどが結果に影響することを考慮しない</u>とすれば，そこにはそうした行為を抑制し，他の客と協力し列を作って順番を待つという，人々の自己犠牲的な行動が存在することになる[20]」（下線は著者による）。

　お金さえもっていれば，人々は自分の素性や思想を問われることなく生活に必要な物資を簡単に購入することができる。人との深いコミュニケーションを必要とせずに平等に同等の物を購入できることは，言語能力や身体・知能等においてハンディキャップを負う者を現実社会の中で保護する役割を果たしている。少し真剣に現実を検討すれば，こうした単発契約が有する多くの美点に私達は容易に気づく。

（1）　市場の特性

　市場とは，個々の（個性的な）需要と供給とのジャストミートの実現によってそれぞれの契約が最大の余剰価値を生み出すことを目指す巨大情報データベースであり，交換における高度の経済効率性を生み出すために人間社会が自生的に形成してきた制度である。両当事者が即時の価値評価による交換を実現し，葛藤の対象となる剰余価値は総需要と総供給とのバランスで形成された客観的価格により即時かつ公平に分配される。しかし市場を機能させるには，情報がスムーズに集積され，それが全ての市場利用者にとって平等に利用可能でなければならない。当事者間の物理的距離を埋める高速で安定した通信手段・運送手段や，信頼できる通貨や確実な決済方法も整備される必要がある。また，商品の規格・品質・数量等について高度の信頼性と安定等が市場成立の前提となる[21]。

　こうしたインフラが整備された市場においては，交換前・交換後に両当事者が個人として相互にかかわらなければならない場面は最小限に抑えられる。こ

れが余計な摩擦を減少させ取引費用[22]を引き下げる。つまり「コモンズ・トリプル」の視点からみれば，(1)相互依存の安定化（金銭さえ出せば確実に商品が手に入る）と(2)剰余価値の公平な配分（多数の人々の評価を基盤とした価格システム）をほぼ自動的に実現できる点において極めて安定した「秩序」が形成されており，市場における単発契約はその理想型に極めて近いものとなる。

（2） 関係的契約を利用する必然性

それでは，関係的契約や企業をなぜ人々は用い続ける必要があるのであろうか。

第1に，より大きな剰余価値を求めて人々は複雑な取引にあえて乗り出すことがある。たとえば日本企業が安価で優れた労働力を生かしてより大きな剰余価値を生み出すため，中国の縫製工場と合弁契約を締結するような場合である。日本企業によって，多数の機械が供給され，デザインや縫製について指導がなされ，工程における監督が行われ，包装等についても特別な要求が出されるかも知れない。こうした高額な「関係特殊投資」は相互の長期間にわたる取引関係の中で継続的に生み出される剰余利益を分配することによって，徐々に回収されることになる[23]。

第2に，何らかの事情で新たな取引に入るコストが大きければ，人々は収益の安定を求めて長期の関係的契約に入ることもある。日本の伝統的な雇用契約はこうしたものの典型であろう。しかし，たとえばコンピュータプログラマーのように労働形態の標準化やジョブ・マーケットの確立によって新たな仕事を探すための取引コストが下がれば，雇用契約も関係的なものから単発的なものへと姿を変えていくことになる[24]。

（3） 再市場化の進展：ビジネスモデルの定着とその市場化

つまり，不安定な取引秩序の中でより大きな剰余利益を生み出そうとして関係的契約は行われる。この段階では契約当事者の個性や相手方との協力的関係がその成否に大きな影響を及ぼす。まだ誰も手を染めていない新たなビジネスだからこそ，剰余利益は極めて大きくなる可能性がある。しかし，それゆえに

当事者の予測を超えたリスクや環境の変化，長期にわたる複雑な当事者関係（取り分け剰余利益の分配をめぐる疑心暗鬼や，機会主義によるロックイン・ホールドアップなど）の巧みなマネジメント等が要求される。

　しかし，そうした新しいビジネスについても，標準的なルーティンが確立するにつれてそれを行う企業が増加し，そうした結果として取引費用が下がってくる。それに伴って，より効率的な当事者の組合せを模索した取引が活発に行われるようになり，徐々に市場が生まれはじめる。これが取引社会進展の基本的メカニズムであり，国境を越えた複雑な取引関係も様々なプロセスを通じて定型化されコントロールされていく過程である。

　取引費用引き下げのプロセスが進行することにより取引が様々な当事者を巻き込み多方向化・無個性化する結果として，新たな取引の再市場化が進展する。そうしたことの結果，これまでには複雑でとても市場的取引が可能とは思えなかったものでさえ，市場で取引される商品となる[25]。たとえば，現在では「企業」のような複雑な組織でさえ日常的な取引の対象とされるようになってきている。こうした複雑な契約を当事者間でコントロール可能なものとして実現する過程において，法制度および法律家は様々な側面で重要な役割を果たしている[26]。以下では，こうした取引秩序の形成において法律家が果たす役割についてさらに分析を試みることにする[27]。

第4節　法律家による取引促進

1　信頼できる契約のプロデュース

（1）　関係的契約の統治

　以上から明らかなように，取引において法律家の関与が特に重要な役割を担

うのは，何らかの関係性を伴った複雑な契約においてである。市場はすでに法律家が手助けをするまでもなく，様々な葛藤調整のルーティンをも組み込み，取引をその統治下におくことに成功していることが多い。取引が市場化されるところまで社会的コントロールが及ぶようになれば，法律家が直接に個別の取引において果たす役割は徐々に定型化され小さくなる[28][29]。

　複雑な契約を推し進めるためには，ウィリアムソンがいうところの「信頼できる約束 Credible　Commitment」を個々の取引目的に適した形で設計することが必要となる[30]。こうした場面において法律は担保・保証等の様々な定型的な取引支援ツールを用意することでそうした要請に応えている[31]。有効で効率的な担保や保証は，関係特殊投資を行う者に対してその回収を確実にすることで，信頼性のある契約の形成を促す役割を果たす。担保制度が，巨額の投資を伴う複雑で巨大な契約を推進する上で極めて重要な制度であることは，最近の私法統一国際協会（UNIDROIT）の起草による「可動物件の国際的権益に関する条約」などの動向からもわかるように，法律家達に明確に認識されつつある。

　法律家はまた，契約当事者間に存在する様々なギャップを埋めることによって，複雑な取引を促進する。ロナルド・ギルソンは企業買収のための資産評価取引のモデルにおいて，1)資産およびその市場価値についての情報がコストなしに得られうること，2)取引費用が存在しないこと，3)売主と買主が危険と収益とについて同様の期待を有していること，4)売主と買主とが同様の期間内において剰余価値を得ようとしていること，が前提とされていることを指摘する。しかし実際の取引においては，こうした前提自体に齟齬が生じており，当事者達だけでは契約締結に漕ぎ着けることはほとんど不可能である。法律家はその溝を埋めることによって，当事者間の交渉だけでは乗り越えられない取引費用を引き下げるためのイノベーションを行う。そうした結果として剰余価値を生み出す契約締結を増加させることに貢献していると指摘する[32]（つまり，法律家がこうした当事者間のギャップを埋める契約技術のイノベーションを生み出すコストがそうした取引から生み出される剰余価値よりも小さければ，法律家は取引における剰余価値の創造を行うことができる）。

　法律家はこうした活動を通じ多くの契約締結をプロデュースすることで，新

しいビジネス取引の情報センターに位置することになる。つまり取引に関与した経験を通じて、潜在的取引当事者に関する信頼性のある情報を集積し、それを提供することが可能となる。たとえば需要と供給とがマッチする取引当事者双方を引き合わせることで円滑な交渉を可能にし、取引費用を引き下げる[33]。また同種取引の情報と経験とが集積されるにつれて、取引についてのパターン認識が深まり、新たな取引モデルの輪郭がはっきりとしてくる。多くの法律は人々の行動を認識するためのパターンに基づいて組み立てられているので、法律家はそうした観察および分析を本来得意としている。そうした経験の中から「良き慣行」を見つけ出して標準契約書や目的に応じた契約条項が提供されるようになる。

（2） 契約関係の経時的変化

　超人や哲人は法律を必要としない。法律とは俗人のためのものである。俗人は約束を守らなければならないとわかっていても、一定の状況が揃えば機会主義的な行動へと突き動かされもする弱い存在である[34]。確かに契約締結時において、ほとんどの契約当事者は真剣に約束を守ることを考えている。しかし時間的の経過の中で生じるいかなる状況の変化に対しても、自分自身を完全にコントロールできるほどの強い精神力をもつ人は、ほんの僅かであろう。したがって、複雑な契約について将来生じうる出来事の全てに具体的に対処する契約を書き上げることが不可能であるとすれば、機会主義あるいは戦略行動が始動しはじめるような定型的な場面[35]においてそうした行動を抑止するために有効な仕組みを、当初の契約の中に相互の合意によって予め規定しておくことが必要となる[36]。契約締結時には両当事者がその契約が履行されることを望んでいるので[37]、そうした取決めは約束の信頼性を高める有益な機能を果たす。そうしたセーフガードとして、担保・保証の設定や遅延損害金・違約罰条項のような方法が典型的である。こうした過程を支える法と法律家の機能は、取引者が大きな剰余利益を求めて積極果敢な行動に出るチャンスを増加させることによって、社会に大きな貢献を果たすことになる。

（3） 法律家の多様な立ち位置

　取引法律家の位置づけには難しい問題がある。たとえばシリコンバレーにおける法律家は多様な役割を担っていることが指摘されている。こうした法律家は取引の経過の中で，相談（Counseling）・取引仲介（Dealmaking）・仲人（Matchmaking）・守衛（Gatekeeping）・改宗説得（Proselytizing）等の複数の役割を時間の経過や場面の変化に応じて演じることになる[38]。こうした考察において常に問題として浮上するのが，法律家とビジネスマンとの立ち位置の違いに関する問題である。区別はどこにおかれるべきであろうか。両者を区別する1つの明確な違いは，法律家はその取引からの直接の剰余利益を獲得するために契約締結に関与しているわけではないという点にある。これに対してビジネスマンの目的はあくまで剰余利益の獲得にある。

　しかし，信頼性のある契約を生み出し事後的機会主義を防止するための洞察において，両者には取引者達の動機や行動についての深い理解が必要となり，その点で両者に求められる基本的な能力にはそれほどの違いはないといえるかも知れない。日本においては，取引法律家の役割の多くが総合商社のビジネスマンによって果たされていることが，ビジネス契約の実態に関する調査から明らかにされた[39]。シリコンバレーの法律事務所が投資者と起業家とのベストマッチを演出する大規模情報センターとして機能しているように，日本の総合商社にもその国際ビジネスに関する日常業務との関係で，様々な経路から外国企業の売買に関する情報等が集まってくる。そうした状況の帰結として，国際企業買収のプロデュースを総合商社が担当するのは珍しいことではない。取引から直接生じる余剰利益を求めるのではなく，マッチメイキングをしているという点においては，総合商社と取引法律家との役割はほぼ完全に一致するといえる。しかし，総合商社は買収企業に資本参加することや，買収企業の製品の販路の開拓にまで協力することを約束することで，買主たる企業の不安を引き下げるとともに取引から生まれる利益（または損失）の一部を引き受けることで，取引の信頼性を高める方法をも用いていた。これはビジネスマンとしての行動であり，法律家がこうした取引促進の方法を採ることはできない。他方で

大ローファームには，自己利益を求めてこうした形でビジネスの当事者として取引に関わることへの誘惑は常に存在することが想像できる。

（4） 取引実務と契約規範

契約における法律と実務との関係も，極めて分析の難しいものである。ここに示す図表E－1は，個々の取引と法規範との循環的な関係についての概略を説明するためのものである。コモンズによって提示された取引という分析単位が「相互依存」と「葛藤」という矛盾を有するように，取引と契約規範との関係もこうしたアンビバレンスを否応なしに内包している。つまり取引自体における相互依存という協力構築の強いインセンティブと剰余利益の配分におけるゼロサム・ゲーム的な葛藤は，契約規範に対して，当事者間の協力行為促進をデザインする役割と，紛争処理の基準としての役割との両面を否応なしに合わせもつことを要求する。

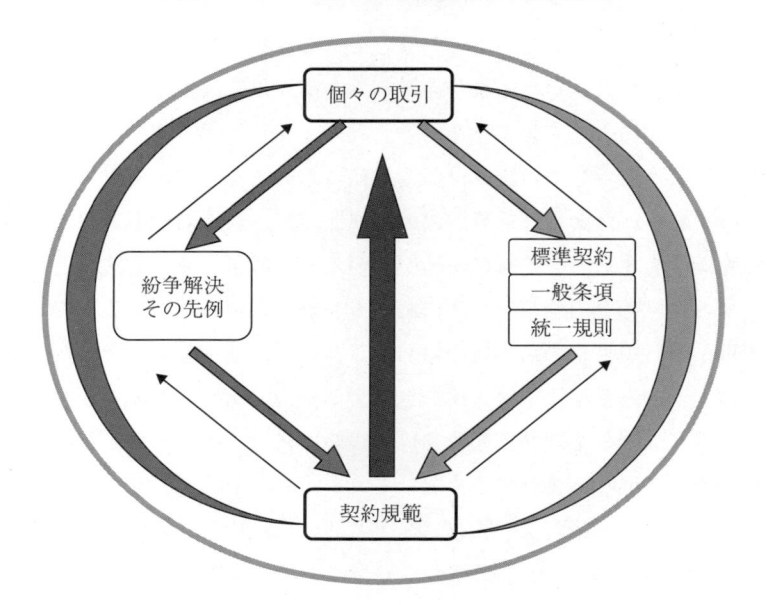

図表E－1　契約と契約規範との相互作用

これが時として行為規範と紛争処理規範との間に矛盾を生み出したり[40]，個々の契約の内的バランスと契約規範が典型として規定する契約の内的バランスとの微妙な違いを汲み取る必要性を生み出す[41]。しかし両者を別のものとして考えるよりは，取引活動そのものに起源をもつ内在的な不整合が表面化した一場面として理解することが現実的であろう。両者[42]には，基本的に同一であろうとする強いモーメントも同時に働いていると考えられるからである。

2　法の進化：事後調整規範群の誕生

　前頁のいささかグロテスクな図表E－1は，こうしたアンビバレンスを伴いながらも不断の進化を続ける取引と法との動態的関係をも描き出そうとするものである。大きな流れは契約実務から始まり，それは2つに分岐する。第1は，取引の定型化・標準化への流れをたどり，契約規範の形成へと最終的に流れ込もうとする。第2は，契約実務から出発するが，契約が当初の計画から逸れてトラブルへと発展し，さらにその紛争処理の経験の蓄積を通じて契約規範の生成へと与える影響の流れである。そうして，こうした2つの流れは契約規範の形成において合流し，その結果できあがった契約規範は当初の個々的な契約へと環流することによって影響を及ぼす。

　しかし，こうした2つの流れは契約規範において合流するまでにも，相互に影響を与え合う。たとえば紛争解決の基準として，当初の当事者間の取決めは重要な意義を有する。その時に法廷が用いる契約解釈という技法は，個々の取引が有する個性的な内部バランスのあり方の現実に迫ろうとするものである。他方で取引慣行や慣習の紛争処理における参照は，通常の取引者の期待を基準として客観性のある解決を導き出そうとするものである。このように紛争処理においても，取引の生理的側面における規範は常に注視されており，一定範囲において自ずと取り込まれていく。

　またその逆に，紛争解決の結果は当事者間の取決めについて影響を与える。「法の影での交渉」という指摘が示すように，裁判は法律を用いた究極の調整点を明示することで，契約の生理的な場面でも当事者間の行為を規律する強い

指標となる。また法律を用いた紛争の解決は，当事者間の権利義務の有無という形で示されるが，そのこと自体が取引の生理的な場面に可逆的な調整を明らかに要求している。たとえば裁判において違約罰条項が一般に無効とされれば，取引実務は機会主義を防止するためのセーフガードとして，同様の機能を果たす他の代替的方法を検討するであろう。

　ここで近時の契約規範の変化を例にとって，前頁の図表E－1によって示した相互作用が実存していることを論証したい。最近，国際取引の場面において不完備な契約に対応するための規範群が生まれつつある。それは契約締結時の約束に当事者を縛りつけようとするこれまでの契約観を，ある意味で根底から揺るがすものである。なぜ国際取引からそうした規範が生まれたのであろうか。それは取引実務に携わる人達の「リスク」という概念への注目からもわかる。言い換えれば，取引が破綻する要因を契約当事者内部にだけ求めるのではなく，両当事者にとってコントロール不能な事態が，取引成功の実現を多くの場合，妨げているとする見方である。それが国際取引の現状認識としてより実態に近いということであろう[43]。

　「虎穴に入らずんば虎児を得ず」あるいは「ハイリスク・ハイリターン」という言葉があらわすように，両当事者はより大きな剰余利益を求めてそうした取引を行う。その成功は社会協力的な価値の高い行為として評価することができる。したがって，コントロールできないリスクが生じた場合にそれを公平に調整するための契約締結時の取決めは，大きな価値を有する。その一例として不可抗力条項を挙げることができる。かなり以前から不可抗力条項（Force Majeure）は国際取引契約の実務において存在している[44]。無数の契約の中で様々な形のこうした条項が用いられてきた。また，こうした条項について与えられる効果にも歴史的な変遷がある。しかし，現時点で定着しつつあるプラクティスとしては，(1)そうした事態が発生した際の速やかな通知と，(2)義務の履行の一時停止とそのことについての免責である[45]。また，そうした事態が継続する場合について，両当事者による解除の可能性が合わせて定められることもある[46]。このようにベスト・プラクティスが形成され取引社会が広く認識するようになれば，それは契約規範として明確化され取り込まれることになる。

実務家による関心がさらに高いのは，ユニドロワ原則におけるハードシップと呼ばれるルールの明確化である[47]。ここにおいてユニドロワ原則は，ついに一定の場合において当事者間に当初の契約から離れて再交渉を行う義務が発生することを認め，その義務の裁判所を通じての強制をも認めるにいたった。また，裁判所に白黒をはっきりさせる解決だけではなく，「契約の均衡を回復するための契約の改訂」を行う権限を与えることも明文で定めた。実務ではすでに原材料の値上がりに対応して対価を調整する価格スライド条項等が活発に用いられてきた。しかしユニドロワ原則のハードシップ制度のような一般的で完成度の高い規定が包括的契約規範の中に位置づけられた前例はなく，ユニドロワ原則の評価を高める代表的な条項となっている。実際に国際契約には複雑で長期にわたるものが多く，外部リスクに大きく左右されやすい。その結果，こうした調整をもたらすことが正義に適うと思われる事態が発生しやすい。これまでの各国の契約規範がこうした状況に上手く対応できず，国際取引の現実との距離が広まっていた中で，実務動向をも周到に調査した上で起草されたユニドロワ原則は，特に多くのビジネスマンにとってより実情に適合した契約規範として注目を集めつつある[48]。

　このようにして，複雑な契約に対応する取引実務的な工夫と，新たなタイプの紛争を処理する経験との相互作用の中から，契約の高度化・複雑化に対応するため実践的に必要とされるルールが生み出され，契約規範としての明確化がなされていくと考えることが可能であろう。

3　民法典の取引費用の視点からの分析

　民法典の分析にまで立ち入ることは，本章の目的からは明らかに欲張り過ぎである。ここにおいては，筆者自身にとっての忘備録として，現時点での不完全な構想の荒削りなスケッチを描くことにとどめる。

　民法典が規定する様々な法制度を，取引を促進するための基盤として再分析することにはそれなりの意義がある[49]。より正確に表現すれば，所与の法制度がどのような方法で取引費用を引き下げているかを理解することは有益である。

① 契約行動関係

法律行為（錯誤・詐欺・強迫等）に関する規定の多くは，人々の自由意思を守ることによって，取引関係に入ることへの安心感を与え，取引費用を引き下げている。債権総則（第2節債権の効力）の各規定は，義務の履行に法的な強制力によるバックアップを与え，契約を確実なものとすることで当事者の期待を守る。契約総則（第2款契約の効力：同時履行の抗弁権・危険負担・解除）は，当事者間における対等な交換を確保する。契約各則における契約の類型は，取引のひな形を提供することで交渉を容易にする機能を果たす。そして担保物権・連帯債務・保証債務・相殺等は，関係的契約における事後の（契約締結後の）機会主義による不履行に備えるための強力なセーフガードの手段を提供する。

② 取引対象の明確化

物の定義や所有権関連制度（対抗要件・善意取得等）は，当事者間の交渉の出発点を明確し，そして取引の結果に安定性を与える。

③ 取引の主体の明確化

自然人・法人などの規定は，取引主体とその責任帰属を明確にし，取引を促進している。

これらは法制度が取引費用を削減するために提供する中心的な道具であり，取引者はその使い方に精通することが必要である。しかしこうした取引費用削減のための方法は，民法典の中だけで完結したものとして理解すべきではない。実践においては，違約罰条項や価格調整条項などの契約的技法や，様々な事実上のテクニックなども含めた多様な選択肢[50]の中から，それぞれの具体的状況において最も適切なものを選び組み合わせることによって，信頼できる約束をプロデュースする柔軟性が商取引の現実の中で必要とされる[51]。

第5節　移行経済地域としての日本

1　法律家と経路依存性

　司法への信頼と日本の状況について再考してみよう。日本はリーガリティ（法制度の社会統治における有効性）の高い国として，コロンビア大学のカタリーナ・ピストー達による最新の比較法の研究において評価されている[52]。日本は専門家としての法律家の養成を早期から行ってきた[53]。これにはおそらく幕末の時代に決死の思いで密航して西欧（特にイングランド）に渡り，法律家が社会の近代化おいて果たす役割を目の当たりにした明治維新のリーダー達の，大きな寄与があったと想像できる[54]。

　日本は西洋法を自発的に導入した明治期から，大陸法だけではなくイングランド法にも非常に注目してきた。現在の民法典の起草者の1人である穂積陳重は1876年よりイングランドに留学し，当時のイングランドにおける最高水準の法律教育機関ともいえるミドル・テンプルにおいてバリスタ達に混ざってイングランド法を学んだ。彼はその後ベルリン大学に移り大陸法の研究をも深めるが，イングランド法について極めて正確に理解していた[55]。その後にも日本には何度も英米法の重要性が再認識される機会があった[56]。21世紀になって，日本にアメリカ型のロースクールが創設された原因としても，日本からアメリカのロースクールへの留学生の大きな影響が存在することも明らかである。

　日本は確かに自発的に西欧社会を理解しようとし，そしてその過程において西欧法のあり方を学び，受容的な法継受を成し遂げたとの評価自体は正鵠を射ているといえよう。しかし日本が明治期に多くの天才的法律家を有したことがその後の日本社会にとって大きな貢献をもたらしたとしても，やはりその短い時間の中で西洋社会の英知と社会的経験の集積である法文化の完全な継受を期待すること自体には無理があった。そうした継受不全の中で最も深刻なものは，

エピローグ　これからの契約と契約法の展望　313

国家が制定した法典を法律の存在形式としてほとんど唯一のものと考える強い傾向である。そしてもう1つは，法律家が，自由主義経済の基盤たる私法制度の進展を担うことを自覚できず，取引社会に貢献すべき使命を切実に認識していないことであろう。

2　縦社会から横社会へ

　ハイエクが激しく攻撃した農奴制に代表される身分社会では，人々の「強み＝能力」に従った分業を許さず，職業を世襲的なものとして固定化し，自由意思に基づいた交換秩序を否定する社会である。身分的役割固定と権威的ルーティンとしての財の分配によって社会統治が行われる。日本にもこうした意味での固定的社会秩序が長く存在した。そうした社会においては，階層上位の者が直下に位置する者の間の葛藤を権威に基づく命令によって調整することで社会秩序が維持される[57]。

　しかし，個人の強みに応じた分業化・専門化を促進し自主的な交換を通じて余剰価値の増大を目指す市場型の社会秩序形成においては，水平的関係に立つ私人間の葛藤を調整する方法として，中立・公平な専門化である法律家によって運用される司法制度がその中心的存在となる。そうした視点からみれば，一方で規制改革や公営企業の民営化・国立大学の独立法人化，そして郵政民営化にまで手を伸ばし，他方でより大きな司法を目指して動き出した日本は，社会秩序のあり方を縦社会から横社会へと大きく変容させようとしていることは明らかである。それは明治期以来の社会改革といっても過言ではないかも知れない。

3　法律学から抜け落ちている商の要素

　交換が生み出す大きな余剰価値に気づき，そこに夢を見出してきたのが西欧の冒険商人達である。異なった社会的・自然的環境が生み出す珍しい産品を求めて，彼らは命がけの旅に出た。自分達ではつくれない産品との交換が生み出

す価値の大きさが，命をかけるに値するものであることを，彼らは明確に認識していた。たとえばマルコ・ポーロ，ヴァスコ・ダ・ガマ，クリストファー・コロンブスのような英雄としての商人が少ないのが，西欧社会と比較した場合の日本社会の特徴の１つとして指摘できるかも知れない[58]。交換自体が大きな社会的価値を生むことを正しく認識する日本人は現在でもそれほど多くはないかもしれない[59]。

渋沢栄一が「士魂商才」という表現を用いたとされる。これに共感するビジネスパーソンは今でも多い。取引とは信頼に基づく相互依存であり，双方に価値をもたらすフェアなプロセスであるべきである。志の高いビジネスマンは，取引促進の中に自らの価値を見出す優れた取引法律家と，究極な価値観においてはほとんど異ならないかも知れない。

たとえば現在の中国社会は，集産主義の悪癖を取り除き目にみえる経済発展をもたらした市場の力と魅力とを十分に実感する社会となった。もはや市場化推進についての恐怖感は小さい。そして興味深いことに，法律実務の進展においてイングランド等との実務教育における本格的な連携を構築する動きが，中国において早くもみられ始めた[60]。ビジネス法務を中心とした大法律事務所の展開も日本をすでに追い越してしまった観さえある。

これに対し日本は，市場のもつ魅力を十分に感じとる経験をもたないまま，市場化がもたらす「痛み」と競争がもたらす「勝ち組・負け組」という曖昧でネガティブな感覚的表現の前で怯えているようにみえる。市場化を上手く進展させていくことができれば，日本社会でも市場の有する力と魅力とが少しづつ実感され，その経験が人々を変えていくであろう。こうした社会状況の中で，個々の取引における余剰利益の最大化と公平なその分配に大きく関わる取引法律家のあり方を論じそのための教育方法を考えていくことは，近未来の法律家を育成する法科大学院の教育者が担うべき責任でもある[61]。

4　社会経済的な秩序と法律との相互作用

"lex mercatoria"の議論が意味するのは，法的規律の主導権を国家から国際

取引コミュニティへと移し，法律を狭い意味での国家法に限定されないものとして捉える立場である。この視点の導入により，法律学の視野は大きく広がり，その観察対象は，国家法を離れて存在する様々な形態の規範にも向けられるようになった。私達は，国際取引を取りまく法的環境を統合的に分析する視座を獲得したといえよう。それは現実と法律学との溝を埋め，市場の中で動く生体としての国際取引の全体像を法律学が把握するための新たなパラダイムを切り開いた。イングランドのクライブ・シュミットホフやフランスのベルホルト・ゴルトマンといった実務に造詣の深い研究者，そしてルネ・ダビッド等の国際商事仲裁や比較法の研究者等が商事法学の立場から主張し始めたが，その後，準拠法選択規則に限界を感じたアメリカの国際私法学者ユンガーなど，世界中の様々な分野の法律研究者からの支持が拡大した[62]。後述する1994年のユニドロワ原則はその全文において，自らの準拠法を lex mercatoria であると定める契約に適用される可能性を明文で示唆している。これらは，狭い意味での国家法を離れ，国際取引をめぐる規律をより広い文脈において捉えていこうとする動きである。

　lex mercatoria が提起した問題意識を，筆者は２つの視点から理解している。第１は，国境に土留めされた国家法システムに固執する限り，法律は国際商取引に対して有効な規律を及ぼすことはできないという厳粛な事実の提示である。そして，国際的な法律家コミュニティは様々なイマジネイティブな方法を駆使して，この限界を乗り越える作業を精力的に展開し始めている[63]。これは，後れ馳せながらの，国際的な法的インフラを整備する作業である。

　第２は，法的規律の限界についての明確な認識である。lex mercatoria 自体が，国家が制定した法律はなくても取引社会が健全に機能しうるとの認識を基盤とした議論である。国際商取引を規律するのは狭義の法律だけではなく，その役割を決して過大視してはならない。むしろ，本当に法律の存在意義を見出すためには，社会コントロールシステム全体の中において法律が果たす役割の「部分性」と，他の社会的規律方法との比較におけるその特性およびそれらとの「互換可能性」を正確に理解することが不可欠であると考える。

　国家法が乱立する法環境の中で，国際契約の当事者達は，予測可能性を守り

抜くため様々な工夫を凝らしてきた。契約書中に準拠法を明示で指定し，その基盤の上で様々な条項を書き上げ，さらにインコタームズや信用状統一規則などの援用可能統一規則を取り入れ，完全合意約款によって契約書式の中に当事者間の規律を密閉しようとする。そして，紛争解決の場面では，仲裁の合意によって国家の裁判所を避ける[64]。それらは，様々な国家の法律と裁判制度が錯綜する法環境の複雑性を，当事者に制御可能なものへと何とか縮減するための苦悩を示しているようにみえる。それは国家法乱立のカオスの中で予見可能性を確保するための闘いであると言い換えることもできる。契約締結時における予見可能性は，最近の契約法学説において軽視される傾向にあるが，それは国際契約の現実として承認することはできない[65]。信頼できる一貫性を保った任意法のサポートを受けることができれば，国際契約の当事者達は，あれほどまでに詳細な契約条項を定める必要なく，より容易で安価に，そして安心して契約を締結できる場面も増加するであろう。

　しかし，現在の国家法を単位とした国際契約をめぐる法環境は，それとはほど遠い。そうした中，各国裁判所は大胆にも，国際私法のレベルで当事者自治を認めることによって当事者達に強行法規をも含めて準拠法を選択する自由を保障し，実質法のレベルでは契約自由の原則によって，当事者が定めた契約条項に対して最大の尊重を与えてきた。さらに，訴訟法のレベルにおいては合意管轄を認め，国際商事仲裁の実効性を担保するため「外国仲裁判断の承認執行に関するニューヨーク条約1958」を地球標準とすることによって，当事者間の合意に最高の敬意を払ってきた。国家法が国際契約に対して示すこうした寛大な姿勢は，当事者間の合意によって形成された予測可能性を確保するための工夫に対して最大限の配慮を示すものである。それは，ある意味で，国家法の面子に関わる範囲に及ぶぎりぎりの妥協とさえいえよう。そうした法的対応を大胆にも地球標準として容認してきたのは，世界各国の法律家コミュニティの賢明さと勇気を示すものと評価できる。しかしそこには，国際契約をめぐる法的環境に対して国家法の立場からは積極的なサポートを提供する術がほとんどなく，ただ当事者の予測可能性を「合意の尊重」という既存の法的擬制を最大限に拡張することによって，自らの法律による直接的支配を放棄することに過ぎ

ないというのがことの実相であろう。

　国家法の呪縛に捕らわれて動けないのも法律家であるならば，取引社会の自然な進展を守るために，自らに大きな譲歩と妥協とを強いてきたのも法律家であったといえよう。このようにして，法律家達はその本能にも似た直感と洞察力とをもって，取引のグローバル化進展の基盤となる lex mercatoria が生まれ出すために必要とされる空間を国家法のジャングルの中につくり出し，国際的な商取引の自由な進展を支援することによって，消極的にではあるが極めて重要な貢献を行ってきたのである。

第6節　むすびに代えて

　本書が lex mercatoria を主題として，水平的な秩序形成における法律の役割を考えてきた。今そうした動向に日本法が気づかなければ，私達は日本社会が折角身につけつつあった法文化を根絶やしにしてしまう危機に瀕している。ピーター・F・ドラッカーが指摘するように，明治期に日本が行ったことは「日本の西欧化」ではなくて「西欧の日本化」であったろう[66]。日本社会にとって西欧文化を吸収することは，多くの困難を伴いながらも，根底的な拒絶反応を招くことはなかった。その原因の1つが日本社会の柔軟性にあったとすることは正しいであろう。しかし，それだけで全てを説明できる問題ではない。西欧の日本化は実に不思議な現象であり，その意味を私達はもう一度深く考えてみる必要がある。

　しかし，日本が西欧の日本化において巧く取り入れることに失敗したものもあった。その1つが，貨幣経済を軸とした，経済的相互依存のもたらす豊かさと可能性に対する自覚である。欧州の歴史は交易の歴史であり，相互依存がもたらす豊かさとその挫折がもたらした貧困の歴史である。そしてそれは，現在の欧州連合における市場統合や単一通貨へとつながる伝統でもある。

法律学の体系的完結性とは，法廷法律学と，法典法律学が，その正当性を維持するために作り出された虚構である。また，レア・ケースに議論を集中させてきたのも，こうしたフィクションが生み出した1つの傾向である。法律の体系は，およそ生じうる全ての問題を理論的に解決する能力をもたなければ許されないのである。しかも訴訟のコストは高く，それが日常的な紛争解決の道具として使いようのない状況において，裁判所にもち込まれるのはハードでレアなケースに限定されざるをえない。そして，そうした例外事例に対する個別的解決の集積をもとに逆算して描かれたのが，法律学が抱く，歪んだ「社会像」である。法律家が裁判のみにかかわり，かつ，裁判の機能を今以上に向上させるつもりがないとすれば，以上に述べた法律家の態度は取り立てて問題とされるべきものではないかも知れない。

　しかし，現在，社会は法律の助けをもっと必要としているようにみえる。法律は，21世紀において，社会コントロールのための手段として，もっと人々の生活に貢献する義務があるように思われる。そのために，現実に法律が必要とされる場面を正確に把握し，法律の強みが生きる場面へと，法律学はそのエネルギーを集中していく必要がある。契約法の分野は，そうした意味において，法律の社会における真の役割を見出していく上で，大きな試練の場となってきているようにも思われる。

　ここで話を振り出しに戻したい。現時点において，日本社会が法律家の社会的役割の増大を直感的に理解し，司法制度改革の主要な局面として法律家養成制度の改革に乗り出したことの意義は大きい。しかし，日本が新たにロースクールをつくり法律家の量産体制を整えつつある中において，将来の法律家のジョブ・マーケットを真剣に検討する必要がある。約2万人しか法律家を有していない現在の日本が，近い将来において5万人あるいはそれ以上の法律家をもつ社会となったときに，彼らの職域が現状のように訴訟に関する業務に圧倒的な重心を置いたままで，単純にパイだけが拡大すると考えることに何ら合理性はないからである[67]。

　たとえばアメリカは100万人近い法律家を擁する社会になっているが，その

中で法律家は訴訟専門家（Litigators）と取引法律家（Business Lawyers）とにかなり明確に分かれており，現在めざましく需要が伸びている法律業務は後者に関するものである[68]。同様の傾向は，従来からバリスタとソリシタという2種類の法律家を擁しているイングランドにおいても指摘できる。高度な法廷弁論を専門とするバリスタと，市民の窓口として幅広い法律業務に対応するソリシタの人数における比率は伝統的にほぼ1：10である[69]。そして現在では専門領域をもつソリシタとして，シティの巨大法律事務所につとめ巨額のビジネス法務を担当する第3のカテゴリーの法律家が急増しつつある[70]。

　こうした状況の中で，日本の法科大学院が急いで教育体制を整えなければならないのは，イングランドのソリシタやアメリカのビジネスロイヤーに対応する法律家であることは明らかである。しかしこの点について，今日まで日本の法科大学院の関心は全体として低く，教育の主眼もあくまで伝統的な憲法・民法・刑法および両訴法（民事訴訟法・刑事訴訟法）に置かれている。これは明らかに裁判官・検察官および訴訟専門家を念頭に置いた教育方法である。

　対等な交換がもたらす正義を，私達は良く吟味しなければならない。商人社会のソリダリティーは，自分達の日常の仕事が確かな価値を生み出しつつあることに対する誇りである。取引が生み出す価値は決して右のものを左に移動させるだけで生まれる泡銭ではない。それは世界に存在する需要と供給とを，時空を超えてマッチさせることで，余剰価値を生み出す尊い社会協力的行為である。それは専門化し，孤立化されつつあるかにみえる人々の個性的な能力を，再び人間社会全体の協働関係の中へと引き戻し，それを社会的価値へと還元する人間としての根幹に関わる行為である。その意味において，契約は社会的利益と自己利益とを繋ぐ人間の生命線ともいうべき役割を果たす社会経済的ツールであり，それを法的に規律するのが契約法である。私達は今，商と法との真の関連性とその融合を人間社会が再認識すべき時代に生きている。そしてそれは，日本社会の明日をみつけだすことでもある。

　　＜注＞
　(1)　J. N. Shklar, *In Defence of Legalism*, 19 Journal of Legal Education 51, 51（1966）.

シュクラー（田中成明訳）『リーガリズム』（岩波現代選書，1981），特に田中教授による「訳者あとがき」339頁以下参照．
(2)　内田貴『契約の時代』85頁（岩波書店，2000）．
(3)　共同体主義的な関係的契約論の誤解として，内田・前掲注(2)・35頁以下参照．
(4)　その原因は単純ではないが，大陸法的伝統と大いに関係するように思われる．
(5)　こうした取引は金銭を媒介とすることによって，多角的により容易に行いうるものとなる．
(6)　この感覚は日本だけではなく韓国社会でも共有されているようである．これに対してシンガポールでは競争はごく自然に受け入れられているようであり，アジアの諸国間でも大きな感覚の差異があることは興味深い．「神戸大学「市場化社会の法動態学」研究センター第2回国際シンポジウム特集号」神戸55巻1号159頁以下（2005）参照．
(7)　A rather plain girl who badly wants to become a saleswoman, a weakly boy who has set his heart on a job where his weakness handicaps him, as well as in general the apparently less able or less suitable are not necessarily excluded in a competitive society; if they value the position sufficiently, they will frequently be able to get a start by a financial sacrifice and will later make good through qualities which at first are not so obvious. But when the authority fixes the remuneration for a whole category and the selection among the candidates is made by an objective test, the strength of their desire for the job will count for very little. The person whose qualifications are not of the standard type, or whose temperament is not of the ordinary kind, will no longer be able to come to special arrangements with an employer whose dispositions will fit in with his special needs: the person who prefers irregular hours or even a happy-go-lucky existence with a small and perhaps uncertain income to a regular routine will no longer have the choice.（Hayek, *The Road to Serfdom* pp. 71-72（Routledge, 1962）（Original 1944）
(8)　たとえば，スポーツへの新規参入において身長や体格に客観的制限を設定していれば，野球のイチローやバレーボールの高橋みゆきのような選手が生まれなかった公算は極めて高い．
(9)　ウィリアムソンによれば，取引は取引費用経済学の基本的な分析の単位であるだけではなく，取引社会がなぜ秩序を必要とするのかを明確に示す枠組みでもある．（ウィリアムソン「なぜ，法・経済学・そして組織なのか？」神戸法学雑誌54巻1号78頁（2004）参照．
(10)　制度学派の祖として著名な経済学者であり，産業組織論の研究者でもある．
(11)　マクニールは，彼のロースクール用の Cases and Materials（Macneil & Gudel, *Contracts: Exchange Transactions and Relations*（2001））の最初の部分において，社会的分業あるいは労働の専門化（Specialization of Labor）から契約の必要性を説明し，それ自体が契約の両当事者に剰余価値を生み出すことを目的とした社会的な協力的行動であると説明する．そして，契約目的の実現に向けた履行のプラニングとリスク配分のプラニングに言及し，そうした過程における法律家の役割を説明する．（契約のプラニングは，法律実務家養成のためのマクニールの契約教育を貫く視点となっている）．
(12)　こうした水平的な分業の進展と，その結果生産された商品のスムーズな交換は，安定した平和な社会においてのみ可能となる．たとえば第2次世界大戦を経験した日本の戦争世代がいつも最終的に「米の自給率」に合理的根拠なくこだわり続ける1つの要因は，

米の生産および自給から遠ざかり分業化の進展した都市型の生活をしていた人ほど，食糧不足による生命の危機に瀕したためであろう。しかしそれは，自給自足に引きこもり，個の檻の中に縮こまって生命だけでも守ろうとする生物としての極限状態を意味する。それを人間の自然なあり方として捉えることには異議を唱えたい。なぜならそれは究極的には社会も人間らしい協力も存在しない世界を前提とするものだからである。そうした状況に再び日本が陥らないためにも，強靭で安定した相互依存関係を国際レベルで確立し持続可能なものとするだけの能力を日本社会が持てるようになることを真剣に考えていくべきである。

(13) I. Macneil, *The New Social Contract: An Inquiry into Modern Contractual Relations* (1980), New Haven (USA): Yale University Press.

(14) たとえば中古自動車の売買価格をいくらに設定するかという問題をめぐって生じる，こうした剰余利益配分における葛藤を分かりやすく説明するものとして，Mnookin, Peppet and Tiumello, *Beyond Winning* p.18（2000），Belknap Harvard. 参照。

(15) ウィリアムソンは関係的契約という言葉と同時にハイブリッドという用語も用いる。ウィリアムソンの定義によれば，ハイブリッドとは「独自性を保った長期にわたる契約関係であるが，市場との比較において取引特殊性に応じたセーフガードが付加されたものである」とされる。Williamson, *The Mechanisms of Governance* p.378（1996）Oxford. 掲載の Glossary による。

(16) ロナルド・H・コース「企業の本質」『企業・市場・法』39頁以下（東洋経済，1992）所収。

(17) あるいは使い古された例としては，農耕の効率性を高めるため早くから組織的行動に慣れてきた社会ということになろうか。

(18) 筆者は，日本においては主として内田貴『契約の再生』（弘文堂，1990）のミスリードによるものであると考える。この点についてマクニール自身が関係的契約理論は価値中立的な分析道具であって特定の思想とは無縁であると明確に指摘している（I. Macneil, *Reflection on Relational Contract Theory after Neoclassical seminar, in Implicit Dimensions of Contract* (Campbell D., et al eds., 2003, Hart.)。

(19) マクニールの関係的契約理論についての第一人者であるイングランドの研究者である。マクニール個人とも深い交流を有する。2004年2月に来日し，神戸大学で2日間にわたるワークショップを行った。

(20) Macneil, *supra* note 13, at pp.61-62.

(21) 齋藤彰「電子商取引における契約の商品化と約款の役割：マス・マーケット・ライセンスからの示唆」佐藤進・齋藤修編『現代民法学の理論・上巻』131頁以下（信山社，2001）参照。

(22) 取引費用とは「合意について文書を起草し，交渉し，そしてセーフガードを施すための費用に加えて，取り分け，契約の履行がギャップ，錯誤，怠慢，そして予期せぬ障害が生じた結果として契約の履行が不調和をもたらすときに生じる不適合及び調整のための事後のコスト。あるいは経済システムを運用するコスト」であるとされる（Williamson, *supra* note 15, at p.379）。

(23) こうした場面場面での貸し借り関係が，相互に葛藤を生じつつもその関係から抜け出せない要因として当事者をしばる。

(24) こうした過程がパソコン産業において急速に進展した理由として，コンピュータ自体の構造においてモジュール化が極めて徹底した形で進展したことが大きな基盤となって

いることは疑いない（ボールドウィン＝クラーク『デザイン・ルールズ：モジュール化パワー』（東洋経済新報社，2004）参照）。

(25) たとえば，旅行保険や生命保険はそれ自体非常に複雑な契約であるが多くの人が繰り返し用いると同時に，多くの保険会社がそれを提供することによって，自動販売機でさえ購入できる市場の商品となった。また，パッケージソフトのライセンス契約などもそうした例として挙げることができる（齋藤・前掲注(21)参照）。

(26) こうした国際企業買収のような複雑な取引に関連したリーガルサービスを遺漏なく提供するために，日本においてもビジネス系ローファームの巨大化現象が生じつつある（日経新聞「沸騰法務ビジネス―上」2005年7月14日1頁）。またそれに伴って日本の法律家の国際競争力の問題も当然に浮上する問題である。

(27) 取引形態は，現実世界の様々な制約によって形を変えるとするのが，取引費用経済学がもたらす主要な知見の1つである。商品の定型化，品質の均一化，業務の規格化，運送設備の状況，などの取引を取り囲む諸環境に適応するために取引は形を変えることによって経済的効率性を高めようとする。

(28) したがって，市場取引の典型である商事売買について，法律家が関与する余地は少ない。それは国際的場面においても同様である。国際売買に関しては，様々な補完的制度やルーティン（銀行間の国際ネットワークを利用して決済を確実にする信用状制度や，危険を分散する保険や，品質に関するクレームを素早く処理するために調査を担当する検査専門機関の確立など，その例は驚くほど多い）の確立によって，法律や法律家の特別な関与がなくても，それほど大きな破綻に出会うことなく実行されるところまで取引秩序が整えられてきている。しかし売買契約にとって法律や法律家の必要性がないというのは正確ではなく，それに代替する機能を果たすものが何らかの形で組み合わされるところまで日常的取引として成熟してきたためである。したがって条件が異なれば，同じ売買でもかつての歴史を遡るような現象もみられる。たとえば中国の国際売買において再び信用状が果たす役割が増加する傾向もみられる。

　またかつて法律家が形成にかかわってきた取引ルーティンが形式化して残り，価値創造的な役割を終えてからも，それを法律家が独占し続けることで既得権的なものに変質することもある。たとえばイングランドにおける不動産譲渡手続はそれが極めて高度な法的作業とはいえなくなってからも，長期間ソリシタの独占業務とされてきた。

(29) そして法律の主たる役割は市場の機能をより高めるための取引倫理（経済法）などの領域へと重心が移されていくことになる。

(30) 国家もたとえば担保制度の登録システムを整え，その強制力による支援を円滑に行うことができるような制度を提供することで，私的な取引を促進することに協力していることがわかる。

(31) 高度な取引社会へと脱皮するために，わが国で担保法制がクローズアップされるゆえんである。

(32) R. Gilson, *Value Creation by Business Lawyers: Legal Skills and Asset Pricing*, 94 Yale LJ 239 252 et seq. たとえば，出来高（earnout）による支払条項は企業の収益性についての両当事者間に存在する期待のギャップを埋めるために法律家が生み出した重要な契約テクニックである。

(33) そうした場面において，双方当事者にとっての法律家の信頼性が絶対の条件となる。このために法律家倫理は，その職業的機能を支える不可欠の基盤であることがわかる。信頼性が高ければ高いほど，取引費用削減の効果は大きくなる。

(34) その意味では超人や哲人は，法律家や法学者には適しておらず，人間の強みも弱みも知った俗人だけが優れた法律家になれるというべきであろう。
(35) 契約締結後に，具体的に何が起こりどのように処理すべきかまではわからないことが多いとしても，どのような場面でどのような不測の事態が起こりそうであるかを漠然と予測することは，経験が蓄積されるにつれて徐々に可能となってくる。こうしたパターン認識がルール形成の萌芽といえるであろう。
(36) ウィリアムソンは，取引をコントロールしようとする人々の基本的動きを次のように説明する。
　　「科学的視点から秩序をどのように捉えるかという点ですが，ブキャナンは次のように言っています。『最も基本的な洞察は，経済学においては取引を通じて見られる<u>相互利益</u>である』と。そうした人々は，相互に相手方に提供できるものを認識している。私がナッツを持っていて，あなたの手元にベリーがあるならば，私達はそれらを取引することができる。これは単純な市場における交換ですが，市場における長期的な交換に入る当事者は，より合理的に洗練され，次のようなことをします。彼らは先を予見し，契約上の危険性の存在とその見込みを検討し，そうした契約上の危険の原因となるものは何かを問い，どのようなメカニズムでそれが発生するのかを分析する。それらを一旦理解すれば，今度からそれを，組織あるいは契約の出発点における<u>デザインに適応させ織り込む</u>ことで，危険をできる限り軽減しようとする。それは相互にとっての利益となります。このようにして，私達は秩序を浸透させようとするのです。さもなければ，私達は葛藤に巻き込まれ破綻せざるを得ません。そのように，予見し，危険を分析し，当初のデザインに逆算して織り込むことの反復。これこそが秩序を生み出すメカニズムです」。(下線は筆者による)。(CDAMS 第１回国際シンポジウムの討論におけるウィリアムソン発言より（神戸法学雑誌54巻１号209頁（2004）参照))。
(37) つまり俗人は相手方の将来の行動だけではなく，自分自身の将来の行動にも自信がもてないわけである。
(38) L. Bernstein, *The Silicon Valley Lawyer as Transaction Cost Engineer* 74 ORLR 239 (1995).
(39) CDAMS 主催研究会「総合商社における国際契約」(2004.5.22)：主報告者の山邑陽一氏はニチメン大阪本社の法務部長としてこうした取引を担当した経験を有する。
(40) Lisa Bernstein による関係維持規範とエンドゲーム規範はそうした区別を示すものである。しかし，両者は時に位相を異にするが，切っても切れない関係にあり，相互にフィードバックを受けながら進展するものである。
(41) 契約の解釈という技法を通じて，紛争解決段階においてもそうした一定の考慮が取り入れられることになる。
(42) 行為規範と紛争処理規範とを指す。
(43) 法律学は，２当事者間内部で紛争を調整する訴訟を基盤として発展してきたので，こうしたリスクという視点を取り入れることを本来苦手としている。しかし，現実はもうそれを許さないところまできている。
(44) 中村秀雄『国際商取引契約』418頁以下（有斐閣，2004)。
(45) ユニドロワ原則7.1.7条。
(46) ICC Model International Sale Contract, B-art.13；ユニドロワ国際商事契約原則7.1.7条。
(47) たとえば，絹巻康史「国際商取引と lex mercatoria」経営経理研究68号21頁以下（2001），

(同文舘, 2004), 北川俊光・柏木昇『国際取引法』38頁（有斐閣, 第2版, 2005）を参照せよ。ユニドロワ原則が定めるハードシップの規定は次のとおりである。

第6.2.1条（契約は守られるべきこと）
　契約の履行が，当事者の一方にとって，より不利益なものとなっても，ハードシップに関する以下の諸規定に服するほか，その当事者は自己の債務を履行しなければならない。

第6.2.2条（ハードシップの定義）
　ある出来事が生じたため，当事者の履行費用が増加し，又は当事者の受領する履行の価値が減少して，契約の均衡に重大な変更がもたらされ，かつ，次に掲げる要件が満たされる場合には，ハードシップが存在するものとする。
　(a)　その出来事が生じた時，又は不利益を被った当事者がそれを知るに至った時が，契約締結後であること。
　(b)　その出来事は，契約締結時に，不利益を被った当事者により合理的に考慮され得るものではなかったこと。
　(c)　その出来事は，不利益を被った当事者の支配を越えたものであること。
　(d)　その出来事のリスクが，不利益を被った当事者により引き受けられていなかったこと。

第6.2.3条（ハードシップの効果）
　(1)　ハードシップとされる場合には，不利益を被った当事者は，再交渉を要請することができる。この要請は，不当に遅滞することなく，それが基礎づけられる根拠を示して，なされねばならない。
　(2)　再交渉を要請しても，それだけでは，不利益を被った当事者が履行を留保する権利を有することにはならない。
　(3)　合理的期間内に合意に達し得ないときは，いずれの当事者も裁判所に訴えを提起し得る。
　(4)　裁判所は，ハードシップがあると認めたときには，以下のことを，それが合理的であれば，命ずることができる。
　(a)　裁判所の定める期日及び条件により，契約を解消すること，
　(b)　契約の均衡を回復させるという観点から契約を改訂すること。

(48)　こうした強い影響力は，ユニドロワ原則が何ら国家法的な位置づけをもたないものであり，その使用は契約当事者達の契約書における何らかの援用に依拠していることを考慮すれば，驚くべきことである。

(49)　川島武宜『所有権法の理論』（有斐閣，1949），川村泰啓『商品交換法の体系』（勁草書房，1972）等はそうした視点を用いた先駆的研究である。

(50)　共通の知人の存在やこれまでに築いた信頼関係などが活用できることもあろう。相手を信頼し一切を任せる姿勢も，相手の特性によるが，功を奏することもある。セーフガードを何重にも要求して，相手方の不信や反感を買うことも少なくないし，対価をつり上げてしまう可能性もある。必要最小限にとどめておくことのメリットも検討に値する。

(51)　人間がコミットメントに縛られる強さは意外にも大きい。人間は他者と約束する動物であるといえるかも知れない。それを実現することで，他人の期待に応え自分自身の能力を確信するともいえるであろう。機会主義に突き動かされて約束を破るのも人間の特性であるが，公序良俗違反のために法的拘束力のない不条理な契約に自らを拘束させ続けるのも人間である。そこに人間が社会を作り上げる能力の1つの基盤があるとみるこ

とも的外れとはいえないであろう。

　マクニールも正しく指摘するように，法律が用意する契約に関する制度のほとんどが，何らかの形で契約の拘束を弱める働きをしていることにもっと注意すべきかも知れない。たとえば詐欺や錯誤は本意でない契約締結から人を解放する。履行利益賠償は，無限に広がる相手方の損害範囲に絞りをかけて，不履行者を一定範囲で保護するものである。このように契約法をめぐる法規範は，ほとんどの場合において契約の拘束力を弱める働きをしているとするマクニールの観察は，極めて鋭いものである。契約法と人間との関係について，私達が見逃していたボタンの掛け違えに気づかせてくれる。

(52)　D. Berkowitz, K. Pistor and J-F. Richard, *The Transplant Effect*, 15 American Journal of Comparative Law 163（2003）.

(53)　これは司法制度改革が遅れている現在の中国とは極めて対照的な出来事である。中国は軍出身者に裁判官の地位を報償のように安易に与えてきた結果，裁判官の汚職を減少させ質的向上を図ることに現在大変な苦労を強いられている。

(54)　司法制度においても1875年に大審院が設置された。早期において日本司法全体を統括する最上級審を確立したことは井上毅の功績であり，フランスの破毀院に倣ったとされる。しかし，王の裁判所の一元的裁判制度を早くから有したコモン・ローの影響も明らかに存在する。上等裁判所という一局集中型の裁判所の設置とその府県裁判所への年2回の巡回は，イングランド高等法院の巡回を参考にしたものであると思われる。幕末にイングランドで学んだ明治維新のリーダー達は，ロンドン大学のユニバーシティ・カレッジ等で学んだが，そこは王立裁判所やインズオブコートにも近い。また，大英銀行のあるシティにも近い。こうした環境の中にあって，イングランド社会における司法の重要性を自然と理解していったであろうと思われる（犬塚孝明『密航留学生たちの明治維新』（NHKブックス，2001）。

(55)　以下において，伊藤正己が穂積のフランス法を評した一説を引用した部分である。「『法典完備するがため学者の思想ともすれば法典のために検束され，法文の解釈に汲々として其覊絆を脱する能わず。故に法理の如きは独国に一歩を譲り，又法律の実施に至ては英国に及ばざること遠しと云はざるを得』ないのである」。またドイツ法については次のように指摘していた。「……独逸学の法律を論ずる者，概ね理論を主とす。而してその法典に至りても，排列秩序の整然たるは殆ど仏国に伯仲し，法律学理の精密なるは，遙かに仏国を凌駕す。然りと雖も，法律の実施に至りては，又英国におよばざること遠しと云わざるを得ず」。（伊藤正己「日本における外国法の摂取：四イギリス法」『外国法と日本法（現代法14）』267頁（岩波書店，1966））。そして，現時点においてわが国の法律学を苦しめているのもまた，国家による一元的な法秩序の形成という法典化がもたらしたフィクションである。

(56)　伊藤・前掲注(55)・277頁以下参照。たとえば末弘厳太郎はアメリカに留学し，ロースクールで行われていたケース・メソドに大きな影響を受けたとされる。また，日本における判例法研究の重視の伝統にも大きな影響を与えた。

(57)　ウィリアムソン，前掲注(9)・105頁参照。

(58)　あえて探せば，呂宋助左衛門や紀伊国屋文左衛門などを挙げることができるが，スケールが違うことは否めない。

(59)　鎖国や農業社会などいろいろな要因が関わっていると思われるが，ここではその分析には立ち入らない。

(60)　神戸大学大学院法学研究科の大学院生であった王莉の行った調査によって，こうした

(61) それが市場と法律家との関係を研究するCDAMS（「市場化社会の法動態学」研究センター）の使命であることはいうまでもない。
(62) たとえば, *Lex Mercatoria and Arbitration*（TM Carboneau ed., Reivised ed., 1998), Kluwer Internationalには，フランス，イングランド，カナダ，アメリカ，ドイツ，ベルギー，イタリアの研究者がlex mercatoriaに関する論文を寄せている。法的多元主義の哲学的視点から，こうした問題にアプローチした論文集としてG. Teubner ed., *Global Law without a State*（1997), Dartmouth. 日本においては，多喜寛教授，山手正史教授，曾野和明教授，絹巻康史教授らによる一連の業績が存在する。
(63) 齋藤彰「国際的な私法統一の新たな展開──立法的技術革新の視点から──」関法51巻2＝3合併号31頁以下（2001）参照。
(64) こうした実務の状況について，中村秀雄「国際契約における一般条項の実務的考察」国際商取引学会年報3号40頁以下（2001）より多くの示唆を得た。
(65) Roy Goode, *Commercial Law in the Next Millennium* 14 (1998) は，契約自由とそれによって確保される予見可能性を，イングランドの裁判官達が300年以上にわたり強調してきた姿勢を肯定する。
(66) それは日本社会に本来内在していた西欧との共通要素を見つけ出し，それを西欧を範としながら洗練向上させた上で，再び日本社会へと定着させる過程であったといってもよいかも知れない。
(67) 都市部ではすでに現時点で弁護士業務が飽和に達したとの意見もよく耳にするようになった。
(68) もちろん市民の相談窓口として機能するホームドクター的な法律家が不足していることは間違いない。しかし，取引法律家とホームドクター的法律家はイングランドではどちらもソリシタの範疇に入る。両者の区分は最近明確になりつつあるとはいえ，接客やインタビューなど共通する能力が要求される部分は決して小さくない。そしてこれらの教育に関して，日本が十分なノウハウを有していない点も同様である。（齋藤彰「イングランドにおける法文化と法学教育：法律専門家教育のための大学法学教育再考のplea」関西大学法学論集48巻2号33頁以下（1998年）参照）。
(69) イングランドで2004年現在バリスタはとして約11,500人が活動している。それに対して97,000人のソリシタが開業している。両者の大まかな人数比（1：10）は英米法圏全体を通じて，ほぼ共通である。
(70) そして極めて興味深いことは，法律事務所が扱う法律業務の中で，紛争処理に関わるものは10～20％であるとの認識が広く共有されていることである。

〔付記〕 本章は，科学研究費補助金（基盤研究(C)(2)・課題番号14520038）による成果の一部である。

（齋藤　彰）

索　引

(＊頭文字が欧語で始まるものは，すべて末尾に配列した。また→は同義語を意味する。)

【あ行】

相対交渉……………………………………1
アカデミック・ファンタジー………………5
朝岡良平………………………………167
アジア…………………………………135
アジア・オセアニア……………………124
アジア太平洋……………………121,131
新しいレックス・メルカトリア：
　　──の再述……………………168
　　──の前述……………………168
アドホック仲裁………………………142
アメリカ…………131,135,136,142,143,144
アメリカ統一商法典　→UCC
アメリカ法曹協会……………………197
アメリカ法律協会……………………197
アメリカロースクール協会……………198

域外適用(公法的規制の)……………16
イギリス…………89,115,135,137,144,148
石坂泰三………………………………161
イスラエル・ボイコット条項…………28
一般契約法原則………………………78,106
一般的な銀行の慣行…………………173
一般法原則……………………………103
違法性……………………………125,126,128
違約罰条項…………………………305,311
イングランド・コモン・ロー…………281
インコタームズ………23,48,61,66,113,161,
　　　　　　　　162,167,168,243,262
インコタームズ2000…………………163
インターネット………………………239
インフォーマルな規範…………………47

ウィーン売買条約………19,29,51,61,67,79,
　　　　　　　113,196,217,226,259
ウィリアムソン，オリバー……268,298,304
ヴェネズエラ…………………………148

英仏海峡トンネル工事約款………79,91,106
エンド・ゲーム規範……………………58,61
援用可能統一規則……………………22,316

オークション…………………………44
オーストラリア………127,137,138,142,148
大手法律事務所(英米の)……………118,121

【か行】

外国仲裁判断の承認および執行に関する
　ニューヨーク条約……31,118,236,262,316
解　除………………245,250,251,254,311
海上運送状……………………………170
海上条件………………………………169
改正米国貿易定義……………………163,191
価格スライド条項……………………310
価格調整条項…………………………311
確定申込………………………………212
瑕疵担保責任……………………………248,251
瑕疵担保による損害賠償請求権………250
過　失…………………………………248
葛　藤…………………………298,299,307
管轄権…………………………………128
関係維持規範…………………………58
関係的契約……………………………302
関係的契約理論………………………212,268
関係特殊投資…………………………302
韓　国…………………………………148
慣習の規範性…………………………8
慣習の事実性…………………………8
慣習法………………………………8,48,64,65
間接損害の免責………………………98
完全合意約款…………………………316

機会主義………………………………305
危険移転………………………………248
危険負担………………………………248,311
危険負担の分岐点としてのShip's Rail…166

キャンベル, デビッド·················300
強行法規···························16, 243
競　争·································297
競争法································128
強　迫·································311
協力行為促進·························307
ギルソン, ロナルド·················304
銀行取引停止·························44
銀行による事実の確認を要する条項·····179
銀行の書類点検期間の制限·········180
近代国家(国内)法·····················7

組み込み戦略·························47
クリーン信用状·····················170, 171
グローバル化·························225
グローバルスタンダード·············283

経営行動の自律性·····················6
経験主義······························208
形式主義······························59, 60
形式的理由づけ·····················115
契約違反····························245
契約解釈····························48, 272
契約各則····························311
契約作業·······························2
契約者······························69, 104
契約自由の原則························15
契約責任説··························251
契約総則····························311
契約的技法··························311
契約と不法行為との線引きの問題·······243
契約の効力··························311
契約の標準化··························82
契約の有効性························243
契約プランニング······················4
契約法第2次リステイトメント·····200, 213
契約法の死··························204
契約法リステイトメント··············196
契約補充······························48
契約保証統一規則····················162
結果債務····························275
権限のある受益者····················190
検査および通知······················245, 251

検査通知義務························254
原状回復····························125, 127
現状バイアス··························46
建設契約法··························76, 103

行為規範····························245, 308
公共工事約款··························89
口頭証拠法則························219
衡平原則······························33
合弁契約····························274
合理的な期間（7日間を超えない）·····181
国際銀行法・慣習研究所·············184, 185
国際経済現象··························12
国際建設契約··························69, 71
国際債権譲渡条約····················241
国際私法····························9, 14, 229, 230
国際商慣習法　→ lex mercatoria
国際商業会議所······················23, 48, 113, 137, 159, 167, 236, 237, 262
国際商事契約原則····················167
国際商事仲裁························31, 32, 45, 51, 116
国際商事仲裁における証拠に関する規則
·····································134
国際商事仲裁モデル法
　　　→ UNCITRAL(仲裁)モデル法
国際商事調停モデル法
　　　→ UNCITRAL(仲裁)モデル法
国際商取引学会························37
国際商取引社会························17
国際信用状仲裁センター·············186
国際スタンドバイ規則···············182, 184
国際手形小切手法条約···············237
国際的契約法リステイトメント········240
国際的な統一私法······················7, 11
国際的な類似性························15
国際的民間経済団体··················159
国際動産売買契約成立統一法········217
国際動産売買統一法··················217
国際倒産モデル法····················237
国際取引ターミナル・オペレーターの
　責任に関する条約··················237
国際取引法···························11
国際ビジネスの現場····················2

国際物品売買に関する国連条約
　　　　　　　→ウィーン売買条約
国際プロジェクト契約…………………73
国際法協会………………………………127
国際法曹協会　→IBA……………………134
国内仲裁…………………………………137
国内法………………………………………5
国連国際商取引法委員会　→UNCITRAL
国連国際動産売買契約条約
　　　　　　　→ウィーン売買条約
国連動産売買条約　→ウィーン売買条約
国連貿易開発会議………………………167
コスト・プラス…………………………105
　──契約………………………………70
国　家……………………………………258
国家法………………………………………8
　──システム…………………………234
コモンズ・トリプル………298,300,302
コモンロー…………………………135,195
ゴルトマン，ベルホルト………………315
混合法システム……………………263,267
コンソーシアム……………………73,105
コンテナ・トレード・タームス………24
コンテナ貨物と取引条件の誤用問題…166

【さ行】

債権総則…………………………………311
再交渉義務………………………………33
再市場化…………………………………303
裁　判………………………………………1
債務の本旨………………………………248
債務不履行………………………………247
　──責任説（瑕疵担保）……………249
詐　欺……………………………………311
　──防止法…………………………212,214
錯　誤………………………………215,311
佐藤喜一郎………………………………161

時間制限…………………………………133
時効期間…………………………………189
事後調整規範……………………………275
事後的機会主義（契約締結後の）…306,311
事実たる慣習………………………………10

市　場……………………………………301
市場型契約………………………………273
自生的データベース……………………239
自然的正義…………………………134,136
自然法……………………………………281
自治法理論…………………………………27
執　行……………………………………131
実質的な統一私法…………………………7
実定法……………………………………11
実費精算（契約）………………………70
私的エンフォースメント………………43
私的秩序形成……………………………42
渋沢栄一…………………………………314
私法統一国際協会　→UNIDROIT
社会規範…………………………………47
重大な契約違反の解除…………………251
重大な契約違反の代金減額……………251
修補請求…………………………245,251,254
主権国家の黄昏…………………………27
手段債務…………………………………275
出訴期限…………………………………189
シュミットホフ，クライブ…………18,315
準拠法………………………………14,76,126
ジョイント・ヴェンチュア…………73,105
商……………………………………296,313
商慣行の要約……………………………173
商慣習……………………………………7,47
商慣習法　→lex mercatoria
商業送り状………………………………178
商業信用状…………………………170,182,184
商業荷為替信用状に関する統一規制および
　慣例　→信用状統一規則
証　拠……………………………………141
　──手続………………………………134
商事仲裁……………………………………1
商的（経済的）合理性……………………4
商人法　→lex mercatoria
消費者……………………………………128
　──契約法第10条…………………46,63
　──売買………………………………243
商品取引所………………………………166
情報技術…………………………………124
商法典……………………………………247

剰余価値 299, 304
書式の戦い 212
徐々に進行する超国家法の成文化 167
ジョブ・マーケット 302, 318
書面性 128
書類つき信用状 170
書類によらない条件 179
シリコンバレー 306
シルバー・ブック 88
シンガポール 129, 137, 148
信義則 33
新司法試験 282
人身侵害 243
迅速な手段 188
新仲裁法 128
信用状 44
——統一規則 48, 161, 162, 169, 170, 184, 243, 262
——独立の原則 174
——取引における厳密一致の原則 176
——に関する2大原則 176
——の条項と1993年信用状統一規則（UCP500）が矛盾する場合 173
——の取消不能性 175
信頼関係 272
信頼できる約束 304
信頼利益 251

スウェーデン 129, 136, 142, 260
スタンダード・フォーム 107
スタンドバイ信用状 170, 182, 184, 190
スペイン 148
スポーツ仲裁 123
——裁判所 138

西欧法 225
請求払保証 185, 190
——統一規則 162
製造物責任 243
制度主義 209
成文法 195
セーフガード 309, 311
世界銀行 140
——の調達ガイドライン 69, 81
世界知的財産機関 72
責任限度額 98
世銀 SBD-Plant 77, 81
——Turnkey 70, 77, 81, 105
世銀 SBD-Works 81
セミ・ターンキー 71
ゼロサム・ゲーム 299
漸進的な法典化 264

相互依存 298, 299, 307, 317
総合商社 2, 306
相　殺 311
双務契約 248
訴訟専門家 319
ソフトロー 259, 282
ソリシタ 319
損害賠償 248, 250
損害賠償の算定 251

【た行】

ターンキー 69, 70
——契約 70, 72, 75
——約款 70, 85
タ　イ 148
代品購入 245
代品請求 251, 254
大陸法 216, 257, 260
高橋龍太郎 160
多数当事者 130
惰　性 190
脱国家化 136
多法域国家 260
タンク，アンドレ 257
団琢磨 160
単発契約 300
担保制度 304
担保物権 311

チェコスロバキア 263
遅延損害金 305
秩　序 298
——づけ機能 46, 63

知的所有権紛争·····················128
仲　裁···············45,56,57,63,78,98
　　――可能性······················128
　　――機関····················132,133
　　――規則·········32,123,132,133,134,138
　　――合意····················126,137
　　――条項························129
　　――地····················128,136,137
　　――手続···123,126,133,134,137,138,
　　　　　　　　　　　　　　　　141,143
　　――人····················130,138
　　――判断····················10,136
　　――判断の執行············120,126,136
調　停····························135
　　――人························123
直接払いスタンドバイ···············185

ツインマーマン, ラインハート·······267
通関および関税支払義務（FAS と EDQ に
　おける）··························165
積込み・荷下ろし義務（FCA における）
　································165

定型取引条件····················2,21,22
抵触法························13,14,231
ディスカバリー····················134
デフォルト・ルール················47

ドイツ··················129,135,137,148
統一実質法························238
統一私法···························1
統一州法委員全国会議···············198
統一商事法典·····················49
東西貿易··························29
投　資···························123
　　――家························140
　　――関係の仲裁事件·············120
当事者自治の原則···················9
同時履行の抗弁権··············248,311
統治構造·····················269,272
特定物売買························248
独立保証················100,184,185
　　――およびスタンドバイ信用状に関する

国連条約·············182,186,237,241
ドメインネーム紛争解決··············139
ドラッカー, P.F.···················317
取り消された仲裁判断···············136
取消可能信用状····················175
取消不能信用状····················176
取引の定型化・標準化···············308
取引費用······················30,303
　　――経済学····················268
取引法律家························319

【な行】

ナショナルリポーターシステム··········202
荷為替信用状　→商業信用状

日本経済聯盟会····················160
日本民法414条·················248,249
　　――415条·················248,249
　　――416条·················248,249
　　――540条····················249
　　――570条·················248,250
ニュージーランド·········129,141,148,149
ニューディール····················207
ニューヨーク仲裁条約　→外国裁判判断の
　承認執行に関するニューヨーク条約
任意規定······················46,48,63

【は行】

ハーグ国際私法会議·················237
ハーグ条約························218
バーゲン理論······················205
バースタイン, リサ·················55
ハードシップ··············276,278,279,310
　　――制度······················310
バーン教授····················184,185
ハイエク, フリードリッヒ···········297,313
ハイブリッド······················268
ハイリスク・ハイリターン············309
破産紛争··························128
発行依頼人························173
罰則的任意規定····················47
発注者························69,104
バラ積みで海上輸送されている商品·····166

バリスタ……………………………319
パンデクテン………………………246
ハンブルグ・ルールズ……………236
万民法型統一法………………231, 243
判　例…………………………………9

比較契約法……………………237, 244
東ドイツ……………………………263
引渡の遅延…………………………245
ビジネスローファーム……………265
ピストー，カタリーナ……………312
人　質…………………………………43
批判法学……………………………206
秘密保持…………………………141, 149
標準（契約）約款………3, 26, 81, 82, 94, 103
　　原油取引………………………28
　　穀物取引………………………27
評　判…………………………44, 58
品質不良……………………………245

不安の抗弁権………………………277
不可抗力………96, 97, 184, 276, 277, 309
不完全履行……………………250, 251
不完備性………………………272, 276
不完備な契約………………………273
不公正契約条項指令………………240
不公正商慣行指令…………………240
藤山愛一郎…………………………161
藤山雷太……………………………160
船荷証券………………129, 170, 178
　　――の危機……………………185
不法行為……………………………127
プライベート・レジーム……………27
フランス………………136, 141, 148
プラント………………………………68
　　――輸出契約………28, 67, 68, 72, 104
　　――輸出契約のガイドライン……81
フル・ターンキー……………………71
プロダクト・イン・ハンド…………74
分業化・専門化……………………313
紛争解決………………………………98
紛争処理規範………………………308
分離可能性の原理…………………125

併合請求……………………………130
貿易慣習……………………………7, 22
法継受………………………………312
法実証主義……………………………29
法定責任説（瑕疵担保）…………249
法的正義………………………………4
法的な確信……………………………8
法典化…………………………225, 280
法と経済学……………………206, 213
法の一般原則…………………………30
法の影（の下）での交渉………46, 308
法の抵触　→抵触法
法の適用順序…………………………16
法文化………………………………135
法律業務のグローバル化…………283
法　例…………………………………14
保守主義者…………………………209
保証債務……………………………311
保全措置……………………………132
穂積陳重……………………………312
ボローニャ大学……………………281
香　港………………………………148

【ま行】

マクニール，イアン……………268, 295, 300
マチュラ報告………………………102
万民法…………………………………18

民法典………………………………247

明文化…………………………………26
免責規定……………………………132

モデル・フォーム…………………107
モデル法……………………………195

【や行】

約　因………………………………204
約束的禁反言…………………204, 214
約定損害賠償額………………………97

ユーザー・インターフェイス…252, 254

ユス・コネーム ················ 260, 281
ユスチニアヌス帝 ···················· 216
ユニドロワ国際商事契約原則
  ········· 19, 30, 114, 226, 255, 256, 310

ヨーロッパ共同体 ···················· 260
ヨーロッパ契約法委員会 ········ 167, 261
ヨーロッパ契約法原則 ······· 167, 196, 217
ヨーロッパ連合 ······················ 240
予測可能性 ···························· 7

【ら行】

ラーサム報告 ························ 102
ラーベル，エルンスト ······ 228, 251, 256
ランプ・サム ···················· 70, 105
――・ターンキー ················ 72, 88
――契約 ·························· 69

リアリスト運動 ······················ 203
リーガリズム ··················· 293, 294
リーガリティ ························ 312
履行期前の契約違反 ················· 277
履行請求 ······················· 248, 251

履行停止 ···························· 251
履行保証 ···························· 100
履行利益 ······················· 250, 251
利潤動機 ···························· 15
リステイトメント（方式） ········ 30, 255
立法手法 ···························· 29
立法モデル ·························· 238
理念支持説 ···························· 8
理由つきの裁定 ······················ 33
留保（条約に関する） ··············· 232

ルウェリン，カール ············ 54, 55, 65
ルールからアプローチへ ············ 275

レア・ケース ························ 318
連合王国 ···························· 244
連帯債務 ···························· 311

ローマ法大全 ······················· 246
ロンドン国際仲裁裁判所 ············ 120

【わ行】

ワシントン条約（1965年） ··········· 140

【欧　文】

ACA 約款 ···························· 86
ADB ························ 87, 102, 111
Adjudication ····················· 99, 109
ADR ···························· 5, 77, 99
AGC 約款 ···························· 90
AIA 約款 ························· 84, 89

Berger, Klaus Peter ·················· 167
BOT ································ 74
Braucher, Robert ··················· 200
Business Lawyers ··················· 319

CAS ································ 138
CISG　→ウィーン売買条約

CISG 1条1項(a) ···················· 231
CISG 1条1項(b) ···················· 242
CISG 排除条項 ······················ 242
CLOUT（Case Law on UNCITRAL Text）
  ································ 239
CMEA 約款 ·························· 85
Conflict of Laws ················· 13, 14
Container Trade Terms ·············· 24
Corbin, Arthur L. ·················· 202
Credible Commitment ··············· 304
Creeping Codification ··············· 264
Custom ······························ 7

DAB ························ 88, 99, 109

DB	99, 100, 109
de facto standard	8
design-bid-build	105
Design-Build	70
DRB	99, 109
EBRD	87, 102, 106
──の調達規則	82
ECE 約款	85, 81, 90, 92
EDF 約款	81, 90
EIC 約款	92
EJCDC 約款	90
ENAA	28
──約款	71, 84, 91
Engineer	87, 99
Enitire Agreement Clause	316
EPC	88
EU	258
Farnsworth, E. Allan	200, 217
FBRD	111
FIDIC	28
──Civil（4版）	93
──Civil 約款	87
──EPC 約款	75, 88
──Plant 約款	87, 88, 91
──Turnkey 約款	87, 109
──建設約款	88
──約款	84, 87, 99, 107
FM	109
──条項	96
FOB 型（プラント輸出契約の）	69, 71, 72, 86, 93
Force Majeur →不可抗力	
Frustration	96
FTA	261
GAFTA	27
General Conditions	84, 107
General Conditions of contract	81
General Principles of Law	30
Gilmore	204

Hardship	276
I Mech E/E E 約款	86
IATA	262
IBA（International Bar Association）	73, 103
IBRD	81, 111
ICC →国際商業会議所	
ICC 銀行技術実務委員会	171
ICC 請求払保証統一規則	182
ICC 仲裁事例（案件）	76, 80, 84, 106
ICC 日本国内委員会	160, 191
ICC モデル国際売買契約	169
ICC 約款	71, 79, 93, 86
Incorporation Strategy	47
INCOTERMS →インコタームズ	
INCOTERMS2000 →インコタームズ2000	
Industrial Works	68, 69, 104, 108
International Chamber of Commerce →国際商業会議所	
International Commercial Terms →インコタームズ	
International Rules for the Interpretation of Trade Terms →インコタームズ	
International Similarity	15
ISP98	182, 187
ius commune →ユス・コネーム	
JCT Major 約款	89
JCT 約款	89
JMEA 約款	71
Langdell, Christopher C.	202
Law Merchant →lex mercatoria	
LCIA →ロンドン国際仲裁裁判所	
Legal Recognition	8
lex (international) mercatoria	78
lex mercatoria	5, 10, 11, 17, 30, 47, 51, 67, 78, 79, 106, 113, 144, 226, 280, 295, 315, 317
Litigators →訴訟専門家	
Llewellyn, Karl N.	54, 206

MDB/FIDIC 調和版 ················ 101,103
Model Form ···························· 81,107

NAEGA ·· 27
NEC 約款 ······································ 92
No-Oral Modefication Clause ············· 67
NYC →外国仲裁判断の承認および執行に
　　関するニューヨーク条約

opportunism ································ 305
order ·· 298
ORGALIME ターンキー約款 ·············· 86

pacta sunt servanda ······················ 278
PFI ·· 75
PFI/PPP プロジェクト ··················· 105
PPP ·· 75
private ordering ····························· 42

Relational Contract ······················· 302
Relational Specific Investment ··········· 302
restate ·· 26
RIBA 約款 ···································· 89

SBD →世界銀行の調達ガイドライン
SBR-Plant Turnkey ······················ 105
Schmitthoff, C. ······························ 18
Service Contract ····························· 72
Special/Particular Conditions ············· 84
Standard Contract Form ················ 3,25
Standard Form ··························· 81,107

sui generic principle ························ 33
Supply Contract ····························· 72

TCC ······································ 85,107
transnational ·································· 7

UCC ············ 49,54,55,61,66,182,195,258
UCP400 ······································ 172
UCP500 ······························ 48,170,172
UCP600 ······································ 172
ULIS ···································· 29,232
ULIS/ULF ······························ 226,229
ULIS 2 条 ··································· 231
UNCITRAL ··· 29,113,167,228,235,236,261
　　――（仲裁）モデル法 ····· 31,118,136,237
　　――工業施設建設契約のリーガル・ガイド
　　　···69
　　――仲裁規則 ····························· 118
UNCTAD ···································· 167
UNIDO 約款 ························· 75,90,105
UNIDROIT ········· 29,79,114,167,226,227
　　――国際商事契約原則 ··· 51,61,67,196,217
Uniform Commercial Code ················ 49
URDG ····························· 100,101,110
Usage of Trade ······························· 7

Williston, Samuel ······················ 199,202
WIPO ·· 140
Works Contract ····························· 72
WTO ······························· 123,258,261

【著者プロフィール】
＊は編者

絹巻　康史＊（きぬまき・やすし）　　　　　　　　　　　　　　　プロローグ担当
- 拓殖大学商学部・大学院教授。国際商取引学会会長。神戸大学法学部卒業。
- 丸紅米国会社副社長（兼）ヒューストン支店長，丸紅イラン会社社長，日本福祉大学経済学部教授を経て現職。
- 国際取引論，貿易契約論，国際取引法，多国籍企業論を担当し，神戸大学法学部および明治学院大学法学部の非常勤講師を歴任。
- 主な著書に『国際取引法』（同文舘出版），『貿易経営行動』（文眞堂），『現代の貿易と国際経営』（中央経済社），『国際プロジェクト・ビジネス』（共著，文眞堂）。

曽野　裕夫（その・ひろお）　　　　　　　　　　　　　　　　　　第1章担当
- 北海道大学客員教授。北海道大学法学部卒業。北海道大学大学院法学研究科博士前期課程修了，ミシガン大学ロースクール LL. M. 取得，北海道大学大学院法学研究科博士後期課程単位取得退学。
- 金沢大学助教授，九州大学助教授，北海道大学教授を経て，現職。
- 専門は，民法（契約法），国際取引法。
- 主な著訳書に，ペーター・シュレヒトリーム『国際統一売買法—成立過程からみたウィーン売買条約—』（共訳，商事法務研究会），『UNIDROIT 国際商事契約原則』（共訳，商事法務）。

高柳　一男（たかやなぎ・かずお）　　　　　　　　　　　　　　　第2章担当
- 中央大学大学院法学研究科「国際企業関係法コース」非常勤講師。早稲田大学第一政治経済学部経済学科卒業，中央大学法学部卒業。（元）千代田化工建設（株）取締役法務部長，常勤監査役。
- 専門は，国際取引法，国際企業法務論。（前）ICC 国際仲裁裁判所委員，（元）IBA 国際建設プロジェクト契約委員会小委員長。
- 主な著書に，『国際プロジェクト・ハンドブック』（編者／共著，有斐閣），『国際取引法』（共著，青林書院），『国際企業法務論』（商事法務研究会），"FIDIC: Analysis of International Construction Contracts"（co-author, Kluwer International/IBA, London），『エンロン事件とアメリカ企業法務』（中央大学出版部）。

ルーク・ノッテジ（Luke Nottage）　　　　　　　　　　　　　　第3章担当
- シドニー大学法学部助教授。「オーストラリアの日本法ネットワーク（ANJeL）」理事。ウェリントン・ヴィクトリア大学経済学部・法学部卒業（経済学士，法学博士），京都大学法学部卒業（法学修士）。比較民法，国際取引法，法社会学を研究。
- ニュージーランド法廷・事務弁護士，ヴィクトリア大学法学部専任講師，九州大学法学部助教授，ヨーロッパ大学院大学法学部研究員，カナダ・ヴィクトリア大学法学部客員教授を経て現職。シドニー大学法学部，大学院で，国際取引法，契約法，国際商事仲裁，日本法を教える一方，ANJeL を設立。
- 専門は，以上の科目のほか，製造物責任法，会社法，法と情報技術。
- 主な著書に，*Product Safety and Liability Law in Japan*（RoutledgeCurzon），*The Multiple Worlds of Japanese Law*（共編著，University of Victoria），*Japanese Business Law in Western Languages*（共著，Fred B. Rothman & Co.）。

新堀　聰（にいぼり・さとし）　　　　　　　　　　　　　　　　　　　　第4章担当

- 財団法人貿易奨励会専務理事。日本大学大学院商学研究科客員教授。
- 東京大学法学部卒業。ハーバード・ビジネス・スクール PMD 修了（第30期）。博士（商学）（早稲田大学）。
- 米国三井物産ニューヨーク本店副社長，同上級副社長兼サンフランシスコ支店長，三井物産調査部長，同貿易経済研究所長などを歴任。日本大学商学部教授を経て現職。
- 専門は英米契約法，国際統一売買法，貿易商務論，貿易政策。
- 主な著書：『貿易売買入門』（同文舘出版），『ビジネスゼミナール貿易取引入門』（日本経済新聞社），『21世紀の貿易政策』（同文舘出版）。

久保　宏之（くぼ・ひろゆき）　　　　　　　　　　　　　　　　　　　　第5章担当

- 関西大学法科大学院教授。大阪大学法学部卒業。ワシントン大学ロースクール・アジア法課程修了（LLM）。神戸大学博士（法学）。
- 京都産業大学専任講師，助教授，教授を経て現職。
- 専門は，民法，国際契約法。
- 主な著書に，『経済変動と契約理論』（成文堂），『叢書　民法総合判例研究　不完全履行と瑕疵担保責任（新版）』（共著，一粒社）。

齋藤　彰*（さいとう・あきら）　　　　　　　　　　　　　　　　第6章，エピローグ担当

- 神戸大学法科大学院教授。神戸大学法学部卒業。神戸大学法学研究科で比較契約および国際取引法を研究。
- 商船三井にて自動車専用船に関する業務に従事。摂南大学法学部専任講師，スコットランド・アバディーン大学 LL. M.，関西大学法学部助教授・教授を経て現職。
- 専門は，国際取引法，国際私法，比較法文化。
- 主な著書に『国際取引紛争における当事者自治の進展』（編著，法律文化社），*The Evolution of Party Autonomy in International Civil Litigation*（共著，LexisNexis）。

《検印省略》
平成18年11月15日 初版発行　略称：GS契約ルール

グローバル商取引シリーズ
国際契約ルールの誕生

| 編著者 © | 絹　巻　康　史 |
| | 齋　藤　　　彰 |

発行者　　中　島　治　久

発行所　同文舘出版株式会社
東京都千代田区神田神保町1-41 〒101-0051
電話 営業(03)3294-1801　編集(03)3294-1803
振替 00100-8-42935 http://www.dobunkan.co.jp

Printed in Japan 2006　　　印刷：広研印刷
　　　　　　　　　　　　　　製本：加瀬製本

ISBN4-495-67781-0

新堀　聰〔監修〕・グローバル商取引シリーズ（第一弾）

グローバル商取引と紛争解決

新堀　聰・柏木　昇 編著　Ａ５判・3500円

「裁判外紛争解決手続の利用の促進に関する法律」（平成19年４月施行）で，ますます注目される国際商事紛争解決のためのADRの現状と展望を法学と商学の専門家が縦横に分析した。

現代 貿易売買
―最新の理論と今後の展望―

新堀　聰著　Ａ５判・3800円

国際取引法（新版）
―契約のルールを求めて―

絹巻康史著　Ａ５判・3800円

新版 国際取引
―貿易・契約・国際事業の法律実務―

唐澤宏明著　Ａ５判・3800円

国際ライセンスビジネスの実務
―契約書（英和対訳）雛型付き―

大貫雅晴著　Ａ５判・2800円

同文舘

価格は税抜き本体価格です。